人生腳本

你打算如何度過一生？
徹底改變命運的人際溝通心理學

*What Do You Say After
You Say Hello?*

溝通分析心理學創始人
艾瑞克·伯恩——著

溝通分析預備教師和督導 黃珮瑛——審定
周司麗——譯

人生腳本

你打算如何度過一生？
徹底改變命運的
人際溝通心理學

What Do You Say After You Say Hello?

作者：艾瑞克·伯恩（Eric Berne）｜譯者：周司麗｜繁體中文版審定：黃珮瑛

小樹文化股份有限公司

社長：張瑩瑩｜總編輯：蔡麗真｜副總編輯：謝怡文｜責任編輯：謝怡文｜校對：魏秋綢｜
封面設計：萬勝安｜內文排版：洪素貞
行銷企劃經理：林麗紅｜行銷企劃：蔡逸萱、李映柔

發　　　行：遠足文化事業股份有限公司（讀書共和國出版集團）
　　　　　　地址：231 新北市新店區民權路 108-2 號 9 樓
　　　　　　電話：（02）2218-1417｜傳真：（02）8667-1065
　　　　　　客服專線：0800-221029
　　　　　　電子信箱：service@bookrep.com.tw
　　　　　　郵撥帳號：19504465 遠足文化事業股份有限公司
　　　　　　團體訂購另有優惠，請洽業務部：（02）2218-1417 分機 1124

法律顧問：華洋法律事務所 蘇文生律師
出版日期：2022 年 3 月 30 日初版
　　　　　2024 年 3 月 28 日初版 2 刷

ISBN 978-957-0487-84-8（平裝）
ISBN 978-957-0487-86-2（EPUB）
ISBN 978-957-0487-85-5（PDF）

國家圖書館出版品預行編目資料

溝通分析心理學經典 2【人生腳本】：你打算如何度
過一生？徹底改變命運的人際溝通心理學／艾瑞克·
伯恩（Eric Berne）著；周司麗譯 -- 初版 -- 新北市：小
樹文化股份有限公司出版；遠足文化事業股份有限公
司發行，2022.03
面；公分 --（溝通分析心理學經典：2）
譯自：What do you say after you say hello?
ISBN 978-957-0487-84-8(平裝)

1. 溝通分析 2. 人際傳播 3. 人際關係

177.1　　　　　　　　　　　　　　　　111003330

《人生脚本》中文译稿 © 2016/10
艾瑞克·伯恩(Eric Berne)/ 著；周司丽 / 译
繁体中文译稿经由「北京万千新文化传媒有限公司」授权「小
树文化股份有限公司」在台湾地区出版，在全球独家发行。

First Published in 1974 in English under the title *What Do You
Say After You Say Hello?*

小樹文化　　小樹文化
官網　　　　讀者回函

「人生腳本」了解如何擁有滿足的人生，以及如何與他人和諧相處

文／湯瑪斯・歐嘉瑞博士（Thomas Ohlsson）❶

2016 年 5 月 23 日寫於瑞典

人生腳本，是了解人類命運的重要概念

當你認識了某個人，你會說：「你好。」對方也回應：「你好。」接下來，你會說什麼？你又會做什麼？你會匆匆離開嗎？你會主動與對方交流嗎？還是只會等待對方行動？或是做什麼呢？

好吧，在本書，艾瑞克・伯恩（Eric Berne）認為，無論你接下來會做什麼，都取決於你的「腳本」（Script）；**你現在如何回應他人，取決於你小時候做出關於自己、他人以及世界的什麼樣的情感決定。**「腳本」是關於你打算如何度過一生的計畫，而這個計畫基於當時還只是個孩子的你對世界的了解所制定。早年計畫由你制定，在人生的後續階段，你也可以根據需求改變這些計畫，也就是改寫你的腳本。

腳本是了解人類命運的重要概念。腳本可以解釋為什麼一個人終其一生都在努力，卻依舊無法感到滿足；也可以解釋為什麼有些人在人生中只是做了點小事，卻感到非常愉快。或者，為什麼一個人很會與他人打交道，而另一個人卻倍感孤獨；為什麼一個人在年老時適應良好，而另一個人卻想跳下橋頭以終結生命。

腳本的內涵相當深厚。本書會成為經典著作，是因為腳本這個概念第一次在心理學及「溝通分析」（Transactional Analysis，縮寫 TA）領域被提出。本書也是艾瑞克・伯恩所寫的最後一本書，他在 1970 年也就是 60 歲時，經歷了兩次

---

❶　編注：哲學博士、國際溝通分析師（CTA）及督導（TSTA）。

嚴重的心臟病，最終逝世於某間醫院，而當時他剛完成本書的手稿。早逝是伯恩自己的腳本嗎？我不確定。伯恩跟他父親一樣是一名醫生，在結核病流行期間，他父親在試圖治療患者時病逝，當時的伯恩只有 10 歲。

伯恩很欽佩自己的父親，希望能像父親一樣成為一名「真正的醫生」，也就是真正能夠治癒患者的醫生。作為一名精神科醫生，伯恩希望創立一套可以治癒患者的治療方法，而不只是讓他們獲得改善。**伯恩希望幫助有困擾的人從「青蛙」變成「王子和公主」，而不是「更好的青蛙」**。「溝通分析」是伯恩創立的理論與方法，「腳本」則是讓溝通分析成為完整人格理論的概念，我們真的要感謝伯恩花時間寫了這本書。

改變人類命運走向以及最終命運的重要作品

《人生腳本》的觀點影響了全世界幾代人的生命。了解你的命運、知道如何改變命運會讓人生更豐盛。在我看來，本書是所有溝通分析著作中最重要的一本。閱讀時，你不會感覺像甜餅乾在舌尖自動融化，而是需要動腦思考，去咀嚼和消化，從而帶給你健康和營養。本書具備可以改變個人命運以及人類最終命運的能力。

在我小的時候，我非常喜歡一個關於火車家庭的故事。故事描述他們厭倦了在同一個軌道上來回行駛，於是某一天決定跳離軌道，開向他們從來沒有去過、沒有軌道的地方。這個故事可能就是讓我成為心理學家和心理治療師的腳本起源，因為我迎娶了一位來自馬來西亞麻六甲的華裔妻子，並在遙遠的台灣和中國，成為了溝通分析教師與督導（Teacher and Supervisor of Transactional Analysis，縮寫為 TSTA）。很多年後，我又有幸受邀為本書寫序。

我對本書的推薦非常簡短：**閱讀它！研究它！去了解人類的命運—它關乎每個人如何擁有滿足的人生，以及如何與他人和諧相處！**

我們很幸運，因為伯恩寫了這本書。除此之外，譯者周司麗真的花了幾年的時間翻譯和重新校正了伯恩這本經典著作。這是中國的第一個譯本，同時也是一個品質相當高的譯本，為此我要祝賀華語世界。周司麗是中國溝通分析領域的先驅，早在 2005 年，她就在北京參加了我第一次的「TA101 溝通分析基

礎認證課程」。時至今日，她依舊是我的學生、翻譯和朋友。目前，她正處於國際溝通分析師考試的最後準備階段。之前，她在香港中文大學取得了哲學博士學位，並組建了自己的家庭。她是心理學領域及溝通分析領域的專家，英文也非常好。我不知道有誰比周司麗更適合翻譯這本書。

不論腳本的積極與消極面，都能從中獲得改變與進步

　　華人有研習經典著作智慧的傳統，例如《四書》。相比之下，本書僅是一本近代才出現的現代心理學書籍。然而，伯恩用現代的語言傳達出了孟子「人性本善」的哲學假設——「我好－你也好」。我不知道伯恩是否研究過孟子，但是我認為伯恩與孟子一樣，對人類的生存狀態有類似的理解。心理學作為一門現代化的科學學科只有短短百年歷史。從這個角度來說，這本書實屬心理學領域的經典著作，值得為了群體社會心理健康而努力的人仔細研讀。

　　作為一名溝通分析教師，看到過去十年溝通分析在中國的發展，看到溝通分析被有能力的專業人士良好運用到諸如心理治療、諮商、教育、組織發展、商業關係，以及其他包含人與人互動的領域，我深感欣慰。更重要的是，當我看到溝通分析的知識為很多人帶來了新的人生領悟時，感覺真是美好。覺察腳本中積極的部分，有助於我們珍惜和發展人格中的積極面；覺察腳本中消極的部分，有助於我們改變和進步。

　　謝謝妳，周司麗，妳為全世界華人讀者做出了重要的貢獻！

最煎熬的時期，本書帶給我啓發與幫助

文／周司麗

2016 年 5 月寫於北京

　　我真的很高興翻譯了這本書！對我而言，翻譯本書包含很多意義。首先，它是溝通分析理論創始人艾瑞克‧伯恩出版的最後一本書，也是他最經典的著作。將溝通分析率先引入中國的歐嘉瑞博士說，無論他到哪裡講課，這本書都是必帶的兩本之一（另一本是伯恩的第一本著作《心理治療中的溝通分析》❶）。然而，本書一直沒有優良的中文譯本。1974 年，台灣曾出版過繁體譯本，名為《語意與心理分析》，可是譯者並非溝通分析專業人士，加上年代久遠、直向排版，對簡體讀者來說，閱讀起來頗為費解與吃力。能夠將本書譯為簡體中文，供廣大溝通分析專業學習者及愛好者閱讀，也算是我為溝通分析在中國的發展做出的一點貢獻。

　　其次，本書見證了我的成長。我從 2005 年開始學習溝通分析，當時只有 23 歲，碩士二年級。2008 年受溝通分析培訓班同學劉倢先生所託，與另外兩位碩士同學孫菲菲和陳淑芳共同將本書翻譯成中文。然而，由於聯絡不到合適的出版社，譯稿一直只為個人所用。直到 2014 年，「萬千心理」的閻蘭女士為本書爭取到出版機會，這份譯稿才在躺了六年之後「重見天日」。剛開始，我以為出版工作很簡單，只需要重新校對從前的譯稿即可。但是經過仔細查看，發現之前的譯稿不夠精確、用語晦澀、易讀性較低，於是毅然決定重新翻譯。現在的譯稿雖然並不完美，但是充滿了我百分之百的認真與投入，也讓我相對滿意。這份譯稿見證了幾年來我堅持心理諮商、取得了博士學位，以及成家生子對生活有了更多體悟後，在英文及心理專業方面都有所提升。

　　最後，這本書也大大梳理與治癒了我的心靈。我在 2015 年 3 月開始重新翻譯這本書，當時我的兒子「神奇」剛出生兩個月，於是那段時間是我內心最受煎熬的時期。角色、生活方式、夫妻相處模式的改變，以及與先生家庭融合

---

❶　《心理治療中的溝通分析》（*Transactional Analysis in Psychotherapy*）。

時產生的衝突，讓一向喜歡自由、追求自主的我幾乎崩潰。寶寶的誕生帶給了我當媽媽的幸福感，同時現實生活的壓力也讓我苦不堪言。很長一段時間，我經常感受到過去的傷與現在的痛，同時塞滿了我的人生。

伯恩用了四百多頁英文闡述了溝通分析中最重要的概念——人生腳本。隨著一頁一頁翻譯，我看到自己如何在家庭的影響下做出了「我不好」(I'm not ok) 的決定，看到自己如何堅守著「我不重要」的禁止訊息，如何秉持著「要討好」、「要堅強」的生存處方，在被漠視時如何將悲傷扭曲為不可遏止的憤怒。我看到自己如何生活在非贏家腳本裡，過著「小粉帽」❷般的生活，渴望著某天像灰姑娘一樣，贏得王子的青睞……所幸，伯恩探討了如何打破腳本的方法，當我將所學應用於自身及來訪者時，我們都感到重獲了力量與自由。

除了伯恩睿智的思想，他的寫作風格也是一絕。他對童話故事的「另類」解析以及時不時冒出的幽默感，常常使我會心一笑。雖然照顧兒子十分辛苦，但是基本上，我每天都會在他睡著時堅持翻譯。半年多的時間，不論再疲勞，我每天都能花 2 ～ 3 小時完成兩頁的翻譯。即使在只有我自己照顧寶寶的情況下也是如此。因為，這本書真的以快樂的方式帶給了我莫大的啟發與幫助！

關於本書，我還需要做兩點重要說明：第一，伯恩逝世於 1970 年，本書出版於 1972 年，也就是伯恩去世時手稿並未充分完成。實際上，該書最終是由他的學生整理而成。因此，書中有部分內容並不一致，特別是在區別「反腳本」（Antiscript）和「應該腳本」（Counterscript）上❸。翻譯過程中，我發現書中有四個混淆了「反腳本」與「應該腳本」的地方，與歐嘉瑞老師討論後，他也同意我的看法。在翻譯中，我特別進行了標注，讀者可以自行根據本書附錄「術語表」及書中的內容進行分析與判斷。第二，伯恩引用了大量的童話、神話典故以及其時代背景下的人物和事件等，為了方便讀者閱讀，我透過檢索資料，加上超過百個注解說明，以「譯注」的形式呈現。讀者如果有興趣，可以自行檢索更多資訊。

我非常真誠的把這本書推薦給大家！希望大家也能夠從閱讀本書中獲得啟示、成長與享受！

---

❷　譯注：關於「小粉帽」的概念，請參考本書第12章。
❸　譯注：關於「反腳本」與「應該腳本」的解釋，請參考本書第7章。

展開這本書，便點上了福爾摩斯的菸斗

文／黃珮瑛（溝通分析預備教師和督導 PTSTA）

"What do you say after you say hello?"

當時跟著幾位北歐老師學習 TA（「溝通分析」Transactional Analysis Psychothera-py，簡稱「TA」）時，台灣市面上 TA 的相關書籍很少，老師常手拿這本書跟我們談著「腳本」如何如何……我們總是稱它是「哈囉書」。當老師們教到較深奧難懂的概念時，身為學員的我們就玩笑的說：「哈囉書裡真的這麼說嗎？沒看過。」借過書來翻了翻，仍然像是霧裡看花一般。除了理論深奧與作者伯恩獨特的用字習慣之外，這本關於腳本概念的著作，可以說是伯恩 TA 理論的總整理了。本書的重要性與價值，可以在本書的推薦序及譯者序中看到很好的說明。

感謝小樹文化再次給我機會，參與在為 TA 經典書籍穿上繁體中文的過程。審閱《人生腳本》的機會，不只讓我一字不漏拜讀這本鼎鼎有名的暢銷書，也深深敬佩簡體中文版譯者周司麗老師，她的譯作真是清晰且深刻，多處譯注更見用心。拜讀之餘，為了使用台灣讀者習慣的語法，若干字句略作修改，希望能給台灣新近學習 TA 的讀者，對 TA 創始者伯恩的偉大著作更感親近些。

說到這本有名的 TA 著作，早在 TA 理論流行於歐美之際，1970 年代台灣便有出版界前輩將它譯成中文。但可能因為沒有其他 TA 基礎理論書籍相佐，也沒有較完整的 TA 訓練課程，讀者若沒有涉略基礎 TA 理論，雖然讀來或許有趣，卻未必能深刻了解或應用。陸續幾本 TA 譯書問市，由於用語淺白與親切，一時也成為大眾心理作品的一員。加上近幾年，根據 ITAA（國際溝通分析協會）規範的訓練課程再次在台灣推出（TA101、TA202 等），故此除了市面上已有的幾本 TA 理論介紹及應用的參考用書，這本《人生腳本》繁體版本的問市，對所有學習與運用 TA 的人是很大的福音，讓學習者能對伯恩所建構的腳本理論有更深入的認識。

伯恩是個有趣的人，他在發展 TA 時，一來用了很多簡單的字詞，使得普羅大眾感到親切、能朗朗上口，但在譯成中文時，不同時代不同譯者可能選用

不同譯詞，而使剛接觸 TA 的讀者產生混淆或誤解。在審定本書時，除了盡量附上英文以協助讀者了解，也以台灣教導 TA 的習慣用詞為主，例如談到腳本時用到的「demon」一詞，曾被譯為「魔鬼」、「調皮鬼」、「惡魔」等，我們將之一律改為「小惡魔」；也因為這些平易近人的 TA 用詞在理論中其實有特定用法，故也不宜為了語句流暢而換別的詞句，並避免其他字詞可能被誤會為某概念，例如「game」是「心理遊戲」，因此不會將「play」譯為「遊戲」以免混淆。二來，伯恩有時候也會挑些少見的詞語來表達某個獨特概念，使得譯成中文時，不能呈現其獨特。讀者們需要多多了解概念本身才能明白意義，而不要只從看似很簡單的中文文義就以為清楚了。哈，這時候，就像是拿起福爾摩斯的菸斗，該好好琢磨一番了。怎麼說呢？當各位讀書打開本書時，你會發現好像從伯恩手中接到一份嚴謹精細的偵探訓練手冊，一點一點教導你如何去發掘隱藏在人的行為背後的線索，而這些線索正將你帶入，去認識這個人的內在經驗與童年經歷。喜歡探險的讀者，可以想像自己披上福爾摩斯的斗篷、點上手中的菸斗，開始從各種線索裡抽絲剝繭了解「這人的腳本到底是如何形成？」「有哪些元素？」以及「一個階段接著一個階段，如何發展到如今的模樣？」伯恩的腳本理論，提供了相當完整的架構，讓人認識「人的一生如何發展至此」。

在 TA 的學習路上，能有一些 TA 基礎再來讀這本書較能領略其精妙。讀這本書不能操之過急，需要細細品味，亦可與同好共讀，或許可以減少初讀時的茫然或陌生感。很期待更多同好在這本書中體會到腳本理論的獨到用處，對你的自我成長或助人工作都能帶來助益。

最後要感謝黃怡閔諮商心理師，也是喜好 TA 並運用 TA 的助人工作者，在進行本書審閱過程中投入很多時間和我一起討論，如何措詞更適合台灣的 TA 讀者及諮商界。

「愛，原來是沒有名字的，在相遇之前等待的，就是它的名字。」這是席慕容美麗的詩句。在學習及應用 TA 的路上，一直等待這本經典作品的出版，而它終於要出版了。我相信，等讀者們拿到手了，在閱讀中，或也繼續等待著，等待與 TA 裡這個奧妙的「腳本」概念更深刻的相遇，和自己的腳本更深刻的覺察。相遇，開啟一段新旅行。

目錄

Part 1

總論：溝通分析裡的腳本
General Considerations

第1章　簡介：認識腳本分析的開始　26
Introduction

我們說「你好」的方式，
隱藏著我們規畫人生的方式

1. 說完「你好」以後，你會說什麼？
2. 你如何對別人說「你好」？
3. 舉例：研究「人類如何說你好」的潛在價值
4. 握手：握手與問候之後，互動才開始有真實的意義
5. 朋友：社交情境間，「你好」與「再見」的差異
6. 理論框架：從「溝通分析」到「人生腳本」

<table>
<tr><td>第 **7** 章</td><td>## 腳本裝置 </td></tr>
</table>

The Script Apparatus

拆解腳本的組成元素，
才能理解腳本運作原理，以及如何治療

1. 腳本結局：成為孤獨的人、乞討者、發瘋或猝死
2. 禁止訊息：幼年時，父母所下且影響一生的禁令
3. 引誘：兒童自我聽見的父母自我低語
4. 電極：被植入父母自我中的自動化反應
5. 袋子：限制人們「做真實自己」的牢籠
6. 生存處方（應該腳本）：養育型父母自我，與控制型父母自我以及瘋狂兒童自我間的衝突
7. 父母榜樣或模式：父母的行為如何影響孩子的人生腳本
8. 小惡魔：人類生存中的滑稽丑角
9. 允許：解除父母所下的咒語、獲得自由選擇的能力
10. 內部解除：去除禁止訊息，從腳本的限制中解放出來
11. 腳本零件：解析組件腳本的零件，看見其影響
12. 渴望與對話：腦中的對話，決定了我們的每一個行為
13. 腳本中的贏家：具適應性、善意的程式
14. 每個人都有腳本嗎？
15. 反腳本：了解真正的自由與虛假的叛逆
16. 總結：腳本是完整的生活計畫，提供了方法以及限制

Part 5

從科學角度探討腳本理論
Scientific Approaches to Script Theory

本書是我在溝通分析取向方面又一本著作，呈現了過去五年（1965年～1970年）我在實踐及思考上新的發展，尤其是「腳本分析」（Script Analysis）的部分。這五年來，有愈來愈多人受訓成為溝通分析師。他們將已經成形的理論應用於各種不同領域並加以檢驗，包括工業、矯正機構、教育、政治及各種臨床領域。這些溝通分析師為本書做出了獨特的貢獻，我會在文中和注解中提及。

本書旨在成為心理治療的高階教材。溝通分析的歷史不長，因此很容易掌握，且不同背景的專業人士在結合溝通分析理論與其專業方面，應該並不困難。當然，也可能有一些非專業人士會閱讀，我也會盡量讓本書對他們來說具有可讀性。閱讀本書是需要思考的，但是我希望不會像解碼那樣困難。

傳統心理治療通常使用三類語言：治療師對治療師的語言、治療師對個案的語言，以及個案對個案的語言。這三類語言就如同中文與廣東話，或者古希臘語與現代希臘語一樣不同。經驗顯示，盡量減少語言之間的差異，讓各種人擁有能夠彼此交流的共同語言有助於促進溝通。這是很多治療師都在熱切追尋的（用俗話來說，就是積極採取行動，不在神壇前繼續等待）。長久以來，我不斷努力避免社會科學、行為科學以及精神病學領域源自14世紀巴黎大學醫學院的通病，也就是使用冗長、模糊的語言來掩蓋這些領域中不確定的知識。

我的這種做法，被指責「通俗化」和「過度簡單」。但是，如果讓我在晦澀與明白，過度複雜與簡化之間做出選擇，我會選擇站在「人」的這一邊。我不時也會用一點複雜的語言，但是舉個例子，這些語言就像用漢堡引開守衛學術大門的看門犬，讓我有機會從地下室的門中溜進去，與朋友問好。

在促進溝通分析發展方面，做出貢獻的人已經有數千位以上，我不可能一一謝過每一個人。我最熟悉的是「國際溝通分析協會」（International Transactional Analysis Association，縮寫 ITAA）的教師會員，以及「舊金山溝通分析研討會」（San Francisco Transactional Analysis Seminar）的會員，我每星期都會固定參加後者的活動。在腳本分析方面最活躍的人，包括伯納（Carl Bonner）、博伊斯（Melvin Boyce）、布林（Michael Breen）、卡拉漢（Viola Callaghan）、凱博斯（Hedges Capers）、坎伯斯（Leonard Campos）、柯林斯（William Collins）、康坎農（Joseph

Concannon）、克斯曼（Patricia Crossman）、杜謝（John Dusay）、愛德華（Mary Edwards）、恩斯特（Franklin Ernst）、埃弗特（Kenneth Everts）、高登（Robert Goulding）、葛勞德（Martin Groder）、海伯格（Gordon Haiberg）、哈里斯（Thomas Harris）、霍洛維茲（James Horewitz）、詹姆斯（Muriel James）、賈維斯（Pat Jarvis）、卡普曼（Stephen Karpman）、古柏佛（David Kupfer）、李維（Pamela Levin）、林德海默（Jack Lindheimer）、麥考密克（Paul McCormick）、尼可斯（Jay Nichols）、諾斯考特（Margaret Northcott）、奧利維耶（Edward Olivier）、潘德（W. Ray Poindexter）、山謬思（Solon Samuels）、沙普斯（Myra Schapps）、席芙（Jacqui Schiff）、賽林格（Zelig Selinger）、施坦納（Claude M. Steiner）、葉慈（James Yates）和賈克尼（Robert Zechnich）。另外，我想感謝我在舊金山的祕書布魯姆小姐（Pamela Blum），因為她的幫忙，讓研討會能順利進行，並貢獻了很多她自己的想法。我也想感謝接替布魯姆小姐工作的沃克（Elaine Wark）和羅斯（Arden Rose）。我特別要感謝的是我在加州卡梅爾市的祕書威廉斯女士（Mary N. Williams），沒有她的盡職盡責和工作技能，本書不可能幾經修改最終成形。我 15 歲的兒子特倫斯（Terence Berne）相當能幹，幫助我核對了參考文獻、插圖以及書中許多細節。我的女兒艾倫（Ellen Calcaterra）閱讀了完整書稿，並提出了許多寶貴建議。最後，我想感謝我的個案，他們相當強力的支持，對我坦露自我、允許我休假，也讓我有機會思考。我也要感謝說著十五種語言的萬千讀者，他們有興趣閱讀我單一或多本著作，給了我莫大的鼓勵。

關於本書所運用的詞語

　　跟我的其他著作一樣，「他」可能代指男性，也可能代指女性。當我使用「她」（she）時，表示我認為這個陳述更適合女性。有時候，我使用「他」（he）來敘述，也是為了在語法上更簡便，以區分治療師（男性）和個案。我希望這些為了方便起見而使用的語法，不要受到女性誤解。當我使用「是」這個詞時，表示基於我和他人的臨床經驗，我相當確信某件事。當我使用「看似」或「好像」這樣的詞語時，表示我還需要更多證據才能確認。書中的案例來自我的個人經驗，以及研討會和督導會中他人的報告。另外，書中的單一案例是

把不同的個案史組合在一起，且均已修飾以免識出其身分，但是當中的重要事件或對話則如實呈現。

Part 1

總論
溝通分析裡的腳本
General Considerations

What Do You Say After You Say Hello?

第 **1** 章

簡介
認識腳本分析的開始
Introduction

我們說「你好」的方式，

隱藏著我們規畫人生的方式

1. 說完「你好」以後，你會說什麼？

這個像是在問小孩的問題，表面上看起來非常質樸，也不需要深入的科學探究，但是實則涉及人類生活及社會科學中所有基本問題。這是一個嬰兒會「問」自己的問題，是人們教導兒童，卻沒有標準答案的問題，是青少年會彼此詢問或問指導老師的問題，是成年人接受了長輩錯誤的答案並迴避思考的問題，是年長而有智慧的哲學家書寫著作，但卻永遠無法給出答案的問題。這個問題包含了社會心理學和社會精神病學首先要回答的問題：「人們為什麼要彼此交談（社會心理學）？」以及：「人們為什麼喜歡被他人喜歡（社會精神病學）？」

「說完『你好』後，你會說什麼？」這個問題的答案，其實就是對天啟四騎士（Four Horseman of the Apocalypse）所提出的問題的回答：「戰爭還是和平，飢餓還是富足，疾病還是健康，死亡還是生存。」❶許多人終其一生都無法回答這個問題，因為他們還無法回答在這個問題之前的另一個問題：「你是如何對別人說『你好』的？」

2. 你如何對別人說「你好」？

這是佛教、基督教、猶太教、柏拉圖主義（Platonism）❷、無神論主義，特別是人本主義中涉及的祕密。禪學中有一個著名的說法叫「單手掌聲」❸，可以被理解為「一個人向另一個人說你好的聲音」，也可以被理解為「聖經中的黃金準則」，也就是你希望別人怎麼樣對你，你就怎麼樣對待別人。說你好的正確方式，是你看到並意識到了另外一個人的存在，了解自己將與對方互動，並做好互動的準備。斐濟居民可能是最有能力正確說你好的人們，他們真摯的笑容堪稱世界珍寶。他們的笑容會慢慢展開，蔓延至全臉，也會保留足夠長的時間，讓別人能夠清楚看到和辨認出來，之後才會慢慢散去。只有在飽含愛意的母親與嬰兒打招呼時，以及在西方國家中某些具有開放性人格的人臉上，你才能看到這種笑容❹。

本書將探討四個問題：「你如何向別人說你好？」「你如何回應別人的你好？」「說完你好之後，你會說什麼？」以及最主要但又帶有悲涼色彩的問題「人們不互相說你好的時候，取而代之的是做什麼？」下面，我將簡要回答這幾個問題，之後會在各個章節進行詳述。作為精神病學的教材，本書首先是寫給治療師，其次是被治療的個案，最後則是對這些問題感興趣的人，都可以閱讀。

【回答1】為了說你好，你必須先丟掉腦中累積的垃圾，例如回到家中，你需要丟掉在婦產科病房工作一天腦中所累積的垃圾，並意識到你所打的這個招呼是獨一無二的，不可能再次發生。人們可能需要好幾年的時間才能學會這一點。

---

❶ 譯注：天啟四騎士源自《新約聖經》的〈啟示錄〉。「天啟」的意思是「上天的啟示」。〈啟示錄〉描繪了末日審判，在世界終結之時，將會有羔羊解開書卷的七個封印，喚來分別騎著白、紅、黑、灰四匹馬的騎士，決定是否將瘟疫、戰爭、飢荒和死亡帶給接受最終審判的人類。本書作者認為「說完『你好』後，你會說什麼」取決於個體的人生腳本，而戰爭還是和平，飢餓還是富足，疾病還是健康，死亡還是生存，均是不同的腳本結局。

❷ 譯注：由希臘哲學家柏拉圖(Plato)及其追隨者所發展出的思想體系。較為重要的論點是人類知識來自於先天觀念，以及人們從經驗活動中，獲得機會喚醒先天觀念。

❸ 譯注：禪宗向學生提出一個問題「什麼是單手掌聲」，每個信徒都需要根據其人生經歷及思考給出不同的答案，禪宗無法給出統一的答案。

❹ 很奇怪，就我的經驗，這種笑容最常出現在20歲左右，擁有黑色長髮的女孩臉上。

【回答2】為了回應他人的「你好」，你也必須丟掉腦中的垃圾，看到有一個人站在那裡或走過你身邊並等待著你的回應。學會這一點可能也需要好幾年的時間。

【回答3】說完你好之後，你需要繼續丟掉重新回到腦中的垃圾、經歷的所有委屈，以及接下來打算處理的所有繁雜事務。不過這時，你可能會發現自己感到無話可說。經過更多年練習之後，你可能會想到一些值得訴說的話題。

【回答4】本書最主要的部分是關於「垃圾」的，也就是那些阻礙我們彼此說你好的事情。書寫這個部分是希望受過訓練又在這方面具有天賦的人，能夠幫助自己和他人認清我稱之為「垃圾」的東西，因為如果無法分辨什麼是「垃圾」，就無法回答其他三個問題。我將正在學習說你好的人們所使用的語言稱為「火星語」，以區分我們日常使用的「地球語」。無論上自古埃及和巴比倫時期的歷史紀錄還是當下的紀錄，我們都可以看到日常地球語帶來的都是戰爭、飢荒、瘟疫和死亡。即使是那些倖存的人們，也有不同的精神困擾。我希望人們最終能恰當的教與學「火星語」，從而幫助人類減少災難。火星語是揭示事物原本面貌的語言，例如「夢的語言」就是一種火星語。

3. 舉例：研究「人類如何說你好」的潛在價值

為了說明「研究如何說你好」的潛在價值，我們一起來看一個例子：

一位生命垂危的個案得了一種無法治癒的疾病，命不久矣。他叫莫特，30歲，患有慢性病癌症，且現有醫學知識尚無法治癒。最好的情況下，他還可以活五年，最糟的情況還可以活兩年。莫特的精神問題表現為不明原因的抽搐，包括點頭和抖腳。在團體治療小組中，莫特很快發現了原因：他的腦中會跑過一連串音樂，這串音樂彷彿一堵牆阻隔了他的恐懼，而抽搐正是他跟著這個音樂打拍子。透過仔細觀察，我們獲得了這個結論，而且順序很重要：不是音樂在為他的抽搐打拍子，而是身體抽搐在為他腦中的音樂打拍子。此時，小組中的每位組員（包括莫特在內）都可以看到，如果心理治療移除了莫特腦中的音樂，那麼他的心

中將釋放出大量恐懼。除非莫特的恐懼被其他令人愉快的情緒取代，否則後果不堪設想。那該怎麼辦呢？

很快，組員都意識到他們其實都知道這個事實，也就是自己遲早會死。他們對這個事實都有情緒，並且以各式各樣的方式加以壓抑。如同莫特，組員都感到死亡威脅著他們，需要花費時間和精力來掩蓋這種威脅。死亡的威脅阻礙著他們充分享受生活，不過他們依舊有二十或五十年的生活可以過，只有莫特只剩兩年到五年的壽命。最終，大家決定生命不在乎長度，品質才更重要：這不是一個驚人的發現，而是由於一個將死的人出現，對每個人產生了更深刻的影響。

其他組員（理解火星語的人，他們很樂意教莫特，也很樂意學習）都一致同意生活意味著一些簡單的事情，例如看到樹木、聽見鳥鳴、與他人說你好。這是一種充滿覺察與自然的體驗，帶著沉靜與謙遜，而無須逢場作戲或虛情假意。他們也同意，為了享受這樣的生活，所有人，包括莫特在內，都必須阻擋腦中的垃圾對他們的影響。可以這樣說，只有當他們了解到莫特的情況並沒有比自己的情況更不幸時，才不會因為莫特的出現而感到悲傷與怯懦。相反的，會為彼此的相處感到愉快，且可以作為平等的人彼此交談。此時，他們可以質疑莫特的垃圾，因為莫特現在能夠理解質疑的價值以及他們為什麼要質疑；反過來，莫特也可以質疑其他組員的垃圾。其他組員和莫特都清楚莫特的情況比任何人都棘手，但是莫特已經下決心放棄癌症個案這種身分，打算作為人類群體的一員繼續生活下去[5]。

這個案例清楚說明了「同情」對「說你好」帶來的問題，以及「說你好」的深度問題。在莫特的例子中，其他組員向莫特說你好經歷了三個階段：

當莫特剛進入這個小組時，其他人不知道莫特被醫生宣判了死刑。所以在小組中的人以自己習慣的方式與莫特說話。每位小組成員說話的方式，基本上取決於他們的成長環境——父母教他們如何與他人打招呼，後來透過學習，他們打招呼的方式有了一些調整，進入心理治療小組後，他們帶著適度的尊重和坦誠說話。莫特作為新成員，也用自己習慣的方式回應他人，假裝自己是一個雄心勃勃、充滿熱血的美國男孩，如同父母的期待。但是第三次會面時，當莫特說自己的命數已定，其他組員便感到很困擾，像是被出賣了。他們擔心自己說過的話是

---

❺　編注：此標示為參考書目，請參見本書最後。

否讓自己，讓莫特，特別是讓治療師看起來很糟糕。事實上，他們對莫特和治療師都很憤怒，因為他們沒有更早說明事實的真相，這讓組員覺得像是被戲弄了。其實，在組員向莫特說你好時，根本沒有意識到自己正在跟什麼人說話，只是用了一種標準化的方式。現在，組員知道莫特是個特殊人物了，他們期望能夠回到過去、重新開始，這樣就能用不同的方式對待莫特。

然後，組員確實重新開始了。他們柔聲細語、謹慎的與莫特交談，而不像以前一樣用比較直接的方式，彷彿是在對莫特說：「看，我對你的不幸多麼體貼關切，是吧？」他們沒有人願意對一個將死的人大聲說話，因為這將冒著損害自己名聲的危險。但是這並不公平，因為組員這樣做，其實是將莫特置於上風位置。此時，沒有組員敢大聲笑或者笑很久的時間。直到大家發現莫特可以對他的人生做些什麼後，這種互動才被修正。

緊張消除了，他們可以第三次重新開始，將莫特作為人類群體的一員對待，而無須有所顧忌。這三個階段可以分別這樣命名——「表面的你好」、「緊張、同情的你好」以及「放鬆、真正的你好」。

組員柔伊在了解莫特前都無法跟他說你好。每過一個星期，她對莫特的了解都會有所不同，甚至每過一個小時都會有所不同。每次與莫特見面，柔伊都比上次更了解莫特一點，因此，如果想維持他們的友誼，柔伊每次都需要用稍微不同的方式與莫特說你好。但是，柔伊永遠無法完全了解莫特，也無法預期所有的變化，因此她永遠無法說出完美的你好，不過可以愈來愈接近。

4. 握手：握手與問候之後，互動才開始有真實的意義

很多個案第一次與治療師會面時會自我介紹，並在治療師邀請他們進入治療室時與治療師握手，而有的治療師則會主動與個案握手。關於握手，我有不同的做法。如果個案帶著強烈的感情與我握手，為了避免失禮我也會與他握手，但是在握手中傳遞出中立的態度，因為我會思考他的情感為什麼如此強烈。如果他握手的方式僅僅是表明他認為這是一種禮貌，我也會還以同樣的問候方式，我們雙方都能夠理解：這種令人愉快的儀式並不能干擾接下來要做的正事。如果個案的握手傳遞出絕望的態度，我會以緊握並讓他安心的方式與他

握手，讓他知道我了解他的需要。不過，進入治療室時，我的面部表情與雙臂姿態都會向新來的個案清楚傳達禮儀方面的行為是非必要的，除非他們堅持這些儀式。

我這樣做是為了表明「我們來到這裡是為了更重要的事，而不是證明我們是多好的人或者互獻殷勤」。通常，我都可以達到這個目的。我不與個案握手，主要是因為我不了解他們。我也不期待他們與我握手，因為他們也不了解我。另外，有些來見治療師的人不喜歡被觸碰，不握手也是對他們的一種禮貌。

會談結束時，情況會有所不同。那時候，我對個案已經有了一定的了解，個案也了解了我的一些情況。因此，當他離開時，我會特別注意與個案握手。此時，我對個案已經有了足夠的了解，知道如何恰當的與他握手。**這個握手對個案來說具有重要意義：就算個案講了關於他的所有「壞」事，我依舊接受他❻**。如果個案需要的是安慰，我將以安慰的方式與他握手；如果個案需要的是肯定他的男子氣概，我將會以引出他男子氣概的方式與他握手。這不是為了鼓勵個案而精心選擇的策略，而是一種對個案自然、自發的肯定。我與個案已經談話一個小時，我了解他最關切的個人問題是什麼。相反的，如果個案向我惡意撒謊，而不是出於不好意思，或者試圖利用我或恐嚇我，我便不會與他握手，這樣他才能知道如果他希望我站在他這邊，必須改變自己的行為。

對於女性，我的做法稍有不同。如果對方需要一個明確表示來表明我接受她，我將會用恰當的方式與她握手。如果對方不喜歡與男性接觸（會談結束時，我會了解），我會恰當的與她說再見，而不是握手。後面這個例子清楚說明了不在見面時握手的原因：如果在了解自己將與誰握手前就與她握手，我會引發她的厭惡。如果我在會談前這樣做，其實是對她的一種侵犯和侮辱，因為我強迫她出於禮貌觸摸我，並接受我的觸摸，而這違反她的本意。

在團體治療小組中，我的做法類似。剛開始，我不會說你好，因為我已經整整一個星期沒有見到小組成員了，我不了解自己正在對什麼樣的人說你好。

---

❻ 「接受」在此處不是一個定義不清、令人傷感的詞語。具體來說，它指的是我願意與個案共度更多時間，其中包含著嚴肅的投入，在某些情況下，意味著一年或多年的耐心、努力、起起伏伏，以及早上需要早起的情況。

一個輕鬆或興奮的「你好！」，對那些在兩次會面間發生了一些事情的人來說十分不恰當。但是在小組會談結束時，我會非常重視與每個組員說再見，因為此時我了解了自己正在與什麼樣的人說再見，以及應該如何說再見。假如一位女士的母親在上次小組會談後過世了，而我在見面時與她愉悅的說「你好！」，這對她似乎不太合適。她可能會原諒我，但是我沒有必要讓她承受這種負擔。在會談結束時，我會知道如何在她處於哀傷的情緒中與她道別。

5. 朋友：社交情境間，「你好」與「再見」的差異

在社交情境下，情況有所不同。我們交朋友是為了獲得安撫。對於朋友，根據彼此的準備情況或需要，說你好和再見的方式可以從公開握手到大大擁抱。有時候為了避免過度投入，我們也會用微笑表示。但是人生中比必須繳稅還要確定，也和人終將死去一樣確定的是：愈早結交新朋友，愈快擁有老朋友。

6. 理論框架：從「溝通分析」到「人生腳本」

對於說「你好」和「再見」的討論暫時至此。你好和再見之間發生的事涉及另外一個理論框架，是關於人格與團體動力，也是一種治療方法，被稱作「溝通分析」（Transactional Analysis）。為了更好的理解後續內容，首先需要了解這個理論的基本原理。

第**2**章

溝通分析的基本原理

Principles of Transactional Analysis

────────── ❧ ──────────

父母、成人以及兒童自我狀態，
如何影響我們的日常溝通模式

────────── ❧ ──────────

　　我已經多次講述過溝通分析的基本原理。最詳細的介紹，請參考《心理治療中的溝通分析》[1] 一書；溝通分析在團體中的運用請參考《組織與團體中的結構與動力》（*The Structure and Dynamics of Organizations and Groups*）[2]；對心理遊戲的分析，請參考《人間遊戲》（*Games People Play*）[3]。溝通分析在臨床實踐中的應用請參考《團體治療基本原理》（*Principles of Group Treatment*）[4]。以通俗讀物的形式總結與介紹該理論，請參閱《白話精神病學與心理分析》（*A Layman's Guide to Psychiatry and Psychoanalysis*）[5]。因此，本書只對溝通分析理論進行簡要的介紹，以方便手頭沒有這些書籍的讀者。

1. 結構分析：人格結構中的父母、成人與兒童自我

　　溝通分析的基本興趣，在於研究「自我狀態」（ego states）。自我狀態是彼此一致的思想和情緒系統，經由相應的行為模式展現。每個人都會展示出三類自我狀態：

　　【第 1 類】從父母式的人物獲得的自我狀態，通俗的稱為「父母自我狀態」（Parent ego state）。處於這種自我狀態時，當事人會像小時候父母中的一方那樣感受、思考、行動、說話和回應他人，

例如這種狀態將在養育孩子時啟動，就算他的行為沒有真正展現出這種自我狀態，它也會發揮「父母式的影響」（Parental influence）扮演著良知的角色並影響著當事人的行為。

【第 2 類】當一個人客觀評估周圍的環境，基於過去的經驗評估各種可能性，此時的自我狀態稱作「成人自我狀態」（Adult ego state）。成人自我狀態就像電腦一樣運作。

【第 3 類】每個人的內在都有一個小男孩或小女孩，他們會真的用他／她小時候某個年齡階段的方式去感受、思考、行動、說話以及回應他人。這種自我狀態被稱作「兒童自我狀態」（Child ego state）。兒童自我狀態不是指一個人很「幼稚」或「不成熟」，這些詞語是處於「父母自我狀態」下才會使用的語言。兒童自我狀態指的是一個人的表現就像某個年齡層的孩子，此處的要素是年齡，通常是 2 ～ 5 歲之間任何一個年齡。理解自己的兒童自我狀態非常重要，因為兒童自我狀態不僅伴隨我們一生，更因為這是我們人格中最寶貴的部分。

「圖 1A」描繪了每個人都具有的全部人格，包含了他可能感受、思考、說或做的一切（簡化圖請見「圖 1B」）。經過更細緻的分析後，我們沒有發現新的自我狀態，不過發現了現有自我狀態中的「亞型」（subdivision）。仔細研究後發現，大多數情況下，父母自我狀態明顯包含兩個成分：一個來自父親，一個來自母親。兒童自我狀態包含了更早時期的父母、成人和兒童自我狀態，這一點可以透過觀察真正的兒童加以驗證，而這個二階分析（second-order analysis）❶呈現在圖 1C 中。診斷自我狀態時，區分一個「情緒–行為」模式與另一個「情緒–行為」模式的工作稱為「結構分析」（Structural Analysis）。從文字的角度，大寫開頭的「Parent」、「Adult」和「Child」代表自我狀態，而小寫的單詞代表實際的人❷。

---

❶ 譯注：「二階分析」指的是相對於「一階分析」（first-order analysis）更深層次的分析。許多主觀假設或預設，都會使用比較粗糙的一階語言或觀念，而二階分析可以分辨思辨哲學的一階語言是否具有認知意義或可否予以經驗上的論證。

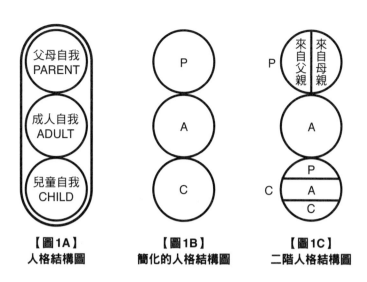

【圖1A】
人格結構圖

【圖1B】
簡化的人格結構圖

【圖1C】
二階人格結構圖

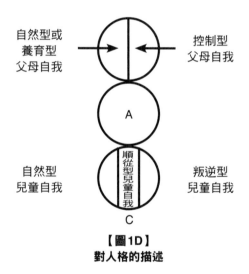

【圖1D】
對人格的描述

---

❷ 譯注:為了清楚表示,譯文會以「父母自我」、「成人自我」、「兒童自我」來表示自我
狀態,而「父母」、「成人」、「兒童」則為真實的人物。圖表中,自我狀態則用大寫的
「P」代表「父母自我」、「A」代表「成人自我」、「C」代表「兒童自我」。

接下來你會遇到一些描述性的術語，有些不需要解釋，有些需要解釋一下：「自然型」（Natural）或「養育型」（Nurturing）父母自我狀態，以及「控制型」（Controlling）父母自我狀態；「自然型」（Natural）、「順從型」（Adapted）、「叛逆型」（Rebellious）兒童自我狀態。兒童自我狀態的「結構」用水平的方式呈現，對兒童自我狀態的「描述」則用垂直的方式呈現，具體請見「圖 1D」。

2. 溝通分析：人類生活中有限的溝通模式

從上述內容可以明顯看到，兩個人互動時共涉及了六種自我狀態，每個人各三種，如「圖 2A」所示。自我狀態之間就如同兩個真正的人之間的差異，因此互動時就必須弄清楚究竟是哪個自我狀態被啟動了。互動可以用圖中連結兩個「人」的箭頭表示。最簡單的溝通，箭頭彼此是平行的，因此被稱作「互補型溝通」（complementary transactions）。顯然，如「圖 2B」所示，互補型溝通共有九種可能的類型（PP、PA、PC、AP、AA、AC、CP、CA、CC 這樣的組合）。

「圖 2A」示意的是一對夫妻間「PC 溝通」的例子。刺激是從丈夫的父母自我指向妻子的兒童自我，反應是從妻子的兒童自我指向丈夫的父母自我。這可能代表了一位像父親一樣的丈夫正在照顧一位充滿感激的妻子。只要保持互補，也就是雙向箭頭是平行的，溝通就可以無限進行下去。

「圖 3A」和「圖 3B」展示了有問題的溝通模式。「圖 3A」中，刺激是從「成人自我」到「成人自我」的（AA 溝通），例如詢問資訊，但是收到的回應是從「兒童自我」到「父母自我」（CP 溝通），這樣，刺激和反應之間的箭頭交叉在一起，而非維持平行。這種互動類型被稱作「交錯型溝通」（crossed transaction），此時，溝通被打斷。例如，丈夫用詢問資訊的方式問：「我襯衫袖釦在哪裡？」妻子回答：「為什麼所有事你都要怪我？」這就是交錯型溝通，他們無法繼續討論袖釦的問題。上述是「交錯型溝通 I 型」，治療室中發生的「移情」（transference）通常就是這種溝通類型，也是為世界帶來最多麻煩的類型。「圖 3B」呈現的是交錯型溝通 II 型。此時，刺激是「成人自我」對「成人自我」的（AA 溝通），例如問問題，但是卻收到來自高大的「父母自我」對「兒童自我」的回應（PC 溝通）。這是「反移情」（counter-transference）

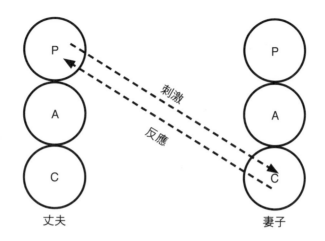

【圖2A】互補式溝通中的「PC－CP溝通」

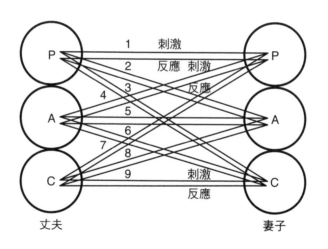

【圖2B】呈現九種可能的互補型溝通關係圖

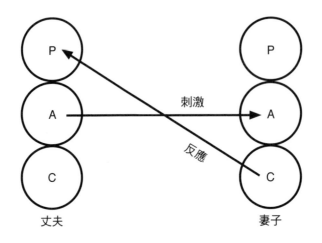

【圖3A】交錯型溝通 I 型（AA－CP溝通）

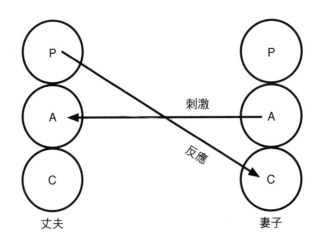

【圖3B】交錯型溝通 II 型（AA－PC溝通）

中最常見的溝通類型，也是個人關係和「外交關係」問題中最常見的溝通類型。

仔細研究「圖 2B」中的各種關係，你會發現從數學角度一共有 72 種可能的交錯型溝通（9x9=81 種，再減去 9 個互補型溝通）。❸但是幸運的是，在臨床工作或日常生活中，只有四種最常見且最需要關注的交錯型溝通。前兩種是類型 I（AA－CP）：「移情反應」，以及類型 II（AA－PC）：「反移情反應」。類型 III（CP－AA）是「氣死人的反應」，指一方想要獲得同情，但是獲得的是一些事實資訊。而類型 IV（PC－AA）可以被稱為「無禮的反應」，指一方希望獲得另一方的服從，但是實際上獲得的卻是「自作聰明式」的反應，也就是陳述事實而非順從。

互補型溝通和交錯型溝通都是簡單、「單層」（one level）溝通。另外還有兩種隱藏型溝通，或稱「雙層」（two level）溝通，分別是「角型溝通」（angular transaction）與「雙重溝通」（duplex transaction）。「圖 4A」所示的是一個角型溝通，表面上來看，刺激是「成人自我」對「成人自我」，例如一位銷售員用很理性的聲調介紹商品，實際上他是在策畫引出購買者其他的自我狀態——「父母自我」或「兒童自我」。圖中「成人自我」對「成人自我」的實線，代表的是社交層面或公開層面的互動，而虛線代表的是心理層面或隱蔽層面的互動。在上述例子中，如果角型溝通成功，銷售員得到的回應將是「兒童自我」對「成人自我」，而非「成人自我」對「成人自我」。如果角型溝通沒有成功，購買者的「成人自我」依舊在掌控著，那麼回應將會是從「成人自我」發出，而非「兒童自我」。透過觀察「圖 4A」和「圖 2B」，思考包括所有自我狀態在內的各種可能情況，我們可以發現 18 種成功的角型溝通，也就是從虛線的角度做出回應。每一種成功的角型溝通也會對應一種不成功的角型溝通，也就是回應者按照最初的實線做出回應。

「圖 4B」顯示的是一個「雙重溝通」。此時明顯有兩個層面的資訊，潛在的心理層面資訊（也稱作「隱蔽資訊」）與社交層面（也稱作「公開層面」）的資

---

❸ 你可以逐一畫出或寫出並加以驗證，例如：PP－PA、PP－PC、PA－PP、PA－PC等，一直到CC－CA。寫完所有可能出現的交錯型溝通後，可以再結合臨床或日常生活中的例子一一比對。

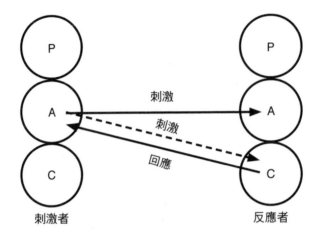

【圖4A】成功的角型溝通（AA＋AC）（CA）

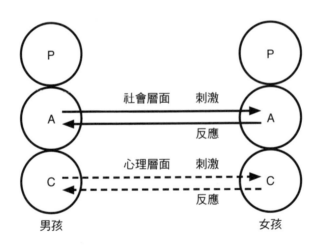

【圖4B】雙重溝通（AA－AA）（CC－CC）

訊截然不同。仔細研究可以發現 81^2 或 6561 種可能的雙重溝通❹。減去那些社交層面與心理層面重疊的雙重溝通（實際上就是 81 種簡單溝通），事實上一共有 6480 種可能的雙重溝通。不過，我們依舊很幸運的是，其中只有 6 種雙重溝通在臨床和日常生活中最常見且具有重要意義❺。

讀者可能很好奇，這部分為什麼有這麼多數字。原因有三點：（1）「兒童自我」的原因是很多人喜歡算術；（2）「成人自我」的原因是展示溝通分析理論比其他社會學和心理學理論更精確；（3）「父母自我」的原因是告訴人們精確並不意味著局限。舉例來說，如果我們只進行三次互動，每次互動都可以從 6597 種❻方式中選擇，那麼這三次互動可能進行的方式總共將有 6597^3 種。也就是說，我們可以用大約三千億種方式來建構彼此的這三次互動。這麼多種互動方式讓我們有很大空間展示自己的獨特性，相當於讓全世界的人兩兩組隊，每隊進行兩百回合的三次互動，每隊的每個回合互動，都無須與其他一隊的任一回合或自己的任一回合重複。大多數人每天至少要與他人進行數百或數千次互動，也就是每個人每天有上萬億種與他人互動的方式。假如在 6597 種可能的互動方式中，某人從來不用的互動方式有 5000 種，他依舊有充裕的空間可以選擇用不同的方式與他人互動。也就是說，**一個人的溝通行為絕對沒有必要刻板僵化，除非他為自己設置了某種限制。**如果用溝通分析理論分析人們的互動，你會發現大多數人都將自己固定在某種溝通模式裡，這並不意味著溝通分析理論本身有問題，而是意味著人們受到了某種影響，而這些影響正是本書要談的重要主題。

---

❹ 我們可以這樣計算：「圖2B」中，9種互補型溝通+72種交錯型溝通表示社交或公開層面共有81種溝通的可能性，而心理或隱蔽層面也有81種互動的可能性。因此，公開層面與隱蔽層面的互動，共有6561種溝通模式。同樣的，可以辨識自我狀態的人，便能夠在臨床和個人社交情境下觀察到很多種互動組合。

❺ 如「圖4B」，這6種最常見的雙重溝通分別是：表面AA－AA，實則CC－CC；表面AA－AA，實則PP－PP；表面AA－AA，實則PC－CP；表面PP－PP，實則CC－CC；表面AA－AA，實則CA－CA；表面AA－AA，實則PA－PA。另外，在諸如養育孩子、教師教學或兒童精神治療等特殊情況下，公開層面的資訊可能是互補的，也可能是交錯的，而隱蔽層面的資訊則可能是81種可能性中的任何一種，前者如：表面PC－CP，實則CC－CC；後者如：表面AA－CP，實則可能是任何一種溝通模式。為了更容易理解，最好畫出溝通圖，然後與現實情況比對。

❻ 譯注：9種互補型溝通、72種交錯型溝通、18種成功的角型溝通、18種不成功的角型溝通、6480種雙重溝通，加起來的總和為6597種。

「溝通分析」這個名字是全部理論的概稱，上述結構分析是溝通分析理論中的一部分。分析單次溝通被稱作「溝通分析本身」（transactional analysis proper），它是結構分析之後進行的第二個步驟。提出「溝通分析本身」這個名稱，可以更嚴謹的界定整體的溝通分析理論。那些接受科學方法訓練的人，可能對「溝通分析本身」更有興趣。單次溝通由一個刺激和一個反應構成，是社交行為的單元。刺激和反應既可以是口語訊息，也可以是非口語訊息。我們將其稱作「溝通」，是因為參與其中的每一方都有所收穫，他們收穫的東西就是溝通的原因所在[6]。兩個人或更多人之間的互動都可以被劃分為一連串的單次溝通，不同學科有不同的劃分方式，只要有明確的定義，任何科學認知均能在這種區分系統下獲益。

　　溝通分析是關乎人格與社交行為的理論，亦是心理治療的臨床方法。它的基礎建立在分析兩個人或多個人可能的所有溝通方式。而分析人們溝通方式，又是基於分析人們的自我狀態。人們溝通方式的變化次數是有限的（9種互補型溝通、72種交錯型溝通、6480種雙重溝通，以及36種角型溝通），其中大約只有15種溝通在日常工作中最常見，其餘大多只是出自理論的可能性。**只要不是根據自我狀態嚴格分析每一次的溝通，所使用的方法都不能稱為溝通分析。**為溝通分析下這樣的定義，是希望替人類所有可能的社交行為建立一個模式。溝通分析之所以是一個高效率的模式，因為它遵循了「科學經濟原則」（有時候又稱「奧卡姆剃刀定律」）[7]，只包含兩個假設：（1）所有人都可以從一種自我狀態轉換到另外一種自我狀態；（2）如果 A 對 B 說了些什麼，之後 B 又說了些什麼，我們可以去檢驗 B 所說的是否為對 A 的回應。溝通分析的效果還表現在迄今為止人類成千上萬的互動中，還沒有哪種互動無法用這個模式來解釋。另外，這個模式是非常嚴謹的，因為透過數學運算，我們可以找出人類有限的互動方式。

　　理解「溝通的視角」（transactional viewpoint）最好的方法，是問：「這個大人的行為相當於 1 歲、2 歲或 3 歲孩子的什麼行為呢？」

---

❼　譯注：「奧卡姆剃刀定律」（Ockham's Razor）指的是用最簡單的模式盡可能解釋最多的現象。

3.時間結構：多數人面對沒有安排活動的時間會感到不安

　　我們也可以分類更長串的溝通，甚至串起了一個人的一生。這樣，我們既可以預測人類短期的溝通行為，也可以預測人類長期的溝通行為。**人類彼此互動，即使不能體驗到滿足感，仍然會持續下去，因為大多數人在面對一段沒有結構的時間時，都會感到不安。**因此，人們會去參加諸如雞尾酒會的活動，因為這樣做會比自己獨處時減少一些無聊感。

　　人們對「時間結構」（Time Structuring）的需要基於三種驅力或飢渴：第一種稱為「刺激或感覺飢渴」（stimulus or sensation hunger），大多數的有機生物包括人類，並不像許多人聲稱的會逃避刺激，而是會去尋求刺激。而對感覺刺激的需要是讓雲霄飛車可以賺錢，也是讓犯人做出一切努力以避免被單獨關禁閉的原因。第二種驅力稱為「認可飢渴」（recognition hunger），這是人們對某種特殊感覺的需求，這種感覺只能由其他人類提供，有時候也可以由動物提供 7。這就是為什麼只給嬰兒（包括幼猴和人類嬰兒）提供奶水是不夠的，他們還需要來自母親的聲音、氣味、溫暖和撫摸，否則就會慢慢失去生氣。這對大人來說，就有如沒有人和他們打招呼一樣。第三種飢渴被稱作「結構飢渴」（structure hunger），這就是為什麼一群人願意組成團體組織，以及善於安排時間的人無論在哪個社會，總會最受歡迎、獲得最高獎賞的原因。

　　有個有趣的例子結合了感覺渴望及結構渴望：一些老鼠在感覺剝奪的環境下成長。在此，感覺剝奪是指被養在完全黑暗的環境裡，或者是被養在缺少變化、總是亮著燈的白色籠子裡。之後，這些老鼠被放入普通的籠子，與「正常」的老鼠生活在一起。籠子中有迷宮，迷宮中有食物。研究發現，如果迷宮被置於棋盤背景下，這些老鼠將會主動尋找食物；如果迷宮被置於簡單背景下，這些老鼠將不會主動尋找食物。而對於正常養大的老鼠來說，無論迷宮的背景是什麼，牠們都會去尋找食物。實驗結果說明，對這些感覺被剝奪的老鼠，結構飢渴超越了對食物的飢渴。實驗者總結：「結構飢渴（或者用他們的術語來表示，稱為「知覺經驗」）❽，可能有如渴望食物一樣涉及最基本的生理過程。早年受到知覺剝奪的影響可能會持續一生，表現出複雜刺激的強烈需求 8。」

---

❽　「知覺經驗」（perceptual experience）。

在人類社交行為中，短時間內的時間結構有四種基本類型，另外還有兩種極端的情況。也就是說，當兩個人或更多人共處一室時，他們共有六種社交行為可供選擇。一種極端情況是「退縮」（withdrawal），此時人們彼此不交流。這種情況會發生在各種場合，例如地鐵上，或者退縮型思覺失調症個案的治療小組中。緊挨著退縮的，是最安全的一種社交行為，稱作「儀式」（rituals），此時人們依舊沉浸在個人的思想世界裡。儀式是高度程式化的社交行為，這些行為可以是非正式的，也可以是正式的。正式的儀式構成典禮，我們完全可以預測其中會發生什麼事情。用儀式的方式溝通，人們彼此並沒有傳遞多少訊息，但更多的是互相認可的表示。儀式的單位被稱作「安撫」（strokes），就像母親撫慰嬰兒時給予認可。儀式是來自傳統習慣或社會習俗。

接下來，較為安全的一種社交行為被稱作「活動」（activities），通常也稱為「工作」（work）。這種互動由操作時的材料決定，內容可能是木頭、水泥或數學問題。典型的工作式互動是「成人自我」對「成人自我」，指向外界的現實，也就是指向活動的主題。接下來一種是「消遣」（pastimes），這種方式不像儀式那樣程式化和可預測，但是也有一定的重複性，像多選題或完成句子式的交流❾，這種互動通常發生在諸如雞尾酒會等人們彼此不太熟悉的場合。消遣基本上由社會規則決定，人們用可以接受的方式談論一些可以接受的話題，但是個人的話題可能會在不知不覺中產生，導致下一種社交行為——「心理遊戲」（games）。

心理遊戲是一連串隱藏的溝通，具有重複的本質，並會導致一個明確的心理結局。由於所有隱藏溝通都是發起人表面假裝做一件事，實際上則是做另一件事，因此，心理遊戲中都包含騙局（餌）。但是，這個餌只有在反應者擁有某種偏好／弱點時，才會發揮作用，例如反應者的恐懼、貪婪、多愁善感或易怒。反應者的這些特質就像可乘之機，讓他們落入圈套。「目標物」上鉤後，心理遊戲的發起者做出一些轉換，為了獲得最後的心理結局。轉換後伴隨著的是一陣混亂與困惑，目標物一時之間搞不清楚自己身上究竟發生了什麼事。之

---

❾ 譯注：例如「你覺得最近天氣怎麼樣？」就是一種多選或完成句子式的交流。答案無非就是「滿好的」、「還不錯」、「不好」等幾種。對方也可以直接完成句子，例如「我覺得最近天氣如何」。

後，當心理遊戲結束時，雙方都會獲得他們各自的結局。心理遊戲的發起者和反應者都會獲得結局，結局的內容是心理遊戲引發的情緒（但是雙方體驗到的情緒不一定相同）。如果一連串的溝通不包含以下四個特徵，就不能稱之為心理遊戲。這些特徵包括：溝通必須是隱藏的，因此包含餌，餌之後跟隨著轉換、混亂與結局。我們可以用一個遊戲 G 公式來呈現。

$$C + G = R \rightarrow S \rightarrow X \rightarrow P \quad （遊戲 G 公式）$$

餌（Con，縮寫 C）＋鉤（Gimmick，縮寫 G）的含義是發起者拋出餌，反應者上鉤了，也就是後者做出了「反應」（Responds，縮寫為 R）。之後遊戲玩家發生了「轉換」（Switch，縮寫為 S），即伴隨著一個「困惑或混亂的時刻」（Cross-sup，縮寫為 X），最後，雙方都獲得各自的「心理結局」（Payoffs，縮寫為 P）。只要符合這個公式的溝通就是心理遊戲，不符合這個公式就不算是心理遊戲。

僅僅是重複並不構成心理遊戲。例如，在治療團體中，一個心懷恐懼的個案每星期都重複要求治療師保證（醫生，請告訴我一定會好起來），當他得到保證時，個案會對治療師說「謝謝」。這不是一個隱藏溝通，因為這位個案坦誠的陳述了自己的需要，並且對他所獲得的回應感到滿意，除了禮貌回應外，個案沒有加以利用此情境，因此這個溝通並不構成心理遊戲，而是一種正常的「操作」（operation），而正常的操作無論重複多少次，都需要與心理遊戲加以區分，正如我們必須將合理執行的程序與「儀式」區別。

然而，假如有另一位個案，也向治療師要求保證，但是當治療師給予保證時，個案利用治療師的回答讓治療師看起來很愚蠢，這就構成了一個心理遊戲。例如，個案問：「醫生，你覺得我會好起來嗎？」富有情感的治療師回答：「你當然會好起來。」接著，個案暴露出問這個問題的真實動機，不直接回答：「謝謝。」而是發生了一個轉換：「你憑什麼覺得你知道一切呢？」這個回答讓治療師很困惑，並感到狼狽不堪，這其實正是個案想要達到的目的。接著，心理遊戲結束，個案因為利用了治療師而感到得意揚揚，而治療師則感到相當挫敗。這就是心理遊戲的結局。

這個例子完全符合「遊戲 G 公式」。餌是個案最初的提問，治療師會「上鉤」（Hooked，簡稱 H）是因為情感豐富這個特質。這兩者互相結合時，治療師

以個案期待的方式做出了反應。之後，個案發生轉換，造成混亂，最後雙方都收穫了各自的結局。因此，用公式表示就是：

$$C + H = R \rightarrow S \rightarrow X \rightarrow P$$

這是一個簡單的例子。從個案的角度，這個心理遊戲可以通俗的命名為「重擊他」遊戲（Slug Him），或者「劇烈打擊」遊戲（Whammy）。從治療師的角度，這個心理遊戲則可以通俗的命名為「我只是想幫你」遊戲（I'm Only Trying To Help You）。結局被稱作「點券」（trading stamp）❿。「好」的情緒是「金色」的點券，讓人痛苦的情緒是「棕色」或「藍色」的點券。在這個例子中，個案獲得的是一個冒牌的金色點券，因為他並沒有獲得真正的成功或勝利，而治療師獲得的則是常見的棕色點券。

每個心理遊戲中都包含著一句口號或格言，例如「我只是想幫你」。口號的通俗名稱是「運動衫」（Sweatshirt）⓫。通常，心理遊戲都是以其中所包含的口號所命名。

在心理遊戲之外，人與人之間的交往還有另一個極端，稱作「親密」（intimacy）。雙方的親密被定義為一種坦誠、不含心理遊戲的關係，彼此可以自由給予與接受，不含任何利用關係。親密也可以是單向的，因為一方可以坦誠、自由的給予，而另一方則可能不坦誠、利用對方。

「性活動」是一個很好的例子，可以說明人的同一種行為能夠體現在不同的社交層級。顯然，性活動可以用退縮的方式進行，可以是某種儀式的一部分，也可以是從事一整天的工作、下雨天的消遣、彼此的利用，或者是真正的親密。

---

❿　譯注：點券就是像積分券一樣的東西。
⓫　譯注：心理遊戲被視為運動衫的兩面，通常正面和反面印有不同的訊息，例如正面印著「請幫助我」，而反面卻是「根本沒有人可以幫助我」。

4.腳本：影響整個人生的結構化時間

上述各種社交行為都是人們將時間加以結構化的方式，目的是避免無聊，同時在每個情境中最大程度的獲得滿足感。除此之外，每個人還有一個「前意識」（preconscious）⓬的人生計畫，稱作「腳本」。腳本將更長的時間加以結構化──數月、數年或者是整個人生。**人們用儀式、活動、消遣和心理遊戲這些社交行為填滿這段時間。這些互動一方面可以讓他們獲得即刻的滿足感，另一方面也推進著他們的腳本，這個過程經常被退縮或一些親密的片刻干擾。**

通常，腳本基於孩童時期的幻覺而產生，且幻覺有時候可能持續整個人生。對那些敏銳、有領悟力和智慧的人來說，這些幻覺會被一一消除，從而度過如發展心理學家艾瑞克森（Erik H. Erikson）所描述的各種人生危機（人生危機包含青少年重新評估父母，抗議匪夷所思的中年，以及之後形成的人生哲學）9。成年後維持孩童時期的幻覺，有時會導致憂鬱或「唯心論」（spiritualism）⓭，然而，放棄幻覺又會導致絕望。

「時間結構」是一個理論概念，用來描述客觀的現象，以嘗試回答人們在說完「你好」後會做什麼這個現實問題。為了繼續回答這個問題，接下來我們要做的是觀察人們在說完「你好」之後，真正做了什麼，以及去理解他們行為的含義。研究人們的腳本性質以及發展過程，有助於我們實現這個目標10。

⓬　譯注：某些訊息的內容雖然當下無法察覺，但卻會處在一種準備的狀態，比起其他內容更容易被覺察或提取。

⓭　譯注：把人看成具有純粹的精神，並且認為人具有精神的本質、有意志自由、有能力、有精神的價值。

Part 2

父母編制的程式

Parental Programing

What Do You Say After
You Say Hello?

第**3**章

人類命運的決定
Human Destiny

幼年的我們，

早已決定自己將如何生活與死亡

1. 人生計畫：幼年時早已決定且影響一生的重要計畫

每個人的命運如何，取決於他在面對生活中發生的事件時，腦中是如何運作的。每個人都有自己的人生計畫，也都有能力去實現自己的人生計畫，並影響他人的人生計畫。就算生命結局是由他從來沒見過的人或永遠無法看到的病菌造成的，臨終遺言或墓誌銘也將表達出他一生的追求。如果非常不幸，他如塵埃消逝般寂靜的死去了，只有最了解他的人，才能猜到他的臨終遺言或墓誌銘，而在友誼、婚姻或治療等個人關係之外的人，則無法理解。多數情況下，人們的一生都花在欺騙世界上，通常也包括欺騙自己。關於這些欺騙，後面我們會談更多。

每個人在幼年時就決定了自己將如何生活、如何死亡。無論走到哪裡，腦中都會將這個計畫帶到那裡，這就是所謂的「腳本」。對一些不重要的事，他可能會理智的做決定，但是在一些重要的事情上，他其實早已決定好了——他將和哪種人結婚、會有幾個孩子、會死在何種床上、當死亡來臨時誰會在他身邊。他可能並不喜歡這一切，但是卻無形中希望這一切實現。讓我們來看瑪格達的案例：

瑪格達是一個非常具有奉獻精神的妻子和母親。但是當她的小兒子病得很嚴重時，她非常恐懼的意識到，在她的內心深處有著一個想法、圖像，甚至是願望

——希望這個深愛的兒子死掉。這讓她想起丈夫在海外當兵時，她的腦中也有過同樣的想法、圖像甚至是願望，總是受到希望丈夫被殺死這個怪異的願望糾纏著。在這兩個情景中，瑪格達都能想像出自己將處於極度的悲傷和痛苦中。然而，這將成為她需要熬過去的一個人生十字路口，然後每個人都會欽佩她忍受了這一切。

提問：「之後會發生什麼？」

回答：「我不會想那麼多。之後我就會自由了，可以做我想做的事情，重新開始。」

讀小學時，瑪格達和同學在性方面就有許多嘗試，從此內疚感一直跟隨著她。兒子或丈夫的死對瑪格達來說，也許是一種懲罰或贖罪，這樣她或許能擺脫母親的詛咒，再也不需要感受到自己是一個被拋棄的人。相反的，人們會說：「她真勇敢！」然後瑪格達就會被完全接納，成為群體的一員。

人生大多數時間裡，瑪格達都在腦中計畫並設想著這樣一部悲劇式的電影，這也是她人生戲劇或腳本的第三步行動，且在童年時早已決定。行動一：性方面的內疚與困惑；行動二：母親的詛咒；行動三：贖罪；行動四：赦免與重生。但在真實生活中，瑪格達過的是很傳統的生活，如同父母教導的那樣，盡最大努力讓親愛的兒子健康、快樂。這與瑪格達的腳本相反，換句話說，這是她的「應該腳本」。如果按照應該腳本生活，生活自然不會那麼戲劇化。

腳本是一個持續的人生計畫，幼年時在父母的壓力下形成。一旦進入腳本，無論他感到自己在掙扎，還是感到很自由，都有一種心理力量推動他走向命運的結局。

本書的目的並不是將人類所有生活與行為簡化為某種固定模式，而是恰好相反。真正的人應該這樣定義：他能夠自發的以理性且讓人信賴的方式做事，並能夠適當考慮他人的需要。一個按固定模式生活的人，不是真正的人。然而，人們生活中的大部分內容依舊受制於某些固定的模式，因此，我們必須了解它們。讓我們來看黛拉的案例：

黛拉是瑪格達的鄰居，二十幾歲，也過著和瑪格達差不多的家庭主婦生活。不過她的丈夫是銷售員，經常出差。當丈夫不在家時，黛拉有時候會出去喝酒，醒來時發現自己在離家很遠的地方。她經常不記得這中間發生了什麼事情，但她

知道自己一定發生了一些事，因為醒來時，她看到自己在一些陌生的地方，錢包裡裝著一些寫著陌生男子姓名和電話號碼的紙條。這不只讓黛拉害怕，而是感到驚恐。因為這意味著，如果某天遇到壞人，她的生活就全毀了。

　　腳本是幼年時便做好的計畫。因此，如果這是一個腳本，必定有其起源。黛拉的母親在她很小的時候就去世了，她的父親整天在外工作。黛拉在學校和同學相處得不好，她總是感到自卑，所以過著孤單的生活。但是在童年晚期，黛拉發現了讓自己受歡迎的方法。就像瑪格達，黛拉讓自己成為男孩團體性玩弄的對象。她從來沒有想過在學校乾草棚中發生的事，與她現在的行為有什麼關聯。但是在腦海中，黛拉一直都在執行著自己的人生計畫。行動一：設置（乾草棚裡的玩樂與內疚）；行動二：腳本發作（飲酒與不負責任時的快樂及內疚）；行動三：結局（被譴責和生活崩潰，黛拉失去了所有——丈夫、孩子以及地位）；行動四：最終的赦免（自殺，然後所有人都感到難過並原諒了她）。

　　無論是瑪格達還是黛拉，都按照「應該腳本」過著平靜的生活，然而內心卻感到命運的迫近。她們的腳本是一齣悲劇，這齣悲劇讓她們感到解脫和被赦免。瑪格達和黛拉的不同在於，瑪格達在靜靜的等待上帝幫她實現命運、拯救她；而黛拉則是被內心惡魔的衝動驅使，匆匆向命運趕去——譴責、死亡及寬恕。因此，雖然她們都有相同的開始（性方面的過失），但是卻透過不同的方式走向不同的結局。

　　心理治療師就像智者般坐在辦公室裡，他的工作就是處理人們的腳本並因此獲取報酬。在瑪格達和黛拉的案例中，似乎只有某些人死去，她們才會感到被赦免。治療師的責任是幫助她們找到更好的方法以獲得赦免感受。治療師離開辦公室，沿著街道行走，經過了證券公司、計程車招呼站和酒吧，看到每個人幾乎都在等待著一場「重要的死亡」。雜貨店裡，治療師看到一個女人正向女兒大喊：「告訴妳多少次了，不要碰那個！」而此時，另一個女人正在稱讚兒子：「他多可愛啊！」當治療師進入醫院，一位有妄想性疾病的個案問：「醫生，我要怎麼樣才可以離開這裡？」一位憂鬱症個案問：「我活著是為了什麼？」一位思覺失調症個案回答：「不要死，要活著。我才沒有那麼蠢。」他們現在說的每一句話，昨天都已經說過。他們困在自己的腳本中，而外面的人仍然抱持著希望。「我們是不是應該增加他們的劑量？」一個醫學生問。Q

醫生轉向思覺失調症個案，直視著他，個案也直視著Q醫生。Q醫生問：「我們是不是應該增加你的劑量？」這個男孩想了一下，回答：「不需要。」Q醫生伸出手說：「你好。」思覺失調症個案與Q醫生握手，也說：「你好。」之後，他們都轉向那位醫學生，Q醫生說：「你好。」醫學生看起來似乎不知所措。但是在五年後的一次精神病學大會上，這位醫學生走向Q醫生說：「嗨，Q醫生，你好。」

接著讓我們看一下瑪麗的案例：

「有一天，我會開一家兒童護理學校，我要結四次婚，在股市上賺很多錢，並成為著名的外科醫生。」喝醉了的瑪麗說。

這並不是腳本。第一，這些想法並不來自她的父母。瑪麗的父母不喜歡小孩、認為人不該離婚、覺得股市不可靠，且外科醫生的收費太高。第二，瑪麗的人格與她所說的不相符。她和小孩在一起時非常緊張，和男人在一起時僵硬又冷漠，對股市充滿了恐懼，她的手也因為喝酒而顫抖，更別說做外科手術了。第三，很久以前，瑪麗就決定白天擔任房地產經紀人，晚上和週末當酒鬼。第四，瑪麗所描述的一切她自己其實一點也不感興趣，這樣說只是表明自己做不到那些事而已。第五，聽見瑪麗說這些話的任何人，都很清楚瑪麗一件事都不會做。

腳本需要符合以下條件：（1）父母的指令；（2）在指令下的人格發展；（3）童年時期的決定；（4）總是以某種特定的方法成功或失敗；（5）確信的態度（或者說是一種堅定的姿態，當下對過去的事堅信不疑）。

本書將會介紹迄今為止有關腳本裝置的所有知識，以及我們可以做什麼來改變它。

2.台上與台下：從戲劇中，看見真實的人生腳本

戲劇上的腳本其實源於人們真實的人生腳本。也許我們從兩者之間的關聯和相似性談起比較好[1]。

【關聯1】兩者都基於有限的題材。在這些題材中，最為人熟知的是伊底帕斯❶的悲劇，而其他題材可以從希臘戲劇或希臘神話中找

到。其他人記錄的戲劇大多是古代祭祀中，人們對酒神的狂熱讚歌以及放蕩的縱酒作樂。而希臘人和希伯來人則最早記錄了人類的平常生活，並從中可看出人類的生活模式。人生誠如古希臘戲劇中「原始儀典」（Primal Rituals）充滿競技、悲慟、哀歌、顯靈般的元素，若這些戲劇內容能以易懂的白話演出，將更有助於一般人理解。像是：「月光裡的月桂樹下，帥哥和少女，砰！哇！隨之而來還有一位大嘴巴，不管是男或女……」如果希臘詩人將水準調整至此，那麼每個人的生活都已呈現在作家布爾芬奇（Thomas Bulfinch）或格雷夫（Robert Graves）的作品中了❷。如果諸神眷顧某人，他的一切都會很順利；但是如果沒有獲得神的眷顧，情況就會不同。如果一個人被施了詛咒，若想解除詛咒過更舒適的生活，那他就成了個案（主動找治療師治療）。

腳本分析師和劇本分析師一樣，只要知道了情節與人物，就能推測當事人最終的命運，除非中間發生某些改變。例如治療師和戲劇評論家一樣，都清楚知道美蒂亞（Medea）❸已經下定決心殺死自己的孩子，除非有人和她談話、讓她打消主意。另外，治療師和戲劇評論家也都應該知道，假如那個星期美蒂亞能參加心理治療團體，整件事情可能會完全不同。

【關聯2】假如完全不干涉生活發展軌跡，人生就會達到一個可預期的終點。而要達到這個終點，人必須用特定方式說話。無論在戲劇中，還是在真實生活中，人們都需要記住他們的台詞，這樣才能讓聽者以特定的方式回應，接著才能採取下一步行動。假如

---

❶ 譯注：希臘神話中，底比斯國王拉伊俄斯（Laius）之子，在不知情的情況下殺死了自己的親生父親，並迎娶了親生母親。佛洛伊德（Sigmund Freud）以此故事命名其著名理論「伊底帕斯情節」（戀母情結）。

❷ 譯注：布爾芬奇與格雷夫都有關於希臘羅馬神話的著作，伯恩表示關於希臘羅馬神話的書籍，他個人更喜歡朗皮耶（John Lemprière）的《古典辭典》（Classical Dictionary, Tenth edition, 1818）。

❸ 譯注：希臘神話中科爾喀斯國王之女，是一名神通廣大的女巫，曾經幫助過伊阿宋取得金羊毛並成為他的妻子，又因為伊阿宋的不忠而殺死了他們的子女以此報復。

一位英雄改變了他的自我狀態和台詞，他人必定會以不同的方式做出回應。改變了自我狀態和特定的說話方式，就改變了整個腳本，而改變腳本實則是治療性腳本分析的目標。假如哈姆雷特說了愛情喜劇《艾比的愛爾蘭玫瑰》（*Abie's Irish Rose*）❹ 中的台詞，為了使劇情合理，女主角奧菲莉亞也需要改變自己的台詞，之後整個劇情就會朝其他方向發展❺。最終，他們可能會私奔，而非躲藏在城堡裡——不過，這樣的劇情就會相當無趣，但是從劇中人物的生活角度來說，他們卻會更快樂 2。

【關聯 3】腳本在最終上演前需要預演和修改。正如在劇院裡，戲劇在正式上演前需要朗讀、修改和預演。人生腳本始於童年，是腳本的原始形式，稱作「草案」。此時，腳本中的其他演員只限於父母、兄弟姊妹，或是某個機構或孤兒院裡的夥伴或管理員。每個家庭都像一個機構，有其特殊規則，此時演員都扮演著比較固定的角色，兒童從他們身上學到的靈活性很少。但是進入青春期後，他開始遇到更多人，也開始尋找自己腳本中需要的角色（其他人會參與到他的腳本中，是因為他也扮演了他人腳本中所需要的某些角色）。新環境促使他修改腳本，不過基本情節是不變的，改變的只是一些具體的行動。大多數情況下（除了一些青少年自殺了或者被謀殺了），我們可以把他們在具體行動前的嘗試稱作「預演」，就像進城表演前先在鎮裡預演一樣。經過幾次修改，腳本終於定稿，他即將迎來正式演出——告別演出，並獲得腳本的最終結局。如果腳本結局是「好的」，那麼告別演出將發生在告別晚宴那樣美好的地方；但是如果結局是「不好的」，那麼他最終向世人說再見的地方將會是醫院的病床上、監獄門前、精神病院、絞架前或者太平間。

【關聯 4】幾乎所有腳本都包括「好人」和「壞人」、「贏家」和「輸家」

---

❹　譯注：1946年上映的美國喜劇片。

❺　譯注：《哈姆雷特》（*Hamlet*）為莎士比亞（William Shakespeare）著名悲劇，主角為丹麥王子哈姆雷特，奧菲莉亞則是劇中的女主角，與哈姆雷特陷入愛河，但他們因為政治地位無法結合，最後失足落水而死。

這些角色。究竟什麼是好人，什麼是壞人[3]，誰是贏家，誰又是輸家，不同人的腳本會有不同的界定。但是非常明確的一點是，腳本中都包含了這四個角色。有時候他們會互相結合，形成兩個角色。比如在牛仔腳本中，好人就是贏家，壞人就是輸家。好指的是勇敢、拔槍迅速、誠實、純潔；壞指的是膽小、拔槍慢、不誠實且對女人感興趣。贏家是那些活下來的人，輸家是那些最終被絞死或者被槍殺的人。在肥皂劇中，贏家是贏得了某個男人的女人，輸家是失去了男人的女人。在官僚作風的工作中，贏家是得到最好合約或拿到最多代理的人，而輸家則是不知如何應對繁文縟節的人。

在腳本分析中，贏家被稱為「王子」或「公主」，輸家被稱為「青蛙」，腳本分析的目標就是將青蛙變成王子或公主。為了達到這個目標，治療師需要了解個案的腳本中誰是好人，誰是壞人，並且需要了解他究竟可以成為何種贏家。沒有接受治療的個案也會向贏家的方向掙扎，但是並不是真正想成為贏家，只是希望做勇敢一點的輸家。這其實是很自然的，因為一個人如果只做勇敢的輸家，內心可以很舒服的順著自己的腳本發展；但是如果想成為真正的贏家，他就必須拋棄完全或部分自己的腳本重新開始，這是多數人都不願做的事。

【關聯 5】無論是戲劇中的腳本，還是真實生活中的腳本，都需要回答發生在人和人之間的一個基本問題：「說完『你好』之後，你會說什麼？」比如，無論在伊底帕斯的那齣戲中，還是在伊底帕斯的真實生活中，劇情如何發展完全取決於如何回答這個問題。伊底帕斯遇到年長的男人時，首先會向他們打招呼，接下來說的話取決於他的腳本。伊底帕斯會問：「你想打架嗎？」如果年長的男人說：「不想。」伊底帕斯就不知該說什麼了，只是傻傻的站在那裡，考慮是不是該和對方聊聊天氣或近期爆發的戰爭，或者在奧林匹亞運動會中誰奪得了冠軍。最簡單的回應方法是嘀咕一下：「見到你很高興。」「你很好，那就好，我也很好。」或者：「一切都不錯。」之後繼續走原先的

那條路。但是如果年長的男人回答：「想。」那麼伊底帕斯就會說：「好極了！」因為他找到了他想找的人，並且知道之後該說什麼了。

【關聯6】人生腳本中的場景一定是預設好的，之後，人們不斷朝那個場景發展，就像戲劇情節發展一樣。舉個簡單的例子，某人在汽油快用完前的兩三天，看油表時發現汽油快要沒有了，然後「打算儘快找時間」去加油，但是後來什麼也沒有做。一般來說，汽油不太可能「馬上」用完，除非這個人駕駛著一輛他並不熟悉且油表壞了的車子。對於擁有「輸家腳本」的人來說，他的腳本中總是預設了一件事情正不斷迫近的情景；而對於擁有「贏家腳本」的人來說，東西被用光這種事情一生中都不會發生。

形成人生腳本是基於父母對孩子的教導，孩子會遵循這種教導有三個原因：（1）它為人生賦予了目標，孩子做的大多數事情都是為了某些人，通常是他們的父母；（2）讓孩子擁有了可以被接受的使用時間方式（可以接受是指能被他的父母接受）；（3）在如何做事方面，人需要被教導。主動學習確實鼓舞人心，但是卻不那麼實際。一個人不可能只透過拆幾架飛機並犯幾次錯，就能成為一個好的飛行員。他必須透過他人的失敗來學習，而不只是自己的經驗。外科醫生也需要老師教導，而不只是一個接著一個取出人們的闌尾、看看到底哪裡出了毛病。父母透過向孩子傳遞他們學過的東西或者他們認為自己學會的東西來教導孩子。如果父母是輸家，他們會把輸家的結局傳遞給孩子；如果他們是贏家，就會傳遞贏家的結局。人生的發展總有其故事情節，雖然故事或好或壞的結局已由父母的教導所決定，但是達到結局的具體情節，則由孩子自由選擇。

3. 神話和童話：看似誇張的故事，卻映照著真實的生活

最初及最原始的腳本，稱作「原始草案」（primal protocol），是孩子很小的時候在腦中構建的。那時，除了直系親屬外，他幾乎沒有接觸過其他人。我們猜想，父母對那時的孩子來說一定就像擁有魔法的巨人，彷彿是希臘神話中的男巨人、女巨人、食人妖及蛇髮女妖。孩子之所以會有這樣感覺，是因為父母比他們高三倍，大十倍。

隨著孩子長大，他們愈來愈複雜，生活由刻板變得充滿趣味。此時，孩子將根據對新環境的感知，第一次開始修改腳本。修改的根據是母親唸給他聽的童話故事和動物故事，後來則根據自己閒暇時所讀到的故事，孩子可以讓自己在這些故事中自由想像。故事中的人物對他們來說就和父母一樣具有魔法，但是不像父母的影響那麼大。故事提供孩子一整套全新的人物，以供他們在想像中扮演各種角色：動物王國中的動物都有自己的性格，熟悉的角色包括熱心的玩伴和朋友，因為害怕或聽到、看到某些東西而逃跑的傢伙，還有孩子聽說、讀到，外加想像出來有某種特殊能力的怪獸。孩子想像的人物也可能來自電視，就連廣告都能激發這個年齡的孩子的想像。此時最糟糕的情況是沒有書、沒有電視，甚至沒有母親，不過就算孩子看到一頭乳牛，也能將其假想成某種怪物。

也就是說，在腳本發展的第一階段，兒童把身邊的大人當作具有魔法的人，並相信這些人有時候可以變成動物。在腳本發展的第二階段，他們只是將人的某些性格賦予到動物身上，這種傾向在某些人身上會一直持續到成年，孩子相信馬、狗、海豚也具有人一樣的性格❻。

第三階段是青少年時期，孩子再次修訂腳本以適應當下的現實。他們期望自己的世界依舊充滿趣味、熠熠生輝，但是這種感覺有時候需要毒品來裝飾。隨著時間推移，孩子愈來愈接近現實。所謂現實，就是周圍的人或事真的按自己的期待做出反應。幾十年後，孩子終於做好告別演出的準備。這個告別演出是最重要的，治療師的責任就是修正它。

下面是一些例子，列出了神話、童話與人類生活的相似之處。溝通分析的

---

❻ 譯注：伯恩不相信動物具有與人相似的性格，認為那是兒童期的幻想。

視角可以良好詮釋這些故事。後面講的火星人的故事，延續了前一個故事，是心理遊戲與腳本分析師更客觀看待人類生活時所揭示的祕密。火星人馬里奧來到了地球，回到火星後，他需要如實報告地球的樣子，而不能根據地球人說了什麼來報告，也不能按照地球人期待他如何理解而進行報告。馬里奧不聽人們說的大話、不看各種表格資料，也不聽人們如何描述他們的行為，只是觀察人們真正在做什麼，以及對彼此做了什麼。接下來就是少女歐羅巴❼的故事：

歐羅巴是海神尼普頓❽的孫女。有一天她在海邊的草地上採花，這時，一頭漂亮的公牛出現並跪在她面前。公牛用眼神邀請歐羅巴爬到背上，歐羅巴被公牛優美的聲音以及友善的行為深深吸引，於是她想，也許騎在公牛背上在山谷裡逛逛會非常有趣。但是當歐羅巴爬上去的那一刻，公牛便帶她跨越了海洋。公牛其實是朱比特❾假扮的，當朱比特看到喜歡的女孩時，任何事情都阻止不了他。之後歐羅巴生活得不算太糟，因為她到克里特島（位於地中海東部，屬於希臘的領土）後生下了三個國王，還擁有一塊以她的名字命名的陸地。這大概發生在西元前1522 年，而這個故事可以在莫斯霍斯（Moschus）的《第二田園詩》（*Second Idyllium*）中找到。

誘拐者朱比特來自一個不尋常的家庭。根據古希臘詩人赫西奧德（Hesiod）的《神譜》（*Theogony*），朱比特的父親、農業之神薩圖恩一共有六個孩子。前五個孩子一出生就被父親吃掉了，當第六個孩子朱比特出生時，母親把一塊石頭放進了襁褓，將朱比特藏了起來，於是朱比特的父親吃掉了石頭，而不是朱比特。朱比特長大後，和祖母聯合起來逼迫薩圖恩把吃掉的石頭和五個孩子吐出來，這五個孩子分別是：冥界之神普魯托、海神尼普頓、灶神與家庭之神維斯塔、穀物和豐收女神克瑞斯，以及象徵婚姻與母性的朱諾。與朱比特的關係結束後，歐羅巴被埃及國王達那俄斯帶走，並生下一個女兒，名叫阿密摩涅。

阿密摩涅的父親，也就是埃及國王，要她到阿各斯城去取水，在取水的過程中，海神尼普頓看到了她，並愛上了她。尼普頓從好色的羊男❿手中救下了阿密摩涅，並把她留在身邊。但是尼普頓其實是阿密摩涅的曾祖父，朱比特是阿密摩

---

❼　譯注：希臘神話中的人物，傳說中歐洲就是以她的名字命名。
❽　譯注：尼普頓（Neptune）是羅馬神話中的海神，等同於希臘神話中的海神波賽頓。
❾　譯注：朱比特（Jupiter）是羅馬神話中的主神，也就是希臘神話中的「宙斯」。

涅母親的叔公。

現在，我們透過刺激、反應的方式，來分析這個家族傳奇中所有的重要溝通。當然，每一個反應都可能是下一次溝通的刺激。

分析歐羅巴家族中的溝通模式

1. 刺激：一個漂亮的少女在優雅的採花。
   反應：一個多情的神（她的叔公）把自己變成一頭金牛。
2. 反應：少女撫摩金牛的身體、拍拍牠的頭。
   反應：金牛親吻她的手並轉動眼睛。
3. 少女爬到金牛的背上，金牛誘拐了她。
4. 少女表達害怕和驚訝，並詢問金牛是誰。金牛打消了她的顧慮，結果似乎不錯。
5. 刺激：父親吃了他的孩子。
   反應：母親讓父親吃下石頭。
6. 反應：被救下的兒子逼迫父親吐出曾經吃掉的孩子和石頭。
7. 刺激：父親吩咐一個美麗的少女去取水。
   反應：少女碰見了羊男、遇到了麻煩，如今英文中「羊男」（satyr）這個字也用於代稱「色狼」。
8. 刺激：少女的美麗激起了曾祖父的愛。
   反應：曾祖父從羊男手中救下少女，並將她留在身邊。

對腳本分析師來說，這個神話（莫斯霍斯的版本）的一連串溝通中，最有趣的現象是儘管歐羅巴瘋狂痛哭和抗議，但她從未直接表達「停下來！」或「立刻把我送回去！」相反的，她很快就開始猜測誘拐者的身分。換句話說，歐羅巴大聲的抗議其實只是表面現象，同時也在小心維護，讓事情繼續發展下去。接下來，歐羅巴變得順從，並開始好奇結果會如何。因此，歐羅巴的痛哭具有模稜兩可的性質，用火星語來說是「有膽量的」或「被腳本驅使的」。歐羅巴讓整件事情看起來像是「違背她的意願的」，但是實際上她是在玩叫做「挑逗」（Rapo）的心理遊戲❶，這個心理遊戲也與她最後「成為國王的母親」腳

---

❿　譯注：希臘神話中被描繪成人形卻有山羊尖耳、腿和短角的森林之神，喜歡尋歡作樂。

本相符。對誘拐者感興趣，並不是堅定阻止誘拐者的好辦法。不過，表達抗議卻可以讓她免去一開始就與對方調情的責任。

接下來是我們更為熟悉的故事。這個故事包含了以上大部分的溝通，只是順序有些不同。這個故事選自英國作家安德魯·蘭（Andrew Lang）⓬與格林童話的版本。孩子從很小就開始聽這個故事，幾乎所有英語系國家以及部分非英語系國家皆是如此。通常，這個故事能激發孩子的想像力：

從前從前有一個可愛的小女孩叫「小紅帽」。有一天，母親要她穿越樹林，送一些食物給外婆。半路上，小紅帽遇到了一隻誘惑她的大灰狼，牠覺得小紅帽會是一頓美味的餐點。大灰狼告訴小紅帽不要那麼嚴肅應該開心一點，不要去想送食物給外婆的事情，而是注意周圍的野花、採花。當小紅帽高興的採花時，大灰狼到了外婆家，把外婆吃掉了。當小紅帽抵達時，大灰狼假扮成外婆，邀請小紅帽一起躺到床上。小紅帽照做了，同時發現外婆有很多奇怪的地方，於是，小紅帽想這到底是不是外婆。大灰狼開始試著打消小紅帽的疑慮，然後把她吃掉了（很顯然，大灰狼吃小紅帽的時候並沒有咀嚼）。然後，獵人來了，剖開了大灰狼的肚子，救出了小紅帽和外婆。之後，小紅帽高興的幫獵人在大灰狼的胃裡裝滿了石頭。有些版本中，結局是正當大灰狼要吃掉小紅帽時，小紅帽大喊救命，然後獵人來了，用斧頭殺死了大灰狼。

在這個故事中，同樣有一個誘惑的畫面，也就是狡猾的動物引誘無知、喜歡採花的女孩「誤入歧途」。這隻動物喜歡吃小孩，但是結局卻是自己胃裡被裝滿了石頭。和阿密摩涅一樣，小紅帽也被使喚幫忙，然後半路遇到了大灰狼、遇到了麻煩，最後與拯救者關係親密。

火星人對這個故事提出了幾個有趣的問題。姑且假設這個故事是真的，包括會說話的大灰狼，雖然火星人從來沒有遇過一隻這樣的狼。關於發生的事，火星人想知道這一切究竟是怎麼回事以及這樣的事情會發生在什麼人身上。接下來，就是火星人對此事的一些想法。

⓫　譯注：請參考《人間遊戲》第9章有關「挑逗」這個心理遊戲的解釋。
⓬　譯注：英國作家和人類學者，以其神話小說最為著名。

火星人的反應：分析小紅帽故事中的溝通模式

「有一天，小紅帽的母親要她穿越樹林，送一些食物給外婆。半路上，小紅帽遇到了一隻大灰狼。」

是什麼樣的母親，會讓一個小女孩進入一座有大灰狼的森林？母親為什麼不自己送去或者和小紅帽一起去呢？如果外婆真的那麼無助，為什麼母親會把她獨自留在遙遠的小屋裡呢？但是假如小紅帽不得不去，母親為什麼不提醒小紅帽不要停下來和大灰狼說話呢？這個故事清楚顯示，從來沒有人告訴過小紅帽森林很危險。沒有任何母親會愚蠢到忘記把危險告訴孩子，因此，小紅帽的母親不是不關心女兒身上會發生什麼事，就是甚至想要拋棄女兒。也沒有小女孩會那麼愚蠢，她怎麼會看著狼的眼睛、耳朵、爪子和牙齒，仍然認為那是外婆呢？小紅帽為什麼不逃離外婆的房子，跑得愈快愈好呢？小紅帽把石頭放到狼的胃裡這件事也沒有太大意義。無論如何，一個頭腦清楚的小女孩在和大灰狼說話之後，都不會停下來採花，而會對自己說：「那個渾蛋想要吃掉我的外婆，我必須趕快找人幫忙！」

就算是外婆和獵人，也有可疑之處。如果把故事中的人物當成真實生活中的人物，每個人都有自己的腳本。從火星人的角度來看，我們可以看到他們的個性與腳本多麼吻合：

【角色1】母親：母親明顯是想「意外的」失去女兒，或者至少希望在事情發生後說：「這不是太糟了嗎，如今你想在一個沒有狼的公園裡走走都不行……」等。

【角色2】大灰狼：不去吃像是兔子之類的動物，而去吃人，這明顯太過分了。大灰狼應該知道這不會有什麼好結果，因此，牠絕對是想自找麻煩。大灰狼顯然讀過德國哲學家尼采（Friedrich Wilhelm Nietzsche）或者類似尼采之人的著作（如果大灰狼會說話，還能在帽子上打蝴蝶結，那麼這隻大灰狼絕對會讀書），牠的座右銘絕對是「危險的活著，輝煌的死去」之類的話。

【角色3】外婆：獨自生活還沒有把門拴好，外婆很可能期待發生有趣的事。假如外婆和其他人一起生活，就可能不會發生這麼有趣的事了。這也許就是外婆不和其他人一起住或當鄰居的原因。既然小紅帽的年齡還很小，外婆應該還不是很老，還能冒險。

【角色4】獵人：獵人明顯是個拯救者，他喜歡在甜美小女孩的幫助下征服對手——很明顯，這是一個青春期腳本。

【角色5】小紅帽：小紅帽清楚告訴了大灰狼她要去哪裡，甚至跟大灰狼躺在一張床上。小紅帽很明顯在玩「挑逗」這個心理遊戲，並在最後對整件事感到很高興。

　　實際情況是，故事中的每個人都在不惜代價尋求某種東西。從表面上來看，最終受害者是大灰狼，用小紅帽當做誘餌，讓牠覺得自己比任何人聰明，但是結局卻很可憐。如果真的是這樣，這個故事的寓意就不應該是天真的小女孩要遠離有大灰狼的森林，而是大灰狼最好遠離那些看起來很天真的小女孩以及她們的外婆。簡而言之，就是大灰狼不應該獨自穿越森林。另一個有趣的問題是，母親拋棄小紅帽的當天，接下來會做什麼事。

　　如果以上的分析看起來滑稽可笑，那麼我們現在思考一下真實生活中的小紅帽是什麼樣子。一個很重要的問題是：有這樣的母親，加上這樣一段經歷，小紅帽長大後會出現什麼狀況呢？

「小紅帽」腳本：童年性騷擾事件與腳本的關聯

　　在精神分析文獻中，人們將大部分注意力放在「裝入大灰狼胃裡的石頭」的象徵意義上。然而對溝通分析師來說，最重要的是「所有人物的互動」。

　　凱莉30歲時前來治療，主要傾訴自己頭痛、憂鬱、不知道想要什麼，也找不到讓自己滿意的男朋友。就像故事中的小紅帽，凱莉也有一件紅色的衣服，且好像總是想透過迂迴的方式助人。

　　有一天，凱莉進到治療室後說：「治療室附近的街上有一隻狗生病了。你要不要打電話給動物保護協會？」

　　Q醫生說：「妳為什麼不自己打電話給動物保護協會呢？」

　　對這個問題，凱莉的回答是：「誰，我？」

　　凱莉從來沒有親自救助過任何人，但是總是知道從哪裡可以找到救助者。這對小紅帽來說是典型的現象。Q醫生問凱莉，有沒有在下午茶時間需要人出去採購飲料的公司工作過。她說有。

　　「誰出去採購飲料呢？」

「當然是我了。」凱莉回答。

凱莉的故事與腳本相關的部分如下：凱莉 6 ～ 10 歲期間，母親經常叫她到外婆家做事或玩耍。凱莉前去時，外婆通常不在，只剩她和外公獨處。凱莉經常感覺外公的手在她的裙子下面撫摸，但是凱利從來沒告訴母親這件事，因為她知道母親會生氣，也會說她撒謊。

如今，凱莉經常遇到一些男人或者「男孩」，很多人會和她約會，但是凱莉總是在與他們約會兩、三次之後就分手了。每次凱莉對 Q 醫生講完最近的一次約會過程後，Q 醫生都會詢問原因，她總是會回答：「哈！哈！哈！因為這個色狼太嫩了。」

凱莉花了很多年穿梭在金融區的樹林裡幫人們送漢堡，並拋棄了很多生嫩的色狼——過著讓人感到無聊、沮喪的生活。事實上，凱莉人生中最刺激的事，就是和外公之間的事。如今凱莉的生活，似乎就是在等待她與外公的事情重演。

這個案例向我們展示了故事結束後，小紅帽的生活。對小紅帽來說，遇到大灰狼是迄今為止發生過最有趣的事情。長大後，小紅帽花了很多時間在樹林裡走動、幫人們送食物，她其實是在盼望遇到另一隻大灰狼。但是小紅帽碰到的都是一些生嫩的小狼，她瞧不起的甩掉牠們。凱莉的故事也告訴了我們誰是真正的大灰狼，以及為什麼小紅帽大膽到可以與牠躺在一張床上——大灰狼就是凱莉的外公。

現實生活中，這位小紅帽的特點如下：

1. 凱莉的母親經常使喚她。

2. 凱莉被外公引誘，但是沒有告訴母親。如果告訴母親，母親會說她騙人。有時候，凱莉會假裝自己很愚蠢，不知道發生了什麼。

3. 凱莉不會親自救助別人，但總是喜歡安排救助，並且總在尋找這樣的機會。

4. 長大後，凱莉成為自願被差遣的人。她總是像個小女孩似的跑跑跳跳，而不是用端莊的方式走路。

5. 凱莉一邊感到無聊，一邊等待著真正刺激的事發生。因為她遇到的都是一些讓她瞧不上、生嫩的色狼。

6. 凱莉喜歡將石頭裝入大灰狼的胃裡，而在現實生活中是其他一些類似的

東西⓭。

7. 我們還不清楚的是，男性治療師對凱莉來說是否像一個拯救者，或者只是像一個和藹、沒有性想法的外公。與這樣的外公在一起，凱莉可能會感到舒服並有一點懷舊，也感到安心，因為不會有什麼事情發生。

8. 當治療師說凱莉讓他想起小紅帽時，她笑了。

9. 非常奇怪的是，凱莉幾乎都穿紅色的衣服。

　　需要說明的是，小紅帽的母親、外婆、外公的腳本，一定是互補的。這樣，她們才會允許類似的性騷擾事件一再發生。故事中快樂的結局也是讓人懷疑的，真實生活中不太可能發生。父母為孩子講童話故事是出於好意，但是快樂的結局其實只是慈愛的「父母自我」向孩子撒的謊。孩子自己編的故事會比較現實，結局也不一定愉快。事實上，結局可能是很可怕的 4。

4.等到死亡到來：等待沉睡

　　腳本分析的目標之一，是將個案的腳本嵌入整個人類的心理歷史中。歷經了穴居時代、農業發展、牧場定居，以及中東極權統治時代，人類心理顯然已經發生了變化，但是變化甚微。 約瑟夫・坎伯（Joseph Campbell）在著作《千面英雄》（*The Hero With A Thousand Faces*）中這樣總結（這本書對腳本分析師來說是最好的教科書）：「佛洛伊德、榮格（Carl Gustav Jung）以及他們的追隨者已經無可辯駁的證明了神話中的邏輯、英雄角色及其行為至今仍活躍著……某日下午，當你站在四十二街和第五大道的交界處等紅綠燈時，就可以看到伊底帕斯、美女與野獸的經典故事還在繼續上演。」

　　坎伯指出，神話中的英雄取得了全人類歷史上的成功；而童話中的英雄僅在一個小小的家庭範圍內取得了成功；個案則是那些無法取得他們期待的成功並還活著的人。因此，個案來見心理治療師——「知曉所有祕法及語言力量的人。就好像童話和神話中年老的智者，對英雄的提點可以化解他們在征途中遭

⓭　譯注：比如凱莉送的漢堡。

遇的磨難與恐懼。」

對個案來說，他們用「兒童自我」理解故事，而不管「成人自我」如何講述同樣的故事。從有人類開始，顯然孩子都面對著相同的問題，並且用相同的方法應對。人生會經歷的傷痛猶如新瓶裝舊酒：山羊皮取代了椰子和竹子、陶瓷取代了山羊皮、玻璃取代了陶瓷、塑膠又取代了玻璃。但是釀酒所用的葡萄，卻沒有多大改變，酒的上層依舊是醉人的液體，底部依舊是同樣的殘渣。因此，如同坎伯所說，人們的奇遇及個性從古至今其實並沒有很大的變化。**如果知道了某個人腳本中的一些元素，就可以有把握的預測他將會朝什麼方向發展，並有機會在他遭受不幸或災難前阻止他。**這就是所謂的「預防性精神病學」（preventive psychiatry），可以稱其為「有所好轉」（making progress）。更好的情況是，我們可以改變他的腳本或者讓他徹底放棄腳本，這就是所謂的「治療性精神病學」（curative psychiatry），可以稱其為「痊癒」（getting well）。

雖然我們不需要極精確掌握個案所遵循的神話或童話故事，但是對細節了解得愈多愈好。不了解歷史會讓我們經常犯錯。例如，你可能會把個案人生中的一個片段或最常玩的一個心理遊戲誤以為是整個腳本；或者由於出現了一個具有象徵意義的動物，比如狼，而讓治療走入錯誤的方向。神話或童話故事存在了數百甚至數千年，足以了解它們對人類思維具有普遍性的吸引力。將個案的人生計畫，或者說，他的「兒童自我」的人生計畫與故事連結起來，至少可以讓我們的工作擁有堅實的基礎。最好的情況是這個故事能夠提供精準的線索，讓我們知道可以採取什麼樣的措施改變個案糟糕的結局。

「等待死亡到來」腳本：「男人都是畜生，但是妻子有責任滿足他的獸性」

童話故事能夠揭露腳本的元素，否則我們將難以發覺腳本，比如「腳本幻覺」（script illusion）就很難被發現。溝通分析師認為，精神疾病源自某種形式的「自我欺騙」，但正是由於個案將他們的生活及無能建築在虛構與幻想之上，他們才能被治癒。

在例如「性冷感的女人」（Frigid Woman）或「等待死亡到來」（Waiting for Rigor Mortis，縮寫WRM）這樣的腳本中，母親會不斷告訴女兒「男人都是畜生，但是妻子有責任滿足他的獸性」。如果母親強調得太過分了，女孩甚至會認為性高潮足以讓她死去。這種母親通常都是「假內行」，她們會提出一些能夠解

除詛咒或稱作「反腳本」的方法。比如，與一個非常重要的人物（例如有金蘋果的王子）結婚，她就可以享受性生活。但是假如女兒沒有與重要人物結婚，母親會告訴女兒錯誤的訊息：「等妳停經後，一切麻煩就沒有了，因為那時妳就不會處於性高潮的危險中了。」

現在，我們似乎可以看到其中包含三個幻覺：致命的性高潮、擁有金蘋果的王子、神聖的解脫或聖潔的停經。但是這些幻覺都不是真正的腳本幻覺——女孩透過自慰，可以知道性高潮並不會要了她的命；找到有金蘋果的王子也不是幻覺，因為她確實有可能遇到這樣的男人，就好比她獨得了樂透獎金或是打牌時拿到了四個 A，這兩件事雖然發生的機率很小，但是也不是天方夜譚。神聖的解脫不是女孩的「兒童自我」想要的。為了找出腳本幻覺，我們需要了解與「等待死亡到來」這種腳本互相匹配的童話故事。〈睡美人〉的故事：

憤怒的仙女說野玫瑰將會扎到睡美人的手指，然後她會倒下死掉。另一個仙女幫睡美人減輕了這個詛咒，變為沉睡一百年。當睡美人 15 歲時，野玫瑰確實扎到了她的手，她立刻倒下睡著了。同一個時刻，城堡裡所有的人和物都一起沉睡了。在這一百年中，很多王子試圖穿過長在睡美人周圍的玫瑰叢，可是都沒有成功。最後，滿一百年時，一位王子到來並成功穿過了玫瑰叢。王子發現公主並親吻她時，她醒了過來，兩個人相愛了。同一時刻，城堡裡所有的人和物也醒了，他們繼續一百年前手中正在做的事，就好像什麼事都沒有發生、從來沒有沉睡過一樣。公主依舊是 15 歲，而不是 115 歲。她和王子結婚之後，其中一個故事的版本是從此他們過著幸福的生活；另一個版本是，這只是他們麻煩的開始 5。

在神話中，有很多奇特的沉睡。其中，最著名的可能是布倫希爾德❶，她被禁錮在山頂上沉睡，身邊是一圈熊熊烈火，只有勇士才可以穿過，後來是齊格菲完成了使命 6。

睡美人故事中的一切，儘管細節也許稍有不同，但都有可能在現實中發生——女孩確實可能會被扎到手指並暈倒，也可能在城堡中沉睡，王子也可能會

---

❶ 譯注：北歐神話中的女武神。她被指派仲裁兩名國王之間的決鬥，因為裁決不合諸神之王奧丁的心意，被降罪變為人類、禁錮在阿爾卑斯山希恩達爾峰上一個被盾牌牆環繞的城堡中。奧丁對她施以詛咒，令她沉睡直至有人來救她並娶她為妻。

在森林裡漫步尋找美麗的少女。但是有一件不可能發生的事，就是這麼多年過去了一切都沒有變，也沒有人變老。這是真正的幻覺，因為這是絕對不可能發生的，而它是「等待沉睡」腳本的幻覺基礎——當王子到來時，睡美人依舊是15歲，而不是30、40或者50歲，她們還有一生的時間可以過。「永保青春」其實是「長生不老」幻想的姊妹，我們很難告訴「睡美人」，現實的情況是王子比她們年輕，等王子到她們這個年齡時已經成為了國王，早已變得沒有那麼有趣了。腳本分析師的工作中，最痛苦的一部分是「打破幻覺，讓個案的兒童自我確實知道世界上根本沒有聖誕老人」。如果個案可以提供一個最喜歡的童話故事，那麼無論對腳本分析師還是對個案，治療工作都會更容易。

「等待死亡到來」這種腳本的一個實際問題是，假如睡美人真的找到有金蘋果的王子，她會覺得對方比自己高貴，因此一定要挑出王子的毛病，玩「瑕疵」（Blemish）這個心理遊戲，把王子拉低到自己的水準，這樣，睡美人就可以再次期待自己回到玫瑰花叢中沉睡。另一種情況，假如睡美人降低要求，接受了擁有銀蘋果的王子，或是從商店買來普通蘋果的王子，她會覺得自己被騙了，並且向王子發洩自己的不滿，同時繼續尋找擁有金蘋果的王子。因此，無論是等待沉睡的腳本，還是可以抵禦詛咒的反腳本都無法讓當事人體驗到滿足感。另外，如同童話故事，睡美人還需要應付王子的母親以及詛咒她的女巫
❶ 。

這個腳本非常重要，因為世界上有很多人都在用不同的方式將生命浪費在「等待死亡到來」上。

5. 家庭戲劇：了解腳本情節與重要線索的方法

另一個發現腳本情節或重要線索的好方法，是詢問：「假如你的家庭生活被搬上舞台，會是哪一種戲劇？」很多人會用希臘的伊底帕斯和厄勒克特拉❶

---

❶ 譯注：在某個《睡美人》故事版本中，王子的母親是妖怪，想要吃掉公主與她和王子的兩個孩子。

❶ 譯注：希臘神話中的悲劇故事，為了替父親報仇，身為女兒的厄勒克特拉慫恿弟弟殺死了母親和母親的情夫。佛洛伊德也以此命名他的重要理論「厄勒克特拉情節」（戀父情結）。

來命名。在戲劇中，兒子為了母親而與父親競爭，女兒希望把父親據為己有 7。但是與此同時，腳本分析師也必須了解父母的想法，為了方便起見，我們把「從父母角度命名的戲劇」分別稱作「斯帕底伊」（Supideo）和「拉特克勒厄」（Artcele）❶。「S」是伊底帕斯戲劇的反面，清晰或隱晦的表達了母親對兒子性方面的感受；「A」是厄勒克特拉戲劇的反面，表現了父親對女兒的情感。儘管父母總是試圖隱藏這種情感，與子女玩「吵鬧」（Uproar）心理遊戲，但是這種情感並非虛構，仔細審視他們與孩子的關係，幾乎都可以發現它。換句話說，心煩意亂的父母需要進入「父母自我」，用吵架的方式命令孩子，才能掩蓋他們的「兒童自我」對子女性方面的感受。儘管他們努力使用「吵鬧」或其他方式隱藏自己的情感，但是有時候依舊會透露出端倪。其實，最快樂的父母，能夠經常公開讚美自己孩子的魅力。

S 和 A 的戲劇如伊底帕斯和厄勒克特拉的戲劇，有很多變形。隨著孩子長大，這些戲劇逐漸上演為母親與兒子的男性朋友發生關係，或者父親與女兒的閨蜜發生關係；更「冒險」的版本是母親與女兒的男朋友上床，父親與兒子的女朋友上床❶。而為了報復，年輕的伊底帕斯可能與父親的情婦發生關係，或者厄勒克特拉與母親的情人發生關係。有時候，家族腳本需要某個或某些成員成為同性戀，相應的變形是兒童期的性遊戲，兄弟姊妹間的亂倫，或者是後來互相引誘對方的伴侶。任何偏移伊底帕斯（兒子想和母親發生關係）和厄勒克特拉（女兒想要父親）標準規則的行為，無疑都會影響當事人的一生。

家庭戲劇中除了性的部分，還有其他更激烈的內容。同性戀女孩被情人拋棄而攻擊了對方，女孩手持刀子指向情人的咽喉，哭喊著：「妳允許我傷害妳，卻不允許我治癒它。」這可能是所有家庭戲劇中包含的格言，是父母痛苦的起源，是青少年叛逆的原因，以及打算離婚的夫妻的哭喊。受傷的人離家出走，哭喊的人在報紙上刊登廣告：「瑪麗，回家吧。所有事情都被原諒了。」

---

❶ 譯注：伯恩在此將「伊底帕斯」（Oedipus）的英文倒敘「斯帕底伊」（Supideo），以及「厄勒克特拉」（Electra）的英文倒敘「拉特克勒厄」（Artcele），表示這兩種戲劇的反面。但是在中文譯本上為了方便敘述，下文皆用「S」代表「厄勒克特拉」，而「A」代表「拉特克勒厄」。

❶ 這通常發生在由於沒有兒子，無法扮演伊底帕斯母親兼妻子約卡斯塔的母親身上，同樣的也會發生在沒有女兒的父親身上。

這是為什麼即使有最糟糕的父母，孩子依然會病態的與他們維持聯絡。受傷雖然痛心，但是治癒的感覺卻如此美好[19]。

6. 人類命運：受到腳本、應該腳本與兒童自我控制

一開始，想到人類高貴或墮落的命運，全由不到 6 歲的孩子決定是非常不可思議的，但這就是腳本理論的觀點。人類的命運通常在 3 歲時決定，如果你與 6 歲或 3 歲的孩子談過話，就會更容易相信這個觀點。如果你了解當今世界正在發生什麼，過去曾經發生過什麼，並能預見未來將會發生什麼事情，也會更容易相信腳本理論。人類的各種腳本可見於古代的紀念碑上、法庭與太平間中、賭場裡、給編輯的信件，以及政治辯論中。一些人在這些地方告訴其他人什麼才是正確的路，試圖證明父母在嬰兒房裡告訴他們的話適用於全世界。幸運的是，有些人擁有好的腳本，而有些人可以成功從不好的腳本中擺脫，依照自己的心意做事。

人類的命運可以沿著不同的道路走到相同的終點，相同的道路也可能帶來不同的結局。**每個人腦中都背負著自己的「腳本」及「應該腳本」──以「父母自我」聲音的形式存在，告訴他們要做什麼、不要做什麼。**他們的渴望存在於「兒童自我」勾勒出的圖畫中。在腳本、應該腳本以及「兒童自我」渴望這三者的影響之下，人們展開自己的人生。每個人都像纏在一張網裡，與其他人的腳本交織在一起：首先是父母的，其次是配偶的，在這些之上，是他們所生活地域的統治者的。另外，有形或無形的一些因素，也可能影響人類的腳本，例如傳染病或身體缺陷。

「腳本」是一個人在童年早期對未來做出的計畫，「人生歷程」（life course）是真正發生的事情。人生歷程由基因、父母背景、外部環境共同決定。如果一個人的基因致使他智力發展遲緩、身體殘缺，或者由於罹患癌症或糖尿病早早死去，那麼他幾乎沒有機會為自己的人生制定計畫，或者制定了計畫也無法執行，他的人生由遺傳（也可能是出生時受到的損傷）決定。如果父母自身在

---

[19] 譯注：這段話體現了家庭中親子間、伴侶間心理遊戲的特性：彼此傷害，且會不斷重複。

嬰兒期遭受過嚴重的身體或情緒創傷，就有可能摧毀子女實施甚或形成腳本的機會。這些父母會透過忽略、虐待或在孩子很小的時候就將他丟到福利機構讓他們死去。即使是精心設計過且獲得認可、非常好的計畫，亦可能中斷：疾病、意外、遭受迫害以及戰爭。在散步或開車時，也可能因為某個不相識的人的腳本而導致終結了自己的人生計畫：暗殺、暴徒、車禍。結合以上一些因素，例如基因與遭受迫害❷，讓很多人在做腳本計畫時，只有少數幾種選擇，而這些選擇常常不可避免的帶來悲劇性的人生歷程。

但是即使是在很極端的情況下，人們還是有一些自由選擇的餘地。飛機爆炸、流行傳染病或大屠殺，在這些情況下人們可能根本沒有辦法選擇，但是只要不是這麼極端，就可以在殺死他人、被殺，以及自殺間做出選擇。如何選擇取決於人們的腳本，也就是童年早期做出的決定。

人生腳本和人生歷程的區別，可以透過實驗中的兩隻老鼠來呈現，目的是展現母親早年經歷對後代行為的影響[8]：

第一隻老鼠的名字叫「維克多・普度－威斯達III」（簡稱「維克多」）。維克多是是一隻長期實驗用的實驗鼠，牠的基因很適合參與這項研究，牠的母親維多利亞小時候經常被撫摸。維克多的遠房表哥「亞瑟・普度－威斯達III」（簡稱「亞瑟」）同樣適合參加此研究，不過牠的母親亞瑟利亞小時候從來沒有被撫摸過，只被放在籠子裡❷。這對表兄弟長大後，實驗者發現維克多比亞瑟更重、探索更少、更常排泄。實驗結束後，研究者並沒有報告從長遠角度來看，兩隻實驗鼠的身上又發生了什麼。究竟發生了什麼事情，很可能取決於外部因素，比如實驗者需要用牠們做什麼實驗。因此，牠們的人生歷程由基因、母親的早年經驗，以及無法控制的外部力量共同決定。作為個體，兩隻實驗鼠想實施的「腳本」或「計畫」，必須受制於以上所有因素。喜歡平淡生活的維克多在籠中可以過得很享受，而喜歡探索的亞瑟則因為困在籠中感到沮喪。牠們都有很強烈的性衝動，但是都沒有機會透過繁殖延續自己的生命。

湯姆、迪克和亨利是維克多和亞瑟的遠房表親，牠們的經歷不同。湯姆被訓

---

❷　譯注：例如種族迫害。

❷　普度－威斯達是實驗中老鼠真實使用的姓氏，維克多和亞瑟取自他們的教父，即實驗者的名字。

練按壓一個槓桿，以避免電擊，且在按壓槓桿後可以得到一小粒食物作為獎賞；迪克也被以同樣的方式訓練，不同的是牠獲得的獎勵是一口酒；亨利也被訓練避免不愉快的電擊，獎賞是一個愉快的電刺激。之後，每隻實驗鼠也要接受其他兩種訓練，一段時間後，牠們都已經學會三種程式。接下來，他們被放入一個有三個槓桿的籠子：一個可以壓出食物、一個可以壓出酒，另一個可以壓出令人愉悅的電刺激。現在，他們可以自己「決定」想要過何種人生：吃、酩酊大醉、陶醉於愉悅的刺激，抑或是三者結合或交替。另外，這個新籠子裡還有一台跑步機，這三隻實驗鼠也可以決定：在獲得各種獎賞的同時，是不是想要運動。

這個例子與腳本決定非常相似，因為每隻老鼠都可以決定自己的一生會成為美食家、酒鬼、刺激尋求者、運動員，還是適當結合這幾個項目。只要牠們待在籠子裡，就可以獲得可預期的獎賞，按照牠們的「腳本決定」發展。然而，最終真正的結果取決於外部不可抗拒的力量，因為實驗者可能會介入實驗，並在他們想要的時候終結實驗鼠的腳本。因此，最終結局由其他人決定，而在達到結局之前，牠們的人生歷程及生活風格主要由牠們的「人生計畫」決定。但牠們的「人生計畫」只能在「父母親」（也就是訓練牠們的實驗者）提供的選項中選擇。就算實驗鼠做出了某種選擇，這個選擇依舊受以前的經歷影響。

人類雖然不是實驗室裡的動物，但是行為常常很類似。有時候，人類就像被放入籠中的實驗鼠，受主人操控、為主人的意願獻身。不過，很多時候，這個籠子都有一扇門，如果他們願意，可以走出去，假如沒有走出去，通常都是腳本使然。籠子讓他們感到熟悉和安心，眺望了包含快樂與危險的自由世界後，他們回到籠中，繼續按壓按鈕和槓桿，因為他們知道，只要在正確的時間按壓了正確的槓桿，就一定可以獲得食物、酒，以及時不時的愉悅刺激。然而，像這樣生活在籠子裡的人總是要麼希望，要麼恐懼某種更強大的力量改變或終結現在的一切，例如偉大的實驗者或電腦程式。

人類的命運由四種令人敬畏的力量決定：

【第 1 類】父母編制的「惡魔程式」：以頭腦中唆使的聲音存在，古語稱之為「魔鬼」（Daemon）。

【第 2 類】父母編制的「建設性程式」：出於生命發展自然的推動力，古

語稱之為「自然秩序」（Phusis）。

【第3類】外部力量：仍稱作「命運」（fate）。

【第4類】自主的志向：古人沒有為其命名，因為他們認為這是屬於諸神與王者的特權。

　　按照這四種力量，人生歷程分為四種類型：腳本的、應該腳本的、被迫的，以及自主的。這四種歷程獨自或相互交織在一起，導致人們有不同的人生結局。

7. 歷史背景：溝通分析之前的腳本概念與研究

　　身為臨床醫生、精神病學家，或臨床心理學家，對影響個案行為的「一切因素」都會相當感興趣。但是接下來的各章節，我們無意討論影響個體人生歷程的全部因素，只想討論現今已經知道、對人生計畫有強烈影響的因素。

　　在我們繼續討論腳本如何被選擇、加強、實施以及分解出其組成要素前，需要指明的是，腳本並不是全新的概念。古典或現代文學都影射出這樣的事實——世界是一個舞台，每個人都依照自己的腳本演繹著自己的人生。然而，文學影射不同於持續、廣泛的研究。雖然很多精神病學家及其學生致力於研究人生戲劇，但是由於缺乏諸如結構分析（圖解人格以及分類溝通）、遊戲分析（揭示騙局－餌、可乘之機－鉤、轉換以及結局）、腳本分析（腳本矩陣，包括夢、運動衫、點券以及要素）等有力的工具，致使他們的研究不能以有系統的方式取得深入的進展。

　　「人類生活與神話、傳奇以及童話故事裡的模式一致」這個觀點，在坎伯的書中有最為詳細的闡述，我們之前已經提過這本書[9]。他的心理學思想主要來自榮格和佛洛伊德。在榮格思想中，與此最接近的是他提出且最著名的「原型」（Archetypes，相當於腳本中的神奇人物）及「人格面具」（Persona，呈現出腳本的風格）的概念[9]。如果沒有特殊的訓練，榮格的其他思想並不是那麼容易理解，或是與真實生活連結；就算能夠理解，不同的人也傾向給予這些思想不同的解釋。總體來說，榮格贊同從神話和童話的角度思考，這也是他的重要影響

之一。

　　佛洛伊德經常將人類生活中的很多面向與這齣戲劇連結，也就是「伊底帕斯的神話」。用精神分析的語言來說，個案就是伊底帕斯，是一個展現出症狀的「人物」。伊底帕斯的故事情節存在於個案的腦中。而在腳本分析中，伊底帕斯是此時此刻正在上演的一幕又一幕真實戲劇，有開始、高潮和結局。要上演這齣劇，還需要他人扮演其他角色，個案需要確保找到這樣的人物。其實，個案只知道如何與自己腳本匹配或吻合的人交談。如果他的腳本是殺掉國王並和皇后結婚，就必須要找到一個國王，國王的腳本是被人殺掉；也必須找到一個皇后，她的腳本是蠢到與個案結婚。佛洛伊德的一些追隨者，比如葛羅夫（Edward Glover）開始意識到伊底帕斯情結不僅是一種表現，而且是一齣戲劇。坎伯的前輩蘭克（Otto Rank）指出，最重要的那些神話或童話故事中，都包含一個基本情節，這些情節在全世界很多人的夢中或者生活中都會顯現。

　　佛洛伊德提過「強迫性重複」（repetition compulsion）以及「強迫性命運」（destiny compulsion）9❷，但是他的追隨者並沒有深入探究這些概念，並用於理解個案的整個人生歷程。艾瑞克森是對人從出生到死亡全程進行系統性研究的學者中，最活躍的精神分析師，而他的很多發現與腳本分析相互印證。總體來說，我們可以認為腳本分析是佛洛伊德學派，但卻不是精神分析學派。

　　在溝通分析理論出現之前，阿德勒（Alfred Adler）的言論最接近腳本分析：

　　「如果我知道一個人的目標，就能大概知道他的生活會發生什麼，並能夠將他一個又一個行動排出適當的順序……我們一定知道，被監視的人因為缺乏目標而不知道要對自己做些什麼……目標決定了他的生活軌跡……人的精神生活就像好的戲劇家所創作的人物的第五幕。如果心理現象可以幫助我們了解一個人，我們也必須將心理現象與其目標連結，才能理解其含義。所謂目標，是一種（祕密的）人生計畫，是想要獲得某種結局的嘗試。人生計畫是無意識的，因此個案相信命運無法抵抗，而不是他長期準備、行動，並需要為此負責的結果……這樣的人會為自己的人生做出結論，然後透過建構一個或一連串『如果……』句型，並依照這個結論生活：『如果情況不是這樣……』」

---

❷　譯注：指個案無意識形成與早年模式一致的命運。

腳本分析師與阿德勒觀點的不同在於：（1）人生計畫通常不是無意識的；（2）不只是個人該為腳本負責；（3）我們可以預測個體的人生目標及其實現方式（與他人互動精確、真實的方式），甚至可以比阿德勒宣稱的還精確9。

　　最近，英國精神分析師 R. D. 連恩（R. D. Laing）在電台描述了與本書理論非常相似的觀點，甚至使用了相同的術語。例如，他也使用了「禁止訊息」（injunction）這個詞語描述父母為孩子編制且強而有力的程式10。不過，在我寫作這本書的時候，他還沒有出版或發表任何其觀點的著作，因此，他的想法究竟如何，我們無法做出恰當的評估。

　　然而，比這一切都古老的腳本分析師來自古印度，他們的預測主要基於占星術。西元前 200 年，古印度的《五卷書》（*Panchatantra*）說：

在每個人離開子宮前，

都已經確定了這五項：

他的壽命、他的命運、他的財富、

他的學識，以及他的死亡11。

我們只需要稍作修改，就可以更新為新版本：

以下五項來自你的父母，

在你離開子宮後的六年就已確定：

你的壽命、你的命運、你的財富、

你的學識、以及你的死亡。

第 4 章

出生前的影響

Prenatal Influences

人類的腳本不僅可以追溯到母親懷孕期間，

甚至可以往上回溯到祖父母與更久遠的先輩

1. 引言：基因、銘印、兒時的玩耍、父母與社會訓練，都是腳本的基礎

早在古遠時期，腳本中的圖像就已經開始形成，那時候生命如混沌初開，先輩們透過基因向後代傳遞來自經驗的結果。比如，由於基因的作用，蜘蛛無須指導就可以織出奇特、幾何形狀的網。荷爾蒙讓蜘蛛一出生，便成為繪製工程圖的高手，建造出緊密的蜘蛛網，讓蒼蠅無所逃遁[1]。對蜘蛛來說，腳本由父母提供，並被固定寫入 DNA。然後牠就像「受過良好教育的筆尖」一般，按照指令書寫自己的人生。如果不是藥物作用或無法控制的意外，牠絕對不可能背離或改造指令。

對人來說也是一樣，基因從化學角度決定了人必須遵從、無法背離的一些模式，也為一個人的志向設定了上限：例如，他可以在運動員、思想家或音樂家的道路上走多遠。由於或大或小的心理障礙，很少人能夠在他們的領域中充分發揮才能。很多人從生理角度，可以成為一個偉大的芭蕾舞蹈家，但是實際上卻在餐廳伴著別人的午餐起舞；又比如，一個人的基因可以讓他成為一個偉大的數學家，但是他卻在銀行或賭場的密室裡竄改資料。儘管如此，人們依舊可以在生理限制內發展各種可能、決定自己的命運。然而，**多數時候，一個人的命運早已在他看清父母的所作所為之前，就由父母決定了。**

當生命演化到某種程度、可以突破基因的僵化限制後，又會逐漸產生其他控制行為機制。最原始的機制大概是「銘印」（imprinting），只比反射高一個等級[2]。銘印作用會確保嬰兒的器官能夠自動追隨某個物體，並把它當作母親，無論是真的母親，還是被懸掛、拉過他面前的一張黃色卡片。這種自動化的反應能夠確保嬰兒在壓力情境下生存，但是如果跟錯了物件，也很危險。

對於一些動物，習得下一種行為的方法是透過和母親一起玩耍來學習：當模式太複雜或太多樣以致於無法透過基因傳遞時，就會透過咬著玩、打滾或打耳光等方式傳授[3]。透過模仿和對聲音訊號做出反應，這樣，他們的行為就不僅是基因的驅使以及從母親懷裡學到的，還可以透過從海裡、平原上、森林中的所見所聞學習。

我們已經知道，幾乎每一種生物都可以被訓練。從生化角度來看，就連細菌都可以「被訓練」只吃某一種糖而不吃另一種。其他動物，從蠕蟲開始幾乎都可以透過條件反射進行心理訓練，讓牠們學會新的或特殊的行為模式。從長遠角度來說，改變行為模式也可能涉及生化過程，有賴於比基因更靈活的DNA❶。訓練肯定需要訓練者，與被訓練者不同，訓練者必須比被訓練的生物至少高一個等級，也就是訓練者必須經過馴化。馴化和訓練不同，就像貓與老虎有所差別一樣。對動物來說，馴化是即使主人不在場，牠們依舊會服從主人；訓練需要外部給予一個刺激，才能開始一套行為模式，而對於被馴化的動物，刺激在牠們頭腦內部。被訓練的動物只有在聽到主人的聲音後才會服從；而被馴化的動物不需要真的聽到主人的聲音，因為牠們早已把主人的聲音儲存於腦海中了。因此，野生動物可以被訓練遵照訓練者的指示做一些把戲，但是讓牠們變得溫馴卻沒有那麼容易。**被馴化的動物則不僅如此，還可以被調教到即使主人不在場，也能夠按照主人的意願行動。馴化有不同的程度，在所有動物中，馴化程度最高的是人類的孩子。**

猴子、猿和人類（也許包括海豚）是最聰明的動物，他們有另一項特殊能力，就是發明創造的能力。也因此，他們可以做一些從來沒有做過的事：比如將木盒逐一疊起、把棍子——接成更長的棍子[4]，然後用來戳月亮。

---

❶　譯注：基因是有遺傳效應的DNA片段。

為了解釋這種演進，我們可以假想 DNA 正在逐漸演化，比以往更靈活可變。一開始，它們是一些分散、脆弱的基因分子，很難被塑造；之後它們稍微靈活，可以透過重複的條件反射略為改變。不過，如果沒有時常強化，又會反彈回去。之後，DNA 可塑性增加，讓它們能夠記錄已經消失的聲音及事件，並保存一生。即使被遺忘，記錄痕跡仍然存在。DNA 繼續變得靈活，成為人類記憶與意識的工具。如今，它達到最靈敏的程度，能夠隨我們的經驗快速變化，從而幫助我們思考和創造。當 DNA 變得更精妙時，人會變成什麼樣子？目前的世人很難預料。總有一天，我們的後代將成為只有當今詩人才能模糊思索的奇妙生命。

　　人類具有上述提到的所有能力。**我們的行為模式由固化的基因、原始的銘印、嬰兒時期的玩耍和模仿、父母的訓練、社會的馴化，以及自發的創造共同決定，而腳本包含了以上所有因素的影響。**我們假設具有某個典型的人類，名叫「傑德」，他差不多可以代表任何地方、任何氣候中人類的任何一員。傑德的一生都在遵照腳本而活，因為父母在他很小的時候，就將腳本根植於他的腦中。腳本會持續一生，甚至會持續到傑德的「肉體」消逝之後。腳本就像一個錄音帶或鋼琴演奏自動播放系統，早已確定好彈奏順序。與此同時，傑德正坐在鋼琴前，在鍵盤上移動著手指，他以為是自己在彈奏樸實的民謠、莊嚴的協奏曲，但其實這只是很久以前就錄製好、自動播放的而已。

2. 祖先的影響：腳本如何在世代間傳遞

　　臨床訪談發現，有些腳本可以追溯到曾祖父母那一輩。如果有家族歷史記載，則可以追溯至更久遠的時代，例如國王的腳本就可以追溯至千年以前。毫無疑問，腳本在第一個類似人的生物產生時，就已產生[5]，而且沒有理由懷疑腳本中包含的圖像、行動及結局與當今有何不同。古埃及法老的人生歷程是典型的腳本，這是我們目前擁有最古老、最可靠的傳記。阿孟霍特普四世（Amenhotep IV）❷的故事發生在 3500 年前，他將自己的名字改為埃赫納吞

---

❷　譯注：生活於西元14世紀，古埃及最強盛的第18王朝法老，在位時進行了宗教改革。

（Ikhnaton）❸ 就是一個很好的例子❻。這個改變引發了追隨者的崇敬，也引發了憤怒。如果我們可以獲取遠祖的資訊或曾祖父母的資訊，對腳本分析將有很大的幫助，但是在大多數案例中，我們只能追溯到其祖父母的資料。

眾所周知，無論祖父母是否在世，對孫輩的人生都有很大的影響。例如好的腳本——「當個淑女源自其祖母」；不好的腳本——「富不過三代」。很多孩子小時候，不僅想模仿祖父母，甚至想真正「成為」祖父母❼。這種願望不僅會強烈的影響他們的人生腳本，還會導致他們與父母關係混亂❽。特別是美國的媽媽，她們通常更喜歡自己的父親勝過自己的丈夫，因此會鼓勵兒子效仿外公，而不是父親❾。

為了了解祖先的影響，最為有效的方法是問：「你的祖父母過著哪種生活？」通常，這個問題有四種答案：

【答案1】對祖先感到榮耀。贏家或「王子」會用一種陳述事實的方式表述「我的祖先是愛爾蘭的國王」，或者「我的曾曾祖父是盧布林的大拉比（Chief Rabbi）」❹。這種表述方式顯示出說話者「允許」自己沿著先人的腳步前進，並成為一個傑出人物。然而，如果說話人是以炫耀或嚴肅的方式表述，他可能是輸家或「青蛙」。他用祖先證明自己存在的合理性，因為他沒有獲得成為卓越之人的「允許」。

如果回答是：「（我母親總是跟我說）我的祖先是愛爾蘭的國王，哈哈。」或者：「（我母親總是跟我說）我的曾曾祖父是大拉比，哈哈。」這通常出自「不好」（not-OK）的心理地位。說話人被允許模仿傑出的祖先，然而卻是失敗的方面。這樣的回答可能意味著：「我和愛爾蘭國王喝得一樣醉，這樣我就像愛爾蘭國王啦，哈哈！」或者：「我和大拉比一樣窮，這樣我就像大拉比啦，哈哈！」這兩個例子中，他們在早年被編制的程式是「你是愛爾蘭國王的後代，他們有非常嚴重的酒癮」或「你是

---

❸ 譯注：表現出對太陽神的推崇。
❹ 譯注：盧布林是波蘭的一座城市，「拉比」是猶太律法對合格教師的稱呼，是非常受尊敬的頭銜。

大拉比的後代，他們非常窮」。這其實包含了母親的暗示：「像你傑出的祖先一樣……因此要多喝酒，你爸也喝很多。」或者「……因此不用賺錢，你爸也不賺錢。」

以上這些例子中，祖先就像家族的「英雄神話」（euhemerus）❺ 10，他是英雄榜樣，其他人可以模仿，卻永遠無法超越。他們的各種回答表現出對待這種祖先的不同方式。

【答案2】**理想化。**包含傳奇或矛盾兩種回答。贏家可能會說：「我的奶奶是超級棒的家庭主婦。」或者「我的爺爺活到 98 歲一顆牙齒都沒掉，也沒有白頭髮。」從中，我們可以明顯看出說話者願意跟隨祖父母的步伐，並在此基礎上建立腳本。輸家則會表述出一種矛盾的理想化：「我的奶奶是一個堅強、腳踏實地的女性，但是她上了年紀時變得非常衰老。」其中包含了一個明顯的暗示，奶奶雖然已經變得衰老，但是她曾經是州立醫院中最能幹的女性。這也暗示出說話者的腳本：「當州立醫院中最能幹的女性。」不幸的是，有這種想法的人太多，使在州立醫院中當最能幹的女性的競爭異常激烈，並讓人沮喪。

【答案3】**對抗。**「我的爺爺可以支配我的奶奶」或者「我的爺爺太軟弱了，任人擺布」。 精神分析師通常將其解釋為「精神官能症」（neurotic）的回答，認為這透露出孩子有比父母更強大的願望：「只有外公可以反駁母親——我想成為外公。」或者「如果我是我父親的父親，我就不會是膽小鬼了，我會給他點顏色瞧瞧。」卡爾・亞伯拉罕（Karl Abraham）❻ 報告了一個案例 8，表示這種態度具有腳本的性質。案例中的小男孩總是沉浸在幻想中，想像自己是一個國家的王子，國王是他的父親。之後出現了國王的父親，比現任國王還要強大。有一次，小男孩被母親

---

❺ 譯注：希臘的哲學家歐伊邁羅斯（L. Euhemerus）認為，神話中的神祇都是人想像並創造出來的；祂們的神奇力量，都是人類誇大了英雄事蹟的結果。後人用他的名字為「英雄神話說」理論命名。

❻ 譯注：德國相當具有影響力的精神分析師，也是佛洛伊德的合著者。第一個考慮憂鬱症病因學的精神分析家不是佛洛伊德，而是亞伯拉罕。

懲罰，他說：「我現在要和奶奶結婚。」男孩此時的祕密計畫（不是無意識的）是基於一個童話故事，故事中孩子透過變成祖父母，比父母更強大。

【答案 4】個人經歷。這是孩子和祖父母之間真正發生的互動，可以強烈影響孩子所形成的腳本。祖母可以促使小男孩成長為英雄[11]；相反，祖父也可以引誘小女生，將她變成小紅帽。

總之，童話故事和臨床經驗都表示，祖父母被視為令人敬畏或恐懼的，就像父母被視為令人崇拜或害怕的。**敬畏和恐懼是更原始的情緒，在兒童建立腳本的早期階段，這些情緒深深影響兒童如何形成對世界的看法**[12]。

3. 懷孕的情景：孕期的情況，會深深影響孩子最終的命運

母親懷上傑德時的情況，強烈影響著傑德如何確定人生計畫和最終的命運。所謂「母親懷上傑德時的情況」，要從父母結婚說起。有些年輕夫婦結婚，是因為非常想要兒子或後代。如果婚姻由家人安排，這種傾向則更為明顯，尤其是家中有產業需要繼承時，比如國家或公司。之後，這個兒子就會被依照某種身分教養、學會國王或總裁應該學會的一切技能。他接過了早已被寫好的腳本，如果想要擺脫這個腳本，需要與家族進行英雄式的決裂。這種情況下，如果第一個出生的是女孩而不是男孩，她可能會陷入麻煩。我們經常見到一些銀行家，他們的第一個孩子如果是女孩，很可能會變成同性戀、脫衣舞孃，或者嫁給沒有遠見、不負責任的流浪漢或靠救濟金過活的懶鬼。有時候，如果母親生不出兒子，父親還會和她離婚，讓女兒一出生就因為自己身為女性而有強烈的內疚感。

另一種情況是，父親根本沒有打算與母親結婚，在得知她懷孕的消息後就逃跑了，再也無法聯繫。所以孩子幾乎從出生那天起，就要自力更生。有時候，逃跑的是母親。而對於吝嗇的父母，他們會接受不期而至的孩子，因為這個孩子可以幫他們降低個人所得稅，或者可以申請福利。青少年很了解這個狀況，當被問及「他是誰」或「他的腳本」時，這位青少年會說：「我是用來減

稅的人（或者換取福利的人）。」

　　如果父母非常渴望擁有孩子，可能是需要孩子某種形式的獻身，就像很多名人傳奇或童話故事那樣。例如〈長髮姑娘〉（*Rapunzel*）❼——又是一個真實生活與文學作品相符合的例子，用愛爾蘭作家王爾德（Oscar Wilde）的話來說，就是「真實生活似藝術」。這也提出了有關腳本另一些有趣的問題，不同程度的悲劇或喜劇，究竟是如何造成的？如果羅密歐成為了父親，奧菲莉亞生了孩子，或者寇蒂莉亞懷孕了❽，他們的孩子又會發生什麼事？人們都知道美蒂亞❾的孩子以及倫敦塔上小王子們的故事❿，這是孩子成為父母腳本犧牲品最著名的例子。人們不知道的是，在一些阿拉伯國家，有些小男孩和小女孩很早就被賣為性奴 13。

　　真正受孕時在床邊發生的情形，我們可以稱作「對待懷孕的態度」。懷孕是由於意外、熱情、愛、暴力、欺騙、怨恨，還是順從？如果是其中一項，當時發生的背景是什麼，有沒有為其做準備？如果做了準備，是冰冷的還是溫暖的，簡單的還是認真的，有很多交談還是只有強烈且無聲的交融？孩子的腳本可能具有與之相同的性質。性被視為骯髒、隨便、恐怖，還是有趣的？人對性有怎樣的態度，就會對孩子有一樣的態度。母親有沒有嘗試過流產？嘗試過幾次？在下一次懷孕前，她流過幾次產或有幾次流產的念頭？我們幾乎可以提出無數個不同程度的微妙問題，這些都可能影響未出生的嬰兒。一首打油詩貼切的總結了一個典型的情形：

　　一個年輕的男子／女子名叫荷恩，

　　希望自己從未出生。

　　如果他／她的父親／母親看見，

---

❼　譯注：〈長髮姑娘〉敘述一對夫妻非常渴望孩子，但是由於丈夫幫妻子摘了女巫花園裡的萵苣，女巫要求這對夫妻生下孩子後必須交給她養育。後來，這個故事演變為我們現今所熟知的〈長髮公主〉。

❽　譯注：奧菲莉亞是《哈姆雷特》中女主人公的名字；寇蒂莉亞是莎士比亞作品《李爾王》中李爾王最小的女兒，但因為拒絕用物質條件向父親表達愛而被放逐，但當李爾王最潦倒的時候，卻陪伴在旁，最終被送上絞刑台而亡。

❾　譯注：關於美蒂亞的故事，請參考第3章解釋。

❿　譯注：倫敦塔上的王子是愛德華四世13歲和11歲的兩個小王子，其叔父篡位後被囚禁在倫敦塔，後被祕密殺害。

保險套的末端早已破裂，

他／她就不會來到這個世界。

　　這首普通的打油詩看起來非常簡單，但是真正的情況有很多可能性，或許並不簡單。例如，有可能夫妻雙方都不知道保險套破了；或是母親知道，但是沒有提醒父親；又或者父親知道了，但是沒有提醒母親。

　　從積極面的角度來看，也有好的例子。比如，父母親都想要孩子，並且接受他們的性別。如果一個女人在小時候就決定結婚生子，並且遇到了和她有同樣決定的男人，那他們的孩子已經有了很好的起點。如果父母在生理方面遇到了困難，就會更珍惜這個孩子，例如：女人總是流產或者男人的精子數量很少，致使受孕晚了幾年。等他們有孩子時，孩子就真的被視為奇蹟。但是假如一對夫妻連生七個都是男孩（或女孩），第七個孩子一出生時情緒可能憂喜參半，因此其人生一開始，就可能被當作家庭笑話。

4. 出生位置：家中的排行順序，如何影響未來的人生道路

　　孩子出生最重要的影響因素是父母的腳本。傑德的出生與父母的腳本匹配嗎？他的性別是父母期望的嗎？他來的是時候嗎？父親的腳本希望孩子能成為學者，但是他是否帶著足球員的特質呢？或者是反過來？在這個方面，母親的腳本與父親的腳本一致，還是相反？

　　傑德還會從童話故事或真實生活裡聽到一些傳說，比如，三個兒子中最小的一個，平常都表現得很笨，但是在關鍵時刻，一下子就戰勝了哥哥們。如果他正好是第七個兒子的第七個孩子，他會迫不得已被人們信奉為先知。**更具體的來說，父母的腳本可能會使他們要麼因自己孩子的異常成功而感到光榮，要麼因為他們的異常失敗而蒙羞。**通常，第一個出生的兒子會承擔這個角色 14。如果母親的腳本是在年老時喪偶的個案，她必定會讓其中一個孩子從出生開始就留在她身邊、照顧她，而其他孩子則被養育為遠離家庭、忘恩負義的類型。如果這個 40 歲單身兒子或女兒想要打破腳本、搬離母親的家，或者更糟的情況是想要結婚，那這位母親必定會表現出理解但又可憐的姿態，並以嚴重的疾

病回應。母親的這種做法具有腳本的性質，我們可以從她常有的轉換看出，例如她會「出乎意料」的將大部分的錢，以遺囑的方式留給忘恩負義的孩子，只給一直照顧她的孩子非常少的錢。

而當其他條件不變，一般情況是，孩子會根據「家庭星座」（Family Constellation）⑪ 跟從父母的腳本。這一點從最簡單的特徵就可以清楚看到：所生的孩子數量、孩子出生間隔的時間（孩子的性別不能列入，因為這依舊處於父母的控制之外——這其實也是幸運的，因為性別可以成為代代相傳的腳本突破口，至少可以讓某些孩子重獲新生）。仔細研究幾個家庭後就會發現，在這方面擁有大量驚人的「巧合」。

下頁「圖5」從腳本的角度，呈現了一個家庭的「家譜圖」（Family tree）：亞伯家有三個男孩，分別是卡爾、亨利和瓦爾。瓦爾出生時，亨利4歲，卡爾6歲，因此他們的年齡間隔是0－4－6。他們的父親阿唐是同輩三個孩子中最年長的一個，年齡間隔是0－5－7；母親小凡是同輩三個女兒中最年長的一個，年齡間隔0－4－5，她的兩個妹妹，小南與小潘也各有三個孩子。小凡的母親是兩個女兒中，較年長的那一個，年齡間隔為0－6。在兩姊妹之間，她母親曾經流產過一次。我們可以看到，這個家族都是生三個孩子，孩子出生的間隔為5～7年 15。

這種家譜圖讓我們從後代的數量和出生間隔的角度，看到人們如何跟從父母的腳本。現在，讓我們一起思考，在這個例子中，祖父母可能傳遞給阿唐和小凡怎樣的「腳本指令」（script directives）。

【指令A】「等你長大，生三個孩子，然後可以自由的做你想做的事情。」
　　　　　　　這是最為靈活的腳本，不包含生孩子的時間和數量限制。只有當小凡接近停經期還沒有生出三個孩子時，才會恐懼「腳本失敗」（script failure）或者恐懼失去母親的愛。需要說明的是，在第三個孩子出生前，小凡都不會感到自由。這是「直到」（Until）腳本。

【指令B】「等你長大，至少要生三個孩子。」這個指令中也沒有限制孩

---

⑪　譯注：孩子在家中的排行會影響其往後的人生道路，此概念後來被德國心理學家海寧格（Bert Hellinger）所深化，創建了「家庭系統排列療法」。

子數量，但是可能會造成匆忙感，特別是當祖父母拿阿唐和小凡的生育能力開玩笑時。這是一種「開放結局」（Open End）的腳本，因為小凡生完三個孩子後，她想再生幾個都行。

【指令C】「**等你長大，不要生超過三個孩子。**」這個指令中沒有時間限制，但是有數量限制。第三個孩子出生後，阿唐和小凡如果再度懷孕，就會非常不安。這是一個「之後」（After）腳本，因為它暗示如果第三個孩子出生後又懷了孩子，他們就會有麻煩了。

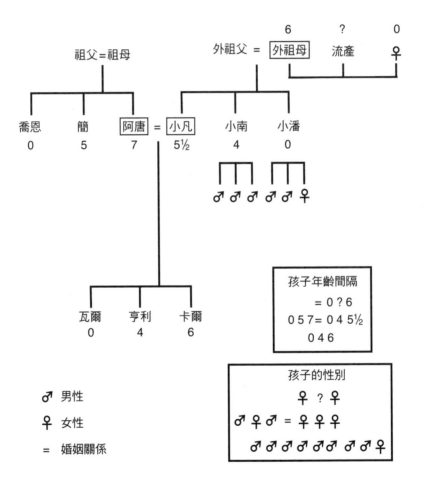

【圖5】亞伯家的腳本家譜圖

現在一起想想看，假如小凡有了第四個孩子帕德沃，在不同的指令下會發生什麼狀況：指令 A 的意思是「前三個孩子屬於祖母，且必須按照祖母的方式來養育。」這樣帕德沃就會是屬於小凡的孩子，小凡養育他的方式可能會，也可能不會與卡爾、亨利和瓦爾相同。小凡在教養帕德沃時更自主，帕德沃長大後也可能會比其他幾個孩子更自由和自主。小凡對待這個兒子，就像她對待自己的安布娃娃。安布娃娃是小凡小時候所擁有的一個特殊娃娃，她可以按照自己的心意照顧它，而其他娃娃則必須用祖母的方式照顧。換句話說，小凡已經透過安布娃娃，為帕德沃準備好了「腳本狹縫」（script slot）來完成祖母的任務，之後小凡就可以開始實施自己的計畫了。指令 B 和指令 A 相似，不同於指令 A 的情況，祖母對帕德沃有更多控制，因為帕德沃就像是給她的紅利，小凡依舊無法自主撫養帕德沃。在指令 C 的情況下，帕德沃就有麻煩了，因為小凡違背了祖母的意願多生了他。帕德沃必定被依照「不想要的孩子」般養大，變得叛逆、焦慮或內疚。如果我們的理論無誤，在這個例子中，帕德沃的家人一定會一遍又一遍的說他和其他三個哥哥多麼不同。

接下來要考慮的問題，是關於家庭規模，父母會玩什麼心理遊戲。例如，金妮是十一個孩子中最年長的一個。她母親南妮常常抱怨不想要較小的五個孩子。如果你認為金妮就因此被輸入了生六個孩子的指令，那就太天真了。事實不會是這樣，金妮其實被下了生十一個孩子的指令，然後同樣抱怨不想要最小的五個孩子。因此，金妮長大後就可以像母親那樣，玩「我也變成了這樣」、「忙忙碌碌」和「性冷感的女人」的心理遊戲。這個例子其實可以被用來確認一個人是否具有心理學思考模式。提問：「一個女人生了十一個孩子，並且抱怨不想要最小的五個孩子。她的大女兒最有可能生幾個孩子？」腳本分析師會回答：「十一個。」那些回答六個的人，在理解和預測人的行為上會有困難，因為他們假設：決定人生的一些重要行為時，就像決定不重要的行為那樣是由「理智」所驅動[12]，但是其實不然。**重要行為通常是由腳本中的「父母」指令所決定。**

若要在臨床工作中確認，首先需要詢問個案的父母，他們各自有幾個兄弟

---

[12] 譯注：伯恩在前文論述過，人們只對一些不重要的事才會深思熟慮，重要的事通常由於腳本驅動，反而會草草決定。

姊妹；其次，詢問個案父母希望自己有幾個孩子；最後，（婦產科醫生都知道，生育會出現很多意想不到的變化）詢問預期中，真正會生幾個孩子。如果父母知道如何正確區分不同的自我狀態，詢問第二和第三個問題時，就可以獲得更多資訊：「你的（父母自我、成人自我、兒童自我）（希望、預計）生幾個孩子？」這個問題可以揭示出父母親三個自我狀態之間隱藏的衝突，以及父親和母親之間的衝突，而這些衝突對他們給予個案的腳本指令有很大影響。比這個問題更複雜的版本，是把原來要回答的六個方面，擴展為十二個方面「你的（養育型、控制型）父母自我、成人自我、（自由、順從、叛逆）兒童自我各自（希望、預計）生幾個孩子？」相應的，這樣詢問也可以增加所獲得的訊息量（前提是向父母解釋清楚，以保證他們可以理解）[16]。

對於個案，最有效、也最有可能獲得答案的問題是：「你在家庭中的位置是什麼？」接下來可以問：「你什麼時候出生？」且我們必須精準得到比個案早一個和晚一個出生的孩子的出生日期，這樣才能以精確到月的方式，計算出他們的年齡差距，特別是他們出生時間較近的情況下。孩子出生時，假如家中已經有了哥哥或姊姊，他們年齡究竟相差 11 個月、36 個月，還是 11 年、20 年，這對孩子的腳本決定具有完全不同的影響。其中的不同不僅來自他們與哥哥或姊姊的關係，還來自父母對孩子出生時間間隔的看法。這兩點也適用於下一個出生的孩子。了解下一個孩子出生時，個案確切的年齡也非常重要，例如是 11 個月、19 個月、5 歲，還是 16 歲。一般來說，在 7 歲前出生的所有兄弟姊妹，對他的腳本都具有決定性影響。如前所述，**他們出生的時間間隔，是必須考量的重要因素，因為這不僅影響著他自己的態度，也反映父母的態度**。如果個案是雙胞胎或者出生於雙胞胎之前或之後，則另當別論。

有些案例中，個案對占星學、氣象學或聖徒傳記感興趣，他們的出生日期就會極大影響他們的腳本。如果父母也對曆法感興趣，那孩子的出生日期對其腳本的影響就更為重要。

5.出生腳本：「出生創傷」是否會影響孩子形成其腳本

蘭克⑬認為，出生本身就會造成「出生創傷」（birth trauma），銘印在嬰兒

的心靈中，並在今後的生活不斷以象徵的方式重複出現。他的弟子福德（Nandor Fodor）[17] 將其描述為重返幸福、安寧子宮的強烈願望。如果真是這樣，每個人通過產道時（每個人只能走一次，且永遠都是單行道）的恐懼和期盼，必定會成為腳本中的重要元素。這些恐懼和期盼也許確實構成了腳本內容，但是沒有可靠的方法加以驗證，就算比較剖腹產與自然生產，可能也得不出結論。因此，「出生創傷」對腳本究竟有何影響，仍然處於推測之中。事實上，認為剖腹產必定會影響腳本這個看法也不足為信。比如，戲劇《馬克白》（*Macbeth*）中，剖腹產只是被當作文字遊戲對待⓮，而不是將其視為形成腳本的重要影響因素。更有可能的情況是，孩子後來得知自己是剖腹產所生，並能夠理解其含義時，會將這個事實以某種方式融入腳本，並在得知哪些傑出人物也是剖腹產所生後，加以細化腳本。真實情況是否如此，需要了解更多案例的個人史，加以佐證。

在實務中，最常見的兩個「出生腳本」（Birth Script）分別是「棄嬰腳本」（Foundling Script）和「折磨母親腳本」（Torn Mother Script）。「棄嬰腳本」來自被收養的幻想，就算普通的孩子也會猜想自己「真正的」的父母是誰。這種腳本與蘭克《英雄出生的神話》（*Myth of the Birth of the Hero*）一書的內容類似 [18]。「折磨母親腳本」也很常見，就我的經驗來看，有這種腳本的人，性別比例相當。孩子之所以會產生這種腳本，是因為母親告訴孩子：自從他出生後，母親的身體就多麼不好。或者更嚴重：母親告訴孩子，將他生下來讓母親受盡折磨，她再也不是原來的自己了。孩子的反應和腳本取決於自己的觀察。如果孩子看到母親真的終生罹患疾病或殘疾，會覺得自己不得不為此承擔全部責任。孩子的「成人自我」無法說服「兒童自我」這不是他的錯。如果無法直接看到母親的損傷，而家裡有些人（比如父親）不論暗示或明說母親在裝病，個案的腳本中將充斥著模稜兩可、虛偽和自私的色彩。有時候，母親並不抱怨此事，而是由父親、祖母或姑姑來訴說。這樣會造成一個三角關係的腳本，通常是透過第三者傳來一些「壞消息」。我們很容易看出，棄嬰腳本源自英雄出生的神

⓭　譯注：奧地利心理學家，精神分析學派最早和最有影響的信徒之一。

⓮　譯注：在《馬克白》的劇情中，女巫預言任何由女人所生的男人，都不能傷害馬克白，但是馬克白最終被麥克德夫所殺，麥克德夫告訴馬克白，他是不足月就被從母親腹中剖出來的。

話，折磨母親腳本源自惡棍出生的神話，後者似乎一出生便犯下了弒母的罪行。「母親因為生產而去世（也就是因為我）」如果沒有獲得良好的幫助，對任何人來說都難以承受。如果母親只是受傷了，或者得了「膀胱脫垂」⑮（cystocele），對此做出彌補永遠不晚，且還是愈少說這方面的事愈好。

6. 孩子的姓名：連結了父母期待，並深刻影響孩子的內心

幽默作家羅傑・派斯（Roger Price）在《不要幫孩子取的名字》（*What Not To Name The Baby*）一書中，羅列了美國人常用的一些名字，並對每個名字相應的性格提出了一句描述。這些描述還是相當準確的，或者至少有一些道理，腳本分析師也對此很感興趣。毫無疑問，很多人的名字、名字的縮寫、暱稱或者首名⑯，都是嬰孩時期父母給予的，它們清楚反映出父母的期待。如果孩子想打破這種期待的影響，便需要努力掙扎，就算從表面來看他成功突破了，但是其影響可能又會以另一種形式表現出來 19。名字可以反映出腳本，這種連結最有可能發生在高中時期。**因為此時男孩、女孩開始閱讀歷史和神話，並且了解到歷史上與他名字相同的人；同學間也會多少有些無情的揭露出他們的名字中所隱含的意義。**父母對於孩子的名字有控制權，並且應該能夠預見其影響。

名字以四種方式影響腳本的形成：有目的的、偶然的、疏忽的和必然的。

【方式 1】**有目的的。**這種名字是專門取的，希望孩子成為某種人，例如，薩提姆斯 S.（Septimus S.，他成為了古典哲學教授），蓋倫 E.（Galen，他成為了一名醫生）⑰，拿破崙（Napoleon，他成了下士），或者傑西（Jesus）⑱，這是中美洲很普遍的名字；而查爾斯（Charles）和佛德列克（Frederick）是國王和皇帝。被母親一直

---

⑮ 譯注：子宮的支撐韌帶與骨盆底支撐組織鬆弛，導致無法維持膀胱或生殖器等於正常的位置而下墜或脫垂。

⑯ 譯注：古羅馬時期，父母所取的名字，通常以男性家長本人的名字命名。然而因為經常有多數人首名相同的狀況，因此稱呼時較常使用家族名、暱稱或加上地區。一般來說，首名僅摯友間才會使用。

⑰ 《格雷式解剖學》（*Anatomy*）的主編為格斯（Charles Mayo Goss）。

⑱ 譯注：傑西的英文「Jesus」，同時也是「耶穌」之意。

稱為查爾斯和佛德列克的男孩，堅持要同事也這樣稱呼他，他們的生活風格與那些通常被縮寫為查克（Chuck）或佛瑞德（Fred）的男孩不同，也與那些被縮寫為查理（Charlie）或佛萊迪（Freddie）不同[19]。幫男孩取跟父親相同的名字，或者幫女孩取跟母親相同的名字，通常是父母有意為之的行為。同時，父母將自己不願意履行甚至是厭惡履行的責任加諸於子女身上，這會讓孩子的整個人生計畫瀰漫著輕微的苦澀或極度的怨恨。

【方式2】偶然的。名叫多林（Durleen）或者阿斯帕齊婭（Aspasia）[20]的女孩，叫馬默杜克（Marmaduke）[21]的男孩，原本在某個洲、某個國家或者某所高中與其他人相處融洽，但如果他們的父母碰巧搬到另一個地方，那裡的人使他們突然意識到名字中的含義，他們便不得不成為與之類似的人。同樣，名叫林恩（Lynn）的男孩或名叫湯尼（Tony）的女孩，也會如此。

【方式3】疏忽的。有些人的名字就像寵物，例如，小傢伙（Bub）、小妹（Sis），或細漢仔（Junior，年齡最小的孩子）。父母原本不打算一直這樣叫，但是通常卻會持續下去。這樣的人可能情願或不情願，一生都當小傢伙或細漢仔。

【方式4】必然的。姓與名不同，父母對姓可做的選擇很少，只從祖輩傳遞給後代。很多名字在歐洲令人尊敬，到英語中卻變成了汙言穢語。一個人鬱悶的說：「真慶幸我的名字裡只有一個不好聽的字眼。」移民家庭的孩子從高中時開始意識到這件事，他們不僅要忍受移民這件事帶來的侮辱，還要忍受自己的名字為他人提供了現成的髒話。他們感覺到自己的姓名沒有價值，有些處於這種困境的人，甚至覺得自己從出生開始便被祖先詛咒為失敗者。克里斯特（Christ）[22]也是一個常見的姓氏，但也存在腳本問題，不過是另一種類型的問題，尤其是對有宗教信仰的

---

[19] 譯注：查克或佛瑞德，查理或佛萊迪都是查爾斯和佛德列克不同的昵稱或縮寫。
[20] 譯注：希臘的高等妓女，也是伯里克利（Pericles）的情婦，以智慧、機智、美貌著稱。
[21] 譯注：美國連載漫畫中大丹犬的名字。

男孩來說。H. 海德（H. Head）和 W. R. 布萊恩（W. R. Brain）❷❸成為知名的神經科學家也不足為奇。

另外，**除了要詢問個案：「誰幫你取名字？」以及：「你的姓氏起源？」外，還要詢問每個個案：「你是否真正看過你的出生證明呢？」**如果個案沒有看過，應該建議他看，或者更好的情況是，讓他拿給治療師看。大約一半個案在第一次仔細閱讀出生證明時都很驚訝——可能會發覺一些之前遺漏、誤解或沒有注意到的資訊。通常，讓很多人吃驚或憤怒的是，出生證明上的名字和他使用了一輩子的名字竟然不同。這些讓人吃驚的事都為了解個案父母的腳本，以及個案的出生背景提供了額外線索。

❷　譯注：有基督、救世主的意思。
❷❸　譯注：「Head」的英文也是「頭」的意思；「Brain」則是「大腦」的意思。

第 **5** 章

人生腳本的早期發展
Early Developments

童年時期建立的心理地位，
是未來玩心理遊戲與建構腳本的基礎

1. 早期影響：早期養育過程如何讓孩子成為永遠的青蛙

最早的腳本編寫始於哺乳期，以簡短的草稿形式出現，之後會逐漸演化為一齣複雜的戲劇。此時的劇情通常只涉及兩個角色——孩子和母親，很少有旁觀者干擾。即使有，母乳餵養所涉及的主題也不外乎：「公眾表現」、「還不是時候」、「等你準備好時」、「等我準備好時」、「快一點」、「咬人的孩子會被丟掉」、「媽媽在抽菸」、「抱歉，電話響了」、「他在抱怨什麼？」、「總吃不飽」、「先吃這邊，再吃另一邊」、「他看起來臉色不好」、「讓他慢慢來」、「他太棒了！」、「愛與滿足的閃耀時刻」以及「搖籃曲」。

再稍微複雜一點的，是同一個家庭中，廁所裡發生的情景：「快來看，多可愛啊」、「是時候了」、「你準備好了嗎」、「上完大號之前，你必須一直坐在這裡」、「快一點」、「淘氣，淘氣」、「媽媽在抽菸」、「媽媽在講電話」、「灌腸用肛管」、「如果你上不出來，我就給你上蓖麻油」、「這是你的通便劑」、「如果不大便，你會生病的」、「讓他按照自己的方法來」、「這是個好孩子」、「這是個超好的孩子」、「你排便時，我會唱歌給你聽」。這個階段形成的腳本草案通常是三方的，包括：「我告訴你他還沒準備好呢」、「別放他走」、「我能讓他大出來」、「你來試試」、「你在干擾他」、「你為什麼不，好，但是……」、「這一次，他絕對可以」。廁所中的情景，總有一

天又會搬進臥室：「斯波克醫生❶說⋯⋯」、「那個時候，泰茜被訓練過」，以及「瑪麗姊姊才⋯⋯」等等。隨著孩子長大，這些話可能又變成：「佛洛伊德說⋯⋯」、「南西總能體驗到性高潮」以及「海倫每晚都如此」等。

其實很容易預測誰是贏家、誰又是輸家。母親在哺乳時說：「他太棒了！」兩年後又說：「真是個好孩子。」的孩子，通常比母親說：「他在抱怨什麼？」兩年後又接著用「灌腸用肛管」的孩子表現的好得多。同樣，在哺乳和排便時，母親會唱「搖籃曲」的孩子，比「媽媽在抽菸」的孩子表現的好得多。此時「好」與「不好」的感覺已經根植於孩子心裡。**孩子「好」與「不好」的感覺，能夠區分現在與未來他是青蛙還是王子。**青蛙和王子涉及不同的類型（對女性來說，則是用牧鵝女與公主來稱呼）。母親說：「他太棒了。」的孩子，擁有成功的腳本，是永遠的王子。他們通常是第一個出生的孩子，但是並非總是如此。母親說：「快來看，他多可愛啊。」或者：「快一點。」的孩子，是有條件的王子，因為他們只有保持可愛和快速，才是王子。有條件的青蛙是那些「咬人的」、「淘氣」、「看起來精神不好，需要通便劑」的孩子，如果他們停止咬人、淘氣或精神變好，就不再是青蛙了。還有一種孩子是注定的青蛙，無論怎麼做都很難成功。他們需要花很大的力氣才能不關注「媽媽在抽菸」、「媽媽在喝酒」的行為，這很令人同情。只有發生巨大的災難，才能讓永遠的王子變成青蛙；也唯有奇蹟，才能讓注定是青蛙的人變成王子。

2. 信念與決定：孩子對自己與周遭人的信念會伴隨他一生

當孩子大到你會對他說：「親愛的，我想我最好還是開車送你。」或者：「趕快給我滾下床。」甚或是：「如果你不⋯⋯我就打爛你那該死的腦子。」時，孩子已經形成了對自己和對周圍人的信念，特別是對父母的信念。這些信念會伴隨他的一生，可以總結為以下四種：

【種類 1】我好（I'm OK）。

【種類 2】我不好（I'm not-OK）。

---

❶ 譯注：美國著名兒科醫生。

【種類 3】你好（You're OK）。

【種類 4】你不好（You're not-OK）。

他會基於這些信念，做出人生決定：「這是個美好的世界，總有一天我會把這個世界變得更美好」——透過科學、服務、詩歌或音樂創作；「這是個糟糕的世界，總有一天，我會自殺」——或者殺死別人、發瘋或退縮冷漠。這是一個中等的世界，處於你不得不做的事和很有趣的事之間；或者，這是一個凶險的世界，你必須成為白領階級，同時攪亂別人的牌局才能獲得成功。或者，這是一個艱難的世界，不是征服，就是屈服和談判；為了生存，不是退縮就是戰鬥。或者，這是一個沉悶的世界，你只能坐在酒吧裡盼望。或者，這是一個無望的世界，在這裡你只能放棄。

3.心理地位（代名詞）：構成心理遊戲與腳本的基礎

無論孩子做出了上述哪種決定，都可以根據「心理地位」（positions）向自己證明這種決定是否合理。**心理地位基於已經根植於人們心中的信念，涉及對整個世界及其中所有人的看法，不是朋友就是敵人：**「我會自殺，因為這是一個糟糕透頂的世界，我不怎麼樣，別人也不怎麼樣，我的朋友沒有比我的敵人好多少。」用心理地位的語言描述，這種情況是「我不好，你不好，他們也不好。這種情況下，誰不會自殺呢？」這種自殺稱作「無望性自殺」（futility suicide）。如果情況是「我會自殺，因為我不好，但其他人都好」，這是「憂鬱性自殺」（melancholic suicide）（自殺在這裡包括任何形式，從跳下橋到出車禍、過量飲食或飲酒）。或者，「我要殺死他們，把他們剷除，因為我好，他們非常不好」或者「既然我們都好，那我和你一起完成任務，然後一起出去玩吧。」

有人會說：「但是，我知道我們是好的，可是其他那些傢伙可不行。」「好吧，我好、你好，但他們不好，所以我們先忙完手上的事情，之後一起收拾他們。」用兒童的語言來說，我們可以將其翻譯為：「我們要玩家家酒了，但是不能跟你玩。」長大後，這種心理地位最極端的表現形式，可能是建立集中營。

最簡單的心理地位是雙方的，關於你和我。心理地位出自孩子的信念，信念隨母親哺乳根植於內心。「好」簡寫為「＋」，「不好」簡寫為「－」，四種信念就是：「我＋」（我好）、「我－」（我不好）；「你＋」（你好）、「你－」（你不好）。這四種信念的組合，構成了四種基本的心理地位，它們是心理遊戲和腳本的基礎。這四種心理地位也決定了人們在說完「你好」後會說什麼。

【組合1】「我＋、你＋」。這是「健康的」心理地位（在心理治療中，是個案「康復」的心理地位），是過上美好生活的最佳心理地位，也是真正的英雄、王子或公主擁有的心理地位。其他心理地位或多或少都包含一些青蛙面向，那是父母賦予他們、失敗的性格特徵。除非他們成功克服，否則將會被一次又一次拉下來。如果沒有獲得心理治療或自我治癒奇蹟般的拯救，最極端的情況下，他們將荒廢自己。嬉皮向警察獻花，試圖表達「我＋、你＋」，但「我＋」是真實的，「你＋」還只是虔誠的希望；警察願意接受自己「＋」，還是更願意選擇「－」，都不得而知。「我＋、你＋」的心理地位要麼從小養成，要麼必須在長大後努力學習，它不可能只靠主觀意願就能實現。

【組合2】「我＋、你－」。我是王子，你是青蛙。這是要「擺脫」的心理地位。這類人會玩「瑕疵」心理遊戲，或者把挑毛病當作消遣或例行之事。這樣的人譏笑配偶、把孩子送進少年輔育院、炒掉朋友和員工。他們發動改革甚或戰爭，坐在團體裡尋找下屬或對手真實或想像出來的錯誤。這是一種「傲慢」的心理地位，最糟的情況是變為殺人者，最好的情況是變成一個愛管閒事之人，視幫助「不好的他人」為己任，而實際上那些人並不想被幫助。不過，處於這種心理地位的人，多半還是平庸之才，臨床表現為「偏執」。

【組合3】「我－、你＋」。這是感覺「憂鬱」的心理地位，無論在政治階層還是社交方面，都感到自己低人一等，並且會傳遞給孩子。在工作上已導致人們選擇依靠他人或大或小的恩惠過日子，在享受的同時又心存怨恨。這種心理地位是匱乏的滿足，

即希望別人為他們的 OK 感，盡可能付出更多代價。有這種心理地位的人會成為憂鬱的自殺者或自稱為賭徒的失敗者。他們想擺脫的是自己，而不是別人，因此會把自己隔離在幽暗的房間或峽谷裡，或將自己送進監獄、精神病院。他們總是有「要是……多好」以及「我本來應該……」的心理。

【組合 4】「我－、你－」。 這是「無望／無意義」的心理地位，並有很多「為什麼不」：為什麼不自殺、為什麼不瘋掉。臨床表現為「思覺失調症」[1]。

這四種心理地位在全人類中都非常普遍，因為所有人都是喝母乳或是用奶瓶喝奶長大的，並與此同時獲得了父母傳遞的訊息。這些訊息在孩子需要學習禮貌時得以強化。無論在叢林、貧民窟、公寓大樓，還是在家族祠堂中，皆是如此。即使是一些未開化的地區（人類學家會研究他們的「文化」），人們也會按照一套歷史悠久的方法養育每一個孩子。然而，每位母親之間（每位父親之間）都具有個別差異，雖然都遵照相同的方法，但是結果可能不同。成為贏家的人，會成為首領、醫生、船長，或者擁有一千頭羊或成千上萬顆番薯的資本家。而成為輸家的人，則可能進入法屬帕皮提、摩爾斯比港、塞內加爾首都達卡的精神病院，或是斐濟首都蘇瓦的皇家監獄。每一種心理地位，已經帶有相應的腳本及其結局。即使在我們這個具有上萬種「文化」的國家，結局也不外乎幾種，並且和其他國家沒有什麼兩樣。

每個人都是由上百萬個時刻、上千種心理狀態、上百種經歷以及父母雙方所造就而成，因此詳細探究一個人的心理地位會展現出複雜的狀況，以及明顯的矛盾。不過，**每個人通常具有一種主要的心理地位（真誠或虛假，頑固或缺乏安全感），並在此基礎上展開人生，發展出心理遊戲和腳本。** 心理地位對每個人都很重要，會讓人有腳踏實地的踏實感。人們非常不情願改變心理地位，因為這就像拆掉了房屋的地基。舉個簡單的例子，一個女人認為自己很窮，別人很富有（我－、他們＋），這種想法對她非常重要，她不會因為賺了很多錢就放棄這種想法。從她的角度來看，賺錢不會為她帶來富有的感覺，只會讓她覺得自己是一個偶然擁有了很多資產的窮人而已。而她的同學，也有一種自己非常重要的想法，也就是自己很富有，不像別人那麼窮（我＋、他們－）。她也不會

因為自己失去了金錢而改變心理地位，覺得自己是個窮人，只會覺得自己是一個暫時經濟窘迫的富人。

後面我們會談到，心理地位的穩固性可以解釋灰姑娘和王子結婚後會過著何種生活。也可以解釋為什麼處於第一種心理地位（我＋、你＋）的人，能夠成為好的領導者，即使在最極端的逆境中，依舊可以保有對自己和下屬的尊重。這四種心理地位很難透過外力改變：（1）我＋、你＋（成功）；（2）我＋、你－（自大）；（3）我－、你＋（憂鬱）；（4）我－、你－（無望）。**穩固的改變只能透過內在產生，可能是自發的，又或是透過某種「治療性」的干預——專業的心理治療或愛。愛則是自然的心理治療。**

不過，有些人的信念不是那麼確定，所以他們會在不同的心理地位間擺動：例如，從「我＋、你＋」到「我－、你－」，或者從「我＋、你－」到「我－、你＋」。就心理地位來說，這些人具有不安全或不穩定的人格特徵。安全或穩定的人，其心理地位無論好壞都不可撼動。心理地位這個概念若要具有實用價值，必須能夠應對缺乏安全感的人易變和不穩定的心理地位。

溝通分析的應對方法是：分析個體在特定時刻的所作所為。如果 A 中午時表現的是第一種心理地位（我＋、你＋），我們就說：「A 處於第一種心理地位。」如果下午六點，A 表現得像第三種心理地位（我－、你＋），我們就說：「中午，A 處於第一種心理地位，下午六點，他處於第三種心理地位。」從這個例子，我們可以總結出：（1）A 的第一種心理地位並不穩固；（2）如果他有一些不良症狀，只有在特定情況下才發作。如果在所有情況下，他都表現為第一種心理地位，我們就說：「A 穩定的處於第一種心理地位。」假如 A 穩定的處於第一種心理地位，我們可以預測：（1）A 是贏家；（2）如果他正在接受心理治療，現在已經被治癒；（3）他不玩心理遊戲，至少沒有玩的衝動。他擁有社交控制，也就是可以自主決定是否在某個時刻想玩心理遊戲。

如果 B 在所有情況下都表現出第四種心理地位，我們就說：「B 穩定的處於第四種心理地位，」從中我們可以預測：（1）B 是輸家；（2）要治癒他很難；（3）我們無法阻止他玩心理遊戲，而這些心理遊戲可以證明他的生活沒有意義。透過仔細分析 A 與 B 參與的真實溝通，我們就可以得出以上結論。

一旦做出預測，就可以輕鬆透過觀察加以檢驗。如果當事人之後的行為沒有驗證預測，不是我們的分析是錯誤的，就是理論是錯誤且需要修正。如果事

後的觀察確實驗證了預測，那麼就加強了理論的有效性。到目前為止，所有跡象均支持我們的理論。

4. 腳本贏家和輸家：我們如何界定贏家和輸家？

為了驗證預測，我們必須界定什麼是成功，也就是「贏家」（Winner）和「輸家」（Loser）。**贏家是成功實現所說的話的人；輸家是未能實現計畫的人**。某人說：「我要去里諾賭博。」他只是說要去那裡，並且要賭博，但是並沒有說是否要贏錢。如果他說：「我要去里諾，這次要贏錢。」那他是贏家還是輸家，才取決於他回來時口袋裡有多少錢。如果贏錢了，就是贏家，如果沒有贏錢，就是輸家。一個女人離婚了，除非她說過：「我永遠不會離婚。」否則就不能界定她為輸家。如果她宣布：「有一天，我要辭職並且永遠不再工作。」之後，她即使不工作也有生活費，那麼她就是一位贏家，因為她實現了計畫。她沒有說明要怎樣實現這個計畫，因此無論用何種方式實現，也沒有人能指責她為輸家。

5. 三方的心理地位：牽涉到你、我、他們的八種心理地位

到目前為止，我們主要談的是兩方的心理地位，「我」和「你」。但是心理地位這個概念就像手風琴一樣可以擴展，除了本章提到的四種基本心理地位之外，也涵蓋了其他各種態度。甚至可以說世界上有多少個人，就涉及多少種態度。接下來，我們將探討三方的心理地位，包含如下的組合：

【組合 1a】**「我＋、你＋、他們＋」**。這是一個民主社群式的心理地位，就像和睦的家庭。在很多人眼中，這是他們為之奮鬥的理想，宣言是：「我們愛每一個人。」

【組合 1b】**「我＋、你＋、他們－」**。這是挑釁者的心理地位，可能是飽含偏見且愛慕虛榮的人或犯罪集團，宣言是：「誰需要他們？」

【組合 2a】「我＋、你－、他們＋」。這是煽動者或不滿者的心理地位，有時候也是某些傳教士的心理地位。宣言是：「你們沒有那邊那些人好。」

【組合 2b】「我＋、你－、他們－」。這是純粹傲慢者的心理地位，他們是孤獨且自以為是的批判家。宣言是：「每個人都要臣服於我。作為下等人，你們必須盡量模仿我的樣子。」

【組合 3a】「我－、你＋、他們＋」。這是純粹憂鬱者的心理地位，他們是自我懲罰之人或受虐狂。宣言是：「我是全世界最沒有價值的人。」

【組合 3b】「我－、你＋、他們－」。這是一種奴性的心理地位，這些人諂媚的服務權勢並獲得賞金。宣言是：「與其他下等人不同，我貶低了自己，但是你給了我豐厚的酬勞。」

【組合 4a】「我－、你－、他們＋」。這是一種奴性但羨慕的心理地位，有時候也是一種政治姿態。宣言是：「他們討厭我們，是因為我們不富裕。」

【組合 4b】「我－、你－、他們－」。這是憤世嫉俗之人的悲觀心理地位，或是那些相信命由天定和原罪的人的心理地位。宣言是：「世界上沒有人是好人。」

三方的心理地位可能也不穩固，使其中一方有改變的機會。例如：

【改變 1】「我＋、你＋、他們？」。這是福音傳道者的心理地位。宣言是：「我和你都是好的，但是在我們看到他們的資質或他們站到我們這邊之前，我們不知道他們怎樣。」

【改變 2】「我＋、你？、他們－」。這是貴族階層的心理地位。宣言是：「其他人大多都不好，至於你，我需要看到你的資質才知道。」

現在我們談過四種「兩方的心理地位」和八種「三方的心理地位」，總共十二種心理地位。其中一方有不確定心理地位，數量應該與之相同，也有十二種，兩方有不確定心理地位的有六種（比如「我＋、你？、他們？」或是「我－、

你？、他們？」等）；三方心理地位都不確定（我？、你？、他們？）有一種。三方都不確定的人，很難與他人建立關係。因此，以上共有三十一種可能的類型，已經足夠讓生活變得有趣。

當我們開始考慮＋和－所代表的含義時，情況又會變得更複雜。前面說過，「＋」代表「好」，「－」代表「不好」。這裡，我們需要確認：好與壞這組形容詞中，各個家庭究竟著重在於什麼樣的特質與類型，以及這些公式在現實生活中有什麼樣的意義。

6. 心理地位（形容詞）：由言語塑造的心理地位

當心理地位愈簡單，就愈難處理，同時也對社會最危險。最簡單的心理地位，是會對一對詞語做出好與不好的判斷：「白人－黑人」、「富有－貧窮」、「基督教－非基督教」、「聰明－愚笨」、「猶太－非猶太」、「誠實－狡詐」。每一對詞語都可以演化為四種類型，不同的家庭會強調不同的類型，並且以此為基礎從小開始訓練孩子。例如，「富有－貧窮」這對詞語，就可以基於父母的態度演化為四種類型：

【類型 1】 我有錢＝好，你沒錢＝不好（勢利、高傲的）。

【類型 2】 我有錢＝不好，你沒錢＝好（叛逆、浪漫的）。

【類型 3】 我沒錢＝好，你有錢＝不好（怨恨、革命的）。

【類型 4】 我沒錢＝不好，你有錢＝好（勢利、奴性的）。

（在不重視錢的家庭中，有或沒錢不是他們所關注的，因此不適用這四種類型。）

每一對＋和－中包含愈多形容詞，心理地位就愈複雜，也愈有彈性，處理時也需要更多腦力和辨別力。有的形容詞起「加法作用」，增加描述用以強調（不但……還……）；有的起「減法作用」，用以緩和（不過至少他也……）；有的進行「權衡」（但是哪一個更重要呢？）等等。因此，對一些黑人來說：有錢、狡詐的白人非常不好（他是全都是壞的，－－－）❷；而有錢、狡詐的黑人則沒有那麼不好（至少他是黑人，所以是－－＋）；有錢、誠實的白人也沒有那麼不好（至少他是誠實的，－＋－）；沒錢、狡詐的白人也沒有那麼不好（至少他跟我們一

樣窮，＋－－）。不過，有的情況是：沒錢、狡詐的白人最受到怨恨，如果他有錢，則可以容忍。這是因為摻雜了另外一對詞語的影響：取巧而成功＋，取巧卻失敗－。這樣，那些貧窮、狡詐的白人就是「－－－」，而那些有錢、狡詐的白人就是「＋－－」。還有一種情況是限定條件，作為有錢的白人是「好的」（金融機構），但是如果他詐欺，則變為「不好」（＋＋＋→＋＋－）。

從以上內容，我們可以看出一個人對代名詞的選擇（我、你、他們，＋、－、？）決定了最終的命運及腳本結局，而＋和－中的形容詞無法決定結果。因此，一個人的心理地位如果是「我＋、你－、他們－」（組合 2b），最有可能的結局是在修道院、監獄、醫院或太平間裡孤獨終老；而他究竟是在宗教、金錢還是種族、性別等方面目空一切，則不會影響結果。一個具有「我－、你＋、他們＋」（組合 3a）心理地位的人，最終的結局基本上是非常痛苦的，不論在哪個方面感到沒有價值，都有可能會自殺。**因此，這些代名詞決定了腳本最終結局是贏家還是輸家。而形容詞決定了腳本的內容及生活方式，例如宗教，金錢，種族，性別等，但是形容詞與結局無關。**

到現在為止，我們必須承認，6 歲孩子都能理解以上的內容，因為這也會發生在他們身上。「媽媽說我不能和你一起玩，因為你（髒、普通、壞、是天主教徒、是猶太人、是義大利人、是愛爾蘭人等）」，這是「我＋、你－」。「我會和你玩，但是不想和他玩，因為他撒謊」，這是「我＋、你＋、他－」。被排斥的孩子回應：「我才不想和你們玩，你們這些娘娘腔」，這是「我＋、你－、他－」。如果不深入思考，很多人難以理解心理地位的核心原則：只有代名詞及符號（＋、－）起決定性作用；形容詞只是人們使用時間的方式而已。形容詞只是賦予人們說完你好後談論的話題，而不會影響之後會發生的事、或好或壞的人生，以及最終的結局。

舉例來說，多數人都無法理解為什麼在東歐，那些忠誠的納粹警察，同樣也會成為忠誠的共產黨警察，因為這兩個群體似乎是完全相反的。然而，我們發現相反的地方都是關於形容詞的部分。納粹的心理地位是「我＋（納粹）、

---

❷　譯注：每一個形容詞都可以用「＋」與「－」來評估，因此伯恩在此所舉的例子中，部分黑人的心理評估是：「有錢」（－）、「狡詐」（－）、「白人」（－），因此獲得了「－－－」的結果。

他－（叛徒）」，所以殺死他。而共產主義的心理地位是「我＋（共產主義）、他－（叛徒）」，所以殺了他。因此，儘管這兩種情況在形容詞上是相反的，但在心理地位上卻是相同的，也就是「我＋、他－」，所以殺死他。規則就是：不論形容詞上有什麼極端的改變，都無法改變心理地位或是腳本。在這兩種案例中，最終成為殺人者對他們來說才是重點，而不是殺了什麼人。因此，沒有什麼比狂熱分子在適當的引導下改變立場更容易[3]。

心理地位對日常社交也很重要，人們最先感受到的就是彼此的心理地位。多數情況下，人們都是「物以類聚」。 那些對自己和世界都讚賞有加的人（＋＋），通常喜歡與有類似想法的人在一起，而不喜歡與抱怨的人在一起；那些覺得自己很出眾的人（＋－），喜歡在俱樂部或會所聚會；如果是痛苦但喜歡他人陪伴的人，那一定是在「感覺不好」酒吧，與自卑的人（－＋）在一起；那些很絕望的人（－－），會聚集在咖啡館或街道上嘲笑一切。在西方國家，人們的穿著可能比他在社交場合的表現更能體現心理地位。「＋＋」的人穿著整潔但是不會華而不實；「＋－」的人喜歡制服、裝飾、珠寶以及一些特別的設計以顯示自己出眾；「－＋」的人穿著有些破舊或隨便，但是不一定非常邋遢，或者會穿一套「下等」的制服；「－－」的人則傾向於穿「去他媽的」的制服，展示出自己鄙視一切。思覺失調症病人的衣服則將破舊與優雅、粗笨與苗條、紫色與灰色、磨破的鞋子與鑽石戒指混合在一起。

我們前面已經提到，情況改變時，人們依舊會固守自己的心理地位——覺得自己很富有的女人失去金錢也不會覺得自己變成了窮人，而只是經濟上有點窘迫；更慘的是，一個覺得自己很窮的女孩，即使有了很多錢，也不會覺得自己富有。固著的心理地位在日常生活中會讓人覺得惱火和困惑：「我是好人（儘管事實上我做了壞事）」，有這種心理地位的人，希望別人永遠以好的方式對待他，如果沒有，他就會覺得自己受到了侮辱。

這很容易在婚姻衝突中看見，例如：馬蒂‧柯林斯堅持認為自己是一個好丈夫，儘管他每週六、喝醉酒時，都會毆打自己的妻子。更令人吃驚的是，他的妻子史考蒂卻說出這樣的話，來支持丈夫：「你怎麼可以對耶誕節送妳花的人生氣呢？」我們再說說史考蒂的情況，儘管她公然撒謊並從丈夫的錢包裡偷

---

[3] 繁體中文版編注：簡體中文版缺此段落，此為繁體中文版補譯。

錢，卻堅信自己是個非常誠實的人。一週當中的其他時刻，丈夫也能夠支持她的這種心理地位。但是一到週六晚上，她就會罵丈夫是廢物，丈夫也罵她是騙子。他們的婚姻建立於一個雙方契約，也就是：忽視實際上的表現與所宣稱行為的差異。當差錯被提起時，雙方都會非常憤怒。如果「好」的心理地位遭受太過嚴重的威脅，就會導致離婚。之所以會離婚，是因為：（1）配偶中的一方無法忍受被揭發；（2）另一方無法忍受昭然若揭的假象，然而假象卻是要避免被揭發的必需品。

7. 腳本選擇：孩子如何找到劇情與適當的結局

　　腳本發展的下一步，是找到劇情和適當的結局，這是孩子對「跟我一樣的人，身上會發生什麼事情？」這個問題的解答。因為孩子早已努力學會這個問題的解答，無論孩子是贏家還是輸家，他都會被教導該如何看待他人，而他人將如何對待他，這就是「像我一樣的人」是什麼意思。遲早，孩子會聽到一個「跟我一樣的人」的故事，這個故事會告訴他將朝什麼方向邁進。這個故事可能來自母親唸給他聽的童話，也可能來自祖母講給他聽的非洲人南西的故事，或者來自孩子自己聽到的街頭幫派傳奇。不過，無論故事是在哪裡聽到的，當孩子聽到時都會說：「那就是我！」之後，故事就演變為他的腳本，他將花費一生的時間設法讓腳本實現。

　　孩子的早期經驗包括喝母乳或用奶瓶喝奶，以及在廁所、臥室、廚房和客廳裡發生的事。孩子在這些早期經驗的基礎上，形成了自己的信念，做出了自己的決定，並採納了某種心理地位。然後根據聽到或讀到的故事，為自己挑選了一個預言和一個計畫：他會怎麼樣著手成為贏家或輸家，情節如何、結局又如何。這是他第一個清楚且長達一生的腳本。接下來，是時候考慮建構腳本的各種動力以及元素了。為了形成腳本，人們必須有可用的腳本裝置。

第 **6** 章

可塑的年代
The Plastic Years

受到父母灌輸的事物填滿，
我們早已在幼兒時期便規畫好未來的人生

1.父母編制的程式：影響我們行為反應的父母指令

　　一般情況下，孩子 6 歲時已經離開幼兒園（至少在美國是如此），進入了競爭更為激烈的世界，也就是小學一年級。在這裡，孩子需要獨自與老師以及其他男孩、女孩打交道。幸運的是，他已經不再是無助且對世界一無所知的新生兒。孩子的生活從家庭擴展到人群熙攘的校園，就彷彿從郊區進入了超級大城市。他需要與形形色色的人們互動，而腦中早已準備好一整套應對他人的方案。孩子已經形成了與他人相處的獨特方式，至少是生存下去的方法，並且也形成了自己的人生計畫。中世紀的牧師或教師可能很了解這一點，因為他們說：「把你的孩子交給我，6 歲之後就可以帶回去了。」一個好的幼兒園老師，甚至可以預測某個孩子會有什麼樣的人生和結局：快樂，還是不快樂；成功，還是失敗。

　　人的一生是喜劇還是悲劇，已經由還未上學的兒童決定。此時，孩子關於世界及其運作方式依然所知甚少，他的心被父母灌輸的事物填滿。然而，正是這個懵懂的孩子決定了未來，不論是成為貧民還是國王，妓女還是皇后。此時，孩子還無法區分現實與幻想，多數日常生活事件也被扭曲。孩子被告知如果在婚前發生性行為就會受到懲罰，在婚後則不會。孩子相信太陽會落下，然後花十年甚至四十年，才發現其實是太陽追趕著我們；他甚至分不清楚腹部和

胃部。孩子太小了，小到只能決定晚餐想吃什麼。但是正是這個孩子，成為了「人生的君主」，決定了自己未來將如何死去。

孩子所做的人生計畫嚴格遵照家庭指令。通常，透過一些提問就可以發掘一些重要的指令，與個案的第一次面談中，可能就能有所發現：「小時候，你的父母跟你說過什麼？」或者：「小時候，你的父母怎麼跟你描述生活？」或者：「父母生氣時，他們會對你說什麼？」通常，個案的回答聽起來不像指令，但是如果能夠帶有一點火星人的思考模式，就可以發現指令的存在。

例如，第 5 章開頭列舉了父母訓練孩子時所使用的一些語言，其實那就是父母的指令。「公眾表現」實際是命令孩子炫耀，孩子透過觀察媽媽的表現，很快就可以學會，如果炫耀，媽媽就會表現得很高興；如果不炫耀，媽媽就會表現得很失望。同樣，「快來看，多可愛啊！」意思是說「好好表現！」而「快一點兒」和「上完大號前，你必須一直坐在這裡」是消極的指令，或者禁止訊息：「別讓我等」以及「不許頂嘴！」而「讓他慢慢來」則是一個允許訊息。**一開始，孩子透過觀察父母的反應理解父母傳達的訊息，當孩子掌握了語言後，則是從真實的話語中獲取訊息。**

孩子一出生是很自由的，但是很快就會透過學習變得不同。最初兩年，孩子主要由母親編制程式。這個程式構成了腳本的基本框架，稱之為「原始草案」（primal protocol），最早是關於吞食與被吞食；長牙後，則是關於撕咬與被撕咬。用歌德（Johann Wolfgang von Goethe）❶的話來說，就是做鐵錘還是鐵砧的問題❷，這是贏家與輸家最原始的形式。希臘神話和古代祭祀中有過這樣的記載，孩子被吞食掉、詩人被肢解❸。嬰兒時期，媽媽或孩子中究竟誰具有掌控權顯而易見，但是這遲早會反過來。然而，當個體處於壓力之下或糟糕的情緒之中，早年經歷會再次重現。很少有人記得該年齡所發生的事，但正是這些事，對人們生活的諸多方面最為重要，因此需要在父母、親戚、保母、兒科醫

---

❶　譯注：出生於神聖羅馬帝國法蘭克福（今德國萊茵河畔），是著名的劇作家、詩人、自然科學家、文學理論家。

❷　譯注：出自歌德的《宴歌集‧科夫塔之歌》（Gesellige Lieder, Ein Anderes），其中包含這樣的語句：「不是成功的支配他人，就是失敗的聽命於人，不是忍辱，就是獲勝；不做鐵砧，就做鐵錘。」

❸　譯注：宙斯的父親克羅諾斯擔心王位被自己的孩子推翻，每當孩子一出生就將他吞到肚子裡。被肢解的詩人是奧菲斯，他激怒了酒神的女信徒而被殺害，最終屍體被撕碎拋至荒野。

生，甚至是夢及家庭相簿的幫助下重建。

2～6歲是發展腳本的時期，之前的腳本基礎變得更牢固。幾乎每個人都能記得該階段發生的一些溝通、事件或者留有某些印象。這個時期與伊底帕斯情節的發展同步且緊密連結。在斷奶和如廁訓練後，全世界都很普遍且影響深遠的父母指令會與性和攻擊有關。各種生物依靠透過自然選擇而形成的神經迴路得以生存──養育、性交、打架均需要其他人在場，屬於「社交」行為，而其衝動逐漸讓個體具有某種特性：占有欲、男性化、女性化或攻擊性。同時，大腦也具有抑制這些衝動的神經迴路，讓人具有相反的特性：放棄、沉默及克制。這些特性讓人們至少能在一部分時間內，平靜的相處或溫和的競爭，而非瘋狂的攫取、性交或者爭鬥。排泄以某種未知的方式參與到人們的社會化過程中，人腦控制排泄的神經迴路，讓人類具有遵守秩序的特質。

父母編制的程式，決定了衝動的表現時間與方式，以及抑制的表現時間與方式。它以大腦的神經迴路為依託，設置特定的行為模式，從而獲得某種結果或結局。由於父母的程式，個體會形成一些新的特性，以平衡各種衝動與抑制。在占有和放棄中，產生了耐心；在男性化／女性化和沉默中，產生了堅毅和溫柔；在爭鬥和克制中，產生了機敏；在混亂和秩序中，產生了整潔。這些特性：耐性、堅毅、溫柔、機敏以及整潔，都是在2～6歲這個可塑時期，由父母教導並編寫程式。

從生理角度來看，程式意味著助長與促進，是在腦中建立一條有較少阻礙的路徑。從操作層面來看，程式是指某個刺激更有可能引發某個既定反應。從現象學角度來看，父母的程式意指孩子的反應由父母的指令來決定。父母的指令就像事前錄製好的錄音帶，仔細傾聽就可以在腦中聽到它們的聲音。

2.火星人的思考：「真實的」理解父母的指令

當父母干涉或試圖影響孩子的自由表達時，他們就將指令賦予給孩子，但是父母、旁觀者和孩子對指令有各自不同的理解。事實上，理解指令有五種視角：（1）父母說，他們的意思是什麼；（2）毫不知情的旁觀者認為父母的意思是什麼；（3）父母的話，表面上的意思是什麼；（4）父母「真正」的意思

是什麼；（5）孩子覺得這是什麼意思。前兩項是「直接的」或者是「地球人的」思考模式，而後面三項則是「真實的」或者是「火星人的」思考方式。

現在我們來看一個高中男孩的案例，他叫布奇，是一個嚴重的酗酒者：

6歲時，母親看到布奇正在用力吮吸威士忌酒瓶，然後說：「你太小了，還不能喝威士忌。」

（1）母親說她的意思是：「我不希望兒子喝威士忌。」

（2）毫不知情的旁觀者，也就是孩子的叔叔正好在場，說：「她當然不想讓孩子喝威士忌，沒有一位明智的母親會讓孩子這樣做。」

（3）母親字面上說的是：「『你太小了』，還不能喝威士忌。」

（4）她真正的意思是：「喝威士忌是男人的事，你還只是個小男孩。」

（5）孩子的理解是：「當你能證明自己是個男人時，就能喝威士忌了。」

對地球人來說，母親這樣制止孩子聽起來很正常。但是除非父母禁止，否則孩子會用火星人的方式思考。孩子的想法未經汙染，這正是他們的想法總是很新奇、很新鮮的原因。孩子的任務是了解父母真正的意圖，因為這有助於維持父母對他們的愛，或者至少是父母的保護，最糟糕的情況是維持自身的生存。另一個原因是他們愛父母，他們人生的一個重要目標，就是讓父母高興（如果父母允許他們這麼做的話），為了達到這個目標，他們必須知道父母真正想要的是什麼。

因此，儘管父母並沒有直接表達指令，孩子仍然會努力理解其內涵，或稱作「火星人眼中的要點」。基於父母的指令，孩子開始制定自己的人生計畫。貓和鴿子也能學會這樣做，只是花費的時間更多。我們之所以稱為「程式」（programing），是因為指令的影響可能是永久的。**對孩子來說，父母的指令就是命令，除非發生某種巨變，否則終生都會遵守父母的指令。**只有極端的痛苦（戰爭、入獄）或極端的著迷（皈依、戀愛），才可能讓人快速擺脫指令，而依靠生活經歷或心理治療改變則要慢得多。父母離世也不一定可以去除符咒般的指令，大多數情況下，父母離世只是進一步加強了指令的影響。只要一個人的「兒童自我」無法由順從變為自由，那麼，無論他的「父母自我」要求他做多麼痛苦的事，這個「被腳本驅使的人」依舊會照做；無論他的「父母自我」要求他做出什麼犧牲，這個「受腳本支配的人」也會做。這就好比妓女和皮條

客之間的關係，她們寧願受皮條客的剝削、折磨，或是任人宰割，也不願意冒險探索沒有皮條客保護的未知世界。

火星人依據結果，將父母的話語翻譯為他們真正想表達的意思，他們不會從表面意圖推斷，而是根據最終表現出的結果判斷。因此，父母一些表面上的保護，實際上是給孩子指派了不恰當的任務。一個青少年的汽車出了事故，修車花光了錢，這讓他的父親很痛苦。這位「好爸爸」偶爾會與他「溝通」這個問題。有一次，父親非常和藹的抱怨：「唉，這件事讓我的壓力好大，不過不用太擔心。」這種文雅的寬宏大量，自然會被兒子理解為「要有一點擔心」。但是如果這個男孩表達出自己的擔心，並嘗試做一些特別的事情彌補，父親就會指責他：「我告訴你了，不要『太』擔心。」火星人會這樣翻譯這種「體貼」的態度：「不要太擔心！」意思是：「你要擔心到我恰好可以說你太擔心的程度。」

我們來看一個更戲劇化的例子：一位女服務生端盤子的動作非常熟練，她可以在繁忙且擁擠的餐廳裡用手和手臂端起很多裝了熱食的盤子，並快速的在桌子間穿越。她熟練且毫無差錯的表現深得老闆和顧客的讚賞。有一天，她的父母來餐廳吃飯。這一次輪到父母欣賞她的表演了，她快速經過父母的桌子，端著跟平常相似數量的盤子，就在這個時候，極度不安的母親大喊：「小心！」然後，在她的職業生涯中，這位女服務生第一次……多數地球讀者不需要翻譯，也能夠補充完整故事的結局。簡而言之，「小心！」常常意味著「犯錯吧，這樣我就可以告訴你『我跟你說過要小心』」。這就是最終的結果。「小心，哈哈！」是更具挑釁的表述。如果「小心！」是來自「成人自我」的建議，還具有一些價值，但是如果是來自過分關切的「父母自我」或「兒童自我」的「哈哈」，則具有相反的效果。

在酗酒的高中男孩布奇的案例中，「你太小了，還不能喝酒！」這句話出自暴飲暴食的母親之口，意思是說：「趕快長大，開始喝酒，這樣我就可以表達反對了。」這就是母親這種表達的最終結果。布奇知道如果想從母親那裡勉強得到一些關注（貧瘠的母愛代替物），自己遲早都要這麼做。布奇將母親的願望理解為自己的使命。他的父親就是個好榜樣，每天努力工作，但是到了週末就會嚴重酗酒。布奇16歲時就已經常常喝醉了。17歲時，叔叔把他叫過來，他們之間的桌子擺著一瓶威士忌，叔叔說：「布奇，現在我來教你怎麼喝

酒。」

父親曾經帶著非常輕蔑的笑容對布奇說：「你真是太愚蠢了。」這幾乎是父親唯一一次與布奇說話。因此，布奇很早就決定表現得很笨，因為父親已經清楚表達了在家裡，他不想要任何「聰明的蠢貨」——又一個用來說明火星人思考模式價值的例子。父親真正說的是：「我在家時，你最好表現得笨一點。」而布奇明白父親的意思。火星人的思考到此為止。

很多孩子都是在父親既努力工作，又嚴重酗酒的家庭中長大。努力工作是填補喝酒間空檔時間的慣例，喝酒會妨礙工作，是勞動者的詛咒。另一方面，工作也會妨礙喝酒，工作是喝酒者的詛咒。喝酒與工作背道而馳，如果喝酒是腳本或人生計畫的一部分，那麼工作就是「應該腳本」。

「圖6」是「腳本矩陣」（script matrix）[1]，展示出布奇接受的腳本指令。上面，父親易怒的「父母自我」說：「做個男人，但是別表現得那麼聰明。」同時，下方嘲諷的「兒童自我」說：「表現得笨一點，哈哈。」上面，母親溺愛的「父母自我」說：「做個男人，但是現在你太小了。」同時，下面的「兒童自我」又在慫恿：「別那麼娘娘腔，喝酒。」中間，父親的「成人自我」以及叔叔，在向布奇展示喝酒的方法。

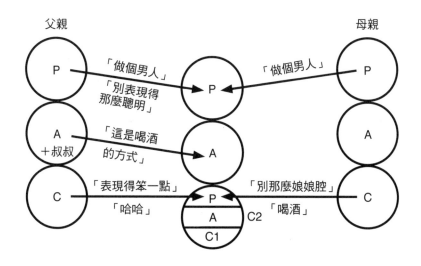

【圖6】喝酒的年輕人

3.小律師：淘氣但又不違反父母的禁令

　　火星人的思考方式，能夠讓孩子知道父母「真正」想要的是什麼，也就是父母最可能做出「贊成反應」的事。透過有效使用火星人的思考方式，孩子確保了自己的生存，並透過實現父母的願望表達了對父母的愛。這樣，孩子逐漸形成被稱作「順從型兒童」的自我狀態。「順從型兒童」想要，也需要用順從的方式行事，同時避免不順從的行為，甚至是不順從的情感，因為不順從的表現不能從周圍的人那裡獲得最佳回應。同時，孩子必須束縛想要自我表達的「自然型兒童自我」。「兒童自我」中的「成人自我」（請參考第 121 頁圖 7 中的 AC 區塊）負責調和兩種「兒童自我」間的平衡，它必須像一台敏捷運轉的電腦，以決定不同情境、不同時刻必須做什麼，以及什麼是被允許的。這個「成人自我」特別擅長發現人們想要什麼、可以容忍什麼，最差也能夠發現人們因為什麼而興奮、生氣，或感到內疚、無助、恐懼和受傷。**「兒童自我」中的這個「成人自我」就像熱忱、敏銳的人性研究專家，因此，我們將稱之為「小教授」**（Professor），且實際上，他比任何大人教授都更了解實用心理學和精神病學。然而，有了多年的訓練與經驗，大人教授知道的可能只有 4 歲孩子兒童自我的小教授所學的 33％。

　　孩子學會火星人的思考方式後，也建立起了良好的「順從型兒童自我」。此時，「小教授」將注意力轉移至「合法式思考」（Legal thinking）方式上，從而讓「自然型兒童自我」能有更多表達機會。合法式思考方式始於可塑年代，在童年晚期達到最成熟的發展。如果獲得父母的鼓勵，這種思考方式可以一直延續至成年，使他就像真正的律師。合法式思考方式用通俗的話來說，就是「逃避式思考方式」（cop-out thinking）❹。逃避式思考方式在個體對性道德方面上相當普遍。例如，女孩的父母告誡她不可以失去處女身，其實她知道父母「真正的意思」是不要有性行為，但是她會透過與其他人相互手淫、口交，或從事其他形式的性行為，讓她能夠遵守父母告誡的表面含義。如果父母告誡她遠離「性」，她可能會進行沒有性高潮的性交。在性方面，最經典的逃避式行

---

❹　「逃避」有幾個含義：逃避逮捕、獲得較輕的刑罰（避重就輕的認罪）、背信（告密揭發）、找到推託之詞或鑽漏洞。本文指的是最後一種意思。

為，發生在本世紀初巴黎妓女身上（就我所知，現在還在使用）。她們去懺悔時，總是會因為沒有獲得性興奮，所做之事只是交易而被赦免。只有她們享受其中時，才是罪惡[2]。

　　父母認為給孩子一個禁令，就能避免問題，而沒有充分考慮孩子的精明之處。其實，正是他們教會了自己的孩子如何變得精明。因此，被警告「不要和女人鬼混」的男孩，會將其視為可以與其他男孩（在有些情況下，甚至是羊或牛）鬼混的允許。用這種合法的方式思考，他就是清白的，因為他並沒有做父母禁止他做的事情。被母親告誡「不要讓男性碰觸身體」的女孩，可能會決定將其理解為「自己碰觸自己沒有問題」。透過這種逃避式思考，她的「順從型兒童自我」遵從了母親的意願，同時「自然型兒童自我」又享受了自慰的快樂。同樣，被叮囑「不要和女孩鬼混」的男孩，會將其視為可以和自己鬼混的允許。他們都沒有違反父母的禁令，因為孩子會像律師一樣尋找逃避的方法。腳本分析中，父母的禁令用法律術語命名為「禁止訊息」（injunction）。

　　一些孩子喜歡順從，不會用躲避式思考；而另一些孩子則喜歡做一些有趣的事，就像很多人喜歡研究如何鑽法律漏洞，很多孩子對如何淘氣但又不違反父母的禁令相當感興趣。無論哪種情況，這種精明皆是父母所教、所鼓勵，是父母程式的一部分。有些情況下，這會導致形成「反腳本」，也就是孩子在不違反最初腳本指令的同時，成功逆轉腳本的全部內容。

4. 腳本裝置：不同的腳本或人生計畫的共有元素

　　腳本分析師並不是一開始就知道人會依照童話或神話的方式建構人生，純粹是透過觀察發現決定一個人最終命運的不是成年後的規畫，而是童年時的決定。不論人們怎麼認為、怎麼述說自己將如何對待人生，似乎都是被內心衝動驅使、努力爭取著某個最終結局，而這個結局常常與他們寫在自傳或簡歷中的不同。很多想賺錢的人卻失去了金錢，而與此同時，他身邊其他人都變得富有；某些說要獲得愛的人，卻在愛他的人身上也體驗到了憎恨；那些表達為了孩子的幸福可以付出一切的父母，孩子最終卻淪為了吸毒者、罪犯或自殺；那些正直的聖經信徒，卻成了殺人犯和強暴兒童的人。這些矛盾自人類形成時便

已經存在，也是歌劇中所唱的故事或報紙上的新聞。

這些矛盾從「成人自我」的角度難以解釋清楚，但是我們逐漸發現，它們可以在人格中的「兒童自我」說得通。正是「兒童自我」與神話或童話相似，並相信世界曾經且只能依此運作。如此，孩子依照喜歡的故事情節計畫人生，就不足為奇了。真正讓人驚奇的是，這些計畫會持續二十年、四十年，甚至八十年，最後人們便習以為常了。當我們與那些嘗試自殺的人、發生車禍的人、精神錯亂的人、罪犯或離婚的人做回溯工作時，如果拋開診斷去了解真相，遲早會發現，這一切幾乎在 6 歲前都已經計畫完畢 3。**不同的腳本或人生計畫含有某些共同的元素，稱之為「腳本裝置」**（Script Apparatus）。好的腳本（創作家、領導者、英雄、值得尊敬的祖父、優秀的從業者）中，也包括這些裝置。腳本裝置關乎人們如何使用一生的時間，與童話故事中的設置相同。

童話故事中是由男巨人、女巨人、食人妖、女巫、仙女教母、感恩的野獸、生氣的巫師等來編制主人翁的人生程式，而在真實生活中，以上這些角色均由父母親來扮演。

比起對「好」腳本的了解，心理治療師更了解「壞」腳本，因為壞腳本更戲劇化，更常被人們討論。例如，佛洛伊德介紹過無數個輸家的個人史，而對贏家，只談過摩西❺、達文西❻和他自己。很少有贏家願意花時間思考自己如何成為現在的樣子，而輸家則常常迫切的想要了解自己為何變得如此，並希望能採取一些行動。接下來的章節，我們會從輸家腳本談起，對此，我們已經掌握非常精確的知識。他們的腳本裝置由以下項目構成，且已經由兒童用火星人的思考方式翻譯為父母的指令：

【指令1】父母告訴孩子，如何結束他們的生命：「滾開！」「去死吧！」是一些關於死的判決，「富有的死去」也是關於死的判決，「最後你會像你（喝酒的）父親一樣」是對人生的判決。我們將這種指令稱為腳本「結局」（payoff）或「詛咒」（curse）。

【指令2】然後，父母給予孩子一個不公正、負面的指令，讓他們無法擺脫詛咒：「別打擾我！」或「別表現得那麼聰明！」（＝滾

---

❺ 譯注：《舊約聖經》中，希伯來人的先知與立法者，曾率領猶太人逃出埃及。
❻ 譯注：義大利文藝復興時期的藝術大師，且他在工程、科學上的也有相當驚人的想法。

開！）「停止抱怨！」（＝去死吧！）這是腳本中的禁止訊息或稱「阻礙器」（stopper）。禁止訊息由父母的「控制型父母自我」或瘋狂的「兒童自我」發出。

【指令3】父母會鼓勵導致結局的行為：「喝一杯吧！」或「你不能就這樣放他走！」這稱作「腳本挑釁」（script provocation）或「腳本引誘」（script come-on），來自父母親惡作劇的「兒童自我」或「小惡魔」（demon），通常伴隨著父母的「哈哈」。

【指令4】同時，在孩子做出導致結局的行為前，父母給予他們填補時間的行為指示。父母採用的是道德教育的形式，比如：「努力工作」可能意味「每個工作天都要努力工作，這樣週六晚上就可以喝醉」；「存每一塊錢！」可能意味「存每一塊錢，這樣你就可以把它們一次丟掉」。這是反腳本的宣言，來自父母的「養育型父母自我」❼。

【指令5】父母也需要教會孩子在真實生活中執行腳本的必要知識：如何調酒、如何記帳、如何欺騙。這稱作模式或程式，來自「成人自我」的教導。

【指令6】父母賦予孩子一套腳本裝置，而對孩子來說，他自身具有反抗整個腳本裝置的願望和衝動：「要敲門！」（vs.「滾開！」）；「表現得聰明點！」、「趕快閃人」（vs.「要努力工作」）；「現在就把錢花掉」（vs.「省下每一塊錢」）；「搞砸」等。這些反抗行為被稱作「腳本衝動」（script impulses）或「小惡魔」。

【指令7】隱身於某處是擺脫詛咒的方法：「40歲之後你便可以成功。」詛咒解除器（spellbreaker）稱作反腳本或「內部解除」（internal release），不過，反腳本通常就是死亡：「你將在天堂得到回報。」

同樣的腳本裝置也存在於神話和童話故事中。結局或詛咒──「滾開！」

---

❼ 譯注：此處更有可能是「應該腳本」，而非反腳本。詳情請見譯者序中的說明。

（糖果屋）或者「去死吧！」（白雪公主和睡美人）；禁止訊息或阻礙器——「不要那麼好奇！」（亞當和夏娃、潘朵拉的寶盒）；挑釁或引誘——「用紡錘刺破你的手指，哈哈」（睡美人）；應該腳本的宣言——「在遇到王子前努力工作！」或者「在她說愛你前保持風度」（美女與野獸）；程式——「善待動物，有一天牠會在你需要的時候回報你」（金髮姑娘）；腳本式衝動或小惡魔——「我只看一眼！」（藍鬍子❽）；反腳本或詛咒解除器——「當她把你扔向牆壁時，你就不再是青蛙」（青蛙王子），或者「做十二年苦力，之後你可以獲得自由」（大力士）。

這些童話故事與腳本裝置十分類似。詛咒、阻礙器、引誘三者構成了「腳本控制」（script controls），另外四個則可以用來反抗腳本控制。孩子生活在美麗、平淡，或可怕的童話世界，他們相信魔法，因此總是透過迷信或幻想，尋求魔法般解決問題的方法。當這個方法起不了作用時，孩子就會再次求助於小惡魔。

但是小惡魔有一個特性。當孩子身上的小惡魔說：「我要反抗你，哈哈！」父母的小惡魔就會說：「這正是我想讓你做的，哈哈！」這樣，腳本挑釁與腳本衝動，腳本引誘與小惡魔共同作用，便注定了輸家的命運。當父母贏時，孩子就輸了；孩子是在嘗試贏的過程中輸掉的。第 7 章中，我們會更詳細的討論這些腳本元素。

---

❽　譯注：藍鬍子的妻子總是一個個死去。一個女人又嫁給了藍鬍子，藍鬍子出門前將鑰匙留給她，警告她不可以打開一個小房間的門。但她受好奇心驅使打開門後發現那個房間是他殺死的歷任妻子。後來她被哥哥救下。

腳本裝置
The Script Apparatus

·※·

拆解腳本的組成元素，
才能理解腳本運作原理，以及如何治療

·※·

　　為了理解腳本運作的原理，以及如何在治療中處置腳本，我們需要了解腳本裝置最新且更全面的資料。儘管我們對腳本基本架構的知識仍有所欠缺，對於腳本傳遞上也有些不確定，但是從其第一次被提及，短短十年間，我們已經建立起非常精細的模式[1]。一開始，我們對腳本裝置的了解有如 1893 年生產的單汽缸汽車，而現在已經達到非常先進的福特 T 型車❶的水準了。

　　從上一章可以知道，腳本裝置包括七個部分。並由「結局」或稱詛咒，「禁止訊息」或稱阻礙器，「挑釁」或稱引誘，這三項共同控制著，使人走向最終命運之腳本的發展，我們將其稱作「腳本控制」。多數情況下，這三項在 6 歲前就已程式化。如果某人有反腳本，或稱為「詛咒解除器」，也是在 6 歲前就形成。之後，應該腳本或稱「生存處方」（prescription），以及父母的行為模式和指導開始更牢固的發揮作用。「小惡魔」代表了人格最古老的層面（孩子的「兒童自我」），自始至終都存在❷。

---

❶　譯注：福特汽車於1908年推出的車款，讓原本造價昂貴的汽車，變為一般百姓所使用的交通工具，是工業史上重要的一頁。

❷　這裡，我要再次提醒讀者，在本文中，「父母自我」、「成人自我」、「兒童自我」代表的是「自我狀態」，父母、成人、兒童指的是真實的人物。

1. 腳本結局：成為孤獨的人、乞討者、發瘋或猝死

「腳本結局」在臨床實務中，可以被簡化為四種類型：成為孤獨的人、成為乞討的人、發瘋、猝死。吸毒或酗酒是達成任何一種結局最好的方式。孩子可能會用火星人的思考方式或合法式的思考模式，朝對自己有利的方向解釋父母的指令。例如，母親對所有孩子說，他們最終都會進精神病院。結果確實如此：女孩們最終成了病人，而男孩們最終成了精神科醫師。

暴力是一種特殊的結局，存在於「軀體腳本」（tissue script）中。軀體腳本與其他腳本不同，因為當中流通的「貨幣」（currency）是人類的血肉和骨骼。目睹、引發或經歷過殘害或流血的孩子，會與其他孩子截然不同，且永不再相同。如果父母在孩子很小的時候，就讓他迫不得已獨自成長，他自然就會關心錢的問題，錢通常會成為其腳本及結局中主要流通的「貨幣」。如果父母嚴厲斥責孩子，並說讓他去死，話語可能就成為他的腳本「貨幣」。腳本的主題與童話的主題相似：愛、憎恨、感激以及復仇。任何一個主題都可以用任何一種「貨幣」表達。

此時腳本分析師面對的一個問題是：「父親或母親可以用多少種方法告訴孩子要長壽，還是去死？」他可以在乾杯或祈禱儀式中照本宣科的說：「祝我們長命百歲！」或者在吵架時說：「去死！」人們很難意識到或承認，母親的話對孩子有無窮的影響力（或是妻子的話對丈夫的影響，或是反過來，丈夫的話對妻子的影響）。就我的經驗來看，很多人被他愛的人（甚或是憎恨的人）說「去死」後不久，他就會進醫院。

很多時候，祖父母控制著孩子的結局，可能直接或者透過孩子的父母間接控制。祖母可能會提供終身會員證（life membership），從孩子父親的死亡指令中挽救孩子；也可能透過向孩子母親傳遞「美蒂亞腳本」❸（或稱「過度傳遞腳本」，overscript），使母親推動孩子以某種方式走向死亡。

這一切都會注入孩子的「父母自我」中，且可能保存一生：有人溫柔渴望他長命百歲，或者有一個尖銳的聲音催促他儘快死亡。有時候死亡指令中沒有憤怒，只是無望或絕望。孩子自從出生，就吞飲了母親的願望，因此通常是母

---

❸　譯注：關於美蒂亞的故事，請參考第3章解釋。

親為孩子做出決定。父親後來會加入，不是與母親一致就是衝突：為母親的詛咒加碼，或為其減刑。

個案通常記得年幼時自己如何回應結局指令，不過不會將回應說出來。

母親：「你簡直和你爸一樣。」（父親離婚了並且獨自住在一個房間。）
兒子想：太好了，真聰明，父親。

父親：「你最後會跟妳阿姨一樣。」（母親的妹妹進了精神病院或者自殺了。）
女兒想：如果你這樣說的話。

母親：「去死吧！」
女兒想：我不想死，但是如果妳這麼說，我想我只好去死了。

父親：「你這種脾氣，遲早有一天會殺人。」
兒子想：好吧，如果我殺不了你，就殺別人。

孩子非常寬容，在父母下達幾十幾百次指令後才會決定遵從。一個女孩來自很混亂的家庭，她無法從父母那裡得到支持。她清楚描述了做出決定的那一天，當時她 13 歲，哥哥們把她帶到穀倉，讓她做出各種性表演取悅他們。結束後，哥哥們開始嘲笑並議論她，說她絕對會變成妓女，不然就會發瘋。當天晚上，她仔細思考了很久，第二天早上決定發瘋。之後，女孩很快就瘋了，並且維持了很多年。她的解釋非常簡單：「我不想當妓女。」

儘管父母會給予孩子指令，但是如果孩子不接受，也不會發揮作用。雖然孩子在接受指令時不會像總統在麥迪遜大道上宣布就職時喧鬧，但是至少會清楚、大膽的表達一次：「當我長大時，我會像媽媽一樣。」（＝結婚生子）或者：「等我長大了，爸爸做什麼，我就會做什麼。」（＝在戰爭中被殺）或者：「我希望自己死掉。」我們需要詢問個案：「小時候，你決定你的人生要做什麼？」如果他做出了一般性回答（例如「我想要當消防員」），就要澄清：「我的意思是說，你決定要怎麼死去？」人們決定自己的人生結局時還很年幼，很難有清楚的記憶，因此提問時，很難得到你想要的答案。不過，我們可以從個案後續的經歷來推斷。

2. 禁止訊息：幼年時，父母所下且影響一生的禁令

真實生活中，「禁止訊息」的作用並不像魔法，而是取決於人類心智的生理特性。父母說一次「不准吃那些蘋果」或者「不准打開那些櫃子」不會發揮作用。任何火星人都知道，這樣的禁止訊息只是增加了孩子的挑戰欲望。如果想讓某個禁止訊息牢固的鎖入孩子的大腦，需要一遍又一遍重複，且每一次違反規定時都要遭受懲罰。然而也有例外，比如對於那些被暴打過的孩子，一次經歷就足以產生持續一生的禁令。

禁止訊息是腳本裝置中最重要的部分，具有不同強度。它就像心理遊戲一樣，也被劃分為不同等級：第一級、第二級、第三級。不同程度的禁止訊息會造就不同類型的人：贏家、非贏家和輸家（這些概念之後會詳述，非贏家是那些既不贏也不輸的人，最後獲得平局）。

第一級禁止訊息（社會可接受且很溫和的）是一些直接指令，透過贊成或不贊成得以強化（「你一直都很溫和安靜」、「別太野心勃勃」），帶有這種禁止訊息依舊可能成為贏家。

第二級禁止訊息（隱晦、粗暴的）是隱晦的指令，父母透過引誘式的微笑或威脅式的皺眉，隱晦的傳遞給孩子，最容易養出非贏家（「別告訴你父親」、「閉緊你的嘴」）。

第三級禁止訊息（非常粗暴、苛刻）是不可理喻的禁令，由恐懼驅使。此時，話語已經變成了尖叫，面部表情已經如噩夢般扭曲，身體懲罰已經變為惡意攻擊（「我要打斷你該死的牙齒」）。這個等級的禁止訊息，無疑會造就輸家。

如同人生結局，禁止訊息通常因為父母雙方而變得複雜。因此一方可能會說：「別表現得很聰明！」另一方卻說：「別表現得那麼愚蠢。」衝突的禁止訊息將孩子置於兩難的境地。不過，能夠結婚的兩個人，禁止訊息多數是一致的。如果一方是：「不要表現得很聰明！」另一方是：「安靜一點，否則打爆你該死的腦子。」這真是一個令人悲傷的組合。

禁止訊息在孩子很幼小時便已植入腦中。那時候，父母對孩子來說就像有神力的巨人。禁止訊息由父母的「控制型父母自我」或「兒童自我」發出。慈愛母親的「控制型父母自我」或「兒童自我」，用白話文來解釋稱作「仙女教母」；反之稱作「巫婆母親」，有些情況下，用「母親瘋狂的兒童自我」來命

名更適合。同樣,「控制型父親自我」被稱作「愉快巨人」、「醜巨人」或「父親瘋狂的兒童自我」都很合適²。

3.引誘:兒童自我聽見的父母自我低語

　　挑釁或引誘,是將孩子造就為好色之徒、成癮者、罪犯、賭徒或其他挑釁失敗型腳本的東西。對於男孩,引誘就像在真實生活中上演了《奧德賽》(Odysseus) ❹的劇情,他是尤利西斯,母親就像海妖賽蓮,引誘他走向最終的命運❺;或者母親就像喀耳刻❻,將他變成了豬。對於女孩,則是有個像老色狼的父親。孩子年幼時,父母只是籠統的邀請他們成為輸家:「他一定很笨,哈哈。」或者:「她一定是個邋遢鬼,哈哈。」等孩子年紀稍大一些,引誘變成更具體的譏諷和嘲笑:「他都會打自己的腦袋,哈哈。」或者:「她總是弄丟自己的褲子,哈哈。」青少年時期,引誘更針對個人:「好好看看吧,親愛的!」(帶著意外或有意的口吻)「喝一杯吧」、「現在你的機會來了」、「全投了吧,沒什麼差別」,每一種說法都伴隨著「哈哈」。

　　引誘是在關鍵時刻「兒童自我」聽到「父母自我」低語:「別停止想著性或錢的事,別讓它就這麼走了。」「來吧,親愛的,你會有什麼損失呢?」這些話來自「父母自我」的小惡魔,對此,「兒童自我」的小惡魔會加以回應。之後,「父母自我」會很快轉換態度,同時傑德一敗塗地。之後,愉快的「父母自我」說:「你又這樣了。」而傑德帶著通常稱作「吃屎般的笑容」回答:「哈哈!」

　　引誘會給孩子帶來情緒困擾,且必定在孩子很小時便已經發生。父母將孩子對親密的渴望,轉化為對其他事物的渴望。轉化的愛一旦被固定下來,就會成為一種情感障礙。

---

❹　譯注:古希臘兩部重要史詩之一,一般認為是由希臘吟遊詩人荷馬所作。
❺　譯注:女海妖賽蓮會運用美妙的歌聲誘惑船員,從而讓船隻觸礁沉沒。尤利西斯為了抵擋海妖的歌聲誘惑,請同伴將自己綁在桅杆上,並且用蠟封住耳朵。
❻　譯注:希臘神話中,能夠將人變成豬的女巫。

4.電極：被植入父母自我中的自動化反應

引誘源自父親或母親的「兒童自我」，並被植入孩子的「父母自我」（圖7中，傑德的PC）。它就像電極中的「正極」，引出自動化的反應。當傑德頭腦中的「父母自我」（PC）觸動按鈕，無論身體其他部分想還是不想，他馬上就會進入那樣的狀態——開始說傻話、表現得很笨、再喝一杯，或者將家產都投注於下一場比賽，哈哈哈。禁止訊息的起源並不是每一次都那麼清楚，但是同樣被植入孩子的「父母自我」（PC），扮演「負極」的角色。它阻止傑德做某些事，比如清楚表達或思考，或者在性慾旺盛或想要大笑時讓他「冷掉」。很多人都見過在性興奮過程中，突然不再興奮的人，以及即將展露出笑容，但是卻突然繃起臉的人，彷彿某個人關掉了他腦中的按鈕。由於引誘與禁止訊息具有這樣的效果，我們將孩子的「父母自我」（PC）稱為「電極」。

「電極」（Electrode）這個名字，來自個案諾維爾。在團體治療中，除了別人跟他講話以外，諾維爾總是緊張的坐著不動。當別人問話後，諾維爾會立刻且謹慎的回答出一串陳腔濫調（「諾維爾終於說話了，哈哈」），之後又恢復原狀。很快的，我們了解到，諾維爾的腦中有一個嚴格的「父親自我」控制著他的表現，「一動不動的坐著」是他的關閉按鈕，「說話」是他的開啟按鈕。諾維爾本身在一個實驗室工作，他對於自己的反應竟然與大腦插了電極的動物如此相似而感到很驚訝。

對治療師來說，電極絕對具有挑戰性。**治療師必須與個案的「成人自我」一同工作，才能不理會父母為他們編制的程式以及違抗父母時感到的威脅，這樣，個案的「兒童自我」才能擁有自由生活及自發反應的允許。**即使父母控制比較溫和時，治療起來也相當困難。

假如禁止訊息來自女巫或巨人的命令，他們由於暴怒而面目猙獰、聲音刺耳，讓孩子無力反抗；他們的手高高舉起，隨時要將羞辱與恐懼打到孩子的臉上或頭上，那麼治療則需要花費巨大的力氣。

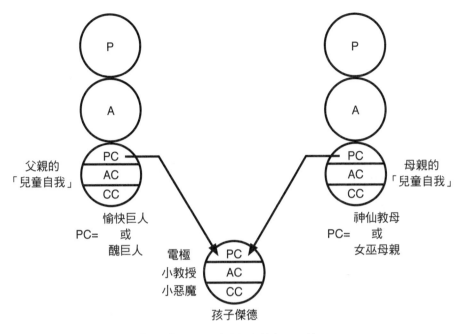

父親的
「兒童自我」

母親的
「兒童自我」

愉快巨人
PC= 或
醜巨人

神仙教母
PC= 或
女巫母親

電極
小教授
小惡魔

孩子傑德

【圖7】腳本中禁止訊息的起源及植入

5.袋子：限制人們「做真實自己」的牢籠

　　孩子被賦予的各種控制如果相互衝突，他也許只能找到一種表達部分自我並解決困境的方法。之後，即使不恰當，他也會情不自禁的做出這種行為或反應。周圍的人可以明顯看出他所做的反應是針對腦中的事件，而非針對外部真實的事件，我們會說：「他是裝在袋子裡的人。」如果這個袋子被能力、才幹以及贏家的結局指令所武裝，這可能是個贏家的袋子。然而，大多數情況下，裝在袋子裡的人是輸家，因為他們的行為不具適應性。

　　擺脫袋子（有時也叫「容器」）的人，會立刻開始做自己的事，也就是那些他一直最想做的事。如果他做的事碰巧具有適應性，並且有「成人自我」的理性掌控，他最後也可能成為贏家。但是，如果他過度放縱，最終也可能成為輸家。事實上，當一個人衝破「袋子」開始做自己的事情時，結局指令會決定他將明智行事以成為贏家，還是會過度行事成為輸家。有時候，他可以將結局指

令連同腳本裝置的其他部分都丟在袋子裡，成為真正屬於自己的人、決定自己的命運。但是對傑德來說，如果沒有外人客觀的評價，他很難知道自己是真正被解放的人，或只是憤怒的叛逆者，抑或跳出袋子卻又跳入瓶子的思覺失調症個案（跳入瓶子後，可能蓋上了瓶蓋，也可能沒有）。

6. 生存處方（應該腳本）：養育型父母自我，與控制型父母自我以及瘋狂兒童自我間的衝突

父親和母親的「自然父母自我」（不同於「控制型父母自我」）在某種程度上是一種生物學程式，天生具有養育與保護的特性。父母雙方無論自身有什麼問題，本質上還是希望傑德（他們的孩子）安好。父母可能沒有什麼學識，但是「自然的」父母對孩子總是充滿善意，至少不想傷害孩子。他們根據自己對世界的理解和自己的生活理論鼓勵傑德，目的是讓傑德幸福和成功。他們將從祖父母那裡學到的生存處方傳遞給傑德，折射出地球人的行為規範：「努力工作！」「做個乖女孩！」「要省錢！」「永遠守時！」是常見的中產階級生存處方。不過每個家庭又有特別之處：「不能吃澱粉！」「永遠別坐在公共馬桶上！」「每天吃一次通便劑！」或「手淫會耗盡你的骨髓！」❼ 3 是一些特殊的例子。「（打牌時）永遠不要等缺裡張的順子」❽ 是良好的生存處方之一，因為它具有禪的意味；無論從字面含義還是象徵含義，都良好的反映出火星式思考方式，並可以在意想不到的時候派上用場。

既然生存處方源自「養育型父母自我」，腳本控制源自「控制型父母自我」或「瘋狂的兒童自我」，那麼，衝突就不可避免。衝突的類型有兩種，一種是內部衝突，一種是外部衝突。內部衝突來自同一個父母的不同自我狀態。比如，父親位在上方的「父母自我」說：「要省錢！」父親位在下方的「兒童自我」說：「把錢都投進下一賭注裡！」這是內部衝突。如果父母其中一方說：「要省錢！」另一方卻提出了要賭博輸錢的指令，就構成了外部衝突。

---

❼ 譯注：部分的人認為，手淫次數與腰痠背痛有關，甚至會傷害脊髓。
❽ 譯注：撲克用語，指五張牌中缺中間的一張，即可組成順子。

腳本控制在孩子很小的時候便已植入腦中，並開始發揮作用，而應該腳本的宣言只有在孩子更大的時候才有意義。傑德兩歲便可以理解「不准動它！」這個禁令，而對「要省錢！」則需要等傑德進入少年時期，需要用錢買東西時才能理解。腳本控制由孩子幼年時的母親發出，那時候，在孩子眼中母親具有魔法，因此，她們的詛咒才具有無比的力量與持久性。而生存處方則是由仁慈、勤勞的家庭主婦給予，且僅僅是勸告式的話語。

　　腳本控制與生存處方之間的競爭並不公平，因為如果有正面衝突，腳本控制一定會取勝，除非有其他因素介入，比如治療師。額外的困難是，腳本總是會如實反映情況：比如，孩子可以看到人們確實表現得很笨。而對於應該腳本，就孩子的經驗，他可能見過，也可能沒見過透過努力工作、做個乖女孩、省錢、準時、不吃澱粉、不坐公共馬桶、服用通便劑，以及不手淫而獲得幸福的人。

　　當治療師告訴個案他們的困擾源自童年早期時，個案常常會感到困惑。關於這一點，可以用交替呈現的腳本和應該腳本來解釋。個案也許會問：「那為什麼整個高中時期，我都很正常？」答案是：高中時期他們遵從的是應該腳本，之後，由於發生某些事件，導致「腳本發作」。這是其中一種解答，雖然沒有解決所有的問題，但至少提供了一個看待此問題的視角。

　　當一個人嘗試同時執行壞的腳本以及好的應該腳本時，就會產生奇怪的行為。例如父親憤怒的「父母自我」經常對女孩說：「去死吧！」而母親擔憂的「父母自我」總是告誡她要穿好膠底鞋，才不會把腳弄溼。因此，當她從橋上掉下來時（遵從父親的指令），正好就穿著膠底鞋（遵從母親的指令，她得救了）。

　　應該腳本決定了一個人的生活風格，腳本控制決定了他最終的命運。如果兩者是和諧的，人們很少會留意到他們生活的細節；但是如果兩者是衝突的，最終可能會帶來令人驚訝的結果，並成為新聞頭條。例如，工作努力的教會執事❾成為議會主席，他的結局可能是工作三十年後退休，也可能是由於挪用公款入獄。一位賢良淑德的主婦成為年度最佳母親，她的結局可能是慶祝金婚，也可能是跳樓。確切的來說，世界上實際有兩種人：真正的人和虛假的人（用嬉皮士的話來說）。真正的人自己做決定，虛假的人則依靠幸運餅乾❿來決定。

---

❾　譯注：教會中，管理教會、處理日常事物的人員。

幸運餅乾理論是說，每個孩子都要從家庭這個碗裡拿出兩塊餅乾，一塊是方方正正的，一塊是參差不齊的。方正的那塊代表了宣言，例如「要努力！」或「堅持住！」而參差不齊的那塊代表了腳本中設下的玩笑，如「忘記寫作業」「表現得笨一點」或者「去死吧」。除非孩子將這兩塊餅乾都丟掉，否則他的生活風格和最終命運都早已被書寫好。

7. 父母榜樣或模式：父母的行為如何影響孩子的人生腳本

讓一個孩子成為淑女，要從祖母開始；同樣，讓一個孩子成為思覺失調症患者，也要從祖母開始。只有母親教柔伊（傑德的姊姊）必要的知識，她才能成為淑女。和大多數女孩一樣，她從小就要透過模仿學習如何微笑、走路和坐下。長大一些後，母親透過語言指導她如何穿著、讓周圍的人感覺舒服，以及如何優雅的拒絕。在這些方面，父親也許也能提供一些建議，不過對女孩來說，如何應對父親本身也需要女性指導。**父親的作用是施加束縛，而母親則是提供榜樣，並透過「成人自我」的指導付諸實踐。**「圖8」是柔伊的「美麗淑女」腳本矩陣。柔伊最終走上淑女之路，還是叛逆，一切教條的限制既取決於她的腳本，也取決於她自己的決定。柔伊被允許展現中等程度的性感或適度飲酒，但是如果突然有一天，她變得更活躍，是她打破了腳本，還是遵照了要叛逆的引誘呢？第一種情況，柔伊的父親會說（用火星人的話說）：「不不，別那麼粗魯。」第二種情況（父親悄悄對自己說）：「現在，我的小女孩終於來勁兒了，哈哈，她可一點也不無聊！」

另一方面，如果柔伊的母親不會優雅的坐下、不會穿著打扮，在表現女人味上笨手笨腳，柔伊可能也會這樣。一些女孩的媽媽恰巧患有思覺失調症，或者在她們很小的時候母親就去世了，她們失去了可以效仿的榜樣。「早上起床時，我甚至無法決定要穿什麼。」一個患有偏執型思覺失調症的女孩說。她媽媽在她4歲時就過世了。

對男孩來說，腳本和父母的榜樣更可能影響他們在職業生涯上的選擇。傑

---

❿　譯注：美式亞洲風味餅乾，餅乾裡藏有預測運氣的紙條。

德小時候可能會說：「等我長大了，我想像爸爸那樣當律師（警察、小偷）。」不過，事實並非總是如此。他們是否可以效仿父親，還取決於母親的程式，例如「要像（別像）你父親那麼冒險犯難，還有做那些耍聰明的事。」母親的這些控制與腳本控制一樣，與孩子具體選擇什麼職業沒有太大關係，而是和職業的類型有關（在本案例中，是指正當、不正當、冒險、還是安全的等）4。但是無論母親支持還是反對，都是父親為孩子提供了行為榜樣。

假如傑德從事了父親的職業，從表面上來看，他違抗了母親的意願，但是這可能是真正的反抗，也可能只是「反腳本」。從另一方面來說，其實有三個母親——「父母自我」「成人自我」和「兒童自我」。傑德可能違反了母親的「父母自我」或「成人自我」表達出的願望，但是卻順從了母親「兒童自我」未曾言明但是明顯很歡喜的希望。當小男孩注意到母親在聽到父親的各種奇遇時專注的表情與著迷的微笑，真正的腳本控制開始發揮作用了。同樣的道理也適用於父親對柔伊的控制。父親的「父母自我」及「成人自我」可能一直在告誡柔伊不要懷孕，但是得知柔伊的同學懷孕時，父親表現出孩子般的興趣與愉快。柔伊很可能會順從父親的這種「引誘」，尤其在有母親為她樹立榜樣時（柔伊也是父母未婚時所生下的）。

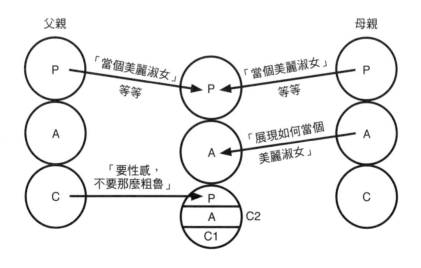

【圖8】美麗淑女柔伊

有時候矩陣是顛倒的，**但在大多數情況下，控制來自異性的父母，而模式來自同性的父母**，在任何情況下最終的展示都是模式，它是所有腳本指令的最終共同路徑。

8.小惡魔：人類生存中的滑稽丑角

「小惡魔」是人類生存中的滑稽丑角（jester），也是心理治療中的小丑（joker）。無論傑德制定了多好的計畫，小惡魔都會在關鍵時刻跳出來並全部搞砸，還帶著笑容和「哈哈」。無論治療師制定了多好的治療計畫，個案總是更占上風。就好比治療師與個案玩牌，治療師拿到四個 A，覺得自己穩贏時，傑德打出王牌，他的小惡魔在這一局大獲全勝。之後，傑德愉快的跑開了，留下治療師一人思考，試圖理解究竟發生了什麼事情。

即使治療師做足準備，仍然會無計可施。好比傑德推石頭上山，治療師事先就知道，當他就要把石頭推到山頂之際，小惡魔就會分神，讓石頭一路滾回山底。可能也有其他人了解傑德的情況，但是小惡魔早已開始工作，確保傑德不會被他人干擾。如果是在治療中，個案就會開始爽約、漸漸疏遠，如果有人對他施加壓力，他會乾脆就放棄治療。之後，個案可能會像薛西弗斯（Sisyphus）那樣來來回回之後再回來治療，不過變得更悲傷，而不是更明智，甚至意識不到自己的高興。

小惡魔出現的時間很早，那時候傑德還小，仍然需要坐在高高的兒童椅上吃飯。他會把食物撒在地上，臉上閃爍著愉快，等著看父母怎麼辦。如果父母反應友善，他之後還會惡作劇，然後可能變得幽默好玩、愛開玩笑。如果遭到父母打壓，小惡魔一定會潛伏起來，趁某個不注意的時刻跳出來，就像傑德一開始把食物弄得一團亂一樣，弄亂他的生活。

9.允許：解除父母所下的咒語、獲得自由選擇的能力

人們總是大聲並清楚的說出負面的話，並強力執行，而正面的話語，則如

雨滴落入大海，幾乎聽不到聲音或只能引起微弱的漣漪。「努力工作」通常見於教科書，而「別混日子」才是家中常說的話。「永遠守時」是一句教育性的格言，而「別遲到」在日常生活中才更常見。人們經常說「別傻了」，而不是「要聰明！」

這種表述方式讓父母的大多數程式指令都是消極的。父母都將孩子的腦袋塞滿了約束與抑制，不過，他們也會給予孩子「允許」（permission）。**禁令阻礙了孩子對環境的適應（成為不適應的），而允許則允許孩子自由選擇。允許不會對孩子帶來困擾，因為它們並沒有與強迫連結在一起。**真正的允許只包含允許，就像釣魚許可證。有釣魚許可證的孩子並不是必須釣魚，而是他願意釣就釣，不願意釣就不釣。當他想去釣魚，環境又允許時，就可以去釣魚。

我們需要再說一次，「要美麗」（或像「要成功」）並不關乎生理上的特徵，而關乎父母的允許。生理特徵只能讓一個人漂亮或上鏡，而只有父親的笑容才能讓一個女人的眼中散發出美麗的光芒。孩子做事是「為了」某些人——男孩會為了母親而聰明、擅常運動或者成功；女孩則會為了父親而聰慧、美麗和富有生育能力。反過來說，男孩也會為了父母變得愚蠢、脆弱、笨拙；女孩也會為了父母而蠢笨、醜陋或冷淡，只要這些是父母想要的。需要補充說明的是，孩子想做好這些事，必須「向」某些人學習。腳本裝置的真正含義，正是為某些人做事，以及向某些人學習。前面已經提到，孩子通常是「為了」異性父母做事，「向」同性父母學習。

允許是腳本分析師最主要的治療工具，因為它是局外人幫助個案解除父母詛咒的唯一方法。治療師透過以下的話語給予個案的「兒童自我」允許：「你有權利這樣做」，或者「你不必這樣做」。這兩種說法都是在告訴「父母自我」不要干擾他。因此，允許可以劃分為肯定式允許和阻斷式允許兩種類型：肯定式允許（也稱許可證）切斷禁止訊息，「不要干擾他」的意思是「讓他自己做！」阻斷式允許（也稱外部解除）切斷引誘，「不要干擾他」的意思是「停止朝某個方向推動他！」有些允許既可以看作肯定式允許，亦可看作阻斷式允許，特別是反腳本。因此，王子在樹林裡親吻了睡美人時，既給了她醒來的允許，又阻止了巫婆的詛咒。

其中一個最重要的允許是停止表現愚蠢、開始思考。許多年邁的個案從幼年開始就沒有獨立思考過，他們已經忘記思考是何種感受，甚至不知道思考意

味著什麼。不過，適時給予允許後，他們依舊可以思考，哪怕是在 65 或 70 歲。他們會格外高興的大聲講出自己成年生活後第一次理智觀察。為了給予個案思考的允許，通常需要去除之前的治療師的工作。因為有的個案已經在精神病院或診所度過了數年，那裡的工作人員反對任何獨立思考，因為他們認為思考是一種「理智化」的罪惡，必須迅速懺悔，且保證不再沉溺其中。

很多吸毒者和強迫症個案都是受了父母的引誘。海洛因成癮者的母親說：「別停止吸毒（否則，你也別回家來要錢）。」好色的男人或者女色情狂的父母說：「別停止想性方面的事。」允許作為治療方法的理念，源自於一個賭徒，他說：「我不需要某人告訴我別賭了，而是需要有人給我停下來的允許，因為我腦袋裡有一個聲音叫我不能停下來。」

允許可以讓傑德變得更靈活，而不是被腳本中的宣言與控制束縛，以固化的行為模式做出反應。這與「放任型養育」（permissive upbringing）沒有關係，因為放任型養育中也滿是訓誡。最重要的允許是能夠愛、改變，以及把事情做好。充滿允許訊息的人與處處被束縛的人同樣容易辨認。「他絕對有可以思考的允許」、「她絕對有可以美麗的允許」、「他們絕對有享受生活的允許」這是火星人表達讚美的方式❶

10.內部解除：去除禁止訊息，從腳本的限制中解放出來

「內部解除」也稱「詛咒解除器」，是去除禁止訊息、讓人從腳本中解放出來、實現自主的元素。它是腳本中預設的「自我摧毀」裝置，在某些人的腳本中非常明顯，而在另一些人的腳本中則需要仔細探尋或解碼，就像古希臘的「德爾菲神諭」（Delphi oracles）❷。關於內部解除，我們在臨床上了解的並不

---

❶ 腳本分析尚待研究的領域之一是「深入探究允許」，主要透過觀察幼兒眼睛的運動來了解。某些情況下，孩子會側眼瞥向父母，看他們是否有做某事的「允許」；另一些情況，孩子似乎「自由」的按自己的意願做事，而不請教父母。透過觀察與仔細評估，也許可以發現「允許」與「自由」之間的重要差異。

❷ 譯注：古希臘時期，太陽神阿波羅會在德爾菲做出神諭，並由特定的媒婆「皮媞亞」（Pythia）傳達。神諭的內容相當隱晦、難以解讀。

多，因為前來尋求治療的人正是因為自己無法找到它；但是治療師並不能只是等待或親自嘗試，例如在「等待死亡到來」或稱「睡美人」的腳本中，個案認為只有等到帶著金蘋果的王子，才能擺脫如死亡般的僵硬狀態。個案很可能覺得治療師就是那個王子，但是出於倫理道德的考慮，治療師是不會接受這份榮耀的。另外，也由於前一位治療師（沒有執照的）接受了這份榮耀，而使自己的金蘋果不復存在。

有時候，詛咒解除器非常具有諷刺意味。在輸家腳本中，這種情況非常普遍：「你死了之後，事情就會好轉。」

內部解除可以是以事件為中心的，也可以是以時間為中心的。「當你遇到一個王子時」、「你在打鬥中死了之後」，或者「你生了三個孩子之後」是以事件為中心的反腳本。「等你過了你父親去世時的那個年齡」或「等你在公司工作了三十年後」是以時間為中心的。

下方是在臨床實踐中表現出內部解除的案例：

查克在美國洛磯山脈與世隔絕的一個地區擔任「全科醫師」（general practitioner）❸。這個地區方圓幾公里都沒有其他醫生。他夜以繼日的工作，但是無論多努力，依舊無法扶養自己的大家庭，並且總是欠銀行錢。長期以來，查克一直在醫學雜誌上刊登廣告，試著尋求合作夥伴以緩解壓力，但是卻堅持說還沒有合適的人選出現。查克在田野裡、家裡、醫院裡，有時候甚至在懸崖峭壁上為人動手術。他相當機智，但是也幾乎筋疲力竭。查克和妻子一同前來接受治療，因為他們的婚姻出了問題，查克的血壓也日漸升高。

最後，查克發現附近有一所大學附屬醫院，其中有一些全科醫師想轉任「專科醫師」。這次，他終於找到可以接替他，擔任鄉村醫師的人了。查克放棄了原先那種複雜但是報酬不錯的工作，當了一名住院外科醫生、領取固定薪水，他同時也發現自己的收入可以扶養家庭了。

查克說：「我一直想過這樣的生活，但是我一直認為只有自己得了冠狀動脈疾病，才能擺脫操控我的『父親自我狀態』。但是我現在沒有冠狀動脈疾病，這是我一生中最幸福的時刻。」

---

❸　譯注：在美國，就醫時會先到附近的「全科醫師」（類似「家庭醫師」）診所就診，如需要進一步的醫療措施，才會由全科醫師轉介給「專科醫師」（specialist）診斷。

＝這個例子很明顯，查克的詛咒解除器是冠狀動脈疾病，他一度認為這是擺脫困境的唯一方法。但是在團體治療的幫助下，他健康且成功的擺脫了腳本。

查克的例子簡單明瞭的展示了整個腳本裝置的運作方式，我們也在「圖9」的腳本矩陣中加以呈現。查克的應該腳本來自父母雙方：「努力工作。」他的父親樹立了努力工作的醫生榜樣；母親的禁止訊息是：「永遠不要放棄。努力工作直到你死掉為止。」但是父親賦予查克詛咒解除器：「如果你得了冠狀動脈疾病，就可以放鬆了，哈哈。」治療要做的，就是進入查克腦中不斷發出這些指令的部分，透過給予允許消除禁令：「你無須得冠狀動脈疾病，就可以放鬆。」當允許穿透腳本裝置的所有外殼與設置後，便可以破除詛咒。

需要注意的是，和查克說：「如果繼續這樣下去，你會得冠狀動脈疾病。」是沒有用的，因為：（1）查克能夠良好意識到健康的威脅，再告訴他一次只會讓他更痛苦；（2）查克想得到冠狀動脈疾病，因為無論如何，這都會讓他感到解脫。

查克需要的不是威脅，也不是命令（他腦中已經有夠多的命令了），而是讓他能從各種命令中獲得解放的允許，這也是查克最後得到的。之後，他就不再是腳本的受害者，而是自己的主人、做自己想做的事。此時，查克可能依舊努力工作、依舊效仿父親，但是不再受腳本支配而過度工作，也不再受腳本驅使走向死亡。50 歲時，查克可以自由的實現自己的願望、做出自己的選擇。

11.腳本零件：解析組件腳本的零件，看見其影響

「腳本零件」（Script Equipment）**⓮** 是組建腳本裝置的螺絲釘和螺帽，就像一個 DIY 工具箱，部分內容由父母提供，部分由孩子自己提供。來看一下克萊曼婷的案例：

克萊曼婷因為戀愛問題非常憂鬱。因為擔心失去戀人，她害怕對戀人坦白。

⓮ 譯注：要理解「腳本零件」的概念較為困難，譯者與督導討論，督導認為是發生在孩子身上的全部事件，腳本零件的部分內容形成了腳本裝置。

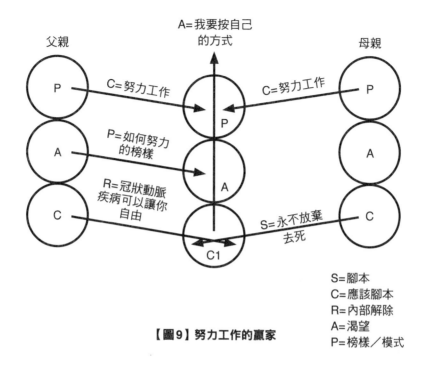

父親　　　　　　　　A=我要按自己
　　　　　　　　　　　的方式　　　　　　　母親

C=努力工作　　　　　　C=努力工作

P=如何努力
的榜樣

R=冠狀動脈
疾病可以讓你
自由

S=永不放棄
去死

S=腳本
C=應該腳本
R=內部解除
A=渴望
P=榜樣／模式

【圖9】努力工作的贏家

同時，克萊曼婷也很害怕因為自己不坦白而失去戀人。其實並沒有什麼糟糕的事，她只是不想讓戀人知道自己的感情有多麼炙熱。內心的衝突讓克萊曼婷時而冷漠，時而恐慌。當她談起這件事時，她的內心混亂不堪，手緊緊抓著頭髮。

　　她的父母對此會說什麼呢？好吧，她的父親會說：「別急。不要失去理智。」她的母親呢？「他在利用妳，不要太依賴他。他遲早會離開妳，妳不適合他，他也不適合妳。」接下來，克萊曼婷講述了自己的一個經歷。

　　5歲時，正值青春期的叔叔對克萊曼婷表現出性慾，使她也感覺到性慾，而她從來沒有告訴父母。一天，克萊曼婷正在洗澡，父親誇她特別可愛。家裡正好有一些客人，父親把裸著身體的克萊曼婷舉起來讓客人看。客人之一就是那個叔叔。

　　治療師：「妳有什麼反應？」

　　克萊曼婷：「我想躲起來。我想躲起來。」「天啊，他們會發現我一直在做什麼。」

　　治療師：「對於父親的這個舉動，妳有什麼感覺？」

克萊曼婷：「我真想踢他的下體。另外，我也知道下體長什麼樣子，我看過叔叔勃起。」

治療師：「其中包含了『哈哈』嗎？」

克萊曼婷：「有，在我內心深處。這是一個祕密。最糟的是，儘管我對此有很多情緒，但是在我心底，我知道我喜歡這件事。」

藉由這些反應，克萊曼婷建構了自己的腳本——炙熱的情感，然後躲起來。不過，同時，她也想結婚、維持婚姻，以及生兒育女。

分析克萊曼停的腳本結構

1. 她從父親那裡獲得兩個應該腳本的宣言——「別著急」和「不要失去理智」。這與她結婚成家的願望一致。
2. 她從母親那裡獲得五個禁止訊息，可以被總結為：「不要依戀任何人。」
3. 叔叔給予她情感要炙熱、要有性慾的引誘，被父親製造的裸體畫面挑釁、加強。
4. 來自「父母自我」小惡魔的引誘與挑釁，不斷強化她自己的小惡魔。
5. 其中很強烈的暗示了一個內部解除：帶著金蘋果且熟悉的王子（與父親不同），如果她可以找到的話。

有趣的是，她在一次會面中就講出了所有事情。正如某些團體治療成員的評論：展示這件事讓所有人看，似乎讓她很高興[15]。

12. 渴望與對話：腦中的對話，決定了我們的每一個行為

雖然傑德被困在由腳本裝置織成的網中，但是他依舊有屬於自己的渴望。這些渴望通常顯現於傑德閒暇時的白日夢或臨睡前的幻覺狀態（hypnagogic hallu-cinations）：今天早上他原本可以做出的英勇行為，或未來所期待的安寧生活。

---

[15] 譯注：作者原文用了「hold it up」，與前文父親將裸著身體的她舉起來讓客人看是相同的詞語。

所有男人和女人都有屬於自己的祕密花園，他們守護著大門，防止粗俗之人褻瀆與入侵。祕密花園中包含的是視覺圖像，顯示了如果可以不在乎他人的眼光與規範時，他們會做的事情。幸運的人找到了合適的時間、地點、人物，做了這些事，而其他人只能在自己花園的高牆外愁眉不展的徘徊。這就是本書想談及的：「牆外發生了什麼？」牆外與他人的互動既可以潤澤牆內的花朵，也可能使這些花朵乾枯。

人們想做的事會以視覺圖像的形式存於腦海中，彷彿一部自製的生活紀錄片。**人們真正做的事由腦內的聲音決定，這些聲音是一些內部對話。**人們說的每句話，做出的每個腳本決定皆是這些對話的結果，也就是母親自我、父親自我、成人自我說：「你最好……」而兒童自我被各種聲音圍困，試圖突破並實現自己想做的事。沒有人確切知道大腦幽深的溝渠裡究竟儲存了多少對話，其數量巨大，幾乎無窮無盡。所有問題的答案已然存在於這些對話中，甚至是那些我們從來沒有想過的問題。如果「按了正確的按鈕」，有時候這些答案會以詩歌的形式傾湧而出。

現在請用左手抓住右手的食指。你的手正在對手指說什麼？手指自己又在說什麼？如果你做的沒錯，很快就會發現它們正在進行有趣且生動的對話。最令人驚訝的是，這些對話其實一直存在，身體的其他部分也是如此，至少有幾百個對話。如果你感冒，胃也不太舒服，那你劇烈攪動的胃正在對堵塞的鼻子說什麼？如果你坐在那裡，腳不停擺動，腳今天想對你說什麼？問它，它會回答。這些對話就存在你的腦海中，發現對話的人是「完形治療法」（Gestalt Therapy）❶的創始人波爾斯（Fritz S. Perls）[5]。同樣，你的所有決定也是由腦中的四、五個人做出，有時候你非常有自信，忽略了這些聲音，不過下一次，你不那麼有自信時，一定會聽得到。腳本分析師知道如何放大和辨識這些聲音，這是治療中相當重要的一個部分[6]。

腳本分析的目標是給予傑德和柔伊自由，讓他們能夠向世界敞開容納渴望的花園之門。**我們需要斬斷他們腦中的各種嘈雜，直到「兒童自我」可以說：「但是這就是我想做的，我要按照自己的方式來做。」**

---

❶ 譯注：基於現象學與存在思想、結合了佛洛伊德心理學與身體理論的心理學派，必須覺察，體會和醒悟自己的疾病。具有認知意義或可否予以經驗上的論證。

13.腳本中的贏家：具適應性、善意的程式

「贏家」也是程式指令的結果。不同的是，他們獲得的不是詛咒而是祝福：「長命百歲！」或：「成為一個偉大的人。」他們的禁止訊息是適應性而非局限性的：「不要自私！」引誘是：「幹得漂亮！」儘管他們的腳本控制都是善意的，也擁有允許，但是仍然需要對付隱藏在大腦黑暗溝渠裡的小惡魔。如果小惡魔是他的朋友而非敵人，則可以助他成功。

14.每個人都有腳本嗎？

現在還無法肯定的回答這個問題，但是我們可以肯定的是，每個人從幼年開始就被編制了不同程度的程式。前面提到，有些人透過周圍環境劇變獲得自主，有些人透過重構內心，而有一些人是運用反腳本獲得自主。重點在於「允許」，傑德擁有的允許愈多，就愈少被腳本束縛。換句話說，腳本控制愈強，他被腳本束縛得愈嚴重。全體人類構成一條曲線，其中一端是透過某種方式獲得自主的人，另一端是被腳本束縛的人。大多數人落在兩者之間，可以隨環境或視野的改變而變動。被腳本束縛的人有兩種，一種是受腳本驅動的人，他們擁有很多允許，但是在享受之前，必須滿足腳本的要求。一個好的例子是，某個人很努力工作，在休閒時才會快樂的玩耍。另一種是受腳本支配的人，他們擁有的允許很少，幾乎把所有時間用在不惜任何代價執行腳本上。典型的例子是嚴重的酗酒者或者吸毒者，他們用最快的速度走向死亡。受腳本支配的人是悲劇式腳本的受害者。不過，一次都沒有聽過腦內小惡魔聲音的人幾乎不存在。例如，在需要賣時告訴他要買，在需要留下時告訴他要離開，在需要保持安靜時告訴他應該說話7。

15.反腳本：了解真正的自由與虛假的叛逆

但是也有人反抗他們的腳本，公然做與他們「理應」做的事情相反。常見

的例子有「叛逆的」青少年，以及說「我最不想做的事就是跟我媽媽一樣」的女人。遇到這種情況需要仔細評估，因為有幾種可能性：

【狀況1】他們可能一直生活在應該腳本中，公然反抗只是「腳本發作」的開端。

【狀況2】相反的，他們可能一直生活在腳本中，現在轉換到應該腳本中。

【狀況3】他們可能發現了詛咒解除器，從腳本中獲得了解放。

【狀況4】父母雙方可能給了他不同的腳本指令，或兩對父母給了他不同的指令，現在他從一個指令轉換到另一個指令。

【狀況5】他們只是遵從了一種特殊的腳本指令，內容就是「叛逆」。

【狀況6】這個人可能是「遵從腳本失敗者」，他無法遵從腳本的指令，於是放棄了。這是很多憂鬱症個案或者思覺失調症患者的病因。

【狀況7】還有一種情況是，他們透過自己的努力或者治療師的幫助，從腳本中解放出來，真正自由了。

【狀況8】需要仔細區分「真正的自由」與「進入反腳本」。

列舉這些可能性是為了強調腳本分析師的思考必須十分縝密，才能正確理解行為改變的原因。

反腳本與艾瑞克森命名的「迷失型認同」（identity diffusion）類似[8]。如果把腳本比喻為電腦打孔卡（computer punch card）❶❼，那麼，把卡片翻過來就是反腳本。這是一個粗糙的比喻，但是指明了其中的要點。母親說：「不要喝酒。」傑德就喝酒；母親說：「要每天洗澡。」傑德就是不洗；母親說：「不要思考。」傑德就思考；母親說：「努力念書。」他就輟學。簡而言之，傑德是在一絲不苟的挑釁。準確了解傑德何時、何地會叛逆，要訴諸於其父母的程式指令。之所以說反抗也是一種程式指令，是由於傑德反叛每一條指令，這與遵守每條指令是一樣的。這樣，所謂的「自由」其實只是叛逆、是錯覺。**將父**

---

❶❼ 譯注：早期電腦資訊輸入、輸出，或儲存資料用的媒介，用預先設計好的穿孔組合來表示每個字元，通常可以儲存八十列資料。

母的程式反過來，依舊讓傑德處於程式指令之中。這種翻轉只是將卡片調換了方向，而不是將卡片徹底撕毀，這就是反腳本的含義。反腳本是一個值得繼續深入研究的領域。

16. 總結：腳本是完整的生活計畫，提供了方法以及限制

　　輸家的腳本裝置一方面由禁止訊息、引誘和詛咒組成。這些構成腳本控制，在 6 歲前就已經牢牢的植入腦海中。為了與父母的程式抗爭，孩子內心的小惡魔有時候會提供一個內部解除的方法。之後，他到了能夠理解父母宣言的時刻，並因此形成應該腳本。從始至終，他都以父母為榜樣，學習的行為模式既可以為腳本也可以為應該腳本服務。贏家具有同樣的腳本裝置，但是程式更具適應性，他們通常更自主，因為他們擁有更多允許。但是人類都有小惡魔，為他們帶來突如其來的喜悅或悲傷。

　　需要說明的是，腳本控制是約束與局限，為傑德的所作所為設下界限。而他以父母為榜樣學到的行為模式及心理遊戲，教會他如何真正使用時間。因此，腳本是完整的生活計畫，既提供了方法，又提供了限制。

第**8**章

童年晚期

Later Childhood

∽✤∽

家庭文化與英雄故事，
如何影響孩子塑造並踏上自己所規畫好的人生腳本

∽✤∽

1. 腳本情節與英雄榜樣：孩子如何找到相似的腳本零件

　　6 ～ 10 歲是童年晚期，在精神分析中稱作「潛伏期」（latent period）。這是「移動」（locomotor）的階段[1]——孩子可以四處走動，盡其所能觀察周遭世界。此時，關於如何將腳本零件組裝在一起，讓自己成為擁有生活目標的人，孩子依舊只有大概的想法，也稱「草案」（protocol）。孩子已經準備好從一個吃人的動物或者行為舉止像人的動物，轉變為真正的人了。

　　一開始，孩子想要長命百歲或獲得永恆的愛，但是在剛開始五、六年發生的一些事情[2]，可能會讓他改變主意——孩子可能決定要早早死去或不再冒險愛任何人。做這些決定時，孩子的經驗非常有限，然而這些決定卻很適合此時的他。或者，孩子也可能從父母那裡學到生活與愛充滿冒險，但是卻非常值得。**一旦做出決定，孩子便知道自己是誰，並帶著「像我這樣的人身上會發生什麼事情」這個問題開始看世界**。孩子知道自己理應得到什麼結局，但是還不能理解它的含義，也不知道感覺起來如何，以及怎麼樣獲得這個結局。孩子需要找到某種情節或某種生活模型，以容納所有腳本零件，也需要找到一個英雄榜樣，向他展示實現這個結局的方法。同時，孩子也滿懷希望的尋找和他擁有相似腳本零件但發展路徑卻有所差異且更快樂的英雄。孩子期望找到腳本問題的解決之道。

孩子讀的故事書或他信賴的人（母親、祖母、街上的孩子，或耐心教導的幼兒園教師）所講的故事，為他提供了英雄榜樣及生活模型。講故事本身就是一個故事——甚至比所講的故事更真實、迷人。例如，從傑德的母親說：「刷完牙後我講故事給你聽。」到母親微笑著說：「講完了。」然後把他塞進被子裡，這之間發生了什麼？傑德最後問的問題是什麼？母親如何把他塞進被子裡的？這段時間發生的事幫助孩子形成人生計畫的肉，而聽到或書中的故事，則給了他人生計畫的骨。最終，骨包括：（1）英雄（他想成為的人）；（2）惡人（他會找藉口成為的人）；（3）榜樣（他知道自己不得不成為的人）；（4）情節（一連串事件，讓他從某個角色轉換到另一個角色）；（5）演員（促成轉換的其他人）；（6）道義（一套道德標準，讓他感到有理由生氣、受傷害、內疚、正義或成功）。如果環境允許，傑德的人生歷程將依照他制定的人生計畫展開。因此，了解人們在孩童時最喜愛的故事或童話非常重要，因為那是他腳本的情節，其中囊括了他所有不切實際的幻想和可以避免的悲劇。

2. 扭曲：持續一生的制約反射情緒

在這個階段，傑德也會對自己應該呈現出哪種情緒做出明確的決定。之前，他依次嘗試過生氣、受傷、內疚、害怕、無能、正義和成功，他發現家人對於一些情緒很冷漠或徹底反對，但是可以接受某一種情緒，並做出回應。正是這種情緒成為他的「扭曲」（Rackets）情緒。這種被偏愛的情緒將成為一種制約反射，並持續一生。

我們可以用「情緒輪盤理論」（roulette-wheel theory）說明這一點。假設圍繞一個中央廣場建造了三十六棟房子，住了三十六戶人家，一個嬰兒等待出生在這個世界上。一台萬能的電腦控制著輪盤旋轉。輪盤中的小球掉到數字 17，於是萬能的電腦宣布：「下一個嬰兒將降生在第 17 戶。」之後輪盤又轉了五次，數字分別是 23、11、26、35 和 31，這五個孩子分別誕生在數字對應的人家。十年後，每個孩子都學會了應該如何表現。出生在第 17 戶的孩子，學會了「在這個家中，事情不順時，我們感到生氣」；出生在第 23 戶的孩子，學會「在這個家中，事情不順時，我們感到傷心」；出生在第 11、26 和 35 戶的

孩子，分別學會「當事情不順時，感到內疚、害怕或無能」；出生在第 31 戶的孩子，則學會「在這個家中，事情不順時，我們尋找解決辦法」。顯然，出生在第 17、23、11、26 和 35 戶的孩子可能會成為輸家，而出生在第 31 戶的孩子更可能成為贏家。

但是假設，萬能的電腦旋轉時出現了其他數字，或者同樣的數字以不同的順序出現，那會怎麼樣呢？嬰兒 A 也許不是去了第 17 戶，而是去了第 11 戶，那麼，他將學會內疚而非生氣。出生在第 23 戶的嬰兒 B 與出生在第 31 戶的嬰兒 F 調換了位置，那麼，嬰兒 B 就不再是輸家，嬰兒 F 不再是贏家，而是有了相反的結局。

也就是說，**拋開基因影響不談（如何影響還不確定），人們最喜歡的情緒是從父母那裡習得的**。一個喜歡表達內疚的個案，如果出生在其他家庭，可能變成喜歡生氣。每個人都會為自己最喜歡的情緒辯解，認為這是在某個情境下最自然、不得不產生的唯一一種情緒，這也是需要團體治療的原因。假如上述六個嬰兒二十年後一同參加了治療團體，嬰兒 A 講起一個事件，結束時，他說：「很自然，我感到生氣！」嬰兒 B 會說：「我的情緒可能是感到受傷。」嬰兒 C 說：「我可能會感到內疚。」嬰兒 D 說：「我會感到害怕。」嬰兒 E 說：「我會覺得自己很無能。」嬰兒 F（我們假設他此時已經成為了治療師）說：「我會去尋找解決這件事的辦法。」哪個嬰兒是正確的？每個人都堅信自己是「自然」的反應，但是事實上，沒有一個人的反應是「自然」的。每個人的反應都是「習得」的，或說是在童年早期就已經決定好的。

更簡單的來說，幾乎所有憤怒、傷心、內疚、恐懼和無能感都是「扭曲」的情緒。在運轉良好的團體裡，分辨扭曲與真正的、適當的情緒並不難。**扭曲可能是任何一種情緒，對某個人來說，扭曲情緒會習慣性的啟動，是他玩的心理遊戲的結局**。團體成員能夠很快辨識扭曲情緒，並能夠預測某個個案何時會收集憤怒的點券，另一個個案何時會收集受傷的點券等。收集點券的目的是將其兌換為腳本結局。

團體成員得知他們遇到問題時，最喜歡表達的情緒不是自然、普遍、不可避免的反應時，每個人都相當驚訝。尤其是扭曲情緒為憤怒的人，當他們的情緒被質疑時，會變得更憤怒。扭曲情緒是傷心的人就會更傷心。

3.點券：利用心理遊戲收集，並兌換溝通中的扭曲情緒

心理學上也有「點券」（Trading Stamp）這個名稱，是因為它和人們購買商品或汽油時獲贈的藍色、綠色或棕色點券用法一樣。以下是對商業點券的一些觀察：

【特點1】它們是正常商業交易之外獲得的贈品；也就是說，人們要想獲得點券，需要購買商品。

【特點2】大多數點券收集者都有一種偏愛的顏色。如果給他們其他顏色，他們會懶得拿或送人。不過也有人所有顏色都會收集。

【特點3】有些人每天將點券黏在一個小本子上，有些人每過一段時間黏一次，有些人把它們扔在一邊，直到某天感到很無聊並且沒有其他事可以做時，再把它們全部黏起來。還有些人一直忽略這些點券，直到某天需要時，才會把點券拿出來數，並希望已經積累一定數量，能從兌換商店免費獲得他們想要的商品。

【特點4】有些人喜歡一起談論點券，一起看商品目錄，炫耀誰的點券多，哪種顏色兌換的商品更好或更便宜。

【特點5】有些人只累積了少量點券，兌換一些小物件；有些人累積得較多，兌換品較大；還有一些人沉迷在積攢點券中，希望兌換一個真正的大獎。

【特點6】有些人知道點券不是真的「免費」，兌換品的價格早已含在商品中；有些人根本不會停下來思考；還有些人其實知道兌換品並非免費，但假裝不知道，因為他們既享受積分的快樂，也享受免費獲得贈品這種錯覺的快樂（有時，兌換品的價格並沒有加到所購商品之上，售貨商自己承擔了損失。不過一般來說，還是顧客為點券買單）。

【特點7】有些人喜歡去無點券商店直接購買商品本身，他可以用省下來的錢在任何時間、任何地點購買想要的東西。

【特點8】那些極度渴望「免費」獲得東西的人，可能去購買偽造的點券。

【特點9】一個認真累積點券的人，讓他放棄點券通常很難。他可能會把

點券放在一個抽屜裡，暫時忘記它們。但如果在某次交易中他獲贈一大把點券，就會把以前收集的所有點券拿出來數一數，看看可以兌換什麼。

心理上，點券兌換的是溝通中的「扭曲」情緒。傑德小時候，父母教會他在事情不順時應該如何感受：最常見的是生氣、傷心、內疚、害怕或無能感；但是有時候是愚笨、困惑、驚訝、理直氣壯或洋洋得意。當傑德學會利用某種情緒，並透過玩心理遊戲盡可能收集他最喜歡的這種情緒時，就會變為扭曲情緒。傑德這樣做的部分原因是因為隨著時間推移，這種情緒與性扯上了關係，或成為性慾的替代物。例如，很多成年人體驗到的「理所應當」的憤怒，就屬於這種類型，通常是「我終於逮到你了，你這個混蛋」這個心理遊戲的結局。個案的「兒童自我」滿是壓抑的憤怒，他一直等待某人做出某事，然後就可以理直氣壯的表達憤怒。理直氣壯的意思是，他的「成人自我」與「兒童自我」站在一起，向他的「父母自我」表達「這種情況下，沒有人有理由責怪我的憤怒」。因此，沒有了「父母自我」的責備，他開啟了冒犯者模式，說：「哈！沒有人可以指責我了。現在我終於逮到你了！」等。用溝通分析的術語來表示，他現在得到了「免費」生氣的機會，也就是無須內疚。有時候，情況會不同。「父母自我」對「兒童自我」說：「你不會就這樣放過他，是吧？」「成人自我」與「父母自我」站在一起：「任何人在這種情況下都會生氣。」「兒童自我」可能會非常樂意順從這種規勸，但是也有可能像公牛費迪南❶，原本不願意進入衝突當中，但是又不得不開始打鬥。

心理點券與商業點券的模式很相似[3]：

【模式 1】都是常規溝通的副產品。例如，夫妻雙方的爭吵通常是從日常實際問題開始，這些問題就是「商品」。當「成人自我」解決問題時，「兒童自我」則焦急的等待著拿贈品。

【模式 2】收集心理點券的人也有最喜歡的「顏色」，如果給他們其他顏色，可能會懶得收集。收集憤怒的人不會理會內疚和恐懼，或

---

❶ 譯注：美國作家曼諾・里夫（Munro Leaf）的著作《愛花的牛》（*The Story of Ferdinand*）中描述西班牙鄉村一頭喜歡聞花香而不喜歡鬥牛的溫和公牛。

者會讓其他人收集。其實，在婚姻心理遊戲中❷，夫妻雙方配合得很好，一方收集所有憤怒，另一方則收集所有內疚或無能感，他們這樣實現了「雙贏」，都增加了自己的點券數量。不過，也有一些人會收集任何形式的點券，他們極度渴望情緒，會玩「溫室」（Greenhouse）心理遊戲❸，並會興高采烈的炫耀所產生的任何一種情緒。心理學家特別容易在人行道上感受到風吹過的感覺，如果他們做團體治療，也會鼓勵個案這樣做。

【模式3】有些人每晚入睡前會回顧當日的傷心和憤怒，有些人不常這樣做，有些人無聊或沒有其他事情可以做時，才會這麼做；還有些人一直等著，直到需要一次大發作，才會展現所有憤怒和傷心，並且希望所累積的點券數量足夠，以確保自己有理由爆發「正當」的憤怒或其他劇烈的情緒。有些人喜歡收集，有些人喜歡花掉。

【模式4】有些人喜歡向他人展示收集到的情緒，並且喜歡談論哪個人生氣、傷心、內疚、恐懼等更多或更好。事實上，許多酒吧成了人們炫耀點券的展示間：「你覺得你老婆不可理喻——好吧，那你應該聽聽我的狀況！」或者：「我知道你的意思，但是那可比我的傷心（害怕）還差得遠了。昨天……」或者：「尷尬（內疚、無能）？我比你慘多了！」

【模式5】心理點券兌換店的獎品與商業點券兌換部一樣：有小獎品、大一點的獎品，還有超大獎品。收集一、兩「本」點券的人，只能兌換小獎品，比如「免費」（指有正當理由的）飲酒或性幻想；收集十「本」點券的人，可以兌換隨便（但不成功）的自殺或外遇；收集一百「本」點券的人，可以兌換大獎了——「免費」放棄（離婚、停止治療、辭職）、「免費」進入精神病院（通俗的說，就是瘋了），或是「免費」的自殺或「免費」的殺人。

---

❷ 譯注：關於婚姻中的心理遊戲，請參考《人間遊戲》第7章。
❸ 譯注：關於「溫室」的心理遊戲，請參考《人間遊戲》一書，大意是對所謂的「真實感受」報以過分誇張的尊重。

【模式 6】有些人知道心理點券並不完全免費，收集情緒需要付出孤獨、失眠、血壓升高或胃部不適的代價，因此，他們停止收集。然而有些人永遠不了解這一點，但另外有些人知道，卻繼續玩心理遊戲、收集情緒，因為如果不這樣做，生活就會了無生趣。他們無法為自己的生活方式找到正當理由，不得不收集各種微不足道的理由，爆發自己的一點活力，從而對自己感到滿意。

【模式 7】有些人喜歡直接交流而不是玩心理遊戲，也就是說，他們不會挑釁別人以收集心理點券，也不會回應別人的挑釁行為。他們將省下的精力用在合適的時間、地點與人進行更適當的表達（有的人可以毫無痛苦的收集心理點券，而另一些人則要付出代價。因此，一個罪犯可以享受搶銀行的樂趣，而不會有不好的感受或擔心被抓；顯然，一些職業騙子或靠出老千賺錢的人，也可以過得非常快樂，只要他們不太貪婪、太過分。有些青少年很享受讓長輩沮喪，而不會自責或有其他不良感受。但是，一般來說，收集心理點券的人遲早會付出代價）。

【模式 8】有些人會收集「偽造」的點券，特別是偏執狂。即使沒有人挑釁，他們也會幻想出被挑釁的情況。因此，他們失去耐心時，會理直氣壯的自殺或殺人，為這合理的爆發提供足夠的刺激，不須依賴事情發生的正常過程。在這方面，有兩類偏執狂，一類是「兒童自我」偏執，他們收集偽造的錯誤，說：「看他們對我做了什麼。」另一類是「父母自我」偏執，收集偽造的正義，說：「他們不可以這樣對我。」偏執者中其實有兩種情況，一種是放大型，一種是真正的偽造型。前者具有錯覺，他們從各個地方收集非常小的點券，但是卻把每一個放大，於是很快就可以體驗到巨大的情緒。後者具有幻聽，他們可以在腦中製造點券，並認為自己永遠是正義的一方 4。

【模式 9】讓個案放棄一生所累積的心理點券，就像讓一位家庭主婦燒掉購買商品獲贈的點券一樣艱難。這是阻礙人們痊癒的因素，因此如果想要治癒，個案不僅需要停止強迫性的玩心理遊戲，還需要放棄使用那些點券的快樂。只是「原諒」過去的錯誤並不足夠，如果他真的想放棄腳本，必須切斷過去的錯誤與未來生

活之間的連結。就我的經驗來說，「原諒」意味著把心理點券放進抽屜，而不是永遠丟棄。如果事情順利，它們會一直待在抽屜裡，但是如果再次被冒犯，心理點券會被再次拿出，加上新累積的點券以兌換更大的獎品。因此，一個「原諒」了妻子的酗酒者，當妻子再次犯錯時，他不會只是小小放縱一下，而是會拿出因為妻子的過失所收集的點券，咒罵侮辱整段婚姻，然後繼續飲酒作樂，最後可能死於譫妄症❹。

到目前為止，還未談過「好」的情緒，比如正義、勝利、愉快。正義的點券用「愚人金❺」製成，除了「愚人的天堂」，其他地方無法流通。勝利的點券閃閃發光，但是有品位之人並不會收集，因為那只是鍍金的而已。不過，它倒是可以演化為一場有正當理由的慶祝會，用來為一票人帶來樂趣。如同絕望，歡樂是真實的情緒，它不是心理遊戲的結局，因此我們稱之為金色的歡樂，就像我們說黑色的絕望。

關於「好」的情緒，臨床上有一類人總是在收集「棕色」的點券，也就是上述討論過的各種「感覺不好」的「壞」情緒。他們通常很難接受金色點券，也就是別人給予的讚美或「安撫」（stoke）。他們只對舊有、熟悉、糟糕的情緒感到自在，而不知該如何安放「好」的情緒，於是他們拒絕好的情緒或者假裝沒聽見並忽略它們。實際上，熱衷於搜集棕色點券的人，甚至能把最真誠的讚美轉變為含沙射影的侮辱。對他們來說，只是拒絕或忽略讚美都很浪費，他們會將讚美變為偽造的棕色點券。最常見的一個例子是：「天呀，你今天看起來太漂亮了！」他們的反應是：「我知道你不喜歡我上星期的打扮。」另一個例子：「天呀，你這件衣服真漂亮！」引發的反應是：「所以說你不喜歡我昨天穿的那件！」只要稍微練習，任何人都能學會如何在令人愉快的金色點券上噴上一點穢物，變為令人厭惡的棕色點券，學會將讚美變為侮辱。

下面這件軼事說明了對火星人來說，理解心理點券這個概念一點也不難。

譯注：酒精中毒者戒酒過程中所引起，急性的精神症狀，患者可能會有幻覺或幻聽，生理上也可能會顫抖、心悸或盜汗，若有高熱或癲癇狀況，也可能有致死的風險。
❺ 譯注：黃鐵礦，暗喻讓人誤以為會令人愉快的事物。

某天，一位女士參加完團體治療回到家中，她第一次聽到心理點券這個概念，並解釋給 12 歲的兒子聽。兒子說：「媽媽，妳等一下，我很快就回來。」兒子回來時拿了一卷已經在裁切線上打好洞的紙本點券，還有一個分裝用的小本子。他在第一頁寫下「這頁貼滿時，你就可以獲得一次免費的痛苦」。他完全理解了這個概念。如果別人沒有主動惹火、侮辱、引誘或嚇唬你，你可能會開始玩心理遊戲，誘使對方這樣對待你。這樣你就可以收集免費的生氣、傷心、內疚或害怕，幾次下來，便可以獲得一次免費的痛苦。

心理點券和商業點券還有另一個類似的地方：一旦被使用，就無效了。不過，人們還很喜歡懷念般的談論他們換來的東西。這裡有一個關鍵字是「想起」（recall）。通常，人們談話時會說「你記不記得（remember）……時」；而人們談論很久前就已經使用過且早已無效的點券時，則會說：「你能不能想起……」「你還記得我們在優勝美地國家公園的美好時光嗎？」這是對往事的追憶，而「你能想起在優勝美地國家公園發生了什麼事嗎？一開始你先把擋泥板撞凹了，接著又忘了……我想起，你之後……另外又……」這種說法屬於不能再次使用的責備，意思是不能再兌換有理由的憤怒。律師工作時經常使用「想起」這個詞，而不是「記得」這個詞。他們將原告已經褪色，有時候甚至是偽造的心理點券呈獻給法官及陪審團。法官是心理點券的愛好者和行家，他們會查看人們收集了多少，並且能夠評估這些點券在法庭這個兌換場中有多少價值。

不真誠的夫妻經常會用已經兌換過或偽造的點券欺詐對方。例如，弗朗西斯科發現妻子安潔拉與上司有婚外情，當上司暴力威脅他的妻子時，弗朗西斯科救了妻子。在一場激烈的衝突後，弗朗西斯科原諒了妻子，她向弗朗西斯科表示感謝。但是後來，每次喝醉時（很常），弗朗西斯科都會再次提起這件事。用點券的話來說，弗朗西斯科第一次發脾氣是正當的，她真誠的感謝了他，他也慷慨的原諒了她。這種解決很恰當，所有點券已經被兌換。

但是，如前所述，「原諒」真正的含義是把點券放入抽屜，直到再次需要（即使它們已經被兌換過）。在弗朗西斯科的例子中，他每週六晚上都把那些已經兌換過的點券拿出來，在安潔拉面前搖晃。安潔拉不會指出這些點券已經兌換過，而是羞愧的低下頭讓弗朗西斯科再次獲得免費生氣的機會。作為回報，安潔拉總是給弗朗西斯科一些偽造的感謝點券搪塞他。安潔拉的第一次感謝是

真正的感激，是金色點券，而後來的感謝則是厭煩且虛假。後來的感激點券是「愚人金」，只是黃鐵礦，只有在弗朗西斯科喝醉後的愚人世界中被視為珍寶。當弗朗西斯科清醒後，他們可以彼此真誠對待，並知道此事已經過去；但是當弗朗西斯科喝醉時，他們彼此欺騙。弗朗西斯科用作廢的點券勒索安潔拉，她也用同樣的方式回報他。

總之，心理點券與商業點券相似性極高。每個人接受的家庭教養雖然不同，但是對待這兩者的方法是相同的。有些人的家庭教會他們兌換掉點券然後忘掉它們；有些人被教會把點券收集起來，然後盡情享用它們。這些人會收集紙本點券，期待數量不斷增加，某一天能兌換一個很大的獎品。他們會用同樣的方法對待憤怒、傷心、恐懼和內疚，先壓抑情緒，直到受夠了再兌換，並造成巨大的後果。還有一些人的家庭允許欺騙，他們會在這方面花費很多心思。

心理點券以情緒記憶的方式儲存，表現形式可能類似於持續攪動狀態下的分子模式，或是「簡單閉曲線」（Jordan curve）中，一圈又一圈轉動的電流。累積的能量只要沒有釋放，就永遠不會耗竭。分子模式或電流消退的速度一方面取決於基因，另一方面取決於「早期調節」（early conditioning），用我們的話來說就是父母編制的程式。無論如何，一個人如果總是拿出相同的點券一遍又一遍向聽眾展示，這些點券看起來就會愈來愈陳舊、讓人厭煩，聽眾也會愈來愈疲倦，並將其視為陳腔濫調。

4. 幻覺：童年時期獎懲制度所造就，對人生的虛假想像

童年期的「幻覺」（Illusions），主要與表現得好就會得到獎賞，表現不好就會被懲罰有關。「表現好」主要是指不生氣（「注意脾氣，注意脾氣！」）或不會有性方面的表現（「下流，下流！」），表達害怕或慚愧則沒有問題。也就是說，傑德既不應該表達「保護自我的本能」（這樣的表達可以從中獲得充足的滿足感），也不應該表達「保護種族延續的本能」（這樣的表達可以從中獲得快樂，就連很小的孩子也是一樣的）；而對不能提供滿足感與愉快感受的情緒，他想表達多少就可以表達多少。

這個世界有很多獎懲制度，除了各處皆有的法律制度之外，還有宗教制度

和思想制度。世界上有一半的人是「真正的信徒」（大約十億是基督徒，五億是穆斯林信徒），死後的生活對他們來說最重要。還有一半的人是「異教徒」，由塵世生活中當地的神或國家政府來評判他們。不過，**對腳本分析師來說，每個家庭特有、非正式、隱藏的獎懲制度才是最重要的。**

對孩子來說，聖誕老人觀察並記錄他們的行為表現。但是只有「幼兒」才會相信聖誕老人，「兒童」並不相信，至少不相信他會在每年特定時間穿著化裝舞會上才有的服裝到來。事實上，是否相信聖誕老人是區分兒童與幼兒的標誌，除此之外，還有「嬰兒從哪裡來」這個問題。不過，兒童和成人也有屬於自己、各不相同的聖誕老人。有些成人對聖誕老人的家人更感興趣，他們堅信只要自己表現良好，遲早會有機會受到聖誕老人的兒子「白馬王子」，或他的女兒「雪姑娘」，甚至他的妻子「更年期女士」的眷顧。實際上，多數人終其一生都在等待聖誕老人或他的某個家庭成員。

在底層，有一個與聖誕老人相反的人物。聖誕老人是穿紅色衣服、快樂的人，來自北極且帶著禮物。而與他相反的則是一個穿黑色斗篷、冷酷的人，來自南極且帶著長鐮刀。他的名字是「死神」。這樣，人類在童年晚期就劃分為兩類，一類為生，一類為死，生的一群一生都在等待聖誕老人，而死的一群則終生都在等待死神。**所有腳本都建立於這兩個基本幻覺之上：不是聖誕老人最終為贏家帶來禮物，就是死神最終為輸家解決一切問題。**因此，關於幻覺，要問的第一個問題便是：「你在等待聖誕老人，還是死神？」

但在「最終的禮物」（永生）或「最終的解決」（死亡）到來前，還有其他可能性。聖誕老人可能會贈予樂透彩大獎、一份養老金，或延長的青春。死神也可能贈予永久的殘疾、喪失性慾，或提前衰老，無論是哪一種情況，都會在一定程度上減免當事人的責任。例如，等待死神的女性堅信停經能夠帶來救贖與安歇——所有性慾消失，取而代之的是熱潮紅或憂鬱症，這讓她們更有理由不再活下去。這種「相信更年期可以拯救她們的迷思」，在腳本分析的術語是「木卵巢」（Wooden Ovaries）。一些男性也會有「木睪丸」（Wooden Testicles），也就是男性的更年期迷思。

每個腳本都是基於這樣的幻覺，打破幻覺讓人痛苦但卻是腳本分析師必須要做的工作。直言不諱的指出幻覺，是打破速度最快、痛苦最少的方法。幻覺在溝通中具有重要作用，因為它提供了累積心理點券的理由。等待聖誕老人的

人可能會累積稱讚，以彰顯自己優秀的表現，或者累積各種「痛苦」，以期獲得他的同情；而等待死神的人則會累積內疚或絕望，以展示自己配得上他，或對他的到來感恩戴德。但是無論是將點券呈現給聖誕老人或是死神，人們都期望用自己聰明的行銷手段換取渴望的商品。

故此，幻覺與點券兌換店息息相關，兌換店有兩種，且兌換規則不同。傑德可以透過做好事或者忍受痛苦，累積夠多的金色點券或棕色點券，在聖誕老人的商店兌換免費禮品。也可以透過累積內疚或絕望，從死神的商店兌換免費禮品。實際上，聖誕老人和死神並沒有開商店，他們更像是到處流動的小販。傑德必須一直「等待」他們到來，但是卻永遠不知道他們抵達的確切時間。這就是傑德必須保留並隨時準備好點券的原因，如果聖誕老人或死神路過，但是傑德錯過了，那麼下一次機會就不知道是何時了。如果傑德累積的是快樂，那他必須時時刻刻維持正向且積極的思考方式，因為聖誕老人會恰好在他放鬆的那一刻到來。同樣，如果傑德積攢的是痛苦，那他絕不能冒著看起來很快樂的危險，假如被聖誕老人逮個正著，傑德也會錯失機會。等待死神的人也是一樣，他們絕不敢冒著險享受沒有內疚或絕望的片刻時光，因為那一刻可能正是死神到訪的那一霎，之後，他們需要接受懲罰，持續活下去直到下一個機會到來，這段時間有多久——好吧，只有死神才知道這懸而未決的狀態會持續多久。

幻覺是人們將自己的存在置於「只要」和「總有一天」之上。 在某些國家，政府的政策可能恰巧讓傑德就像中了彩券般夢想成真，而其他成千上萬的人，終生只能日復一日的等待好運降臨。目前真實的情況是，聖誕老人確實存在：每次抽獎，某個人確實可以中獎、夢想成真。但是多數情況下，讓人感到奇怪的是，中獎並沒有為他們帶來快樂。很多人讓獎賞從指縫間流走，然後變回從前的狀態。這是因為，人們將整個幻覺系統視為奇蹟：獎賞不僅奇蹟般到來，獎賞本身也是奇蹟。表現良好的孩子知道聖誕老人會在他睡著的時候順著煙囪爬下來，留給他一輛紅色的四輪馬車玩具或一個金色的柳丁，但是這輛小馬車或這顆柳丁絕不是普通之物，而是具有神力、特別且鑲滿紅寶石和鑽石。假如傑德確實得到了小馬車或柳丁，但是卻發現是普通、與其他人一樣的，他會非常失望，並問：「就這樣嗎？」傑德的父母可能會非常困惑，他們以為這就是傑德想要的東西。同樣，贏了樂透彩的人發現，他們買到的東西與其他人

買到的東西相同，也常常會問：「就這樣嗎？」然後揮霍獎金。比起好好享受現在擁有的東西，他更願意回到過去、坐在樹下等待奇蹟。換句話說，**幻覺總是比現實更吸引人，即使是最具吸引力的現實也敵不過虛無縹緲的幻覺。**

這類人當中，最典型的是具有「永不放棄」這種腳本的人。他們最不願意放棄的事情之一便是排便，因此患有慢性便祕。他們的幻覺是：只要堅持夠久，聖誕老人就會到來，就算堅持不了那麼久，至少也能獲得一點東西，彌補無法得到的禮物。這類人中，有些人可以非常享受他所擁有的豐厚現實，但是卻更願意「坐在家中」，等待一些未知的人前來拯救自己。有一位女士，即使她躺在分析室的椅子上，也會說：「我正坐著思考。」她在家也會花很多時間便祕。她發現自己很難融入他人，因為無論走到哪裡，她心裡都帶著一個馬桶，不論「成人自我」在做什麼，「兒童自我」總是坐在她最喜歡的位置上。

事實上，「兒童自我」幾乎從未放棄過幻覺。有些幻覺十分普遍，如佛洛伊德所說，它們可能始於生命頭幾個月，甚至始於子宮，子宮是一個神奇的世界，出生後人們只能透過愛、性或藥物再次體驗（對邪惡之人，可能會透過大屠殺）。佛洛伊德將最初三個幻覺命名為「我永生、無所不能、不可抗拒」。當然，最初的幻覺不會持續很久，因為嬰兒不得不面對現實：母親、父親、時間、重力、未知、嚇人的畫面和聲音，以及由飢餓、恐懼、疼痛帶來的內部感覺。但是，最初的幻覺很快會被「條件式幻覺」取代。條件式幻覺對腳本的形成具有強烈影響，它們的表現形式為「只要」：「只要我用正確的方式表現，聖誕老人就會到來。」

就幻覺來說，全世界的父母都一樣。如果孩子相信父母具有神力，部分原因是父母自己也這樣認為。父母都或多或少向子女傳遞過這樣的觀念：「如果你按照我說的去做，所有事情都會有好結果。」對孩子來說，這意味著：「如果我按照他們的話做，我就會受到神力的保護，我將會美夢成真。」孩子如此堅信這一點，幾乎沒辦法動搖這個信念。如果孩子的夢想沒有實現，他不會懷疑神力是否存在，而會歸咎於自己破壞了規則。如果孩子反抗或拋棄了父母的指令，並不意味他丟棄了幻覺中的這個信念。只是意味著他再也無法忍受這個要求，或認為自己永遠無法滿足這個要求。因此，他們不是嫉妒可以遵守這個規則的人，就是對此嗤之以鼻。他們內在的「兒童自我」依舊相信聖誕老人的禮物，叛逆者會說：「我能從他（聖誕老人）那裡批發禮物（毒品或革命）。」

絕望者會說：「誰需要他（聖誕老人）的酸葡萄？死神的葡萄才更甜。」隨著人們長大，有些人可以自發性的放棄幻覺。放棄幻覺時，他們不再有「沒有放棄幻覺之人的嫉妒或嘲笑」。

「父母自我」的訓誡最好表達為：「做正確的事，將沒有災禍降在你身上！」這是有歷史紀錄以來，每個國家建立道德體系最基本的箴言。最早的紀錄見於五千年前古埃及普塔霍特普（Ptahhotep）❻書寫的箴言錄5。「父母自我」最糟糕的訓誡表達方式是：「如果你殺死某些人，這個世界將會變得更美好，你也會因此獲得永生、變得萬能，具有不可抗拒的力量。」奇怪的是，從「兒童自我」的角度來看，這兩種說法都是「愛的宣言」，因為它們都是「父母自我」的保證：「如果你按照我說的去做，我將會愛你、保護你，沒有我，你一無所有。」這種承諾清楚顯現於一些文字中：第一種見於《聖經》，上帝將會愛你、保護你；第二種見於希特勒（Adolf Hitler）的《我的奮鬥》（Mein Kampf）等作品。希特勒保證德意志帝國將延續千年，實際表達的就是一種永生。當希特勒的追隨者將波蘭人、吉普賽人、猶太人、畫家、音樂家、作家和政客關入集中營時，確實體驗到了萬能感和不可抗拒的力量。然而隨著步兵、砲兵以及空軍如拿破崙最後戰役般節節敗退，現實逐漸取代了幻覺，數百萬的希特勒追隨者變回無能且可以對抗的凡人。

粉碎最初的幻覺需要巨大的力氣，且最有可能發生於戰爭年代。托爾斯泰（Lev Nikolayevich Tolstoy）❼加入戰鬥後，憤怒的大喊：「他們為什麼向我開火？每個人都喜歡我啊（＝我不可抗拒）。」6條件式幻覺也是如此：「如果我按照『父母自我』所說的去做，一切都會有好結果。」用武力打破這種普遍存在的幻覺、最令人毛骨悚然的例子，是一幅臭名昭著的繪畫。畫中一個大約9歲的小男孩站在波蘭街道中間，儘管街邊站了很多旁觀者，小男孩依舊看起來很孤單、無依無靠，因為一位骷髏衛兵已經盯上他。男孩臉上的表情清楚表達出：「但是媽媽告訴過我，如果我是好孩子，一切都沒有問題。」每個人都可能遭

---

❻ 譯注：古埃及第五王朝法老傑德卡拉（Djedkare Isesi）的官員，以書寫智慧文字著名。《普塔霍特普箴言錄》（Teaching of Ptahhotep）中教導即將擔任高級官員的權貴子弟要服從上司命令、倡導謙恭以及忠於職守且必要時保持沉默。

❼ 譯注：俄羅斯小說家、哲學家、政治思想家，曾獲得多次諾貝爾和平獎提名。他曾經參與過克里米亞戰爭，感受到戰爭的殘酷。

受且最為殘酷的心理打擊，便是發現自己的好媽媽欺騙了自己。德國士兵加諸於這個陷入絕境的小男孩的痛苦，也是如此。

治療師既充滿人性又相當尖銳，如果個案明確且是自願的，治療師也會打破幻覺——不是折磨，而是手術。個案的整個人生都建立於幻覺之上，為了讓個案好轉，治療師必須摧毀幻覺，讓他們回歸此時此地的真實世界，而非總是生活在「只要……」或「總有一天……」的世界裡。這是腳本分析師必須履行、最為痛苦的工作——告訴個案最終沒有聖誕老人。不過，破除幻覺的工作可以透過細心的準備與鋪墊，以較為溫和的方式執行，從長遠的角度來看，個案還是會原諒治療師的。

當傑德得知「嬰兒是怎麼出生」的之後，童年晚期的另外一個幻覺也被撼動了。為了維持虛構中純潔的父母，傑德不得不這樣對自己說：「好吧，但『我的』父母沒有這麼做。」當治療師面質❽傑德他不可能是處女所生，父母至少做愛一次，如果他還有兄弟姊妹，父母至少做幾次愛的事實時，治療師難以避免讓自己看起來粗魯又帶有嘲諷意味。這樣做相當於告訴傑德，母親背叛了他，這是一件不應該讓他人知道的事。有時候，治療師還需要完成相反的工作——將個案心中母親或世界的墮落形象，恢復為較為體面的狀態。很多孩子幻想母親擁有童貞，這根本是不可能的，然而卻會影響孩子的精神世界以及他們的真實生活。

相信聖誕老人、死神和母親的童貞，也許可以被視為是正常的，因為對理想主義者或精神脆弱的人來說，他們需要急切的抓住什麼，以獲得精神上的滋養。而另一方面，迷茫者之所以感到困擾，是因為他們有自己獨特的幻覺，輕則為「如果你每天用浣腸劑，將健康和快樂」，重則為「如果你病得夠嚴重，就可以避免父親死掉。如果他死了，是因為你病得不夠重」。有些人甚至還與上帝簽署了個人協議，不過並沒有徵求上帝的意見，也沒有獲得上帝的簽字同意。事實上，就協定內容來說，上帝是拒絕簽字的，一個常見的例子是「如果犧牲了我的孩子，母親就會永保健康」，或者「如果沒有性高潮，上帝將賜予我奇蹟」。就像之前提到的，後面這種幻覺幾乎成了巴黎妓女中的一種習俗：

---

❽ 譯注：心理治療的一種技巧，又稱為對質或質疑，也就是治療師指出當事者身上存在的矛盾情況。

「不管我和多少男人發生過性關係，甚至知道自己染上了疾病，但是只要我是在做生意而不是在享受，我依舊可以上天堂。」[7]

童年早期，孩子不切實際、神奇的幻覺可以被接受。童年晚期，這些幻覺開始接受現實檢驗，不過有些部分依舊很難放棄。未放棄的幻覺留下一個祕密的核心，構成了人生的基礎。只有最強大的人才能面對荒謬、賭博似的人生，而無須任何幻覺。人們最難放棄，甚至在成年後也依舊如此的幻覺，便是自主或自我決定的幻覺。

這一點可以呈現在下頁「圖 10」中。真正自主的區域，我們用 A1 標示。這個區域代表真正理性運轉的「成人自我」，沒有「父母自我」的偏見，以及「兒童自我」一廂情願的想法。人格的這個部分可以仔細收集訊息並觀察，真正自由的做出「成人自我」的判斷。它在商業交易或專業領域中可以有效工作，例如技師或外科醫生，可以基於以前的學習、觀察和經驗做出良好的判斷。標示 P 的區域，是人們清楚知道產生「父母自我」影響的區域：從父母那裡獲得的觀念、偏好，不論在食物、服飾、舉止、宗教等。我們可以將其視為從小獲得的「教養」。標示 C 的區域，是他明確知道來自「兒童自我」的東西，包括一廂情願的渴望或兒時的品味。**只有能夠識別並區分這三個區域，這個人才是自主的：他知道什麼是「成人自我」且實際的，知道什麼是從別人那裡接收而來，以及知道什麼是由早期衝動所決定，而不是由切實的思考和理智的判斷所決定。**

標示「錯覺」（Delusion）和「幻覺」（Illusion）的區域，是傑德錯誤生活的地方。「錯覺」是他自認為根據自己的觀察和判斷所形成屬於自己的想法，但是實際上卻是父母強加於他的想法，這些想法與他緊密結合，以至傑德以為那是真實自我的一部分。幻覺也相當類似，是來自「兒童自我」的想法，但是卻被視為「成人自我」、理性，並試圖合理化的想法。錯覺和幻覺都稱作「汙染」。所謂「自主的幻覺」，也就是誤以為「圖 10」中整個 A1 區域都是未經汙染、自主的「成人自我」，但是其實有很大一部分屬於「父母自我」和「兒童自我」。「真正的自主」如「圖 11」所示，是能夠意識到「成人自我」的界限，能夠意識到陰影部分屬於其他自我狀態。

實際上，「圖 10」和「圖 11」給了我們一個測量自主性的方法。「圖 11」中的「成人自我」除以「圖 10」中的「成人自我」後，結果可以稱作「自

主的程度」。

5.心理遊戲：家庭中的心理遊戲如何影響人生腳本

　　嬰兒期早期，孩子的表達非常直接，他們從「我好－你也好」的心理地位出發，但是他很快發現，他的「好」並不完全是與生俱來、不可質疑的權利，而在某種程度上取決於他的表現，特別是他如何回應母親。學習用餐禮儀時，孩子發現母親在回應他表現出無可挑剔的「好」時，居然有所保留，這讓他很傷心。於是孩子也用否認母親「好」的方式來回應母親，不過晚餐結束時，他們又會彼此親吻、和好。這個情況為玩心理遊戲打下基礎，並於如廁訓練時上演。而在如廁訓練時，則是孩子占上風。吃飯時間到，孩子餓了，對母親有所求；而在廁所，則是母親對孩子有所求。在餐桌上，孩子不得不以特定的方式回應母親，以獲得「好」的評價，而現在，則是母親需要好好對待他，以獲得孩子「好」的評價。此時，他們已經很少彼此直接表達，母親會利用孩子身上的鉤為孩子設置一點餌，同樣，孩子也會對母親這樣做。

　　孩子開始上學時，他可能已經學會了幾個比較溫和的心理遊戲，也有可能學會了兩、三個比較嚴重的心理遊戲，最糟的情況是，他們的生活中已經充滿了心理遊戲。情況怎麼樣，則取決於父母有多聰明或多粗暴。父母愈要求「做事聰明」，孩子就會愈不誠實；父母愈粗暴，孩子就必須玩愈嚴重的心理遊戲

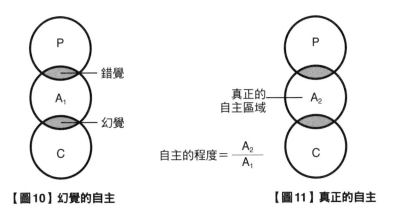

【圖10】幻覺的自主　　　　　　　【圖11】真正的自主

= $\dfrac{A_2}{A_1}$

以獲得生存。臨床經驗顯示，讓孩子變壞並束緊他的最好方式，就是經常違背他的意願要求他使用浣腸劑，而讓孩子變壞和崩潰的最有效方法，就是在他痛哭時殘忍的鞭打他。

到了學校，孩子終於有機會將在家中學到的心理遊戲試驗在其他孩子和老師身上。透過與他們互動，孩子加強、減弱、丟棄，或是學會了某些心理遊戲。此時，孩子也有機會檢驗他的人生信念和心理地位（見第 5 章第二、三部分）。如果孩子認為自己是「好」的，老師可以讓他更確信這一點，也可以透過貶低孩子讓他動搖；如果孩子認為自己是「不好」的，老師可以讓他更確信這一點（這正是孩子希望的），也可以努力幫助他建立信心（這會讓孩子感到不安）。如果孩子認為這個世界是「好」的，也會認為老師是「好」的，除非老師證明自己是壞人。如果孩子認為其他人是「不好」的，那麼他會透過惹怒老師來證明自己是對的。

無論對孩子還是老師來說，都有很多難以預知或應對的特殊情境。對孩子來說，老師可能會玩一個名叫「阿根廷」（Argentina）的心理遊戲：

「阿根廷最有趣的是什麼？」老師問。

「彭巴平原。」有人回答。

「不是。」

「巴塔哥尼亞高原。」有人說。

「不是。」

「阿空加瓜山。」另一個學生說。

「不是。」

此時，他們知道發生了什麼。記住書上寫了什麼，或自己對什麼感興趣沒用。他們應該做的是猜「老師」腦中的答案。老師讓學生們陷入困境，他們只好放棄。

「沒有人想回答了嗎？」老師用虛假的溫和聲音說。

「是高喬人❾！」老師用勝利的語調宣布，讓所有學生同時感到自己很蠢。學生們無法阻止老師，就連班上最友善的學生也厭惡老師的做法。另一方面，就算是經驗豐富的老師，也很難對某些學生保持「好」的態度。這些學生通常是在家中被強迫浣腸的孩子。他們會拒絕回答老師的提問，如果老師強迫他回答，就相當於在踐踏他的思想，與此同時，老師也證明了自己比他的父母

好不了多少。此時，老師對學生無能為力。

其他每一種心理地位都有其特定的心理遊戲。透過與老師玩心理遊戲，傑德會發現老師將落入哪些心理遊戲，並可以不斷磨煉自己的技巧。在第二種傲慢的心理地位中（＋－），傑德可能會玩「終於逮到你了」這個心理遊戲；在第三種憂鬱的心理地位中（－＋），傑德可能會玩「踢我吧」（Kick Me）這個心理遊戲；在絕望的心理地位中（－－），傑德可能會玩「讓老師難過」（Making Teacher Sorry）這個心理遊戲。傑德會放棄那些老師拒絕加入或可以應對的心理遊戲，不過，他可能會在其他同學身上繼續嘗試。

從很多方面來說，第四種心理地位都是最難處理的一種。但是如果老師能夠保持冷靜，並運用適當的語言安撫傑德，而不是給予虛假的安撫、指責或道歉，老師很有可能幫助他鬆動絕望的頑石，將傑德推向「好」感覺的陽光中。

總之，孩子會在童年晚期決定保留或放棄哪些心理遊戲（如果有的話），這些心理遊戲都是他們從家中學會的。此時，需要提問且最重要的問題是：「在學校，老師與你相處得怎麼樣？」接下來要問的是：「在學校，其他孩子與你相處得怎麼樣？」

6. 人格面具：受到外界影響所形成的社會性人格

童年期結束時，某些事情已經定型，也就是以下這個問題的答案：「如果你不能直接表達真實想法，那麼，不誠實且最舒服的方式是什麼？」傑德從父母、老師、同學、朋友、敵人那裡學來的，都可以用來回答這個問題。結果就是他形成了「人格面具」（Persona）。

榮格將「人格面具」定義為「特別採取的態度」（ad hoc adopted attitude），它是個體戴上的面具，「與自己可覺察的意圖一致，亦能符合所處環境的要求與主張」，因此「就其真實人格來說，他欺騙了別人，通常也包括自己」[8]。人格面具是社會性人格，多數人的社會性人格都與處於潛伏期的孩子（大約6～

---

❾ 譯注：彭巴平原（Pampas）、巴塔哥尼亞高原（Patagonia）、阿空加瓜山（Aconcagua）都是阿根廷的地名，高喬人（Gauchos）則是在當地放牧的原住民。

10歲）的人格很像。這是因為人格面具確實是在那個時期形成，在外界環境的影響下，由兒童自己決定。當成年後的傑德表現出恭順、頑強、可愛或熱愛挑戰等社會品性時，他並不一定處於「父母自我」、「成人自我」或「兒童自我」的狀態中（當然他也有可能處在這些自我狀態中）。不過，他的行為舉止確實很像小學生，讓自己在「成人自我」的指導、「父母自我」的限制下變得順從。這種順從就是他的人格面具，與他的腳本匹配。如果是贏家腳本，他的人格面具將會非常具有魅力；如果是輸家腳本，則很令人反感，而真實的他可能並非如此。人格面具通常依照他的榜樣塑造，而真正的「兒童自我」躲在人格面具後、伺機出現，當他累積了夠多心理點券後，就會理直氣壯的丟掉面具。

這裡要問個案的問題是：「你是哪種人？」或者更好的問題是：「其他人怎麼看待你？」

7. 家庭文化：從相應的生理跡象與症狀，了解個案的心理遊戲與腳本

所有的文化其實都是「家庭文化」，是孩子在只有膝蓋那麼高時學到的東西。人們可以在家庭之外學習技能，但是價值觀由家庭決定。腳本分析師用一個問題，便可以探究問題的核心：「吃晚飯時，你的家人會談論什麼？」透過這個問題，治療師希望了解個案家庭所溝通的內容以及類型，內容可能很重要也可能不太重要，但是溝通類型永遠都很重要。有些兒童與家庭治療師甚至會親自到個案家中與他們共進晚餐，因為這是在短時間內獲得大量且可靠訊息的最佳方法。

腳本分析師的口號之一，應該是：「想想括約肌！」佛洛伊德[9]和亞伯拉罕[10]最先闡述了「人格結構以身體孔口為中心」的這個概念。心理遊戲和腳本也是如此。每個心理遊戲和腳本都有相應的生理跡象及症狀，它們通常也是以特定的孔口或括約肌為中心。家庭文化會在晚餐餐桌上呈現，也常常以「家庭括約肌」為中心。了解家庭最喜歡的括約肌，對治療個案大有助益。

四個外部括約肌分別與口腔、肛門、尿道及陰道相關。不過，與這四個部位關聯的「內部括約肌」也許更重要。另外，還有一個假想的括約肌，用精神

分析的語言來說，稱作「泄殖腔」(cloacal) ❿ 。

　　儘管嘴巴確實有它的外部括約肌，術語稱作「口輪匝肌」（Orbicularis oris），但是並不是「口腔家庭」關注的肌肉，儘管他們有關於嘴巴的座右銘是「把你的嘴閉起來」。**口腔家庭主要討論的是食物，括約肌主要涉及的是喉嚨、胃部和十二指腸。**因此，口腔家庭的人是典型的飲食愛好者和胃部不適者，這也是他們晚餐討論的主題。出於這類家庭的「歇斯底里者」會有喉部肌肉痙攣，「身心失調者」會有食道、胃和十二指腸痙攣，或者他們會嘔吐，也可能恐懼嘔吐。

　　肛門是最卓越的括約肌。**「肛門家庭」會討論直腸的運動、促便劑、浣腸劑，還有貴族式的大腸水療。**生活對他們來說是一連串需要不惜任何代價、儘快擺脫掉有毒有害的東西。他們對排泄物很著迷，如果自己或孩子的糞便大、結實、形狀美觀，他們會感到很驕傲。他們可以根據排泄量判斷腹瀉，而黏液性或出血性結腸炎是他們永遠的焦點，且可以細緻的區分。這種文化與性慾（或反對性慾）互相融合，產生的格言是：「夾緊你的肛門，小心被騙。」這也意味著他們要擺出一副毫無表情的面孔，這種哲學最終體現在成功賺錢上。

　　「尿道家庭」的話很多，各種想法像流水一樣滔滔不絕，只有快結束時才會稍微結巴。不過話說回來，他們永遠不可能真正結束，就好像只要有時間最後總是能再擠出幾滴尿。有些人精力旺盛（full of piss and vinegar）⓫，據說他們被激怒時（piss off），就會開始表現不敬（piss on）。有些兒童為了對抗這些規矩，就會收緊尿道括約肌、盡量長時間憋尿，從這種不舒服的體驗中獲得愉悅，當他們最終尿出來時，會獲得更大的愉悅，有時候他們也會半夜尿床⓬。

　　有些家庭吃飯時討論性的罪惡。他們最喜歡說的話是「在我們家，女人的雙腿會一直交疊著」。如果她們沒有交疊雙腿，也會把陰道括約肌緊緊夾起來。他們認為其他家庭的女性陰道括約肌是大開的、雙腿是鬆散的，晚餐的話題也是低俗、色情的。

　　我們用以上這些常見的例子闡述了「括約肌理論」（theory of sphincters），

---

❿　譯注：泄殖腔是動物的消化管、輸尿管和生殖管最末端匯合處的空腔，具有排糞便、尿和生殖等功能。

⓫　譯注：在這段敘述裡，原文使用了很多帶有「尿」（piss）這個字的短語。

⓬　但請不要試著透過揍尿床的孩子來治癒他們。

事實上，更常用的名稱是「嬰兒性慾理論」（theory of infantile sexuality）。該理論由艾瑞克森提出[11]，他對此進行過最完整、最清楚的闡述。他將發展劃分為五個階段，每個階段都圍繞著一個特定的生理區域（口腔、肛門或生殖器）。每個區域有五種不同的「使用」方式，包括：吸收式（1型和2型）、保留式、消除式、侵入式。因此，他總共得到二十五種可能的組合。他將這些組合與特定的態度、性格，以及獨特的個人發展路徑連結，與腳本式人生歷程相似。

父母的禁止訊息「把你的嘴巴閉起來」，用艾瑞克森的術語便是「口腔保留」（oral retentive）；「收緊肛門」是「肛門保留」（anal retentive）；「交疊你的雙腿」是「生殖器保留」（phallic retentive）。飲食愛好者是「口腔吸收」（oral incorporative），嘔吐是「口腔消除」（oral eliminative），說猥褻的話是「口腔侵入」（intrusive）。因此，詢問個案吃飯時家裡會談什麼，通常可以準確發掘家庭文化涉及的區域和使用方式。這一點很重要，因為特定的心理遊戲、腳本及其伴隨的身體症狀，都是與某些區域及使用方式連結在一起。例如，「傻瓜」（Schlemiel）心理遊戲對應的區域是肛門；「我只是想幫你」（I'm Only Trying to Help You）心理遊戲對應的模式是侵入；而「酒鬼」（Alcoholic）心理遊戲對應的是口腔吸收。

神祕的「泄殖腔括約肌」存在於困惑的人的腦海中，他們的「兒童自我」認為，無論男女身體下方都只有一個開口，並可以隨個人意志關閉。這導致理性的人難以理解他們形成的腳本，尤其在他們認為這個括約肌還可以控制嘴巴時。因此，僵直型思覺失調症個案可以一下子關閉所有通道：他夾緊全部括約肌，這樣就沒有任何東西可以進出他們的嘴巴、膀胱或直腸。不過，他必須定時用鼻管進食、使用導尿管和浣腸劑，以確保身體得到適當的保護。他的腳本宣言是：「寧可死也不讓它們進來！」這是控制括約肌的「兒童自我」最直接的理解，然而他們對括約肌如何構成、如何工作毫無概念。

大多數腳本都圍繞著某一區塊特定的括約肌，腳本涉及的心理與某個身體部位有關。這正是腳本分析師需要「思考括約肌」的原因。某個括約肌經常緊張會影響一個人全身的肌肉，肌肉狀況又與情緒態度及興趣喜好相關，並且還會影響人們回應他的方式。這就像是「碎片感染模式」（infected splinter）。

假如傑德右腳大腳趾因為被一小塊碎片扎到而感染，他就會開始跛著腳。這會影響到他腿上的肌肉，為了配合腿部，他的背部也會變得僵硬。很快的，

他的肩膀也會受到影響，且頸部肌肉也會受到牽連。如果傑德走很多路，讓肌肉更加不適，最終，頭和頭皮也會被影響。接著，傑德可能會頭痛。隨著走路愈來愈困難，他的身體也愈來愈僵硬。當感染的狀況更嚴重時，呼吸和消化也愈來愈吃力。此時，有人可能會說：「這種狀況很難治癒，因為已經波及到內臟器官、頭和全身肌肉。他整個身體都出了問題。」不過，一位外科醫生會這麼說：「我可以治癒他所有的問題，包括發燒、頭疼和全身肌肉緊繃。」他拔出腳趾上的碎片，感染狀況減緩，傑德不再跛腳、頭皮和頸部肌肉放鬆了下來、頭痛消失。隨著身體其他部位放鬆，一切恢復了正常。因此，雖然他的疾病涉及全身，但是如果找到小碎片的位置並移除，就可痊癒。被治癒的不僅是傑德，他周圍的人也可以放心並放鬆。

　　當某區塊的括約肌收緊，也會產生同樣的連鎖反應。為了牽引和支撐這條括約肌，也需要收緊周圍的肌肉。為了配合這些肌肉，距離更遠的肌肉也會受到影響，最終，全身肌肉都會受到牽連。其實這一點很容易說明。假設某位讀者坐著閱讀，他的肛門是收緊的。很快的，他就會注意到自己背部下方及腿部的肌肉也收緊了。如果他從椅子上站起來，肛門依舊是收緊的，他會發現自己不得不撅起嘴唇，因此這又會影響到他的頭皮。換句話說，緊縮的肛門改變了全身肌肉的動力系統。腳本要求他「夾緊肛門，小心被騙」的人，就會發生上述情況。他們全身的肌肉都受到牽連，包括控制面部表情的肌肉。而面部表情則會影響他人的回應方式，事實上，他的表情可能正在引誘他人的「兒童自我」。被引誘的人，則是能夠在腳本中扮演角色之人，注定會開啟他的腳本。

　　下面是一個具體的例子：

　　假設有一個叫安格斯的人，他的肛門是收緊的，而他的腳本狹縫叫拉娜。拉娜一直在尋找像安格斯這樣的人，安格斯也在尋找像拉娜這樣的人。拉娜看到安格斯時，透過他的面部表情可以立刻判定，這正是她想要找的人。隨著交談，安格斯表達出自己的態度和興趣，拉娜的「兒童自我」直覺更確定安格斯就是她要找的人。拉娜在安格斯的腳本中扮演的角色是「開啟腳本」。安格斯的應該腳本是無時無刻都要收緊，而腳本則是其他內容。然而，無論他多努力遵照父母的指令維持收緊的狀態，遲早都會有放鬆警惕的那一刻，這一刻正是腳本接管的一刻。安格斯放鬆的時刻，正是拉娜一直等待的時機。拉娜以某種方式啟動了按鈕，安格斯「被騙」，拉娜完成了使命。只要安格斯試圖收緊肛門，就會一次又

一次「被騙」，這就是腳本運作的方式。如果安格斯是贏家腳本，那麼他將承擔敲詐的角色，比如成為來自肛門家庭的金融家。

因此，腳本分析師會考慮括約肌的問題，這樣他就知道需要處理什麼事情。放棄腳本的個案，他的全身肌肉都會更放鬆。之前夾緊肛門的女士，會停止在椅子上扭動；夾緊陰道的女士不會在坐著時，把手臂緊抱在胸前、雙腿交疊，右腳緊緊扣住左腳踝。

晚餐談話由父母主導，他們教會孩子終生盯緊身上的某一區肌肉。我們總結了這些教誨在童年晚期對孩子有什麼重大影響。現在要接著討論腳本下一個階段發展。

第**9**章

青春期
Adolescence

---- ✧ ----

當父母不再告訴你該如何使用時間時，

你會怎麼做？

---- ✧ ----

　　青春期意味著高中和大學歲月，意味著駕照、成人禮，也意味著擁有了主動權和自己的事情。青春代表著身體各部位開始長毛，代表著要穿胸罩和月經來潮，也代表著要刮鬍子和讓人萬分苦惱且無心做事的青春痘。青春期就是你決定今後將成為哪種人，或者至少在真正做出決定前，知道如何打發時間。青春期也就是（如果你真想知道青春期的意義）要讀三百多本關於某個主題的書籍、一些絕佳並已絕版的著作，以及幾千篇雜誌與科學期刊中的論文。**而對於腳本分析師來說，青春期代表腳本預演，是正式上演前的試驗。**它意味著你到了真正要回答這個問題的時候：「說完你好後，你會說什麼？」或：「當你的父母和老師不再告訴你如何使用時間時，你會如何使用時間？」這個時期必須回答這個問題，否則你將不知道該如何生活。

1. 消遣：青春期的消遣，讓孩子學會與他人比較心理點券

　　青春期的孩子開始談論一些東西（比如汽車、運動），這種談話只是賣弄，懂得多者勝出。此時的腳本表現是比較誰懂得多或誰懂得少，或者是比較誰更成功或誰更不幸——「我比你開心多了」或「我比你還慘」。有些輸家甚至覺得連自己的不幸都那麼微不足道，他們無論如何都贏不了。

「消遣」（pastime）的第二個方面是關於觀念與情緒，他們會相互比較人生觀——「我也是這樣」或「我不這麼認為」。贏家更高尚、堅韌；輸家更內疚、痛苦；非贏家則卡在兩者之間，僅僅感到平淡。

　　消遣的第三個方面是「親師會」（PTA）❶：「你會怎麼應對那些行為不當的教師、家長或男、女朋友？」會談這些問題的，通常屬於「生存一族」（Life Crowd），他們等待聖誕老人帶來更好的車子、球隊、機會、老師、父母或男女朋友。而「死亡一族」（Death Crowd）則鄙視這些事物，他們會用更接近腳本的方式度過時間。他們會抽大麻、吸食迷幻藥，嘴上說一起去「旅行」，實際上則是玩饒舌❷。無論傑德屬於哪一群人，在說話內容和方式上都要學會哪些可以被接受、哪些不可以被接受。另外，他也學會了與同輩比較心理點券。

2.新英雄：從神話或具有神力的人物，轉向更接近現實的人物

　　傑德透過消遣、讀過和看過的東西，將腳本草案中來自神話或具有神力的人物替換為更接近現實的人物。他們是傑德可以效仿的真實人物，無論健在還是已故。傑德也更了解真實的壞人是什麼樣子，以及他們如何做壞事。同時，他們有了綽號或暱稱（佛德列克，佛雷德還是佛雷迪；查爾斯，查理還是查克），能夠顯示別人如何看他，以及他們必須反抗什麼或注定成為什麼。被稱作胖子、馬臉、瞇瞇眼或傻瓜的人，需要更費力才能獲得幸福的結局。被稱作大奶妹、毛怪的人，可能會發現自己很容易與他人發生性關係，但是如果他們想要的是其他的呢？

---

❶　譯注：關於「家長會」這項消遣，可以參考《人間遊戲》第4章解釋。
❷　譯注：早期的饒舌滿口髒話、表現叛逆。

3. 圖騰：了解夢中出現的圖騰隱喻

很多人會反復夢到一種動物，有時候也會是某種蔬菜。這就是他們的「圖騰」（Totem）。對女性來說，圖騰有鳥、蜘蛛、蛇、貓、馬、玫瑰、香草、高麗菜等。男性最喜歡的有狗、馬、老虎、巨蟒、樹等。圖騰以多種形式出現，有時候很可怕，比如蜘蛛和蛇通常會有這樣的意象；有時很親切，比如貓和高麗菜。如果一位女士的圖騰是貓，當她墮胎或流產後，很有可能夢到死掉的小貓。

真實生活中，個案對待圖騰動物的方式與在夢中非常類似。消極圖騰通常與過敏反應連結，積極圖騰通常與喜愛反應連結，類似於對寵物的喜愛，儘管寵物也可能引發過敏。有些人很羨慕自己的圖騰，並努力成為牠們。比如，很多女性常常說希望自己像一隻貓。女性在社交場景中的肢體動作通常遵照固定的模式，但是透過觀察她們的頭部動作，我們可以推測她們的圖騰是什麼。她們可能在模仿貓、鳥或蛇。觀察一下真實的貓、鳥、蛇便可以驗證我們的推測。男性的肢體活動可以更自由，有人會像馬一樣跺腳，或者像蟒蛇一樣甩出手臂。這並不是觀察者的主觀想像，仔細聽他們使用的隱喻和所做的夢，就可以證實。

人們通常會在 16 歲前放棄圖騰崇拜。如果至青春期晚期，圖騰依舊以夢、恐懼、模仿或嗜好等形式出現，就必須更重視。如果一個人的圖騰並不明顯，可以詢問：「你最喜歡的動物是什麼？」或：「你最想成為什麼動物？」透過這兩個問題，可以很容易得知他的積極圖騰。透過詢問：「你最害怕什麼動物？」可以得知消極圖騰。

4. 新的感受：新的生理衝動、同儕與老師的允許，讓個體的情緒逐漸與家庭分離

手淫是個人的事。傑德不確定應該如何應對性的感受，或如何將其融入自己的人生計畫，因此，他用自己熟悉的感受來應對，也就是扭曲情緒。手淫讓他承受巨大的痛苦，甚至危及生存：手淫是他在某個時刻，完全由自己決定要

做或不要做的事情，因此，他必須對結果負起全責。他可能產生一些非常個人化的感受，例如內疚（因為手淫是不道德的）、恐懼（他認為會損傷身體）、或無能（他認為自己的意志不堅定）。這些感受皆源自他腦中「父母自我」與「兒童自我」的對話。另外，他還可能產生人際型感受（傷心、生氣或窘迫），取決於他認為別人會怎麼樣回應他。別人的回應可能是真實的，也可能是他幻想出來的，因為他會覺得別人終於有原因嘲笑、討厭或羞辱他了。無論是哪種情況，手淫都提供他一個方法，讓他將全新、對性的感受與童年時學到的感受結合。

同時，他也變得更靈活。他從同學、老師身上獲得了「允許」，能夠運用各種感受，而不只是家庭鼓勵的那些感受。他也學會了冷靜：並不是所有人都會擔心他家人所擔心的事情。改變的情緒系統讓他逐漸與家庭分離，並靠近相同年齡層的人。他根據新環境改編了自己的腳本，讓它更「有模有樣」，甚至可能改變了自己的角色，從完全的失敗者變為部分成功者，從輸家變為非贏家，或至少持平。如果他擁有贏家腳本，他會發現勝利需要一定的客觀性。現在他處於競爭性的環境，勝利並非自動獲得，需要一定的規畫與努力。他也學會了即使有一些失敗，也不要放棄。

5. 身體反應：青春期的壓力與改變，會呈現在個體的身體反應上

在這些壓力與改變下，以及為了實現目標（或好或壞）必須保持冷靜的要求下，他愈來愈能覺察自己的身體反應。此時，父母不在他身邊提供愛和保護；從另一方面來說，他也不需要在父母暴怒、醉酒、數落和爭吵時畏首畏尾了。無論家中情況如何，如今他都已經置身事外。他現在要做的，是在其他同伴面前站起來、當眾吟誦；要在其他男女生評價的目光下獨自走過長長的走廊，而其中很多人已經知道他的弱點。所以，他有時候會不自覺的出汗、手發抖、心跳加速。女孩會臉紅、汗水弄溼了衣服、胃部咕嚕咕嚕作響。無論男女，都會感覺到身體各種內部和外部括約肌時不時的收緊與放鬆。從長遠角度來看，括約肌活動的重組會決定哪種「身心疾病」在他們的腳本中起主要作用。傑德的心理問題已經括約肌化。

6.前屋和後室：孩子看見父母人格的多面性

「前屋」（Front Room）發生的事與「後室」（Back Room）發生的事，可能具有不同的色彩，正如下面這樁逸事：

卡珊卓是牧師的女兒，她穿著草率，但是有種奇怪的性感，她的生活與之類似——草率，但是具有古怪的性感。顯然，父親以某種方式教導她要有魅力，但是母親又沒有教會她實現的方法。卡珊卓同意母親沒有教她怎麼穿衣服以及如何保養身體，但是她否認父親教她性感：「他是一個非常受歡迎的人，在道德上非常自律，是完美的牧師。」但是當治療師和團體治療的其他成員進一步詢問父親對女性的態度時，她說父親的態度很恰當、令人滿意，不過他偶爾會和幾個朋友坐在後室講黃色笑話，拿女性在性方面的表現開玩笑。因此，父親在「前屋」的表現非常得體，但在「後室」卻展現出人格的另一面。換句話說，父親在前屋展現的是「父母自我」或「乖男孩」，在後室展現的是他淘氣的「兒童自我」。

孩子很小的時候，就能覺察到父母的人格具有多面性，但是在青春期前，他們不知道該如何判斷。**如果家中既包括前屋行為又包括後室行為，孩子會很不滿，並將其視為世界是虛偽的證據。**一位女士的兒子已經 18 歲，大學假期回家時，母親帶他去吃晚餐。儘管她知道兒子很喜歡喝酒且飲酒過量，但她卻幫自己點了一杯馬丁尼，然後告訴兒子他不能喝。團體治療的其他組員花了幾個小時聽她抱怨兒子喝酒的問題，之後他們一致認為，如果她不點酒，或乾脆允許兒子一起喝會更好，但是如果這樣，她又為兒子設定了酗酒的腳本。

用腳本的術語來說，前屋代表的是「反腳本」，由父母的訓誡掌管；後室代表的腳本是「真正會採取的行動」❸。

---

❸　譯注：此處更有可能是「應該腳本」，而非「反腳本」。詳情請見譯者序中的說明。

7. 腳本與反腳本：在兩者間搖擺的青春期

　　青春期是傑德在腳本與反腳本之間搖擺、痛苦的時期。他遵循父母的教導，接著又反叛這些教導，但是卻發現自己依然處於父母編制的腳本裡。他發現叛逆是徒勞無功的，於是再一次開始遵從父母的教導。青春期結束時，例如大學畢業或結束兵役時，傑德已經做出了某種決定：不是穩定下來並遵從父母的教導，就是脫離父母的教導，逐漸墜落至他的腳本結局。他會依照自己的決定活到 40 歲，然後進入第二個痛苦期。如果傑德一直都是遵照父母的教導而活，此時會嘗試擺脫教導──離婚、辭職、捲款潛逃，或者是染頭髮、買把吉他。如果他一直生活在腳本中，此時可能透過參加戒酒匿名會（Alcoholics Anonymous）❹ 或進行心理治療以尋求改變。

　　青春期是傑德第一次感受到可以自主選擇的時期，然而不幸的是，這種自主感可能只是幻覺。通常，**他做的只是搖擺在遵照父母的「父母自我」訓誡，還是遵照父母「兒童自我」所發出的引誘間**，只有程度強或弱的區別。吸毒的青少年不一定是在反抗父母的權威，而是在反抗「父母自我」的宣言，只可惜他們這樣做時，又陷入了父親或母親「瘋狂的兒童自我」所發出的引誘。

　　「我不希望兒子喝酒。」母親一邊這樣說，一邊喝著酒。如果男孩沒有喝酒，他是個好孩子，他遵從了母親的意思；如果他喝了，是個壞孩子，但他依舊遵從了母親的意思。「不可以讓別人掀起妳的裙子。」父親一邊對女兒這樣說，一邊盯著女服務生的裙子。無論女孩有沒有讓別人掀起她的裙子，她其實都遵從了父親的意思。她可以在高中時與別人同居，然後改變；也可以一直在結婚前保持處女之身，之後再發生婚外情。但是無論是前面所述的男孩，還是這個女孩，都可以在某個時間做出決定、脫離腳本按照自己的方式生活，尤其是當他們擁有自主決定的允許時。不過，這個允許並不是「（只要按照我的方式）你可以自己做決定」這樣的允許。

---

❹　譯注：幫助酒癮者脫離酒精成癮問題，是一個國際性組織。

8. 對世界的看法：從個案對世界的看法，理解他表現出的行為

　　對世界的看法上，孩子與父母非常不同。在孩子眼中，世界如童話般充滿了怪物與魔法，這種看法會持續一生，並且構成腳本的原始基礎。舉個很簡單的例子——孩子會害怕夜晚。傑德大喊說自己的房間裡有一頭熊時，父母的反應可能是進來、打開燈，讓他看並沒有熊，或者非常生氣，要傑德安靜下來、趕快睡覺。不論父母如何回應，傑德的「兒童自我」都堅信這裡有或曾經有一頭熊。就像義大利天文學家伽利略大喊：「它依然在動。」❺ 父母的兩種應對方式都沒有改變孩子認為房間裡有熊的事實，父母講道理式的反應讓孩子感到「有熊時，父母會來保護自己，然後熊躲了起來」；父母憤怒式的反應會讓孩子感到「有熊時，他只能獨自一人面對」。但是無論哪種情況，對孩子來說熊依然存在。

　　傑德對世界的看法是形成腳本的背景，長大後，他對世界的看法變得更詳盡，也更隱晦，不過，他的錯覺❻ 還是可以折射出他最初所曲解的世界。除此之外，除非它以夢的方式出現，否則我們無從知曉。當我們了解個案對世界的看法後，他的行為看起來就是連貫的，而我們也能理解了。一位名叫汪達的女士深受金錢問題困擾，她的丈夫無論受雇於誰，都會在經濟方面惹上麻煩。其他組員質疑她丈夫的行為時，汪達都會憤怒的為丈夫辯解。同時，家庭的飲食狀況也讓她非常困擾。事實上，她無須那麼擔心，因為她的父母很富裕，她總是可以向他們借到錢。兩年來，治療師都無法在腦中建構出一幅完整的圖畫來理解她身上發生的事。直到有一天，她做了一個「腳本夢」（script dream）。夢中，她「住在一個集中營，集中營由住在山上的富人看管」。若想得到足夠的食物，對付那些富人唯一的方法，不是討好就是欺騙。

　　這個夢讓我們理解了她的生活方式。她的丈夫與老闆玩的是「讓我們來騙喬伊一把」（Let's Pull a Fast One on Joey）這個心理遊戲，這樣，汪達就可以玩

---

❺　譯注：宗教法庭迫使伽利略放棄地球繞著太陽轉的主張，也就是「日心說」，並且要求他必須承認地球是靜止不動的。這裡所引用的就是伽利略當時說出的名言。

❻　譯注：請參見第8章「4.幻覺」部分，指「父母自我」汙染了「成人自我」。

「維持收支平衡」（Making Ends Meet）這個心理遊戲。如果丈夫賺到了錢，他會非常小心確保第一時間失去它們，讓他們都可以繼續玩心理遊戲。當情況非常糟糕時，汪達會幫丈夫一起欺騙父母。然而，讓他們感到鬱悶的是，最後總是丈夫的老闆或汪達的父母掌控了整個局面。在治療團體中，汪達極力否認以上分析，因為顯然如果她承認了，就破解了這些心理遊戲（最終還是被破解了）。汪達的生活其實很像她的夢——丈夫的老闆和她的父母就是住在山上的那些富人，掌控著他們的生活，所以汪達與丈夫不是討好就是欺騙，才能維持生存。

　　而「集中營」正是她對世界的看法，是腳本形成的背景。她的現實生活與在集中營的夢中生活類似，在她講這個夢之前，她的治療是典型的「有好轉」。她確實進步很大，不過，現在很明確的是，這些進步只意味著「如何在集中營中過得更好」而已。它對腳本沒有任何影響，只是讓汪達在腳本中過得更舒服。為了痊癒，汪達必須離開集中營、回到現實，並能夠在現實中舒適的生活，或許這需要等到處理完家庭問題之後才能實現。有一點非常有趣，也需要特別注意，那就是汪達和丈夫如何基於互補的腳本而選擇彼此。丈夫的腳本會招來擔憂的妻子以及容易受騙的山上富人；而妻子汪達的腳本則會招來騙子以及讓自己陷入被騙的處境。

　　個案對世界的看法，通常與真實的生活相差甚遠，無法只透過觀察或解讀來加以了解。清楚掌握這個圖像的最好方法是透過夢境。當個案講出「腳本夢」時，治療師馬上可以辨認出來，因為很多事情變得可以被理解。從內容來說，這個夢與個案真實的生活完全不相似，但是從溝通的角度來說，它們是完全一樣的。一位總是在「尋找出路」的女士夢到被別人追趕，在夢中，她發現了一個向下傾斜的隧道，於是她爬進隧道，而追她的人無法追上來，只好守在洞口、等待她爬出來。可是，她發現在遂道另一端還有一群危險的人在等她爬出來，因此她既無法前進也無法後退。同時，她也不能放鬆，因為如果她一放鬆，就會滑到等在下方的那夥人手裡，所以她的雙手必須緊緊抵住隧道兩側，只有這樣才能確保安全。

　　用腳本的術語來表示，她生活中的大多數時間就像用這個難受的姿勢受困於隧道中。從她的態度與既往事件來看，她的腳本結局是厭倦了撐在那裡的生活，然後向下滑入死神的懷抱。在這之前，這位女士在團體治療中也頗有進展。換句話說，這種進展意味著「如何讓撐在隧道中等死的過程更舒適」。從

脚本的角度來看，治癒也就代表著從隧道中出來、回到真實生活，且能夠感到舒適。隧道就是她的脚本背景。當然，只上過心理學入門課的學生也知道，還可以從其他很多視角來解釋這個夢。但是從脚本的視角來解釋非常重要，因為它讓治療師、團體成員、個案，以及其丈夫了解到他們正在處理什麼、已經處理了什麼，以及只強調「有進步」是不夠的。

隧道這個圖像可能從個案兒時就一直存在，因為她已經反復做這個夢許多次。集中營的場景顯然是汪達長大後改編了童年的夢魘，她已經不記得早年的噩夢，但是顯然，青春期的汪達根據閱讀與幻想改編了早年經驗。青春期的孩子將嬰兒期害怕的隧道以更貼近現實、更當代的形式展現，並在此基礎上形成脚本背景並建立人生計畫。汪達非常不情願探究丈夫的「騙局」，我們可以從中看到人們多麼執著於自己的脚本，同時又抱怨自己過得多麼不如意。

有一種脚本背景可以持續一生，也就是「廁所」。上一章，我們舉了一位女士的例子，她的「兒童自我」耗費整個人生坐在馬桶上，即使她躺在沙發上也是如此。對她來說，「有進步」代表著「把馬桶帶在身邊的情況下，又能擁有豐富的社交生活和享受聚會」；而「治癒」則是指「站起來，走出去，將讓她感到安全的馬桶置於腦後」，然而這是她不願意做的事情。另一個女孩抱怨面對群眾時總感到不自在，她的脚本讓她彷彿生活在陡峭的懸崖邊。她其實有一個「手提式懸崖」，無論走到哪裡都可以帶到那裡。個案「有進步」的意思，是處於懸崖邊但依舊感到快樂，而「治癒」的意思，是能夠爬下懸崖與他人共舞。

9. 運動衫：個體透過行為，清楚展現出來的態度

到目前為止，本章談到的內容都可以歸納為個案與他人互動，或是「留下印象」的方式，我們將其稱作個案的「運動衫」。運動衫上印著富有創造性、藝術性，且很簡短的一、兩句短語，有經驗的人可以看出個案最喜歡的消遣、心理遊戲、情緒、外號、他在前屋和後室會做什麼、他生活在什麼樣的精神世界、他的脚本將他推向何種結局，有時候也可以看出關鍵的括約肌、他的榜樣及圖騰。

通常，人們從高中或大學早期開始「穿運動衫」，因為那個年齡層的其他人都會穿。之後，他的運動衫可能會被裝飾，或者上面所印的語句會稍有變化，但是核心含義不會改變。

稱職的臨床工作者，無論哪個學派，都有一個共同的特點——他們是良好的觀察者。因為他們觀察的內容相同，也就是「人類行為」，因此在看到什麼、如何分類、如何解釋方面相似。精神分析稱為「性格防禦」（character defense）或「性格盔甲」（character armor）[1]、榮格稱為「態度」（attitude）[2]、阿德勒學派稱為「生活謊言」（life lie）或「生活風格」（life style）[3]，以及溝通分析用「運動衫」做的隱喻，實際上則是描述了非常相似的現象❼。

現實生活中，運動衫上面所印製的語句（例如：「地獄的天使」、「失敗者」、「黑豹」、「哈佛田徑隊」或者「貝多芬」等等）顯示這個人屬於哪一個群體，同時暗示了他的人生哲學以及可能如何回應某個刺激，但是沒有明確表示他將如何欺騙他人，並預期獲得怎麼樣的人生結局。例如，前三類中，很多人會一起搭上面寫著「去你媽的」有軌電車，但是並非真正了解對方（從心理的角度來說）。我們很難預測哪些人想被殺死以成為殉道者，哪些只想被粗暴對待從而有機會大喊：「警察打人啦！」[4] 以及哪些是直接且真誠表達的人。運動衫上的語言展現了他們的群體態度，以及共有的心理遊戲，但是每一個人的腳本和結局並不相同。

溝通分析中，**腳本式運動衫是個體透過行為清楚展現出來的態度，其清楚程度就像在運動衫前面印上腳本宣言。**一些常見的腳本式運動衫包括「踢我吧」（Kick Me）、「別踢我」（Don't Kick Me）、「我酗酒，我驕傲」（I'm Proud I'm an Alcoholic）、「看我多努力嘗試」（Look How Hard I'm Trying）、「匆忙離去」（Buzz Off）、「我很脆弱」（I am Fragile），和「想被修理？」（Need a Fix?）有的運動衫胸前有一個訊息，背後又有相反的訊息，比如一位女士胸前寫著「我在找個丈夫」（I'm Looking for a Husband），但是轉身時，背後卻寫著「但是你不合格」（But You Don't Qualify）；一位男士胸前寫著「我酗酒，我驕傲」，背後則可能寫著「別忘了，這是一種病」（But Remember It's a Sickness）；

---

❼ 很多精神分析師認為心理遊戲僅僅是性格防禦的同義詞。實則不然。運動衫是性格防禦，而心理遊戲屬於社交心理學的開放式系統，不屬於佛洛伊德所描述的封閉式能量系統。

一些變性人穿著格外豔麗的服裝，胸前寫著「你不覺得我很棒嗎？」（Don't You Think I'm Fascinating?），而後背卻寫著「這難道還不夠嗎？」（Isn't That Enough?）

還有一些腳本運動衫描述了一幅「俱樂部式」的生活方式。「沒有人知道我的困難」（Nobody Knows the Trouble I've Seen，縮寫 NOKTIS）就像擁有很多分支部門的聯誼會，其中之一是「憂鬱俱樂部」。憂鬱俱樂部在火星人眼中是一個小小的木屋，裡面零散的擺放著一些破舊的家具，牆上沒有掛畫，只有一幅鑲框格言──「今天為什麼不殺了自己？」（Why Not Kill Yourself Today?）其中有一個小圖書館，裡面裝滿了悲觀主義哲學家的報告及著作。NOKTIS 的關注點不在於究竟有多少困難，而在「沒有人知道」。NOKTIS 也會確保沒有人知道，因為一旦被人知道，他就無法說「沒有人知道」了，他的運動衫也失去了重點。

運動衫通常源自父母最喜歡說的話，比如「沒有人會像父母一樣愛你」。這種對未來不抱期望的運動衫具有分離性，將穿它的人與其他人分開。不過若稍作改變，它又可以變成具有結合性，將其他人吸引過來，而非隔離。他們會一起消遣：「這不是太糟了嗎？」並玩「沒有人會像父母一樣愛我」的心理遊戲。對其他人來說，吸引他們的正是運動衫背後的話：「那你呢？」

下面，我們來詳細闡述兩個常見的運動衫，我將展示這個概念在預測人們重要行為上所具有的價值。

你不能相信任何人（You Can't Trust Anybody）

有些人很快就會斷定他們不能相信任何人。不過，雖然他們總是這樣說，行為卻並非與言語一致。事實上，他們總是「相信」別人，而結果卻常常很糟。運動衫比「性格防禦」、「態度」、「生活風格」這些概念更好，因為後者傾向於關注事物表面，而溝通分析師習慣先觀察含有騙局或自相矛盾的地方，並且在發現時相當高興而非驚訝。當治療師看到運動衫時，最先找的就是這些內容，這也是其具有治療優勢的原因。換句話說，人格分析師能夠有效分析運動衫的正面，卻看不到運動衫背後心理遊戲的格言，或與正面相反的話語。或者，他們需要相當長的時間才能看到反面，而心理遊戲分析師從一開始，就會去看反面。

因此，處理「你不能相信任何人」（或「如今你不能相信任何人」You Can't Trust Anybody Nowadays，縮寫 YOCTAN）這種運動衫時不能只看表面。它並不代表當事人因為不信任他人，而會避免與他人糾纏；相反的是，它代表著當事人會尋找與他人糾纏的機會，以證實自己的宣言和強化其心理地位（我好，他們不好）。因此，說「YOCTAN」這句話的人會選擇與不值得信任的人交往，與他們制定模糊的契約，然後在出問題時感激，甚至非常愉快的收集棕色點券，因為這確立了他「你不能相信任何人」的信念。極端的情況下，他會一次又一次被自己精心挑選出來、不值得相信的人出賣，然後覺得自己有理由殺人。一旦累積了足夠的棕色點券，他們可能會選一個從來不認識的人作為殺害對象，比如某個公眾人物，而他的死會被貼上暗殺的標籤。

其他穿「YOCTAN」運動衫的人，可能會抓住機會證明所謂的「權威」也是不可相信的，比如逮捕暗殺者的警察。當然，警察也是「YOCTAN」玩家，並透過這個心理遊戲來賺錢。他們的一部分工作就是要求自己不要那麼信任他人。接下來，一場戰爭即將拉開帷幕，「YOCTAN」業餘玩家或半專業玩家與專家展開了較量。這場戰爭可能會持續幾年，甚至幾個世紀，包含許多戰役，例如「栽贓」、「密碼」、「陰謀」等。它的目標就是企圖證明「荷馬不是荷馬，而是與他有相同名字的另一個人」、「拉蘇里愛上了帕迪卡瑞絲」[8]，以及「加夫里洛·普林西普不是加夫里洛·普林西普，而是有相同名字的另外一個人」[9]。

「YOCTAN」運動衫傳遞出穿著者的以下資訊：他最喜歡關於欺騙與出賣的消遣；他最喜歡的心理遊戲是「YOCTAN」，結果證明其他人都不可信任；他最喜歡的情緒是勝利：「終於逮到你了，你這個混蛋。」他的暱稱是「狡猾的傢伙」；他關鍵的括約肌是「肛門」（「夾緊肛門，小心被騙」）；他的榜樣是能夠證明「權威不可信」的人；他在前屋做的事情是溫和、正直、坦率，但

---

[8] 譯注：1904年，拉蘇里（Mulai Ahmed er Raisuni）與其同黨綁架了希臘裔美國人伊恩·帕迪卡瑞絲（Ion Perdicaris）與其繼子。美國總統羅斯福也從營救事件中獲取政治聲量、贏得了連任。然而，當時的美國政府並未讓美國民眾知道帕迪卡瑞絲其實已經放棄美國籍。

[9] 譯注：塞拉耶佛事件主謀，1914年6月，普林西普（Gavrilo Princip）與其同夥刺殺了當時奧匈帝國皇儲斐迪南大公（Franz Ferdinand von Österreich-Este）與其夫人，此事件也促發了1915年的第一次世界大戰。

是在後室卻不斷算計且不值得信賴（就像自以為是的女房東說：「現在，你不能相信任何租客。某天我檢查了其中一個人的書桌，你永遠猜不到我發現了什麼！」）；他的精神世界是自以為是，為了揭發不可靠之人的目的，他們覺得自己有權利做任何見不得人的事；他的腳本要求他被信任的人出賣，這樣才能在臨死前用最後一口氣喊出他的格言：「我早就知道了，如今你不能相信任何人。」

因此，運動衫正面寫著「如今你不能相信任何人」，其實是一種不明顯、對好心人的邀請，讓他們證明自己是個例外，比如粗心的治療師。如果治療師事先沒有了解這個知識，就只能在戰爭的硝煙散去後看到勝利者轉身離開，背後寫著「現在，你應該相信我說的了吧」。有這方面知識的治療師仍然需要留意不能走得太快，否則個案依舊可能會說：「看吧，我甚至連你都不能相信。」然後繼續保有這個信念、離你而去。這兩種情況都是個案贏了。

不是每個人都⋯⋯？（Doesn't Everybody?）

這類人的生活似乎是「得到麻疹沒事，因為每個人都這樣」。得到麻疹當然有事，因為它可能會變成非常危險的疾病。關於「不是每個人都⋯⋯？」有一個經典的例子，參加團體治療小組的女士對大腸水療上癮。她開始談論在大腸水療店的奇遇，其他人耐著性子聽，直到有人問：「『大腸水療』究竟是什麼？」這位女士相當驚訝，在座這麼多人居然都不去大腸水療。「不是每個人都⋯⋯？」她的父母這樣做，她的大多數朋友也是在大腸水療店認識的。在橋牌俱樂部裡，他們的主要話題也是比較不同的水療店。

高中生最喜歡「不是每個人都⋯⋯？」的運動衫，尤其是啦啦隊女隊長、鼓樂隊指揮，以及野心勃勃的男生中更為流行。如果在家中或在學校受到父母和老師的強化，可能會帶來更糟糕的結果。在商業領域也很流行，殯葬業者、保險銷售人員都常常使用。有趣的是，很多股票交易員雖然也如同殯葬業者一樣保守，但是卻對這句話很警惕。這句話中最有影響力的關鍵字是「每個人」。誰是「每個人」呢？對穿這件運動衫的人來說，「每個人」是那些「我說他們好的人，我希望自己也包括在內」。為此，他們通常還有另外兩件運動衫，會在合適的場合穿。當他們與陌生人交流時，穿的是「不是每個人都⋯⋯？」；但是當他們與羨慕之人交流時，不是穿「我表現得如何？」就是穿「我認識一些很傑出的人物。」他們是美國作家辛克萊·路易斯（Sinclair

Lewis）筆下的主角巴比特（Babbittry）5 ❿，小說家艾倫・哈靈頓（Alan Harrington）則諷刺的稱他們為「集權主義的信徒」（Centralism）。這些人認為，只有完全站在中心，才是最安全的。哈靈頓筆下的主角是徹底的「集權主義者」，他差不多每三十秒就可以賣出一份保單6。

　　穿這件運動衫的人，最喜歡的消遣是「我也是」（Me Too），最喜歡的心理遊戲是「發現」（Come To Find Out）原來不是「每個人」都如此，但是其實他一直都知道；他最喜歡的情緒是（虛假的）「吃驚」；他的外號是「怪咖」；他的榜樣則是能讓每個人都遵守秩序的人；他在前屋做著「好」的人應該做的事，明顯避免「不好」的人與事，但他在後室做著古怪，甚至嚇人的事情；他的精神世界是除了密友之外，人們都會誤解他；他的腳本要求他為自己的隱祕罪行感到筋疲力盡；當結局到來時，他不會強力辯解，因為他認為自己理應得到這樣的報應，這與他的宣言一致：「破壞了『每個人』原則的人，必須受到懲罰」；他的運動衫背後寫的是「他與別人不同──肯定是瘋子之類」。

　　與運動衫接近的概念是「墓碑」（tombstone），我們會在下一章詳談。

❿　譯注：辛克萊・路易斯的長篇小說，主角巴比特反映了美國商業文化繁盛時期城市商人的生活，呈現出美國典型自以為是、誇誇其談、虛榮勢利、偏頗狹隘的市儈實業家形象。

第 **10** 章

成熟與死亡
Maturity and Death

⸙

腳本分析中的成熟，代表獨自面對外界環境的要求，
以獲得腳本決定的成功或失敗

⸙

1. 成熟：界定個體成熟與否的四種方式

我們可以透過四種方式界定一個人是否「成熟」（Maturity）：

【方式 1】法律手段：智力正常且達到 21 歲即成熟。按照希伯來律法，
男孩在 13 歲時成為男人。

【方式 2】根據父母的偏見界定：如果他按照我的方式做事，便已成熟，
如果他還按自己的方式做事，便不成熟。

【方式 3】以開始做某些事為標誌：例如通過了某種測試。在原始社會，
這些測試苛刻且傳統；在工業社會，拿到駕照通常是成熟的證
明。在一些特殊情況下，孩子需要做心理測驗，他是否成熟由
心理學家說了算。

【方式 4】根據生活狀況決定：對腳本分析師來說，成熟與否透過外界事
件檢測。當某人即將脫離被指導、被保護的環境而獨自應對世
界時，測試便開始。這可能是大學時期或實習的最後一年、升
職、假釋時期或蜜月尾聲。無論哪種情況，當環境第一次要求
他不是競爭就是合作以獲得由腳本決定的成功或失敗時，他便
成熟了。

從腳本分析角度來看，**人生中的成功和失敗，通常取決於父母的允許**。傑德可能有也可能沒有從大學畢業、完成實習、維持婚姻、停止喝酒、獲得晉升、當選或假釋、遠離精神病院或透過心理治療獲得康復的允許。

對小學生至高中或剛進入大學的學生，他們的錯誤可以被原諒，甚至可以不用進少年監獄或改造學校，特別是在我們這個國家（美國），通常會讓未成年人有多一次的機會。不過，也有一小部分青少年會自殺[1]、殺人或吸毒，還有很多會遭遇車禍和罹患精神疾病。在不那麼寬容的國家，如果沒有考進大學或有犯罪紀錄，真的會影響孩子的一生。不過，早年的失敗通常只是腳本的預演，二十幾歲時腳本才會真正上演。

2.抵押：社會上的各式債務，都在為人類生活賦予意義

為了讓腳本真正上演、參與測試，以及知道自己是怎樣的人，傑德不得不進行抵押（mortgage）。在美國，如果傑德不能承擔房貸、不能為了生意背上沉重的債務、不能為了撫養孩子背負好幾年的沉重工作，他就不是個男人。那些沒有抵押的人被視為無憂無慮、美好或幸運的人，但是卻不是真正的人。銀行家的電視廣告向傑德展現出什麼才是有意義的人生：為了買房子抵押未來二、三十年的收入。等他還清貸款，也該進養老院了。避免此種危險的方法是貸更多款、買更大的房子。世界上有些地方，男人可以進行抵押換取新娘。就像在美國，如果他努力工作，就可以成為價值五萬美金房屋的「主人」，而在新幾內亞，他可能會成為價值五萬顆馬鈴薯的新娘的「主人」。如果他償還債務相當快，還可以升級為更大、價值十萬顆馬鈴薯的類型。

大多數組織有序的社會，都會為年輕人提供各式各樣抵押自己的機會，這同時也為他們的生活賦予了意義。否則，他們只能把時間花在玩樂上，儘管有些地方的人依舊如此，但是如果是這樣，我們將很難區分贏家與輸家。有了抵押制度，自然可以區分贏家與輸家。那些連抵押的勇氣都沒有的人，肯定是輸家（對運行該制度的人來說）；那些將人生一直用於償還貸款、總是無法擺脫赤字的人，是絕大多數且沒沒無聞的非贏家；那些還完貸款的人則是贏家。

對抵押貸款或馬鈴薯不感興趣的人，會用另一種方式表現——成為成癮

者。他們用身體做出了終身抵押、永遠無法還清，所以他們總是玩個不停而永遠活在腳本裡。

3. 成癮：成為輸家最簡單且直接的方式

透過犯罪、賭博或吸毒，是成為輸家最簡單且最直接的方式。罪犯分為兩種：一種是贏家，一種是輸家。贏家相當內行且很少進監獄；輸家則遵循著「不要過得愉快！」的禁止訊息。輸家沒有進監獄時會盡量享受，但是接著就是遵照腳本，在監獄中度過單調的生活。如果他們被釋放或假釋，很快就會設法再回到獄中。

賭博的人既可能是贏家也可能是輸家。贏家謹慎的下注並從中賺錢，一旦有所盈餘，就會停止賭博。而輸家則靠運氣和預感，就算偶然贏了錢，也會儘快花掉。他們可能會遵從這樣的格言：「這可能是騙人的，但是這裡除了賭博沒什麼好玩的 。」他們如果有成為贏家的允許則會贏，否則必輸。**賭博成癮者需要的不是分析他們為何會賭博，這樣的治療少有成效。他們需要的是停止成為輸家的允許，一旦獲得這樣的允許，不是停止賭博，就是繼續賭，但是卻是贏錢。**

母親對成癮者的影響，在某些吸毒者身上表現得最為明顯。前面提到，吸毒者可能會被這樣鼓勵：「只要母親愛你，白粉和麵粉有什麼區別？」這類人需要的是停止吸毒的允許，也就是離開母親、為自己而活的允許，這就是極度成功的「錫南農」（Synanon）❶活動所宣導的。母親傳遞的腳本禁止訊息是：「不要離開我！」，錫南農則說：「待在這裡。」

這也同樣適用於酗酒者和酗酒治療團體。施坦納❷² 發現，幾乎所有酗酒者都被分析、勸說或被嚇唬過，但是沒有人只是直接告訴他們：「停止喝

---

❶ 譯注：最初為查爾斯‧戴德里奇（Charles Dederich）於美國加州所建立的戒酒機構。然而後續則藉由團體生活要求信徒切除輸精管或墮胎，並造成許多夫妻離異。是美國史上相當著名的邪教組織。
❷ 譯注：1935年出生於巴黎，在美國研讀工程和物理學，最後投身心理學界，並擔任密西根大學臨床心理師。他是「溝通分析理論」創始人伯恩的門徒、同事及好友。

酒！」他們之前與治療師的治療工作，基本上圍繞在以下幾個方面：「讓我們來分析一下你為什麼喝酒。」「你為什麼不停止喝酒？」或「如果你一直喝酒，會傷害到自己。」無論哪種做法，效果都不同於簡單的祈使句：「停止喝酒。」酗酒者玩家喜歡花幾年時間分析他為什麼喝酒，或解釋自己多麼後悔墮落，但是與此同時仍在喝酒。嚇唬他們喝酒會傷害自己是最天真、最無效的做法，因為那正是他們想做的。他們腳本中的禁止訊息是「殺死自己！」這樣的威脅只是詳細描述他將如何死去，以及向他保證能夠實現母親為他設定的結局，從而讓他感到滿足。酗酒者最優先的需要，是停止喝酒的允許。當他獲得允許後，需要的是清楚、無條件的「成人自我」契約，如果他做得出的話。

4. 戲劇三角：具有戲劇特性的拯救者、迫害者與受害者

在成熟期中，腳本的戲劇特性已經成形。生活這齣戲劇與劇院裡的一樣，乃基於一些「轉換」（switch）而形成，史蒂芬・卡普曼[3]用一幅簡潔的圖畫清楚總結了這些轉換，他將其命名為「戲劇三角」（The Drama Triangle），也就是圖 12。無論在戲劇中，還是在生活中，每一個主角都從以下三個角色之一開始：拯救者、迫害者，或受害者；另一個主演（反派）也會承擔這三個角色之一。出現危機時，兩個演員在三角中移動，也就是轉換角色。最常見的轉換可以在離婚中看見。比如，婚姻中，丈夫是迫害者，妻子扮演受害者。一旦提出離婚訴訟，角色就會反轉——妻子成為迫害者，丈夫成為受害者，而雙方的律師則成為互相競爭的拯救者。

事實上，人生中的所有掙扎都是人根據腳本在這個三角中轉換的掙扎。罪犯迫害他的受害人；受害人提出訴訟成為原告，變為迫害者，而罪犯成為受害者。如果罪犯被抓住，警察也成為針對罪犯的迫害者。然後罪犯雇了專業的拯救者——律師，來迫害警察。強姦未遂事件中也包含三角中的轉換：罪犯試圖強暴女孩，罪犯是迫害者，女孩是受害者。拯救女孩的警察到來時，罪犯成了受害者。之後，罪犯的律師試圖透過迫害受害的女孩和警察，來拯救罪犯。童話故事也是戲劇的一種，同樣具有這些特徵，比如《小紅帽》。剛開始，小紅帽是受害者，大野狼是迫害者，但獵人來拯救小紅帽時，她立刻變成迫害者，

把石頭放進大野狼的胃裡，讓大野狼成為受害者。

　　腳本戲劇中也包含了一些次要角色，他們是「串場人物」（connection）和「糊塗蛋」（patsy），可以扮演前述三種角色中的任意一種。「串場人物」是帶來轉換的人，通常是為了獲得好處，他們很清楚自己的角色──出售酒精、毒品、具有影響力或槍枝的人。例如，槍枝通常被稱作「等化器」（equalizer），它可以讓懦夫（受害者）變為狂妄之徒（迫害者），或是促成從防禦轉換到攻擊。「糊塗蛋」是那些被利用，從而阻止或加速轉換發生的人。最典型的「糊塗蛋」是陪審團，最辛酸的「糊塗蛋」則是花錢阻止兒子進監獄的母親。有時候，這些「糊塗蛋」很被動，只是像魚餌一樣等待轉換發生，例如小紅帽的外婆。需要強調的是，這裡說的轉換與第 2 章所說的心理遊戲公式中的「轉換」意義相同。

　　卡普曼提出的完整理論中，除了角色轉換，還有很多其他有趣的內容，包括「空間轉換」（個人－公共、開放－封閉、近－遠）和「腳本速度」（在一定時間內角色轉換的數量）。空間轉換可能發生在角色轉換之前或之後，也有可能引發角色轉換。我以「酒鬼」4 心理遊戲為例，闡述了他描述的三種人物原型，但是他的理論貢獻遠不止於此，而是為生活、心理治療及戲劇的諸多方面都帶來了迷人的見解。

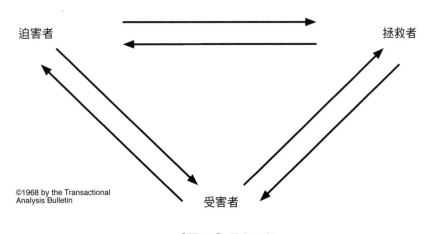

【圖12】戲劇三角

5. 預期壽命：多數人的生活計畫也包含著壽命多寡

　　最近一項關於死亡原因的研究發現，很多人在準備死去時就會死去，比如冠狀動脈血栓，幾乎可以憑意志行動而獲得[5]。的確，多數人的人生計畫都包括預期壽命這一項。這裡，需要詢問個案的關鍵問題是：「你會活多久？」通常，壽命中包含一個競爭因素，例如一位男士的父親 40 歲時去世，他的「兒童自我」可能就沒有獲得比父親活得更久的允許。在人生第四個十年，他可能一直處於隱約的擔憂中，然後他會愈來愈清楚的意識到，他預計自己會在 40 歲前死掉，最難熬的時段是 39 歲～ 40 歲的生日之間。如果他活過了 40 歲，他的生活方式可能會發生以下四種可能的變化：

【變化 1】安頓下來、更放鬆的生活，因為他度過了那個危險的年齡，並活了下來。

【變化 2】進入憂鬱狀態，因為存活表示他沒有遵照腳本的禁止訊息，因此會失去母親的愛。

【變化 3】更緊張且忙碌的生活，因為他的時間就像是借來的，死亡可能會隨時降臨。

【變化 4】變得很退縮，因為死亡延緩是有條件的，如果他過得太快樂，死期就會到來。

　　很明顯，這位男士：（1）有比父親活得更久的允許，如果他成功活下來的話；（2）他沒有獲得允許；（3）有盡量僥倖逃脫的允許；（4）有討價還價的允許。之前我們提到與上帝簽署單方協議的問題，「有討價還價的允許」正是非常好的例子，因為他沒有與上帝協商，就自認為知道平息上帝的方法。

　　好勝的男性下決心比父親活得久，他可能做得到，但是接下來要比母親活得更久，就更困難了，因為很少有男性會和自己的母親競爭。同樣，女兒會和母親競爭，比她活得更久，但是卻很難超越父親死去的年齡（如果父親更晚死去）。無論如何，比父母活得都久的人，在晚年時會感到不自在。接下來，他要跨越的障礙是比自己腳本中的榜樣活得更久。例如，一位醫生 37 歲時前來治療，因為他害怕自己死掉。可是他一過 38 歲生日時，就不再來治療了，因為那時候他感到自己「安全」了。之後，個案的好勝心更強，目標是活到 71

歲。很長一段時間，他都無法解釋為什麼會選擇這個時間。後來，治療師發現個案的榜樣是加拿大醫生威廉・奧斯勒（Sir William Osler），個案想追隨他的腳步。奧斯勒醫生正好活到 70 歲。這位個案曾經讀過他的幾本傳記，並回憶起多年前，自己便決定要活得比他更久。

治療這種「壽命精神官能症」（life-span neurosis）其實非常簡單。治療師只需要給個案比父親活得更久的允許。在這方面，精神分析確實可以成功治療個案，但是主要原因並不是因為他們解決了個案內心的衝突，而是在個案感受到危機的那幾年，精神分析正好提供了保護。事實上，沒有什麼衝突需要解決，因為比父親活得更久讓個案的「兒童自我」感覺很糟，並不具有病理性。這只是「生存精神官能症」（survival neurosis）的一個特例，也就是當別人死去，而自己存活時，幾乎所有人都會產生不同程度的精神官能症。這也是「戰爭精神官能症」（war neurosis）、「廣島精神官能症」（Hiroshima neurosis），以及「集中營精神官能症」（concentration-camp neurosis）的主要影響。倖存者總是感到內疚，因為他們活了下來，而其他人則在他們活下來的地方死去了，這也是目擊過他人死亡者與其他人不同的原因。**「兒童自我」無法從這種情緒中「恢復」或「治癒」，我們能做到且最好情況，是讓這種情緒處於「成人自我」的控制下，讓當事人可以過正常生活，並在某種程度上擁有享受快樂的允許。**

6. 老年：不同的腳本類型，驅使著不同的老年生活

老年時是否有活力，取決於三個因素：（1）體質強健；（2）身體健康；（3）腳本類型。「老年」從何時開始，也同樣由這三個因素決定。因此，有人 80 歲時還充滿活力，有人 40 歲時便已無所事事。體質強健是不可控因素，無法透過父母的程式改變。身體殘疾有時候是不可控制，但有時候是腳本結局，而「跛子腳本」（Cripple Script）可能兩者皆有。「跛」本身也許是因為不可抗拒的身體疾病所造成，但是同時也可能是腳本的一部分，是當事人執行了母親最終變為殘疾人的禁令。這種情況有時候發生在罹患小兒麻痺的年輕人身上，他們坐在輪椅裡說：「當我知道自己患了小兒麻痺症時，我幾乎是高興的接受了，彷彿這就是我在等待的東西。」如果他的腳本要求他跛腳，而上天並沒有

幫助他達成，他就可能會遭遇車禍。上天解決問題的方法總是很簡單。

老年人同樣會開心自己中風或心肌梗塞，不過原因不同：不是出於腳本，而是這些疾病可以緩解他們執行腳本的衝動。對他們內在的「兒童自我」來說，這些災難讓他們變成了「義肢」（Wooden Leg）或「木質心」（Wooden Heart）。如此一來，他們就可以對腦中的「父母自我」說：「你總不能期待一個有義肢或木質心的人執行你那巫婆般的詛咒吧？」因為只有最殘忍的父母，才能無視傑德大腦或心臟中的血塊。

如果一個人很小的時候便已經殘疾，可能與母親的腳本匹配或完全相反。如果是匹配的，孩子會被培養為專業的殘疾人士，有時候是在外部機構的幫助下，例如那些致力於幫助殘疾兒童（只要他們保持殘疾）或幫助智力發展遲緩兒童（只要他們保持智力發展遲緩）的機構（出現這種拖延狀況是因為一旦孩子康復，政府的資助就會停止）。這種情況下，母親會學會「面對」，同時也會這樣教導孩子。但是如果這與母親的腳本不符，她就無法學會面對，她會不斷嘗試，孩子也會跟著做，最終成為單腿爵士舞蹈家、足部畸形的跳遠運動員，或大腦受損的外科整形專家（這些例子在真實生活中都存在）。幫助殘疾兒童和智力發展遲緩兒童的機構也很努力，如果他們的庇護者能夠成功（有外界幫助的情況下），他們也會非常高興。如果母親的腳本並沒有要求擁有身體殘缺或智力發展遲緩的孩子，但是孩子的殘缺狀況卻很嚴重且可能持續一生，那麼母親的人生就會變成無法實現腳本的悲劇。如果她的腳本需要殘缺的孩子，而孩子的殘缺處於可治癒的邊緣，那麼孩子的人生就會淪為不必要的、被母親腳本強加的悲劇。

現在回到老年問題。一個人如果有「開放結局腳本」（Open-Ended Script），即使他體質強健、沒有身體殘缺（或者只有一點小病或慮病症），也可能很早失去活力。這最常發生在依靠養老金度日的人身上，對他們來說，「父母自我」的訓誡是「努力工作，不要冒任何險」，結局是「在那之後，放棄」。傑德工作二、三十年後，聖誕老人為他舉辦了退休晚宴並授予了金錶，接下來，他便不知要做什麼。他一直習慣遵從腳本指令，但是現在腳本指令已經用盡，他腦中沒有任何程式，因此只能坐著等待，直到有某件事情出現，比如死神。

這裡有一個有趣的問題：「當聖誕老人離去後，你會做什麼？」對有「直到腳本」（Until Script）的人，聖誕老人爬下煙囪並授予他自由的證書。也就是

說，傑德完成了腳本的要求、擺脫了反腳本的束縛，現在可以自由的做孩提時代便想做的事了。但是走自己的路充滿了危險，就像很多希臘神話描述的一樣——在擺脫了巫婆父母的同時，他也失去了保護，並很容易受傷。童話故事也呈現出這一點——詛咒帶來磨難與苦難的同時，也給予了保護。施予詛咒的巫婆確保受難者在接受詛咒時依舊可以存活，這正是睡美人被玫瑰叢保護了一百年的原因。但是當她醒來的那一刻，詛咒消失，麻煩也隨之而來。比較輕鬆的情況是具有「雙重腳本」：從父母一方獲得「直到腳本」，從另一方獲得「之後腳本」（After Script）。常見的例子是「直到你生完三個孩子，才能自由」（來自母親），「你自由之後，可以變得很有創造性」（來自父親）。因此，柔伊前半段生活受到母親的控制和保護，後半段則是父親。對男性來說，可能也有相似的雙重指令，不過控制和保護的順序可能相反——前半段是父親，後半段是母親。

　　老年人可以分為三種類型，在美國，我們以經濟狀況劃分：有輸家腳本的人會孤獨的住在租來的房子裡或破爛的旅館裡，他們被稱作老男人或老女人；有非贏家腳本的人擁有自己的小房子，在裡面可以做自己喜歡的事情，人們知道他是一個老人；有贏家腳本的人則住在有財產經紀人管理的退休房子中，被稱為資深市民或納稅人先生、夫人，他們寫信給編輯時也會如此署名。

　　若要治癒「失去腳本」（scriptless）的老年人，方法是給予允許，但是他們很少會加以利用。每個大城市都有成千上萬住在小房間的老男人，他們盼望著有人幫他們煮飯、和他們說話、傾聽他們。同時，也有成千上萬同樣情況的老女人，盼望著能為某個人煮飯、和某個人說話、傾聽某人。然而，即使他們彼此相遇，也很少會抓住機會，雙方都更願意待在自己熟悉、無聊的環境中，彎著腰喝茶或看電視。他們坐在那裡、雙手交疊，等待著沒有危險、無罪的死亡到來。這正是母親在他們小時候所給予的指令，即使七、八十年後，他們依舊遵守著。之前，除了賽馬或體育競賽，他們從來沒有冒過任何險，為什麼現在要自己於危險的處境呢？隨著實現腳本後，腳本消失了，但是舊有的指令依然在他的腦中縈繞。當死亡來臨，他們會高興的迎接。他們墓碑的正面會刻著「與祖先同眠」，反面則刻著「我過了美好的一生，因為我從來沒有冒過險」。

　　人們說下個世紀，孩子將會在瓶子中長大，國家和父母會為他們的生活制

定詳細的規則，甚至從基因層面編制程式。**實際上，我們已經生活在國家和父母制定的詳細規則之下，這就是腳本編制的程式。腳本程式比基因程式更容易改變，但是很少有人願意使用此項功能。**如果某個人願意改變腳本，他的墓誌銘一定更鼓舞人心。幾乎所有虔誠的墓誌銘都可以被火星人翻譯為「出生在瓶子裡，並一直待在其中」。墓地中一排又一排十字架（或其他象徵符號）下長眠著具有相同座右銘的人。不過，時不時還有驚喜：「出生在瓶中，但是我跳出來了。」但是很多人都不願意跳出來，即使瓶子沒有瓶塞。

7. 臨終情景：總結了每一個人的人生目標

對已死之人來說，「死亡」不是行為，甚至也不算事件，然而對倖存者而言確實如此，死亡實際上應該是一種人際交流。納粹死亡集中營中，身體上的恐懼與心理上的恐懼相互混合。毒氣室裡，人的尊嚴、自我肯定和自我表達不復存在，他們不能戴上眼罩、不能抽支雪茄、不能反抗、不能留下永垂不朽的臨終遺言。總之，他們在臨死前無法與他人交流。在這裡只有將死之人所發出的刺激，而沒有殺人者的回應。「不可控之力」（force majeure）降低了腳本結局的痛苦，從某種意義上來說，全人類的人生目的便是為臨終情景做準備。

腳本分析會這樣詢問臨終情景：「臨終時，誰會在你身邊？你的臨終遺言是什麼？」另一個問題是：「他們最後會說什麼？」第一個問題的答案通常是各種版本的「我會讓他們知道」。「他們」指的是父母，對男性來說特別是母親，對女性來說則特別是父親。這個回答代表「我會讓他們知道，我做了他們想讓我做的事」或者「我會讓他們知道，我沒有必要做他們想讓我做的事」。

實際上，如何回答這個問題正是傑德人生目標的總結。治療師可以將它視為打破傑德的心理遊戲、讓傑德走出腳本的有力工具：「所以，你的整個人生就是在向他們證明你有權感到傷心、害怕、生氣、無能或內疚。好吧，那將是你人生中最大的成就——如果你堅持的話。不過，你也許會想找到更有價值的人生目標。」

臨終情景是婚姻中隱藏的一部分腳本契約。丈夫或妻子腦中可能有一幅清楚的圖畫，也就是「對方會先死去」。這種情況下，配偶通常有互補的腳本，

也很樂意這樣做，因此他們會相處融洽，並過著滿足的生活。但是如果雙方腦中的圖畫都是「對方會先死去」，他們的腳本在這方面就有衝突，年老時一起度過的日子可能會爭吵不斷，而非令人滿足。不過，既然他們能夠結婚，其他方面的腳本一定是匹配的。當某一方生病或處於痛苦中時，這種衝突會最明顯。從臨終場景的角度來看，婚姻中一個常見的腳本，是年輕女性嫁給了年老的男性。雖然冷嘲熱諷者會說：她是為了財產嫁給他，但是從腳本的角度考慮同樣很重要。男方處於危險期時，女方總是會陪在他身邊，好的一面是為了照顧他，另一面則是因為她這樣做，就不會錯過結局最終上演時的互動情境。如果男方感覺到了這一點，一定會對他們的婚姻缺乏安全感，因為與一個等著自己死去的人相處並不容易。同樣的情況也會發生在與年老女性結婚的年輕男子身上，不過這種情況並不普遍。很明顯，在他們最初的腳本草案中，年老的丈夫是父親，年老的妻子是母親。

8. 絞架上的笑：巫婆父母早已為孩子決定了壽命的長短

真正的死亡若不是出於不可控之力，就是出於腳本指令。因為不可抗拒的命運所導致的死亡——疾病、戰爭或和平年代的暴力，讓人感受到的永遠是純粹的悲劇；而腳本帶來的死亡，常常以「絞架上的笑或幽默」為標誌。**臨死時臉上卻還掛著微笑或嘴上還在開玩笑的人，是受到腳本驅使。**他的笑容或玩笑在說：「好的，母親，現在我遵從了妳的指示，哈哈。我希望妳能感到高興。」18 世紀倫敦的罪犯是「絞架幽默」的忠實信徒，他們在被殺前會向圍觀群眾朗誦具有諷刺意味的短詩或警句 7，因為他們的死亡正是遵從了母親的禁止訊息：「你最終也會像父親那樣被絞死，我的孩子！」很多名人的臨終遺言也像笑話，同樣與母親有關：「你會死得很出名，兒子。」由於不可抗的因素而死，人不會如此輕浮，因為這與母親的指令截然相反：「長命百歲！」或「死得快樂！」就我所知，德國集中營中就沒有出現過「絞架幽默」。另外，有一種特殊的指令「像享受生一樣享受死亡！」它允許孩子在臨終前開玩笑，即使孩子死亡的時間遠遠早於母親可以忍受的程度。這樣的玩笑，其實是為了減輕母親的哀傷。

上述的意思是，多數情況下，巫婆父母已經為傑德的壽命長短及死去的方式制定了計畫。除非孩子內部或外部產生劇變，否則他們會下決心執行父母的指令。

9.死後的圖像：美好現實的成功腳本，或是有可悲幻想的悲劇腳本

成功的腳本，死後的圖像將會美好又現實：傑德創立了一家大型機構、留下許多著作，或養育了很多孩子和孫子。他知道自己的創造讓生命得以延續，那些與他有連結的人會到墓地探望他。

而有悲劇腳本的人，對死後圖像的看法卻是可悲的幻想，例如：不切實際的自殺者會以為「他們會感到遺憾」，並想像他們會為自己舉辦一場悲涼、傷感的葬禮，但是其實這可能會發生，但也有可能不會發生。憤怒的自殺者以為「我死了他們會遭到報應」，並且同樣錯誤的認為自己達到了目的，其實別人可能只是很高興他終於不再擋路了。「我要讓他們看看」的自殺者，並沒有如想像的那樣登上報紙頭版，而只是在死亡訃聞中出現了一下子。相反的，那些絕望或受挫的自殺者本以為自己會默默死去，但是卻因為某種複雜的原因登上了報紙頭版。還有一些自殺者原本想透過保險留給妻子一筆錢，但是卻因為沒有仔細閱讀條款規定而無法實現。

一般來說，自殺的後果不如殺人的後果那麼容易預期。除了戰士和匪徒，無論自殺還是殺人，都不是解決人生問題的好方法。任何考慮自殺的人都需要被堅定告知兩條不可侵犯的原則：（1）孩子 18 歲前，父母不可以自殺；（2）雙親中有任何一方在世，孩子不可以自殺。

沒有未成年子女，也沒有雙親在世的人，需要從個人價值的角度考慮自殺的問題。但是每個前來接受治療的個案，都需要堅定的承諾不違反以上兩條規則中的任何一條。另外，每位個案也需要承諾，治療師所開的任何藥物不會用於不恰當的目的（包括企圖自殺）。

10. 墓碑：反映個案腳本的墓誌銘

　　墓碑和運動衫一樣也有兩面。這裡要問的問題是：「他們會在你的墓碑上刻什麼？」以及：「你會在自己的墓碑上刻什麼？」典型的回答是：「他們會說：『我是個好女孩兒。』而我會說：『我已經很努力的嘗試，但沒有成功。』」同樣，這裡的「他們」通常是指父母或可以取代父母位置的人。「他們的」墓誌銘實現了反腳本，而個案自己的墓誌銘則體現了禁止訊息。上面這個例子中，禁止訊息是「努力嘗試，但確保不成功」。墓碑上說的都是死者的好話，其中一面表達了她實現了反腳本❸，另一面則表達了她是一個順從的孩子，遵從了母親的腳本指令。母親的指令既可能是鼓勵，也可能讓她感到洩氣。

　　如果個案拒絕回答關於墓碑的問題，說自己不會有墓碑，這個回答本身也具有意義。逃避死亡的人其實也在逃避生存。如果是這樣，治療師可以透過以下兩個問題，堅持獲得墓碑正反面的答案：「假如你有墓碑，上面會寫什麼呢？」或者：「在這裡，你必須有個墓碑。」

11. 遺囑：實現腳本結局的最後機會

　　無論對身後之事有何種想像，遺囑或遺書都給了一個人實現結局的最後機會。他的一生可能都在隱瞞某個謊言或某筆財富，直到死後，真相才被揭露，彷彿某種勝利——與子孫後代開了一個玩笑。歷史上有很多這樣的例子：從壁櫥中找到了手稿或畫布，才得以呈現隱藏的才華，或是一堆紙張中隱藏著出人意料的作品。隱瞞的財富或隱瞞的貧窮，通常在查驗遺囑時才被發現。遺囑通常是人們最喜歡揭開騙局的方式，我們之前已經提過最常見的例子：母親把錢留給了不孝順她的孩子，只留給照顧她的孩子很少的錢。有時候，只有在宣讀遺囑時，人們才知道當事人犯了重婚罪。這裡要問的問題是：「在你的遺囑中，最重要的條款是什麼？你死後，對於你將永遠離開的那些人，最讓他們驚

---

❸　譯注：此處的反腳本更有可能是「應該腳本」，詳情請見譯者序中的說明。

訴的將會是什麼?」

　　至此,我們跟著傑德一起了解了他從出生前一直到死後的腳本。但是在我們談如何治療前,還有許多有趣的東西要談。

Part 3

腳本運作的方式
The Script in Action

What Do You Say After
You Say Hello?

第 **11** 章

腳本的類型
Types of Scripts

根據腳本指令的目標與時間，
我們可以劃分為不同的腳本類型

1.如何判斷贏家、非贏家與輸家腳本

腳本是持續一生的計畫，基於孩子兒時的決定以及父母為孩子編制的程式。父母會透過日常接觸不斷強化他們賦予孩子的程式，例如，幫父親工作的男性，以及每天打電話跟母親閒聊的女性。有時候則會透過偶爾寫信來實現，雖沒有那麼頻繁但很微妙，且具有同樣的影響力。父母死後，他們的指令比其他時刻都更鮮明的存在孩子的記憶裡。

之前提到，用腳本的術語來表示，輸家被稱為「青蛙」[1]，贏家被稱為「王子」或「公主」。父母希望孩子成為贏家，或是成為輸家。無論選擇了哪一種，他們都希望孩子在已選定的角色中感到快樂，除非有特殊情況，否則父母不希望孩子的角色發生轉變。一位母親選擇了「青蛙」，她希望女兒當一隻快樂的青蛙，並會制止女兒試圖成為公主的任何舉動（「妳以為妳是誰？」）；一位父親選擇了「王子」，他希望孩子快樂，然而，卻常常寧願看著孩子不快樂，也不肯讓他變成「青蛙」（「你怎麼能這樣對我們？我們已經給了你最好的一切。」）。

關於腳本，首先要確定它是贏家腳本，還是輸家腳本。透過了解他們談話的內容，我們很快就能發現究竟是哪一種。贏家會這樣說：「我犯了個錯，但是這絕不會再發生了。」或者：「我現在知道做這件事的正確方法了。」輸家

則會說：「要是⋯⋯」「我本來應該⋯⋯」「是的，但是⋯⋯」非贏家腳本不輸不贏，當事人非常努力工作，但是目標不是贏，而是保持平局。他們是常說「至少」的人，例如：「好吧，至少我沒有⋯⋯」或者：「至少，我要感激還有這些。」非贏家是優秀的成員、職員和苦力，因為他們忠誠、勤勞、懂得感恩、不會惹是生非。在社交方面，他們為人友善，在社區裡備受稱讚。當贏家彼此競爭而將無辜的旁觀者捲入時（有時候會波及上百萬人），會間接為周遭的人製造麻煩；輸家則為自己和他人帶來最多痛苦，即使升至高位，依舊是輸家，結局到來時，他們會拉著別人一起摔下來❶。

贏家的定義是一個實現他與世界、與自己所訂契約的人。也就是說，從長遠角度來看，他確實做到了打算做或承諾過的某件事。他的契約或志向可能是存 10 萬美元，在 4 分鐘內跑 1.6 公里，或是獲得哲學博士學位。如果他達到了目標，就是贏家；如果最後欠了債、洗澡時扭到腳，或是讀到大三就退學了，就是輸家；如果他存了 1 萬美元，用 4 分 5 秒跑完 1.6 公里，取得了第二名，或者取得碩士學位後便去工作了，就是「至少者」（at-leaster）——不是輸家，而是非贏家。判斷重點在於他為自己制定的目標。制定目標通常基於「父母自我」的程式，不過最終是「成人自我」做出的承諾。注意，目標為 4 分 5 秒跑完 1.6 公里的人，做到後依然是贏家；而目標是 3 分 59 秒的人卻跑了 4 分 5 秒，就算他打敗了目標更低的其他人，也是非贏家。從短期來看，贏家能成為足球隊長、與選美皇后約會、打撲克會贏；非贏家一直以來都碰不到球，只能和亞軍約會、在撲克比賽中打成平局；而輸家根本不會參加球隊、無法獲得約會機會、在撲克比賽中也會輸掉。

另外，亞軍球隊的隊長與冠軍球隊的隊長處於同一個標準，因為每個人都有權選擇自己的等級，並依照自己制定的標準判斷自我。舉一個極端的例子：「在生活上，用的錢比流浪漢都少，且不生病」就是選定的目標等級。能達到這個目標的人就是贏家；試過了但卻生病的人是輸家。典型的輸家是毫無理由讓自己生病或受到損傷的人（就像第 3 章提出的黛拉）。如果他有好的理由，那

---

❶ 此處所説的情況（以及接下來所描述的狀況）對某些讀者來說可能有點耳熟，因為許多情況我在多年前已經寫過，我也在其他作品中²，用不同的方式描述過這些案例。而這裡的敘述已經簡化過。

麼他將成為成功的殉道者，而這是輸家成功的最好方法。

如果輸了，贏家知道下一步該怎麼辦，但是不會談論此事；輸家不知道該怎麼辦，但是卻會談論如果贏了要做什麼。因此，只需要花幾分鐘時間聽人們談話的內容，就能區分出贏家和輸家，無論是在賭桌上、證券交易所，還是家庭成員間的爭論，或是家庭治療中。

基本規律似乎是：贏家的腳本結局來自養育型「父母自我」的應該訊息；非贏家的腳本結局來自控制型「父母自我」的禁止訊息；輸家的父母則為他們鋪設了一條通往糟糕結局的路，並用自己瘋狂的「兒童自我」來挑釁和引誘，從而喚醒孩子身上具有自我破壞性的小惡魔。

2. 腳本時間：無論贏家或輸家腳本，都是使用時間的方式

無論輸或贏，腳本都是使用時間的方式，並且從向母親的乳房問第一聲「你好」開始，到在墳墓中說「再見」結束。人的一生不論空虛或充盈，都充滿了：做與不做、永遠做或永遠不做、之前做但之後不做、一再做或做到無事可做。相應的，會帶來不同的腳本類型：「永不」和「總是」；「直到」和「之後」；「一再」和「開放式結局的」。希臘人對此有強烈的感受，因此透過希臘神話，我們將更理解這些腳本。

「永不腳本」（Never Script）以坦塔羅斯（Tantalus）❷為代表，他終生遭受飢與渴的折磨，儘管他能看到食物和水，但是永遠不能再吃喝。擁有這種腳本的人被父母禁止做他們最想做的事，因此一生都在想著過「可望而不可即」的生活、飽受誘惑。他們籠罩在「父母自我」的詛咒下，他們的「兒童自我」懼怕自己最想要的東西，而不斷折磨著自己。

「總是腳本」（Always Script）以阿拉克尼（Arachne）❸為代表，她膽敢向女神密涅瓦（Minerva）❹挑戰織布，結果被懲罰變成了蜘蛛，並被詛咒一輩子

---

❷ 譯注：宙斯之子，他藐視眾神的權威，殺死並烹煮自己的兒子，並邀請眾神赴宴，以此考驗眾神是否知曉萬物。宙斯為此相當震怒，因此將他打入冥界，在他口渴或肚子餓時，只能看見飲水與食物，但卻永遠無法得到。

都要織網。這種腳本來自心懷怨恨的父母，他們說：「那如果是你想做的，你就做一輩子好了。」

「**直到腳本**」（Until Script）或「**之前腳本**」（Before Script）來自伊阿宋的故事❺，他被告知在完成一定任務前不可能成為國王。最後，他在適當的時間獲得了回報，並快樂的生活了十年。海克力士（Hercules）❻也有相似的腳本──必須做滿十二年奴隸，才能變成神。

「**之後腳本**」（After Script）源自達摩克利斯（Damocles）❼，他被允許享受當國王的快樂，直到發現一把劍用馬鬃懸掛在頭頂。「之後腳本」的格言是：「你可以暫時過得快樂，但是之後麻煩就會到來。」

「**一再腳本**」（Over and Over Script）的代表人物是薛西弗斯，他受到詛咒必須將一塊巨石推到山頂，但是當他即將到達山頂時，石頭就會滾下山，讓他不得不再次開始。這是典型的「差點成功腳本」，總是伴隨各式各樣的「要是」❽。

「**開放腳本**」（Open-ended Script）是非贏家腳本，描述了一幅「虛幻的美景」，源於菲利蒙（Philemon）和鮑西斯（Baucis）的故事❾。他們因為做善事得到回報，變成長壽的月桂樹。已經完成父母指令的老人不知接下來要做什麼、懶散度過餘生，或者像風吹樹葉一樣嘮嘮叨叨。這是許多母親在孩子長大離家後的命運，也是許多依照公司制度與父母指示工作三十年，然後退休的老人的命運。就像之前提到的，「高級公民」社區到處都是已經完成腳本的夫

---

❸ 譯注：阿拉克尼為工匠之女，非常擅長織布，認為自己做得比女神密涅瓦還要好。密涅瓦化身為老婦人前來勸告阿拉克尼要謙虛，然而阿拉克尼仍然繼續口出狂言。最後，密涅瓦為了懲罰阿拉克尼對眾神不敬，將她變成蜘蛛，且必須不斷編織。

❹ 譯注：智慧女神、戰神，以及藝術家和手工藝者的保護神，也就是希臘神話中的女神雅典娜，密涅瓦則是祂的羅馬名。

❺ 譯注：關於伊阿宋的故事，請參考第3章關於美蒂亞的敘述。

❻ 譯注：也就是大力士，希臘神話中的半神英雄。

❼ 譯注：古希臘軼事中出現的人物，他非常羨慕國王狄奧尼修斯二世（Dionysius II），因此國王告訴他，兩個人可以交換身分一天。達摩克利斯享受了當國王的時光，然而直到晚餐時刻，才發現王位上方懸掛著一把利劍，也立刻對眼前的美食與美女失去了興趣。

❽ 譯注：意思是「要是……就會成功」。

❾ 譯注：宙斯與其子墨丘利偽裝成乞丐來到一個村莊，並且挨家挨戶尋求地方可以借住一晚。村莊裡的居民都拒絕了兩位神明的請求，只有菲利蒙與鮑西斯這對老夫婦願意讓他們借住一晚並且提供了飲食，最後宙斯現身感謝這兩位老夫婦，並且在他們死後將兩人化為兩株交織在一起的月桂樹。

婦，除了盼望「樂土」，他們不知如何安排時間。在那裡，曾友善對待下屬的人可以開著黑色大汽車沿左行線緩緩行駛，無須被那些缺乏教養、開著改裝賽車的年輕人狂按喇叭。老爸說：「年輕時，我也相當活躍，不過現在……」老媽補充道：「不敢相信他們居然……我們總是……」

3. 「性」與腳本的關聯

以上所有腳本類型也適用於性的方面。「永不腳本」禁止愛或性，或兩者皆禁止。如果腳本禁止愛，但是不禁止性，就會成為濫交的允許——水手、士兵和流浪漢會充分加以利用，娼妓會以此謀生。如果腳本禁止性，但不禁止愛，會造就牧師、和尚、尼姑，以及做善事者，比如養育孤兒的人。濫交者總是眼巴巴的豔羨忠誠的伴侶和幸福的家庭，而博愛主義者總是試圖脫離教會。

「總是腳本」的典型人物是由父母慫恿而犯錯，並被趕出家的年輕人。例如，「如果妳懷孕了，就去街上自己謀生吧」、「如果你吸毒，就自己生活吧」。讓女兒落入這般境地的父親，可能從她 10 歲（或更早）便對她有色情的念頭。因為發現兒子吸食大麻而將他趕出家門的父母，當天晚上可能會喝得酩酊大醉，以減輕自己的痛苦。

父母設置的「直到腳本」最為明顯，因為它通常由直接的命令構成：「結婚後，你才能發生性關係」或是「照顧好母親（或者直到完成大學學業），你才能結婚」。「之後腳本」中「父母自我」的影響也同樣直言不諱，我們可以清楚看見懸掛在頭上的寶劍閃耀出的危險光芒：「等你結了婚、有了孩子，麻煩就會接踵而至。」從行為層面來翻譯，它意味著：「結婚前，盡量多交女朋友。」結婚後，這句話又可以縮短為：「一旦有了孩子，你的麻煩就會到來。」❿

「一再腳本」造就了總是當伴娘，卻永遠無法成為新娘的人，以及一次又

---

❿　關於以上這部分描述，我依照前面幾部作品的敘述方式來撰寫²，我不清楚是否有更好的描述方式。長久以來，我在演講時都是用同樣的方式來解釋，許多腳本分析家已經非常了解這種解釋方式。

一次嘗試，卻永遠無法徹底成功的人。擁有「開放腳本」的是上了年紀的男人和女人，他們失去活力，沒有遺憾，滿足於回憶過去的成功。擁有這種腳本的女人熱切盼望停經到來，希望以此解決自己的「性問題」；男性則期盼將時間花在工作上，以免除自己在性方面的義務。

從更私密的層面來看，每一種腳本都與真正的性高潮相關。「永不腳本」除了造就了老處女、單身漢、妓男、妓女外，還造就了許多性冷感的女人，她們可能一輩子都沒有體驗過性高潮。「永不腳本」也可能造就對愛陽痿的男人，他們只在沒有愛時才可以獲得性高潮。佛洛伊德描述了一個經典案例：一位男士在面對妻子時就陽痿，但是對妓女卻不會。「總是腳本」則催生出很多女色情狂和風流男子，一生中不停的追求性高潮。

「直到腳本」產生忙忙碌碌的家庭主婦和疲憊不堪的男性商人，把家裡或辦公室裡的每個細節處理妥當之前，他們不會產生性慾。即使性慾被喚醒，他們也可能在最關鍵的時刻被「冰箱門」和「記事本」這樣的心理遊戲打斷。這都是無關緊要但必須馬上跳下床處理的小事，比如確保冰箱門關好，或記下明天一大早到辦公室必須先做的一些事。「之後腳本」會以擔憂的方式干擾性生活，例如擔心懷孕會讓女性無法享受令人愉快的性高潮，或會讓男性過早高潮。體外射精是避孕的一種方式，男性會在高潮前抽出，這種方法會讓雙方從性行為一開始就感到緊張不安。如果雙方都羞於用其他方法讓妻子滿意，妻子常常會受困於興奮狀態。其實，「滿意」這個詞通常用於討論這個區塊的問題，但僅揭露出當中有某些狀況，因此使用「性高潮」這個字，比蒼白無力的「滿意」更為完整。

「一再腳本」是很多女性輸家熟悉的腳本。她們在性交中愈來愈興奮，就在即將高潮時，男人先達到高潮（可能是在女人的幫助下），而她的性慾再一次落回谷底。多年來，這種情況可能夜夜發生。「開放腳本」則會影響老年人，他們將性視為成就或義務。一旦青春已逝，他們就變得「太老」，無法享有性生活，因為棄用，他們的腺體也逐漸萎縮，伴隨著皮膚、肌肉、大腦老化。在離世前，他們無事可做，唯有消磨時間。為了避免這種茫然的生活，腳本不應該有時間限制，而是做出一生的設計，不管這一生有多長。

性方面的機能與體力在某種程度上由遺傳和化學物質決定，但是童年期所決定的腳本，似乎影響更大。**父母的程式會影響兒童決定自己的腳本，因此一**

個人性活動的終生授權及頻率，不僅很大程度於 6 歲前就決定，甚至愛的能力與意願也在 6 歲前就決定。這一點對女性似乎更適用。有些女性很小的時候便決定長大後成為母親；另一些則在同一時期決定要永遠當個處女，或在結婚前保持處女之身。總之，男女雙方的性生活會受到父母的觀念、成人的警惕、童年的決定、社會壓力與恐懼的持續影響，自然的衝動與週期不是被壓制，就是被誇大、扭曲、忽視或汙染。結果是，被稱作「性」的東西都帶有色情的意味。希臘神話裡，奧林匹斯山上發生的一些簡單互動，被演化為充滿欺騙與詭計的民間故事，這構成了最原始的腳本——歐羅巴化為小紅帽❶、普洛塞庇娜（Proserpina）❷變成灰姑娘、尤利西斯（Ulysses）❸則成為變成青蛙的愚蠢王子。

4. 腳本指令中的「時鐘時間」與「目標時間」

第 2 章討論過較短社交時間內使用時間的方式，包括退縮、儀式、消遣、活動、心理遊戲和親密。每一種方式都有開端和結尾，結尾稱為「轉換點」（Switch Point）。從長期來看，腳本也有轉換點，通常意味著心理遊戲玩家從戲劇三角中的一個角色轉換到另一個角色。

表演理論家謝克納（Richard Schechner）曾細緻分析過戲劇中的時間模式[3]，這同樣適用於真實的「人生腳本」這齣戲劇。時間有兩種最重要的類型，他稱為「規定時間」（Set time）和「事件時間」（Event time）。規定時間由時鐘或日曆決定。某個行動從特定時刻開始並於特定時刻結束，或者要求在一段時間內完成，比如足球賽。腳本分析中，我們稱之為「時鐘時間」（Clock Time，簡稱CT）。事件時間是以活動完成為準，不論花費多少時間，例如棒球比賽。腳本分析中，我們稱之為「目標時間」（Goal Time，簡稱 GT）。有些是兩種時間的結合，比如拳擊比賽——完成所有回合，便可結束比賽；其中一方被擊倒，也

---

❶ 譯注：歐羅巴的故事請見第3章。

❷ 譯注：農業女神狄蜜特（Demeter）之女，被綁架至冥界成為了冥王黑帝斯（Hades）的妻子。普洛塞庇娜是她的羅馬名。

❸ 譯注：傳說中希臘西部伊薩卡島之王，曾參加特洛伊戰爭，在戰爭第十年憑藉木馬計攻克城池。

可以結束比賽。前者屬於規定時間或時鐘時間，後者屬於事件時間或目標時間。

謝克納的觀點對腳本分析相當有用，特別是對「可以腳本」（Can Script）和「不可以腳本」（Can't Script）。父母可以給正在寫作業的孩子五種不同的指令：「你需要充足的睡眠，所以可以寫到九點。」這是「時鐘時間可以」；「你需要充足睡眠，所以九點以後不可以再寫了。」這是「時鐘時間不可以」。「你的作業很重要，所以可以晚一點睡並寫完。」這是「目標時間可以」；「你的作業很重要，所以沒有寫完不可以睡覺。」這是「目標時間不可以」。兩種「可以」讓孩子放鬆，兩種「不可以」讓孩子惱怒，這幾種說法都沒有做出最嚴格的規定：「你必須在九點完成作業，然後去睡覺。」這是「時鐘時間」和「目標時間」的結合，稱作「要趕快」（Hurry up）。很明顯，不同指令對孩子的作業和睡眠會產生不同的影響。孩子長大後，又會影響到他們的工作習慣和睡眠習慣。從火星人的視角來看，「父母的表述」與「對孩子腳本的影響」可能完全不同，例如「時鐘時間不可以」無法讓睡眠充足，而是失眠；「目標時間不可以」可能會讓孩子未來自我放棄（第 7 章的所述的醫生查克有「目標時間不可以」的指令，他決定接受心理治療而非罹患心肌梗塞。其他有相同指令的人更願意罹患冠狀動脈疾病）。

這種劃分方式很重要，它能解釋人們遵照腳本指令行事時，會選擇如何使用時間。「你可以活到 40 歲」（時鐘時間可以，CT Can）之人通常總是忙著完成自己想做的事；「妻子活多久，你就可以活多久」（目標時間可以，GT Can）之人可能會花很多時間擔憂如何讓妻子活得更久；「遇到合適的男人前，妳不准做……」（目標時間不可以，GT Can't）之人可能花很多時間尋找男人；而「21 歲前不准做……」（時鐘時間不可以，CT Can't）之人會有時間做其他事情。這也解釋了為什麼有些人以時間為導向，而另一些人則以目標為導向。

第 **12** 章

典型的腳本
Some Typical Scripts

從典型的腳本類型，
了解如何在臨床診斷中使用腳本分析

　　腳本是局限人類自發且具有創造性志向的人為系統，就如同心理遊戲局限了人類自發且具有創意的親密關係。腳本彷彿父母放在傑德與世界（以及他們自己）之間，一塊經過修飾、被霜覆蓋的玻璃。之後，傑德將這塊玻璃保護起來，並時時保養。他透過玻璃望著世界，世界也透過玻璃回望著他，希望能看到他閃現，甚或爆發哪怕只有一點點真正的人性。然而，世界也有被霜覆蓋的玻璃，因此能見度甚至沒有比在渾濁河底戴著汙濁面罩相望的兩位潛水者還要好。而火星人已經擦淨了自己的面罩，透過沒有被霜覆蓋的面罩，他能看得更清楚一點。以下是火星人所見的一些範例，有助於解釋不同情況下，腳本如何回答：「說完你好之後，你會說什麼？」這個問題。

1.「小粉帽」或「流浪兒」腳本

　　小粉帽是個孤兒，她常常坐在森林的空地，等待需要幫助的人經過。有時候她會沿著不同的小路閒逛，以防其他地方有人需要幫助。她非常窮，能夠給予的很少，但是她通常願意無償分享自己的一切。當別人需要幫忙時，她總是會伸出自己的手。小粉帽滿腦子都是父母在世時，她向他們學到的智慧格言。她的腦子裡還有很多俏皮話，她喜歡為害怕在森林裡迷路的人加油打氣。透過這種方式，

她結交了許多朋友。但是每到週末，她幾乎都是孤身一人，因為其他人都去草地野餐了，而她被獨自留在森林裡，她覺得有點害怕。有時候，他們會邀請小粉帽一起去玩，但是隨著年齡增長，這種機會愈來愈少。

小粉帽與小紅帽過著截然不同的生活，事實上，她們唯一一次相遇，相處得並不愉快。小紅帽急著穿過森林，途經小粉帽坐著的空地。小紅帽停下來說「妳好」，然後她們彼此對望了一下子，認為也許可以和對方成為朋友，因為她們看起來很像，除了一個穿紅斗篷，一個穿粉紅色斗篷。

「妳要去哪裡？」小粉帽問，「我從來沒有在附近見過妳。」

「我媽媽幫外婆做了一些三明治，我要送去給她。」小紅帽回答。

「哦，真好。」小粉帽說，「我沒有媽媽。」

「還有，」小紅帽驕傲的說，「到了外婆家，我想我會被大野狼吃掉。」

「哦，」小粉帽說，「好吧，每天吃三明治，大野狼就會遠離妳。聰明的孩子遇到會吃自己的野狼時，馬上就能認出來。」

「我覺得妳說的那些俏皮話一點也不好笑，」小紅帽說，「再見吧。」

「妳怎麼那麼驕傲自大？」小粉帽問，可是小紅帽已經離開了，「她一點幽默感也沒有，」小粉帽自言自語著，「但是我想她需要幫助。」於是，小粉帽衝進森林找獵人，請他保護小紅帽不要被野狼吃掉。小粉帽終於找到了獵人，是她的老朋友，她告訴獵人小紅帽遇到了麻煩。小粉帽跟著獵人來到小紅帽外婆家的門口，他們看到了房子裡所發生的事情——小紅帽和野狼躺在床上。野狼正要吃掉她時，獵人殺死了野狼。獵人與小紅帽一邊說笑，一邊將野狼的肚子剖開，並在野狼的胃裡放入石頭。然而，小紅帽卻沒有感謝小粉帽，這讓小粉帽感到很傷心。當一切都結束後，獵人與小紅帽的感情更好了，這讓小粉帽更傷心。她太傷心了，於是開始每天吃能讓人感到興奮的漿果，可是晚上又會失眠，因此，她晚上又要吃昏睡漿果。小粉帽依然是個可愛的孩子，也同樣樂於助人，只是有時候她覺得自己必須吃大量昏睡漿果才行。

臨床分析小粉帽腳本

· **主題：**小粉帽是個孤兒，或出於某些原因讓她覺得自己像個孤兒。她是個可愛的孩子，滿腦子智慧格言與俏皮話，不過她總是把真正思考、組織與實施一些事的機會

留給別人。她認真盡責且樂於助人，因此結交了許多「朋友」，但是最後總是因為某種原因被冷落。之後，她開始喝酒，並服用興奮劑和安眠藥，還常常想到自殺。說完「你好」後，她會說些俏皮話，但是這只是為了打發時間，直到她有機會問：「有什麼我可以幫你嗎？」俏皮話說完後，她可以和輸家保持「深厚」的友情，但是與贏家的關係卻不怎麼樣。

- 臨床診斷：慢性憂鬱反應。
- 童話故事：小粉帽。
- 角色：助人的兒童自我、受害者、拯救者。
- 轉換：拯救者（建議型、撫育型「父母自我」）轉換到受害者（悲傷的「兒童自我」）
- 父母訓誡：「當一個幫助人的好女孩。」
- 父母榜樣：「這是幫助人的方法。」
- 父母禁止訊息：「不要擁有太多、不要得到太多，逐漸失去價值。」
- 兒時格言：「承擔責任，不要抱怨。」
- 心理地位：「我不好，因為我抱怨了。」「他們好，因為他們可以擁有很多。」
- 決定：「我要因為抱怨懲罰自己。」
- 腳本：逐漸失去價值。
- 反腳本：學會助人。
- 運動衫：「我是個可愛的孩子。」（正面）；「但我是個孤兒。」（反面）
- 心理遊戲：「不管我怎麼努力。」
- 點券：憂鬱。
- 最終結局：自殺。
- 墓誌銘：「她是個好孩子。」「我盡力了。」
- 對立主題：停止當可愛的孩子。
- 允許訊息：用她的「成人自我」獲取真正有價值的事物。

小粉帽的腳本分類

小粉帽是輸家腳本，因為她失去了所得到的一切。這是「目標時間不可以」腳本，標準咒語是：「除非遇到王子，否則不可以成功。」從時間的角度來看，這是「永不腳本」——「永遠不要為自己要求任何東西。」小粉帽說「你好」後，會證明自己是個有用的可愛孩子。

2.「薛西弗斯」或「我又這樣了」腳本

這是關於傑克和他叔叔霍默的故事。傑克的父親是戰爭英雄，他在傑克很小的時候便在一次戰鬥中陣亡。不久，傑克的母親也離世，於是他由叔叔霍默撫

養。叔叔是很窮的運動員，喜歡吹牛，幾乎和欺騙差不多。他教傑克各種運動和競技遊戲，可是一旦傑克獲勝，霍默就會勃然大怒，說：「你覺得自己很了不起是嗎？」如果傑克輸了，叔叔便會以一種和緩但輕蔑的方式笑他。不久後，傑克開始故意輸掉比賽。他輸得愈多，叔叔就愈高興也愈和善。傑克想成為攝影師，但是叔叔說那是娘娘腔的工作，並告訴他應該成為運動賽事中的英雄。傑克因此成為了職業棒球運動員。其實霍默真正想要的是傑克努力成為傑出的運動員，但是最後失敗了。

有這樣的叔叔，對於傑克正值打入棒球大聯盟之際卻扭傷手臂而被迫退賽的狀況，我們絲毫不感到奇怪。後來傑克也說，很難解釋像他這樣經驗豐富的選手為什麼會在春季訓練中扭傷這麼嚴重，當時其他人都不慌不忙的訓練，以免在賽季開始前受傷。

後來，傑克成為銷售員。一開始他總是表現得很好，也簽到愈來愈大的訂單，直到成為老闆最喜歡的員工。之後，他就會有股衝動，開始對工作吊兒郎當——他會睡得很晚、忽視文書工作，以至於出貨時間延遲。他是非常好的銷售員，甚至不需要在外奔波就會有客戶打電話給他，但是他會忘記提交訂單。而這些狀況的後果是，傑克不得不經常與老闆共進晚餐，私下長談並討論他的問題。每次談完，他都會振作一點，但是不久後狀況又開始變糟。最後的晚餐遲早都會到來，傑克會被平和的炒魷魚。然後，傑克另找工作，又開始新的一輪循環。傑克還有一個難題，就是總覺得銷售員必須撒一點謊，做出一些欺騙行為，這讓他很困擾。

治療結果是，傑克擺脫了叔叔，決定重返學校讀書，成為一名社會工作者。

臨床分析薛西弗斯腳本

- 主題：薛西弗斯非常努力，幾乎馬上就要成功。就在這一刻，他放棄並停止工作，失去已經得到的一切，然後不得不從底部重新開始，重複這個循環。
- 臨床診斷：憂鬱反應。
- 神話：薛西弗斯。
- 角色：被遺棄的兒童自我、迫害者、拯救者。
- 轉換：英雄（成功）成為受害者（失敗），再成為拯救者。

- ·父母訓誡：「做一個堅強的英雄，不要娘娘腔。」
- ·父母榜樣：「一點點欺騙。」
- ·父母禁止訊息：「不要成功。」
- ·兒時格言：「我是英雄的孩子。」
- ·心理地位：「我不好，因為我真的是娘娘腔。」「他們好，因為他們成功。」
- ·決定：「我必須成為英雄。」
- ·腳本：不要成功。
- ·運動衫：「我是超級銷售員。」（正面）；「但是不要跟我買東西。」（反面）
- ·心理遊戲：「我又這樣了」、「笨手笨腳」。
- ·點券：憂鬱和內疚。
- ·最終結局：陽痿和自殺。
- ·墓誌銘：「他努力了。」「我沒有成功。」
- ·對立主題：停止聽叔叔的話。
- ·允許訊息：重返學校、成為社工，並為被遺棄的小孩服務。

薛西弗斯的腳本分類

薛西弗斯是輸家腳本，因為每當他即將到達山頂時，石頭都會滾下來。這是「目標時間不可以」腳本，咒語是：「沒有我，你無法成功。」從時間的角度來看，這是「一再腳本」——「想試多少次就試多少次 。」說「你好」和「再見」之間，他用「我又這樣了」（There I go Again）的心理遊戲來填補時間。

3. 「瑪菲特小姐」❶或「你嚇不倒我」腳本

　　瑪菲夜夜坐在酒吧高腳椅上喝威士忌。某一天晚上，一位舉止粗暴的男人坐到她身邊。瑪菲很害怕，但是卻沒有離開。最後，瑪菲嫁給了這個男人，以便照顧他，讓他寫出更好的小說。當男人喝醉時會毆打瑪菲；當他清醒時，會用言語羞辱瑪菲，但是瑪菲依舊沒有離開。一開始，團體治療成員為瑪菲感到難過，覺得她丈夫的行為令人驚駭，但是幾個月過後，他們的態度轉變了。

　　「從妳的小矮凳上站起來，做點什麼如何？」成員說，「當妳告訴我們這個悲傷的故事時，妳看起來真的很高興，其實妳在玩一個很嚴重的心理遊戲『這不

---

❶　譯注：瑪菲特小姐是一首經典美國童謠，大意是瑪菲特小姐坐在小矮凳上吃奶油點心，這時候有一隻蜘蛛坐到她身邊，把她嚇跑了。

是很糟嗎』（Ain't it Awful）。」

某一天，Q醫生問瑪菲最喜歡的童話故事是什麼。

「沒有，」瑪菲回答，「但是我最喜歡的童謠是《瑪菲特小姐》。」

「這就是妳總是坐在小矮凳上的原因。」

「是的，當我遇到他時，我正坐在一個矮凳上面。」

「但是他怎麼沒有把妳嚇跑？」

「因為小時候，母親告訴我，如果我從家裡跑掉，我會陷入更大的麻煩。」

「好吧，那麼最初的小矮凳是什麼樣子呢？」治療團體中有人發問。

「哦，你是指嬰兒用的小馬桶嗎？他們當然強迫我坐在上面，並威脅、嚇唬我，我太害怕了，完全不敢站起來逃走。」

瑪菲的腳本與《瑪菲特小姐》的情景相似，只是不允許逃跑，也不知道能夠逃到哪裡。另外，瑪菲用喝威士忌取代童謠中的奶油點心。治療小組了瑪菲允許，允許她離開小矮凳、丟掉奶油點心，並按自己的心意而活。之前，瑪菲看起來總是心情不好，而現在她開始微笑了。

她的丈夫知道對「瑪菲特小姐」說「你好」之後應該說「呸」，然後對方應該逃離。多數女孩都會這樣做，但是瑪菲沒有。如果對瑪菲特小姐說「呸」，但是她沒有逃離，唯一可以做的事就是再次說「呸」，她的丈夫正是如此。事實上，那幾乎是丈夫唯一對瑪菲說過的話，也許除了有時候會說：「啊呸！」

臨床分析瑪菲特小姐腳本

· 主題：瑪菲特小姐坐在小矮凳上，覺得自己彷彿被凍結在上面，並等待一隻蜘蛛出現。她所期待的只能如此。當蜘蛛到來並嚇她時，她卻決定將牠視為世界上最漂亮的蜘蛛，並與牠待在一起。蜘蛛不斷的恐嚇瑪菲特小姐，但是她拒絕離開。但是當蜘蛛說瑪菲特小姐的做法反而嚇到牠時，瑪菲特小姐害怕了。她試著尋找另一隻蜘蛛，但是無法找到如同自己這隻這麼漂亮的蜘蛛。既然她還能幫牠織網，便堅持與牠待在一起。

· 臨床診斷：性格障礙。

· 童謠：瑪菲特小姐。

· 轉換：（環境的）受害者變成（男人的）拯救者，再變成（男人的）受害者。

· 父母訓誡：「不要放棄。」

· 父母榜樣：「這是忍受的方法（喝酒）。」

· 父母禁止訊息：「不准離開，否則會遇到更大的麻煩。」

4. 「老兵不死」❷或「誰需要我？」腳本

麥克是個勇敢的軍人，把自己的士兵照顧得很好。但是某一天，許多士兵因為無知和不遵守命令而被殺死，麥克很自責。這件事加上後續士兵感染瘧疾、營養不良以及其他事件，讓麥克徹底崩潰。康復後，麥克不停工作、工作、工作，這樣就不會想那麼多，可是不管他多努力工作，似乎都沒法大展長才。為了擺脫財務赤字，麥克必須做更多工作。麥克的工作是承辦宴會，他參加各種婚禮與慶祝，但是自己卻永遠沒有什麼事情值得慶祝。麥克總是當個旁觀者，用食物、酒精、安慰和建議幫助別人感覺良好，從而讓自己感到被他人需要，至少他自己是這樣覺得的。最糟的時光是獨自一人的夜晚，麥克的思緒不停旋轉；最好的時光是週六晚上酩酊大醉時，他可以忘記一切，幾乎成為群體中的一員。

其實在麥克參軍前，這種狀況便存在已久。母親在他6歲時與士兵私奔了，當麥克確認母親真的走掉時，就開始發高燒並試圖死亡，因為這意味母親不需要他了。從高中開始，麥克就努力工作，但是每次剛存到一點錢，父親就會設法騙走；如果麥克買了一些自己的東西，父親就會拿去賣掉。麥克很嫉妒學校裡的其

---

❷ 譯注：《老兵不死》（*Old soldiers never die*）是美國麥克阿瑟將軍（Douglas MacArthur）卸任時在國會的著名演講。

他孩子，因為他們有母親，因此經常和人打架。麥克不在意在學校裡看見淌血的鼻子，但是不能忍受在戰爭中看見屍體。麥克是個神射手，但他總是因為敵人被自己射殺而深感內疚，同時，他也沒有因為自己的士兵被敵人殺死而仇恨對方，他只是歸罪於自己。麥克覺得那些死去的夥伴在某處看著他，因此，他不允許自己快樂，以免讓自己更內疚。醉酒時除外，但是他無法確定那究竟算不算數。有一、兩次，麥克開車撞倒東西，想讓自己出車禍，他確實傷得不輕，但還是活了下來。麥克自殺的主要方法是抽大量的菸，即使在患有氣管炎的情況下也是如此。經過很長一段時間治療，麥克與母親成為了朋友，這讓他感覺好多了。

臨床分析老兵不死腳本

- **主題**：老兵覺得自己對母親沒用、疏遠朋友。因此，他被詛咒必須永遠努力工作，卻無法變得富裕。他是生活的旁觀者，無法加入並獲得快樂。他總是樂於幫助別人，但是這代表會有更多工作，而這讓他有被他人需要的感覺。死亡是他獲得解脫的唯一方法，但是他又不能真的自殺，讓愛他的人傷心。他能做的就是慢慢消逝。
- **臨床診斷**：代償性思覺失調症。
- **歌曲**：老兵不死。
- **角色**：失敗的拯救者、迫害者、受害者。
- **轉換**：（父母的）受害者變成（士兵的）拯救者，再變成（外在環境的）受害者。
- **父母訓誡**：「努力工作，幫助別人。」
- **父母榜樣**：「這是忍受的方法 ── 喝酒。」
- **父母禁止訊息**：「不要變得富有。」
- **心理地位**：「我不好。」「他們都好。」
- **運動衫**：「我是好人。」（正面）；「就算這會讓我死掉。」（反面）。
- **決定**：「我會讓自己一直工作到死。」
- **消遣**：回憶戰爭。
- **心理遊戲**：「我只是想幫助你。」
- **對立主題**：停止殺死自己。
- **允許訊息**：融入他人、大展長才。

老兵不死的腳本分類

老兵是非贏家腳本，因為對老兵來說，不大展長才有利於榮譽。這是「目標時間不可以」腳本，咒語是：「除非他們再次需要你，否則你不能大展長才。」它屬於「之後腳本」──「戰爭結束之後，你只能慢慢消逝。」對他們來說，等待的時間會用幫助別人和談論當兵時的事蹟來填滿。

5.「屠龍者」或「父親知道得最多」腳本

　　從前，有個叫喬治的男人，他在屠龍和讓不孕婦女懷孕方面非常出名，他就像自由的精靈在鄉間遊蕩（至少看起來是這樣）。夏日的一天，喬治慢跑穿越草地，他看見遠處不斷有黑煙和火焰竄起。當喬治到達那裡時，他聽見了可怕的怒吼，夾雜著處於困境的少女的尖銳叫喊。「啊哈！」喬治大喊，同時舉起長矛，「這是我一週內遇到的第三條龍和第三位少女。我會殺死這條龍，毫無疑問，我的英勇行為將會得到豐厚的回報。」過了片刻，他朝龍大喊：「住手，大笨龍！」向少女喊道：「別怕！」龍轉過身來開始用爪子刨地，牠想著等一下不僅可以有雙份美味的餐點，還能得到牠最喜歡的事情──好好打一架。少女名叫烏蘇拉，她伸出雙臂喊道：「我的英雄！我得救了。」她非常高興，不僅期待被救和觀看一場戰鬥，還期待著好好向拯救者表達感激（她並不是一個真正的少女）。

　　喬治和龍都往後退了幾步，準備衝向前戰鬥，烏蘇拉則為雙方加油。就在此時，另一個人登場，他的馬佩戴著銀製的馬鞍，鞍袋滿滿的都是金幣。

　　「嘿，孩子！」新來的那個人喊道。喬治轉過身，驚訝的說：「父親！見到你真是太好了！」接著喬治背對著龍，下馬親吻父親的腳。接著，一場生動的對話開始了。

　　喬治說：「是的，父親。當然，父親。你說得對，父親。」烏蘇拉和龍都沒有聽見喬治的父親說了什麼，只是很快就發現，這樣的對話將無止境進行下去。

　　「噢，天啊！」烏蘇拉一邊說，一邊厭惡的跺腳，「什麼英雄！老爸一出現，他就只會站在那裡鞠躬行禮，根本沒有時間拯救可憐的我。」

　　「妳說得對。」龍說，「這會沒完沒了。」於是熄滅正在噴火的鼻孔，翻身睡著了。

　　不過老人最終還是騎馬離去，喬治準備返回戰鬥。他再次舉起長矛，等待龍衝過來，以及烏蘇拉為自己加油。但是，烏蘇拉反而說：「渾蛋！」然後離開了。龍也起身說：「沒用的傢伙。」然後離去。喬治見狀，大喊：「嘿，爸爸！」然後朝父親飛奔而去。烏蘇拉和龍同時轉過身，朝他大喊：「他實在太老了，否則我要他不要你。」❸

---

❸　譯注：不知何故，作者在原書中並沒有分析這個故事。

6.「西格蒙德」或「如果這種方法行不通，就試試另一種」腳本

西格蒙德決心要成為偉大的人，他努力工作，試圖成為當權派的一員，那裡是他的天堂。然而，他們不允許西格蒙德加入，於是西格蒙德決定轉向地獄。地獄沒有當權派，也沒有人在意。於是，他成了地獄裡的權威，也就是「無意識」。西格蒙德相當成功，以至於過了不久，他就成了當權派。

臨床分析西格蒙德腳本

· 主題：傑德決定成為偉大的人。人們為他設置各種障礙，但是他並沒有將一生耗費在與人們正面交鋒，而是避開他們、找到值得自己花費力氣的目標，成為偉大之人。
· 臨床診斷：恐懼症。
· 英雄：漢尼拔（Hannibal）❹和拿破崙（Napoleon）❺。
· 角色：英雄、反對者。
· 轉換：英雄、受害者、英雄。
· 父母訓誡：「努力工作，不要放棄。」
· 父母榜樣：「運用你的才智，找到應對辦法。」
· 父母指令：「成為偉大的人。」
· 心理地位：「（我好）如果我能創造。」「（他們好）如果他們能思考。」
· 決定：「如果不能進入天堂，就進入地獄。」
· 運動衫：無。
· 點券：不是收集者。
· 心理遊戲：沒有時間玩心理遊戲。
· 對立主題：不需要。
· 允許訊息：已經夠了。

西格蒙德的腳本分類

這是贏家腳本，因為傑德接受腳本驅使而完成了使命。這是「目標結構可以」腳本，箴言是：「如果這種方法行不通，就試試另一種。」這是「總是腳本」——「總是在嘗試。」說完「你好」後，接著就是開始工作。

---

❹ 譯注：北非古國迦太基著名軍事家。
❺ 譯注：法國軍事家、政治家，於1804－1815年間成為法國皇帝。

7. 「佛羅倫斯」⑥或「看穿一切」腳本

　　佛羅倫斯的母親希望她嫁得好，在上層社會過著安逸的生活，但是佛羅倫斯聽到上帝召喚，她的命運是服務人類。十四年間，身邊所有人都反對她的決定，但是佛羅倫斯最後取得了勝利，開始了護士生涯。她付出了巨大的努力，可是身邊的人依舊反對，然而卻贏得了當局的支持，其中甚至包括女王。她全心全意投入工作，既不理會他人的詭計，也不理會他人的喝采。她不僅改革了護理學，也改革了整個大英帝國的公共衛生。

臨床分析佛羅倫斯腳本

- **主題**：佛羅倫斯的母親希望她在追求社會地位上有所野心，但是佛羅倫斯內心有個聲音告訴她，自己注定要做更偉大的事情。為了自己的目標，她向母親奮力抗爭。其他人也為佛羅倫斯設置了重重障礙，但是她沒有將時間花在與他們玩遊戲上，而是避開他們，以追尋更多挑戰，最終成為女英雄。
- **臨床診斷**：青春期危機伴有幻想。
- **英雄**：聖女貞德（Joan of Arc）❼。
- **角色**：女英雄、反對者。
- **轉換**：受害者、女英雄。
- **父母訓誡**：「與有錢人結婚。」
- **父母榜樣**：「告訴你怎麼做，就怎麼做。」
- **父母禁止訊息**：「不要頂嘴。」
- **幻想的指令（可能是父親的聲音）**：「成為聖女貞德那樣的女英雄。」
- **心理地位**：「（我好）如果我能有所貢獻。」「（他們好）如果他們允許我有所貢獻。」
- **決定**：「如果我不能用這種方式服務人類，就以另一種方式來達成。」
- **運動衫**：「照顧好士兵。」（正面）；「比以前做得更好。」（反面）。
- **點券**：不是收集者。
- **心理遊戲**：沒有時間玩心理遊戲。
- **對立主題**：不需要。
- **允許訊息**：已經足夠了。

---

❻　譯注：佛羅倫斯的原型是佛羅倫斯・南丁格爾（Florence Nightingale），出生在義大利貴族家庭，是第一位真正的女護士。她開創了護理事業，儘管歷經家庭各種阻撓，但仍然設法實現目標。
❼　譯注：法國民族英雄，在英法百年戰爭期間率領法國對抗英國軍隊，最終被捕並處以火刑。

8. 悲劇式腳本：就算悲慘，仍然是輸家最熟悉的老路

贏家之所以成為贏家，究竟出於贏家腳本還是擁有自主的允許，至今仍然有相當多的爭論。但是毫無疑問輸家之所以成為輸家，是因為父母程式及個人內心的小惡魔所造就。悲劇式腳本（施坦納稱之為「有缺陷」❽ 的腳本[1]）有優質與劣質之分。優質的腳本是優質戲劇靈感的來源；而劣質腳本，則是在同樣的地點，由同樣的演員，重複同樣的劇情。為了方便輸家獲得結局，社會為他們提供了一些「服務區」：酒吧、當鋪、妓院、法庭、監獄、公立醫院和太平間。悲劇式腳本有千篇一律的結局，因此腳本元素顯而易見。精神病學和犯罪學課本中的大量案例，是研究腳本很棒的資源[2]。

壞的腳本透過「法西斯式嘲諷」（Fascist Sneer）賦予孩子，孩子則以「慣犯」（Nostalgic Prisoner）的原則堅守腳本。「法西斯式嘲諷」歷史悠久，原理如下：人民被告知敵國國王或領袖很骯髒、語無倫次、下賤、粗野，就像一個畜生，而不是人類。被俘虜後，這個國王衣衫襤褸的被丟進籠中，沒有廁所、沒有餐具。一個多星期後，他被展示於眾，毫無疑問，他看起來確實骯髒、語無倫次、下賤、粗野，並且隨著時間推移愈發如此。這時，征服者會微笑著說：「我早就告訴過你們了。」

孩子其實就是父母的俘虜，他們可以被迫成為父母想要的任何樣子，例如父母說女兒是歇斯底里、自憐自艾的愛哭鬼。他們知道女兒的弱點，因此會在

---

❽　譯注：hamartic。

客人面前作弄她，直到她無法忍受、哭出來。因為女兒已經被貼上「愛哭」的標籤，所以她非常努力控制不哭，可是一旦沒有堅持住淚水，就會像情緒爆發一樣猛烈。這時候，父母就會說：「真是歇斯底里啊！每次有客人來，她就這樣，真是個愛哭鬼！」進行腳本分析的研究時，非常關鍵的問題是：「要怎麼養育孩子，當她長大後才會做出和這個個案一樣的反應？」回答這個問題的過程中，腳本分析師會愈來愈清楚個案的成長史，甚至在她闡述前就能了解。

許多被長期關押在監獄裡的犯人覺得外面的世界冰冷、艱難、令人恐懼，因此會再次犯罪以便被送回監獄。獄中的生活雖然悲慘，但是很熟悉，他們了解規則，因此不會惹上大麻煩，他們在裡面還有老朋友。同樣，個案試圖打破腳本的牢籠時也會發現「外面」很冷，他們無法玩早已習慣的心理遊戲、失去了舊有的朋友，而不得不結交新朋友，這常常讓人感到恐懼。因此，他們會像「慣犯」一樣走回老路。這些比喻可以讓人更容易理解腳本及其影響。

第**13**章

灰姑娘仙杜瑞拉
的人生腳本

Cinderella

童話隱含了可以對照到現實生活中的腳本寓意，
了解童話故事，讓我們更容易理解現實中的人生腳本

1. 灰姑娘的故事背景：看見故事中隱含的腳本寓意

對腳本分析師來說，灰姑娘的故事擁有一切。它包含了大量「相互關聯」（interlocking）的腳本，以及無數個可以有新發現的角落與縫隙。每個角色在現實生活中都可以找到成千上萬個對應人物。

在美國，灰姑娘通常就是指《小玻璃鞋》（*The Little Glass Slipper*）。這本書首次英文譯本出現在 1729 年，由羅伯特・山伯（Robert Samber）所翻譯，且譯自法國作家夏爾・佩羅（Charles Perrault）1697 年首次出版的版本[1]。在山伯寫給格蘭威爾女伯爵（Countess of Granville）的獻詞中，他清楚表達了這類故事對腳本的影響。山伯表示：「柏拉圖『希望孩子配著牛奶一起吸收這些寓言，並建議養育者將其教給孩子』。」佩羅在《灰姑娘》故事中的寓意當然是「父母訓誡」。

所謂優雅，

絕非僅是美麗的面龐；

它的魅力遠勝其他，

這正是灰姑娘慈愛的教母

賜予灰姑娘的美，

她如此細心的教導，

讓灰姑娘擁有優雅的姿態，

而因此成了皇后。

　　最後三行描述了灰姑娘從教母那裡獲得的「父母自我」榜樣，與第6章描述的「淑女」完全相同。佩羅在故事中還隱含了另外一個寓意，強調孩子若想有所成就，一定要獲得「父母自我」的允許。

對男人來說，毫無疑問，

擁有智慧、勇氣、血統、良好的判斷力和頭腦……是巨大的優勢，

但是如果上帝讓你等待，

或教母不應允你展現，

以上這些高貴的品格，

在前進的途中將毫無用處。

　　山伯的翻譯被安德魯・蘭收錄在《藍色童話集》（*Blue Fairy Book*）中，但稍有改變❶。《藍色童話集》是相當受歡迎的童話故事書，透過大人朗讀或自己閱讀，孩子對灰姑娘有了最初印象。法語版故事較為仁慈，灰姑娘原諒了兩個姊姊，並且幫她們找到了富有的丈夫。《格林童話》（*Grimm's Fairy Tales*）在美國也非常受歡迎，當中收錄的《灰姑娘》故事則是德語版，德文名稱為《艾森普特爾》（*Ashenputtel*）。這個版本的結局非常血腥，兩個姊姊的眼睛被鴿子一一啄出。在許多國家，也可以聽到《灰姑娘》的故事[2]。

　　根據這些背景資訊，接下來我們將用火星人的視角分析《灰姑娘》的故事。我們採納的是佩羅的版本，因為大多數英語系國家的孩子都記得這個版本。我們將討論這個故事涉及的各個腳本，其中很多腳本在真實生活中都是顯而易見的。就像《小紅帽》的故事，不論是火星人或真實生活所告訴我們的訊息非常重要，那就是故事結束後，各個人物身上又會發生什麼？

---

❶　譯注：安德魯・蘭格出版了一系列童話書，分為藍色、紅色、綠色、黃色等。

2.童話中，灰姑娘故事的情節

佩羅這樣寫道：

很久很久以前，一位紳士娶了第二任妻子，她是個寡婦，也是個傲慢又自負的女人（毫無疑問，這樣的新娘通常也是性冷感的人）。她有兩個女兒，各方面都很像她。紳士與前妻也育有一個女兒仙杜瑞拉，她從母親身上繼承了善良可人的品格，她的母親是世界上最好的人。

婚禮結束後，繼母開始殘忍對待仙杜瑞拉，她無法忍受這個漂亮女孩的種種優點，因為這讓她自己的女兒顯得更令人厭惡、受人輕視。可憐的小女孩默默忍受，不敢告訴父親，因為如果父親得知，一定會把自己趕走，父親已經完全受到繼母控制了。小女孩做完家務後常常走到煙囪的角落、坐在爐灰上，因此，他們叫她「灰笨蛋」，或稍微禮貌的人會稱她「灰姑娘」。

這時候，恰巧國王的兒子舉辦了舞會，符合條件的人都會被邀請參加，包括灰姑娘的兩個姊姊。灰姑娘幫她們梳妝、穿衣。可是她們卻嘲笑灰姑娘沒有被邀請，而灰姑娘也承認，這種浪漫又迷人的場合不適合她這樣的人。當兩位姊姊離開後，灰姑娘開始哭泣。這時，神仙教母出現，並保證灰姑娘也可以參加舞會。神仙教母指示灰姑娘：「去花園幫我拿一顆南瓜。」之後，神仙教母挖空南瓜，將它變成金色的馬車；接著，神仙教母把幾隻小老鼠變成馬匹，把一隻大老鼠變成快樂、留著漂亮鬍子的胖車夫，又把一隻蜥蜴變成了男僕。灰姑娘得到漂亮的衣服、珠寶和一雙小巧的玻璃鞋。神仙教母警告灰姑娘，午夜十二點的鐘聲敲響前，必須離開舞會。

灰姑娘在舞會上引起了轟動。王子幫她安排了最尊貴的位置，國王雖然已老，但仍然忍不住看她，與皇后悄聲議論她。差十五分鐘就要到午夜十二點時，灰姑娘離開了。兩位姊姊回到家時，灰姑娘假裝自己一直都在睡覺。當姊姊告訴灰姑娘舞會上美麗又奇怪的公主時，灰姑娘笑著說：「噢，她一定非常美。我真想看看她的模樣！把妳們的衣服借給我吧，明天晚上我就可以去參加舞會了。」但是姊姊們卻說，她們才不會把禮服借給一個灰笨蛋。灰姑娘很高興，因為如果她們同意借她禮服，她還真不知道該怎麼辦。

第二天晚上，灰姑娘玩得太愉快了，直到午夜十二點的鐘聲敲響，才想起自己該離開。一聽到鐘聲，灰姑娘立刻跳起來逃走了，敏捷得就像一隻小鹿。王子

追趕她，但是卻沒有抓住她，不過灰姑娘在匆忙中遺落了一隻玻璃鞋，於是王子小心翼翼的撿起來。幾天後，王子透過喇叭聲宣告，他將與能穿上這隻玻璃鞋的人結婚。王子派手下到王國的各個地方，請所有女人試穿這隻鞋。兩個姊姊試圖把腳擠進鞋子裡，但是都沒有成功。灰姑娘認出了這隻玻璃鞋，曖昧的笑著說：「我來試試！」兩個姊姊也大笑起來，並開始取笑她。王子派來的那位紳士說，他接到的命令是讓所有女人試穿。於是，他讓灰姑娘坐下試鞋，結果發現鞋竟然如此合腳，就像是專門為她訂做的。兩個姊姊非常驚訝，但是當灰姑娘從口袋裡拿出另一隻鞋穿上時，她們更訝異了。這時候，灰姑娘的神仙教母走了進來，用魔法棒把灰姑娘的衣服變得富貴華麗。

當兩個姊姊看到灰姑娘就是那個美麗的公主時，馬上跪倒在灰姑娘腳下，說：「對不起。」於是灰姑娘擁抱並原諒了她們。隨後，灰姑娘被帶到王子身邊，幾天後，王子娶了她。灰姑娘幫兩位姊姊在皇宮裡安排了居住的房間，並在同一天將她們嫁給了皇宮裡的兩個貴族。

3. 互相關聯的腳本：灰姑娘故事中有關聯的腳本

《灰姑娘》裡有太多有趣的人物，我們很難決定該從哪裡開始討論。首先，這個故事的演員陣容比乍看起來還要多。按照出場順序，有以下人物：

父親	神仙教母	（皇后）
繼母	（車夫、男僕）	（侍衛）
姊姊A	（舞會上的人）	紳士
姊姊B	王子	兩位貴族
灰姑娘	國王	
（母親）		

其中包含九個主要人物、沒有台詞的人物、只有一句台詞的人物，以及許

多群眾演員。關於人物，最有趣的事情是：幾乎所有人都在欺騙他人，這一點我們接下來會討論。

另一個特點是「轉換」非常明顯，這是大多數兒童故事的共同點。灰姑娘從「好」人的位置出發，首先成為受害者，接著成為戲弄人的迫害者，最後成為拯救者；繼母和她的女兒則從迫害者成為受害者。這一點在德文版灰姑娘《艾森普特爾》裡更明顯：兩個姊姊為了穿上玻璃鞋，把腳削掉一部分。這個故事還包括「酒鬼」心理遊戲中的兩個經典角色：「串場人物」由教母完成，她幫灰姑娘提供了需要的物品；「糊塗蛋」是那兩個被挑選出來迎娶邪惡姊姊的貴族❷。

現在，我們一起思考這些人物的腳本。我們需要花一點時間，才能從這個貌似簡單的故事裡發現究竟有多少人展現出了自己的腳本。

【角色 1】灰姑娘。她擁有快樂的童年，但是之後必須遭受苦難，才會發生某事。她的重要事件以時間建構：在午夜的鐘聲敲響前，她可以盡情享受快樂，但是之後必須回到之前的狀態。很明顯，即使面對父親，灰姑娘依舊抵擋了誘惑，沒有玩「這難道不夠糟嗎」這個心理遊戲。在舞會前，灰姑娘只是一個憂鬱、孤獨的人物。後來她與王子玩「試著來抓我」（Try and Catch Me）的心理遊戲，接著，她帶著腳本式的微笑，與姊姊們玩「我有一個祕密」（I've Got a Secret）心理遊戲。而最後，高潮伴隨著最激烈的心理遊戲「現在她要吩咐我們了」（Now She Tells Us），灰姑娘帶著戲弄的笑，獲得了贏家腳本的結局。

【角色 2】父親。父親的腳本讓他失去第一任妻子，然後拋棄女兒，與一個專橫（還可能是性冷感）的女人結婚，這個女人讓雙方都很痛苦。但是他有自己的詭計，我們很快就會看到。

【角色 3】繼母。她的是輸家腳本，也玩「現在她要吩咐我了」這個心理遊戲，繼母引誘父親與她結婚，婚禮後立刻暴露真實且邪惡的本性。她的生活全指望兩個女兒，做著卑劣的行為，卻希望獲得高貴的結局，最終成為輸家。

---

❷ 譯注：關於「酒鬼」心理遊戲，請參考《人間遊戲》第6章。

【角色4】**兩位繼姊**。她們的應該腳本基於母親的訓誡——「以照顧自己的需要為先，不要給傻瓜同等的機會」，但是結局基於——「不要成功」的禁止訊息。這也是母親腳本中的禁止訊息，顯然來自祖父母。她們玩的是重度的「傻瓜」心理遊戲：一開始讓灰姑娘（她們幫灰姑娘取的綽號是「灰笨蛋」）徹底陷入困境，但是後來卻要向她道歉、請求寬恕。

【角色5】**神仙教母**。事實上，她是故事中最有趣的人物。她為什麼要提供灰姑娘參加舞會的全套裝備，動機是什麼？她為什麼不和灰姑娘談談心、安慰她一下就好，而是送她去奢華的舞會？當時繼母和姊姊都離開了，只有父親和灰姑娘留在家，神仙教母為什麼急著擺脫灰姑娘？其他人都去參加舞會了，當天晚上家中只剩下神仙教母和父親，「農場後方」發生了什麼事情？神仙教母告訴灰姑娘「午夜前必須離開」是一個既能保證灰姑娘在外待得夠久，又能保證她能第一個回到家中的好方法，以免其他女人發現神仙教母在家，而灰姑娘回來，正好可以提醒神仙教母及時離開。從一個頗具諷刺意味的角度來看，整個故事聽起來就像是為了讓父親和神仙教母能待在一起所布的局。

【角色6】**王子**。王子毫無疑問是個笨蛋，在結婚之後會得到應有的下場。王子連續兩次讓灰姑娘跑掉，沒有留下一點她的身分線索。縱使灰姑娘只穿一隻鞋，必須跛著腳逃離，王子也追不上她。後來，王子也沒有親自去找灰姑娘，而是派了朋友去找。最後，他在一週內與出身和教養均存疑的女子結了婚。儘管從表面上來看，王子贏得了這個女孩，但是一切均指向輸家腳本。

【角色7】**國王**。國王有能力鑑別女孩，還有點愛說閒話，但卻沒有阻止兒子的衝動。

【角色8】**紳士**。他是整個故事中最正直的人物，既不草率也不傲慢，姊姊嘲笑灰姑娘時，紳士並沒有加入，而是公正的完成任務。紳士也沒有帶灰姑娘私奔（有些不正直的人可能會這樣做），而是把灰姑娘安全的帶回去交給雇主。紳士為人誠實、辦事情有效

率、盡職盡責。

【角色9】兩位貴族。他們當然是兩個「糊塗蛋」，才會和粗野、一無所知的女人結婚。結婚當天正是雙方第一次見面。

4. 現實生活中的灰姑娘：從童話故事對比真實的生活

重點是，《灰姑娘》中的所有人物，都能在現實生活中找到對應的人。例如，接下來要講的「現實中的灰姑娘」：

艾拉很小的時候，父母就離婚了，她跟母親住在一起。不久，父親再婚，並與第二任妻子育有兩個女兒，艾拉到訪時，繼母很妒忌艾拉，也捨不得父親提供的撫養費。幾年後，艾拉的親生母親也再婚，她不得不搬去與父親同住，因為母親與繼父似乎比較喜歡喝酒而不願意照顧艾拉。艾拉在新家並不快樂，因為繼母顯然不喜歡她，父親也很少保護她。所有事情都是最後才考慮到艾拉，兩個妹妹也常常捉弄艾拉。艾拉長大後非常害羞，青少年時期沒有什麼約會的機會，妹妹的社交生活非常豐富，卻從來不邀請艾拉參加。

不過，艾拉有一些優勢。她知道別人不知道的祕密——父親有一個叫琳達的情人，她離了婚，有一輛高級的捷豹汽車，戴著昂貴的嬉皮風格項鍊，有時候也會抽大麻。艾拉和琳達私底下成為了好朋友，常常花很多時間一起討論各自與父親間的問題。事實上，琳達在很多方面都會給艾拉建議，就像她的教母。艾拉很少有社交生活，琳達在這方面也特別關心她。

某天下午，琳達說：「妳繼母不在，妹妹們都出去約會了，妳為什麼不也出門去呢？待在家一點意思也沒有。我把車和一些衣服借給妳，妳可以去搖滾舞會，認識很多男孩。晚上六點來我家，我們可以一起吃飯，然後幫妳打扮一下。」艾拉意識到琳達想和父親一起度過這個晚上，於是她同意了。

艾拉打扮好後，琳達覺得她看起來很不錯，「不用急著回來。」琳達一邊說，一邊把漂亮車子的鑰匙遞給她。

舞會上，艾拉認識了名叫羅蘭的男孩，開始與他約會。但是實際上，羅蘭的朋友對艾拉更感興趣，他是一位貧窮的吉他手，名叫普林斯（Prince）❸。艾拉很快就開始跟普林斯這位吉他手祕密約會，她不希望普林斯到她家拜訪，因為她知

道繼母不喜歡外表邋遢的人，因此通常是羅蘭與他的約會對象一起來接艾拉，之後他們再與普林斯會合，一起去某個地方。而此時，父親、繼母和妹妹都以為她是在和羅蘭約會，她和羅蘭經常在這件事上開玩笑。

　　普林斯並不是真的窮，其實他來自富裕的家庭、受過良好的教育，但他想靠自己的能力成為藝人。普林斯愈來愈有名，成名後，普林斯與艾拉決定親口告訴艾拉家人關於他們之間的事情，而不是從別人口中得知。真實情況讓艾拉的妹妹們非常驚訝，她們是普林斯的粉絲。當得知艾拉得到了這麼一位丈夫時，妹妹們非常妒忌。但是艾拉並沒有對她們的虐待懷恨在心，還常常提供她們普林斯演唱會的免費門票，甚至還介紹她們認識普林斯圈子裡的一些朋友。

5. 舞會結束後：灰姑娘的真實人生

　　我們已經看到小紅帽童年時與大野狼（她外公）的經歷，如何深遠影響她的成年生活。

　　我們了解人們的真實生活，也不難猜測灰姑娘結婚後會發生什麼事情。她發現王子妃的生活很孤獨，想繼續和王子玩「試著來抓我」這個心理遊戲，但是王子很無趣。當姊姊來訪時，灰姑娘會戲弄她們，但是也不能高興很久，況且姊姊在這方面已經不太在行了，因為灰姑娘現在處於上風。國王有時候會用奇怪的眼神看她，國王並不如自己假裝的那麼老，不過，也不像自己假裝的那麼年輕；無論如何，灰姑娘都不願意多想國王的事。皇后對她很友善，就像皇后該有的樣子，皇宮裡的其他人在面對灰姑娘時也很得體。孩子如期而至，灰姑娘確實生了自己與每個人都期待的兒子，大家都很高興，並為此大肆慶祝。但是灰姑娘沒有再生孩子，隨著小王子長大，他一直被交由女僕和家庭教師照顧、教導。灰姑娘很快又會像從前一樣無聊，特別是丈夫出去打獵的白天時光，以及丈夫與牌友玩牌的夜晚。

　　不久，灰姑娘發現了一個奇怪狀況。最能引起她興趣的，是清掃壁爐的女僕和女幫廚，不過灰姑娘努力保守這個祕密。當女僕與幫廚工作時，灰姑娘會

---

❸　譯注：這個名字與「王子」的英文相同。

找各種理由待在周圍。很快的，她開始根據自己長期積累的經驗，提供她們建議。後來，灰姑娘乘坐馬車在王國裡閒逛（有時候帶著兒子與他的女僕，有時候不帶），或者漫步在城鎮或鄉村這些相對貧窮的地方，然後發現自己其實一直知道的事實——整個王國，幫廚和清掃壁爐的女人有成千上萬個。灰姑娘總是會停下來和她們閒聊幾句，或談談她們的工作。

很快的，灰姑娘養成定期拜訪貧窮家庭的習慣，這些家庭的女人做著最艱苦的工作。灰姑娘會穿上舊衣服坐在煤灰上，與她們談話，或在廚房裡幫她們幹活。灰姑娘的所作所為很快就在王國裡傳開，王子甚至因此與她爭吵，但是她堅持這是她最想做的事情，並繼續做下去。一天，皇宮裡另一位無聊的貴婦也請求與灰姑娘一同前去。隨著時間推移，愈來愈多人開始感興趣。很快的，幾十位貴婦開始每天早上穿上最舊的衣服，到城裡幫助貧窮的家庭主婦做最卑微的工作，同時和她們聊天，聽她們講各種有趣的故事。

後來，王妃（也就是灰姑娘）產生了一個想法，她打算把這些助人的貴婦聚集起來，探討她們遇到的問題。於是她成立了「煤灰與碗盤洗滌協會」，任命自己為主席。如今，一旦有外國的煙囪清掃工、菜販、伐木工、女幫廚、垃圾回收工路過，她們都會邀請他到皇宮，請他們向協會成員介紹自己所在領域的新進展，以及在他們國家如何做這些工作。灰姑娘透過這種方式找到人生方向，她與新朋友為整個國家的福祉做出了巨大貢獻。

6. 童話故事與真實人物：如何運用童話對比現實中的人物

《灰姑娘》中的每個人物，從灰姑娘自己，到她的家庭成員，再到不中用的國王和王子，甚至是由老鼠變成、一句台詞也沒有的快樂長鬍子車夫，我們都不難從社會或臨床實踐中找到對應的真實人物。真實生活中也真有一些「試鞋者」，是從雞窩裡飛出的金鳳凰。

治療師在傾聽個案時，可以在腦中尋找與之匹配的童話故事，也可以回家後流覽斯蒂・湯普森（Stith Thompson）的《民間文學主題索引》（Motif-index）。最簡單的方法是讓個案以童話的方式講述自己的人生故事。對此，我們將以德魯西拉為例，她不是個案，而是受邀在一次童話研討會中分享了自己的故事：

很早以前，德魯西拉的一位祖先發明了一種廣泛應用的工具，因此，時至今日，他的名字仍然家喻戶曉。故事開始於德魯西拉的母親凡妮莎，她是這位祖先的後裔。凡妮莎的父親在她很小的時候便去世了，於是她搬去伯父查爾斯家。查爾斯經營洛杉磯附近的一個大農場，裡面有游泳池、網球場、私人湖泊，甚至有高爾夫球場全套設施。凡妮莎在這樣的環境中長大，有機會見到來自很多不同國家的人。然而，她不太快樂，17歲時與名叫曼紐爾的菲律賓人私奔。他們生了兩個女兒，分別是德魯西拉和艾爾朵拉。她們在菲律賓的農地長大，父親最愛德魯西拉，而艾爾朵拉就像個男孩似的，她酷愛運動，且擅長騎馬、射箭和打高爾夫球。父親經常打艾爾朵拉，但是從來不打德魯西拉。艾爾朵拉快滿18歲時的某一天，父親又想懲罰她。此時，艾爾朵拉已經跟父親一樣高，甚至比父親還要強壯。父親走向艾爾朵拉時，她像以前一樣蜷縮起來，但是德魯西拉突然看到一個奇怪的轉變。艾爾朵拉挺直身體、繃緊肌肉，對父親說：「你敢再碰我一下。」艾爾朵拉凶狠的盯著父親，這次輪到父親退縮了。不久後，凡妮莎與丈夫離婚，帶著兩個孩子回到伯父查爾斯的農場生活。

這次，輪到德魯西拉在伯公的農場生活，她遇到來自遙遠國度的人並與他結了婚、育有兩個孩子。但是德魯西拉一直很喜歡製作東西，因而成為織布工，最終成為教導如何織布的教師。對織布方面的興趣引導她參加了童話故事研討會。

研討會上，德魯西拉被邀請用童話的方式講述自己的故事，同時使用腳本分析的術語，諸如青蛙、王子、公主、贏家、輸家、巫婆和食人魔。她是這樣講述的：「從前，有位國王征服了很多土地，他的長子繼承了遺產。王國世代相傳。由於大兒子繼承了王位，其他兒子得到的很少。其中一個窮兒子生了叫凡妮莎的女兒，但是他在一次打獵中喪生。凡妮莎的伯父，也就是當時的國王，將她帶到皇宮生活。在那裡，凡妮莎遇到了來自遙遠陌生國度的王子曼紐爾。王子帶凡妮莎離開，回到自己的王國，那裡濱臨海邊，長著許多奇異花朵和樹木。然而不久，凡妮莎發現曼紐爾其實並不是王子，而是一隻青蛙。曼紐爾也驚奇的發現，原以為自己娶的美麗妻子是公主，實際上卻是巫婆。曼紐爾和凡妮莎有兩個女兒，大女兒是艾爾朵拉，跟父親一樣是隻青蛙，父親一點也不喜歡她，在她小時候常常打罵她；小女兒叫德魯西拉，是個公主，曼紐爾也把她當作公主對待。

「某天，仙女來到艾爾朵拉面前對她說：『我會保護妳。如果父親又打妳，妳一定要阻止他。』曼紐爾又想打艾爾朵拉時，艾爾朵拉突然覺得自己強而有

力，並警告曼紐爾不許再打她。曼紐爾非常憤怒，認為是妻子凡妮莎要艾爾朵拉反抗他，於是凡妮莎決定離開。凡妮莎帶著兩個女兒離開這個遙遠的國家，回到了查爾斯伯父的王國。兩個女孩在那裡一直過著幸福的生活，直到有一天，一位王子出現並與德魯西拉相愛。他們舉行了盛大的婚禮，之後生了兩個美麗的女兒。從此，德魯西拉過著快樂的生活，她一邊養育孩子，一邊紡織美麗的掛毯。」

研討會上的每個人都覺得這是個美好的故事。

第 **14** 章

腳本如何成爲可能？

How Is the Script Possible?

腳本就像自動鋼琴，演奏著早已寫好的曲譜，
了解腳本如何在現實中成真，才能從中找回「真實的自我」

　　傑德坐在自動演奏鋼琴前，手指在鍵盤上滑動，紙卷隨著他的努力緩緩轉動，然而紙卷上的孔洞，卻是傑德祖先打好的❶。音樂以傑德不能更改的方式流淌，時而憂鬱，時而歡快，時而刺耳，時而和諧。有時候，傑德會自己彈出一個音符或一個和聲，可能會與既定樂曲融合，也可能會擾亂了原本平滑的旋律。傑德停下來休息，因為這些卷紙甚至比廟宇的戒律還厚重。其中包含了守則與預言，歌唱與悲歡，《舊約》與《新約聖經》，而這一切皆是慈愛、冷漠，或可憎的父母賜予傑德不論華麗、平庸、沉悶、或悲慘的禮物。傑德以為是自己在彈奏樂曲，並目睹自己的身體在日復一日、時時刻刻的彈奏下日漸枯萎。有時候，傑德會在短暫的停歇裡，起身答謝或接受親友的歡呼，他們也以為這是傑德自己演奏的音樂。

　　人類積累了豐富的智慧、有強大自我覺察的能力、渴望真理、追求自我，他們怎麼會允許自己處於這種充滿痛苦與自我欺騙的機械生活裡？一部分原因是我們愛父母，一部分原因是這樣生活比較輕鬆，還有一部分原因是我們演化得不夠充分，沒有讓我們遠遠超過猿類祖先。我們確實比猿類祖先有更多自我

---

❶　譯注：自動演奏鋼琴的起源最早可以追溯至19世紀末歐洲。一開始，人們試著在普通鋼琴前增加可移動的演奏器。演奏器以打孔紙卷記譜，用腳踏風箱鼓風作為動力，透過紙卷緩緩轉動，紙卷上的孔位可以驅動機械，並且連動琴鍵上方的「木手指」敲擊琴鍵、演奏出音樂。伯恩運用自動鋼琴的意象，來形容前人如何影響後人的腳本規畫。

覺知，但是還不夠。當我們不知道正在對自己及他人做些什麼，腳本才成為可能。事實上，「知道自己正在做什麼」是依照腳本而活的反面。人類在身體、心理、社交等方面會莫名其妙的發生一些狀況，其實是受到被編制好的程式影響。這些狀況會透過影響身邊的人，強烈影響個體的命運結局，而當事人還處在自我決定的幻覺裡。不過，我們還是有辦法補救。

1. 多變的臉龐：臉龐如何影響著人們的社交生活

　　首先，柔軟且多變的人類臉龐讓人生成為一場奇遇，而非既定的旅程，這種說法基於顯而易見且影響巨大的生物準則[1]。人類神經系統的構造，決定了微小的面部肌肉運動對旁觀者產生的視覺影響，遠遠大於運動肌肉對旁觀者的影響。傑德嘴邊一塊小肌肉約兩公釐的動作，對他來說難以覺察，但是對他的同伴來說，卻異常明顯。站在鏡子前就很容易證明這一點。個體無法覺知面部表情的程度，可以用一個常見的動作來說明：用舌頭舔門牙。傑德謹慎細微的做這個動作，他從自己的運動知覺或肌肉知覺判斷面部應該根本沒有動。但是如果站在鏡子前，傑德就會發現舌頭細微的動作也能讓面部明顯扭曲，特別是下巴與頸部肌肉。如果他比平常更注意自己的肌肉知覺，還會發現這個動作也影響到了前額和太陽穴。

　　人際互動最熱烈的階段，這種現象可能發生了數十次，但是傑德卻沒有察覺，傑德看來十分微弱的表情肌動作會巨大改變他的整個面部。另一方面，旁觀者柔伊的「兒童自我」正在觀察傑德（以盡可能有教養的方式），試圖找到能夠透露傑德態度、情感和意圖的訊號。一直以來，傑德透露的資訊都比他認為的還要多更多，除非傑德習慣讓自己面無表情、神祕莫測，且小心翼翼的不表露真實反應。然而這種神祕莫測的人會讓他人感到緊張，因為人們不知該如何透過他的反應調整自己的行為。這也是為什麼面部有可變性會如此重要。

　　這個原理可以解釋為什麼嬰幼兒擁有感知他人的神奇「直覺」。大人還沒有開始教導不可以仔細觀察別人的臉，因此嬰兒會隨意觀察，這樣就能看到許多他人看不到且當事人沒有覺察的表情。日常生活中，當他人說話時，柔伊的「成人自我」會非常小心、禮貌的避免太仔細觀察對方的臉龐，但是同時，她

的「兒童自我」卻總是在冒昧的「偷看」，並以此判斷他人究竟在做什麼，且她的判斷通常正確。這非常適用於初見某人的「最初十秒」，當事人在那時還來不及想清楚該如何表現，因此很容易透露他們之後會隱藏的資訊。這正是第一印象的重要性。

這會影響傑德的社交，因為他永遠不知道自己可變的面部透露出多少資訊。傑德甚至會對自己有所隱藏，不過，在柔伊看來卻格外明顯，並會據此做出反應，但卻會讓傑德非常驚訝。他其實一直在發出腳本訊號，只是自己沒有覺察。他人最終也是對傑德的腳本訊號做出反應，而不是對其人格面具或「表現出的自我」做回應。若腳本這樣發展下去，傑德似乎不用承擔任何責任，因為他處於自主決定的幻覺裡，說：「我不知道她為什麼那樣做，我什麼也沒做啊。人們真是太有趣了。」如果傑德的行為很怪異，他人就會用傑德也無法理解的方式回應，之後就會讓傑德建立或加強他的錯覺。

治療方式很簡單。如果傑德站到鏡子前觀察自己的表情，很快就能發現自己的哪些動作造成他人有如此反應。之後，如果傑德願意，就可以加以改變。然而，除非傑德是演員，否則他可能不願調整表情。事實上，大多數人都更願意堅持腳本，並為此找各種理由，而不願透過鏡子觀察自己[2]。例如，他們可能會說：這個過程很「假」。也就是說，在他們看來唯一「自然」的事情，便是機械式的跟隨腳本走向預設結局。

克萊拉是個有教養的拉丁裔美國女人，她的案例清楚說明了臉部變化對人類關係的深遠影響。

克萊拉參加團體治療的原因是因為丈夫要離她而去，而她「無人可以訴說與談論」這件事。實際上，她與三個成年子女同住。她丈夫拒絕參加團體治療，不過，20 歲的兒子欣然接受了邀請。

「我很猶豫要不要和母親講話。」兒子說，「我覺得在這裡談論她很難，因為她很容易傷心，有時候會出現飽受折磨的樣子。無論和她說什麼，在我說之前都要考慮母親的反應，所以我真的無法坦誠的和她講話。」

關於這個話題，兒子闡述了幾分鐘，而母親坐在他旁邊，身體緊繃、雙手優雅的交疊在腿上，這是她從小就學會的儀態。因此，我們可以看到，克萊拉只有臉部、頭部、頸部在動。聽見兒子這樣說時，克萊拉首先驚訝的揚起眉毛，然後皺眉，接著輕輕搖頭並且抿起嘴唇，然後難過的低頭，接著又重新向上看，然後

出現受盡苦難的樣子並將頭轉向一邊。兒子說話的整段過程中，母親一直做出這些頭部和臉部動作，就像一部表情實錄電影。

兒子說完後，Q 醫生問克萊拉：「當他說話時，妳的臉為什麼一直在動？」

「我沒有啊。」她吃驚的否認。

「那麼，妳為什麼一直轉動頭部？」

「我不知道我的頭在動啊。」

「好吧，妳剛才一直在動，」Q 醫生說，「他說話的整段過程中，妳的臉一直在對他所說的話做出回應，這正是他不願和妳說話的原因。雖然妳嘴上說兒子說什麼都可以，雖然妳一個字也沒有說，但是對於他所說的話，妳的反應非常明顯。這正是兒子猶豫的原因，而妳甚至沒有意識到自己正在做出反應。已經成年的兒子尚且如此，想像一下，無時無刻都在仔細觀察媽媽的臉、看媽媽對自己有何反應的 3 歲孩子，這會對他有什麼影響？這正是為什麼兒子對於跟妳說話有所顧慮，而妳會覺得沒有人可以訴說的原因。」

「那該怎麼辦呢？」克萊拉問。

「回家後，兒子和妳說話時，妳可以站在鏡子前，看看自己如何反應。不過現在，妳對兒子所說的，有什麼感想呢？」Q 醫生建議從這裡展開討論。

這個例子中，克萊拉的「父母自我」以母親式的尊重傾聽兒子說話，這是她此時主動表現的自我。同時，她的「兒童自我」正以另一種方式回應兒子的話，但「父母自我」和「成人自我」都沒有覺察，因為他們無法「感覺」到面部的運動。而兒子卻完全意識到克萊拉「兒童自我」的反應，因為這些反應正在他的眼前發生。克萊拉的「父母自我」誠摯但卻有些脫節，團體治療裡除了她自己，每個人都明白兒子為何會顧慮是否該坦誠與她說話。

臉部變化原理既與上述「母親的微笑」相關，也與第 10 章所講的「絞架上的笑」有關。母親可能完全沒有意識到自己的臉部正在表達什麼，也沒有意識到這對孩子的巨大影響[3]。

2. 流動的自我：對自我的真實感受是流動且可任意變換的

　　臉部變化源自生物學原理，而「流動的自我」（Moving Self）則源自心理學原理，這兩者對維持腳本運轉同樣重要且同樣缺乏覺察。**「對自我的感受」是流動的，可以在三種自我狀態中隨時且任意變換，並隨著事件發展，從某種自我狀態跳入另一種自我狀態。** 也就是說，「對自我的感受」獨立於自我狀態的各種特性，也與當時某種自我狀態正在做的事或體驗無關。就像電荷可以自由的從某個電容器流入另一個電容器且不管其用途為何，「對自我的感受」伴隨著能量的「自由貫注」（free cathexis）而流動 4。

　　當其中一種自我狀態完全啟動時，個體體驗到的自我狀態就是此時此刻的真實自我。當傑德進入憤怒的「父母自我」時，他感到那就是真實的自己；幾分鐘後，他進入「成人自我」，開始思考憤怒的原因，他感受到「成人自我」就是此時的真實自我；接著，他進入「兒童自我」，為自己的刻薄而感到羞愧，這時「兒童自我」又被體驗為真實的自我（當然，以上闡述均假定這些體驗真實發生，而不是在扮演憤怒的「父母自我」或是深感懊悔的「兒童自我」。角色扮演是弄虛作假的「兒童自我」，而不是真實的「自我」）。

　　為了說明流動的自我如何影響日常生活，我們來看一個家庭案例：

　　當事人是一位挑剔的妻子。柔伊通常和藹、友善、配合，但是在某些時候會變得喜歡批評丈夫。這是她挑剔的「父母自我」。之後，柔伊會再次出現風趣、友善、配合的「兒童自我」，忘記在「父母自我」時對丈夫所說的話。而丈夫沒有忘記，依然十分警惕、情感冷漠。如果這種模式一再重複，丈夫就會永久保持警惕與冷漠，柔伊也會感到難以理解。「我們在一起時是那麼快樂，」她充滿魅力的「兒童自我」說，「你為什麼不理我？」此時，「兒童自我」是她的真實自我，她忘記或忽略了當真實自我是「父母自我」時，所說過的話。其中一種自我狀態不太記得另一種自我狀態所做過的事。她的「父母自我」忽略了雙方擁有的所有快樂，她的「兒童自我」則忘記了自己做出的所有批判。但是傑德的「兒童自我」（包括「成人自我」）卻記得柔伊的「父母自我」說了什麼，這讓傑德持續生活在擔憂之中，擔心這種狀況會再次發生。

　　另一方面，傑德處於「父母自我」時，可以好好照顧柔伊，但是傑德的「兒童自我」可能會抱怨柔伊和她的牢騷。傑德的「父母自我」會忽略或忘記當自己

處於「兒童自我」所做的一切，並責備柔伊忘恩負義，「畢竟他已經為她做了那麼多。」柔伊可能確實感激傑德，但是同時擔心傑德的「兒童自我」再次爆發。當傑德將「父母自我」體驗為真實自我時，會認為自己一直對柔伊體貼周到，這也的確是事實。不過，同樣是事實的是，當傑德愛抱怨的「兒童自我」啟動時，那也是他的真實自我。因此，透過在某種自我狀態（或真實自我）時會遺忘另外一種自我狀態的所作所為，傑德讓腳本維持運轉且不會對此負責。他的「父母自我」會說：「我對她總是那麼好，我不明白她怎麼會這樣。我什麼都沒有做啊。女人真是可笑。」傑德的「父母自我」已經忘記自己的「兒童自我」是如何激怒柔伊，但是作為受害者的柔伊卻不會忘記。這兩個例子也說明了第 5 章（段落 6）曾闡述過心理地位的固著。

現在，我們已經清楚講述原理，來看一個生動的例子。我們可以將自我狀態不經意間、無須承擔責任的轉換稱作「自我的旅行」（ego trip），但是因為這個詞是嬉皮士用來自誇的俚語，出於禮貌，我們應該留給他們使用。因此，我們需要為自我狀態的轉換另覓名稱。下面這樁逸事，我們稱作「亞敏塔和馬貝爾」（Aminta and Mab），或「PAC 的心靈之旅」（PAC Trip）：

馬貝爾和母親的關係讓彼此都很緊張，因此馬貝爾週末去了另一座城市拜訪女性朋友。母親透過電話找到她，說：「如果週日早上妳還沒回家，我就把妳鎖在外面。」馬貝爾週日傍晚回來。母親拒絕讓她進家門，並告訴馬貝爾應該自己去外面租房子。當晚，馬貝爾住在附近一位女性朋友家。週一一早，母親打電話給她並原諒了她。馬貝爾將這段經歷告訴了 Q 醫生，另外還舉了一些母親反覆無常的例子。因為 Q 醫生完全搞不清楚其中一些故事的狀況，因此決定與馬貝爾和她的母親一起談談，看看能否弄清楚真實情況。

當她們一坐下，母親亞敏塔就強烈表現出「父母自我狀態」，義正言辭的批評馬貝爾馬馬虎虎、不負責任、吸食大麻等，這些問題在母親與 18 歲女兒間很常見。母親數落馬貝爾的過程中，馬貝爾先是帶著一絲笑容坐著，好像在說：「她又來了！」然後，她看向別處，好像在說：「我再也受不了了。」之後，又盯著天花板，好像在說：「老天爺不能拯救我嗎？」亞敏塔完全沒有注意到馬貝爾的反應，繼續長篇大論。

講完後，亞敏塔轉變了態度，開始說自己現在過得多艱難。她不再以「兒童

自我」的方式抱怨，而是對自己的婚姻狀況做出了「成人自我」的評價，Q醫生對這個狀況相當熟悉。這時候，馬貝爾轉過頭，以全新的表情直視母親，好像在說：「她終歸還是個真實的人。」隨著亞敏塔繼續訴說，Q醫生便能基於詳細了解她的背景和經歷，看到她的自我狀態不時在轉換。講到某個既定時刻，亞敏塔就會表現出與「鎖門」事件相同的自我狀態序列，首先是憤怒的「父親父母自我」（將馬貝爾鎖在門外），之後由「母親父母自我」接管（擔心自己的「小女孩」在城裡徘徊沒有地方睡覺）；接著是「成人自我」以及無助的「兒童自我」，然後又回到了憤怒的「父親父母自我」。

　　這一系列變化可以用圖13中連接亞敏塔各種自我狀態的線條敘述。首先從「父親父母自我」開始，之後轉到「母親父母自我」，然後下到「成人自我」，接著是「兒童自我」，然後又回到「父親父母自我」。接著下來，線路如下：「父親父母自我」到「成人自我」，再到「兒童自我」，最後回到「母親父母自我」。用這種方法，我們可以看到亞敏塔的PAC之旅，從一種自我狀態切換到另一種自我狀態。

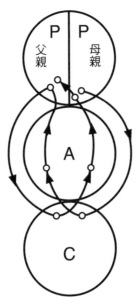

【圖13】PAC的心靈之旅

問題是，這條線代表什麼？它代表亞敏塔對自我的感受，對自我的感受不固定於任何一種自我狀態，而是借由能量的「自由貫注」，在自我狀態之間自由轉換。任何時刻，無論她處於哪一種自我狀態，都會覺得是自己的「真實自我」在講話。能量自由貫注的路線或軌跡是一條連續的線。亞敏塔沒有意識到「她」和她的行為時時刻刻都在改變，因為她一直覺得「這就是真實的我」。因此，當我們說「她」從一種自我狀態轉換到另一種自我狀態時，指的是能量的「自由貫注」，伴隨著連續的真實自我感受。對亞敏塔而言，她始終覺得自己是同一個人，但是從一個時間到另一個時間點，她的變化巨大，以至於對其他人來說，就像有好幾個人（在她腦袋裡）輪流說話。這就是馬貝爾的感受，也是她無法應對母親的原因。馬貝爾無法對母親產生一致感，也無法預測亞敏塔下一刻會如何做以及反應，因此無法適應母親的情緒。而在亞敏塔看來，則是馬貝爾時不時的處於任性狀態。

　　當亞敏塔和馬貝爾都理解了自己的自我狀態，便不難釐清問題所在，因此她們的關係也得到改善。

　　前面我們描述了克萊拉的行為，那是當事人對不同自我狀態缺乏認識的另一種表現。不同自我狀態對當事人的人生歷程，以及對配偶和孩子都具有深遠影響。克萊拉的情況是兩個自我狀態同時啟動，一個富有同情心的聆聽，另一個卻愁眉苦臉。雖然這兩個自我狀態已經在同一個內在空間相處了四十五年，但是依舊像對待可疑的陌生人一樣故意忽視彼此。

　　另一種對不同自我狀態缺乏認識的表現，是當事人拒絕承認自己的行為，即使是面對自己（這一點在第 5 章結尾處提到過）：某位男士每年至少出一次嚴重的交通事故，但是堅稱自己是優秀的駕駛；一位女士常常把晚飯燒焦，但仍然堅稱自己是出色的廚師。這兩位的堅稱源自某個事實，也就是他們的「成人自我」的確是好司機、好廚子，但是「兒童自我」卻常常製造意外。對這種人來說，兩種自我狀態之間有著厚而堅實的壁壘，「成人自我」沒有注意到「兒童自我」的所作所為，因此會堅稱「我（成人自我）從來不會犯錯」。同樣的情況也會發生在酗酒者身上，他們不喝酒時不易緊張且舉止良好（由「成人自我」掌管），但是喝醉後就會犯錯（由「兒童自我」接管）。有些人喝醉酒後甚至會失去知覺，「成人自我」完全不知道自己醉酒狀態下所做的一切。這樣，他們就可以用醉酒、無懈可擊的方式維持自己虛幻的正義感。這種情況也可能反過

來，有些人的「成人自我」表現平庸，「兒童自我」卻富有成效，例如「壞人」不能理解他人為何責怪和批評他們，並且說他們做了荒唐的事；「好人」也不能接受對「兒童自我」的讚美，或者僅是出於禮貌才接受。當人們稱讚「兒童自我」的創造富有價值或十分寶貴時，「成人自我」完全不能理解，因為當他創造時，「成人自我」完全不會起作用。

之前我們也談過，認為自己富有的女性，不會因為失去錢而覺得自己是窮人；認為自己貧窮的男性，也不會因為賺了錢而覺得自己是富人。這兩個例子中，他們的「兒童自我」從腳本指令中得知自己應該是貧窮還是富有。錢本身並不能改變他們的心理地位。同樣，前述那位男士的「兒童自我」是否知道自己是位好司機，另一位女士的「兒童自我」是否知道自己是個好廚師，幾次意外和燒焦的飯菜並不能改變「兒童自我」的想法。

在一趟 PAC 之旅後的心理地位，通常是滿不在乎的免責聲明。「我是好的，因為『父母自我』沒有發現我做的事，你們說的我不知道。」其中有個明顯的暗示，他人「不好」，因為他們發現了自己令人不愉快的行為。他們的運動衫正面寫著「我已經原諒了自己」，反面則寫著「你為什麼不能原諒我？」

有一個簡單的方法可以補救某種自我狀態缺乏對另一種自我狀態所作所為的覺察，也就是「成人自我」記住所有真實自我的行為，並為此承擔全部責任。這樣就能避免逃避責任（「你說是我做了那件事？我當時一定瘋了！」），取而代之的是加以面對（「是的，我記得我做了那件事，確實是我做的」，更好的情況是「我會確保這種狀況絕不會再發生。」）顯然，這個建議對法律來說意義重大，因為它能避免人們用精神錯亂這種卑劣的方式輕而易舉的逃避責任（「木頭腦袋」，或是「你不能為『那個我』做的事責備『這個我』。」）。

3.著迷與銘印：根植在兒童自我，干擾著生活的迷戀

奈威和妻子朱莉亞遇到的難題，是說明「著迷與銘印」（Fascination and Imprinting）最好的例子。奈威的左臉頰上有一塊胎記，而對朱莉亞的「兒童自我」來說，這塊胎記使她病態的著迷。戀愛期間，朱莉亞還能成功壓制由這塊瑕疵引發的輕微厭惡，但是隨著時間流逝，麻煩愈來愈大。蜜月結束時，朱莉亞幾乎不

能直視奈威的臉。她並沒有向奈威提起這種不舒服的感受，因為擔心傷害他的感情。朱莉亞也想過建議奈威去除這塊胎記，但是又覺得不過是用疤痕代替胎記，也許會讓自己更困擾，因此她什麼也沒說。

而奈威則是粉刺獵手，每當他們赤裸著躺在一起，他就會檢查朱莉亞的身體，如果發現她的皮膚上有任何一點凸起，就有強烈的衝動，想要用指甲把它摳出來。朱莉亞覺得這是令人非常不愉快的身體侵犯。有時候奈威的欲望很強烈，朱莉亞的抗拒也很激烈，最終導致雙方都心情糟糕、彼此厭惡。

同一期間，他們還不幸的發現彼此性趣味截然不同。剛開始時似乎無關緊要，但是後來卻成為嚴重的爭吵點。奈威在西印度群島由保母照顧長大，因此對工作服和便鞋感到興奮。而朱莉亞則以母親和姊姊為榜樣，喜歡時尚的穿著和高跟鞋。事實上，奈威對便鞋近乎達到戀物癖的程度，而朱莉亞對高跟鞋則有「相反的迷戀」，她希望男人因為自己的穿著方式而興奮。因此，當朱莉亞依照奈威的願望穿上便鞋時，便失去了熱情，可是當她穿上高跟鞋在家裡走動時，奈威又會失去熱情。從表面上來看，他們是幸福的一對，但是實際上卻有深深的困擾。這些困擾是由他們的早年經驗帶來且貌似為「瑣事」的事情所導致。這讓他們格外痛苦，因為無論從傳統社會標準，還是從精準的心理學標準來看，他們都十分相配。他們原以為能夠成為完美的夫妻。

著迷發生於低等動物身上，以及某個年齡的嬰兒身上。奈威和朱莉亞長大後，部分「兒童自我」依舊著迷於皮膚上的小瑕疵（奈威是正向的，朱莉亞是負向的）。銘印的研究主要見於鳥類，破殼後最初幾天，牠們會把看見的任何物體錯認為媽媽。因此彩色卡片可以引發鴨子的銘印，讓牠們感到興奮。小鴨子會跟著卡片走，彷彿那就是媽媽。性方面的戀物癖也產生於生命極早時期，對男性的影響與鳥類銘印現象相似，而女性則會沉溺於「相反迷戀」，也就是那些能夠引發周圍男性興奮的事物。

著迷與戀物癖根深柢固，與毒癮類似，都會嚴重干擾為之所苦的人們擁有正常生活。無論「成人自我」怎麼樣用理智控制，「兒童自我」幾乎不可避免的會被特定事物驅使或誘惑，並不惜一切代價避免或追求它。著迷與戀物對腳本結局影響相當大，特別是在迷戀的物件扮演著重要角色的情況下。這是另一個降低個體是否能夠自主決定命運的因素。

著迷的治療方法是「意識到它們，並詳加討論，最後確定是否可以與之共處」，而「確定的過程」需要藉助「頭腦內溝通」，也就是「成人自我」和「兒童自我」的內在對話，對話時需要暫時把「父母自我」排除在外，直到它們清楚理解了彼此之後，「父母自我」才可以出來說話。如果當事人在腦中確定自己可以與負向著迷（比如有生理缺陷的女孩）共處，那很好。如果不行，不是尋找補救辦法，就是尋找新的伴侶。若不深入分析想法和情感，他無法意識到這件事對自己的影響有多大。著迷通常是因為早年經歷所導致。另一方面，正向著迷會讓當事人失去理智，沉溺其中，因此也需要仔細思考。同樣的道理也適用於著迷男性伴侶身體瑕疵的女性。

治療戀物癖的方法也很類似。但是因為牽涉到其他人的參與，因此也有其他干預方法。例如雙方達成一致、共同享樂，這樣就是在一段時間，一同實現對某物的迷戀。

4.無嗅之味：持續刺激感受器官、無法察覺的化學物質

除了上述人類身體的生物學特性（變化的臉龐、流動的自我、著迷與銘印），還有一些難以捉摸的因素會對人類生活產生深遠影響。如果萊茵博士（Joseph Banks Rhine）5 的卡片沒有辦法被當代物理學設備檢測到其所發出的訊號，但是卻能被經過適當調試的人腦感知，就算還未有決定性的結論，但顯然這個發現意義重大❷。如果這種訊號確實存在，此項發現一定會引起轟動，報紙的週日增刊一定會為其留下專門的版面。我們難以預料這個發現的後續發展，但是毫無疑問，一定會引起軍方的關注。事實上，軍方已經在做此類研究，特別是定位方面，例如遠距離原子彈和氫彈可以如何飛至敵人的工廠及倉庫上空。

如果真的有「心電感應」（Telepathy），其重要性一定更甚許多其他種類的

---

❷　譯注：萊茵博士在美國杜克大學建立了第一個心靈學實驗室，一直致力於用實驗結果證實超感知覺的存在。實驗時採用五副紙牌，每副五張，每張均有一個簡單幾何圖形，分別為星號、士字、三道波紋、圓圈和方塊。在一項實驗中，兩位被試對面而坐，中間隔上布簾，先讓一方被試隨機抽出一張卡片，並注視它，接著要求被試憑直覺指出該張卡片上的圖形。如果正確率高於純粹機率，則證明超感知存在。其研究結果傾向支持超感知存在。

超感知❸。如果一個人能向另一個人發出可識讀的訊息，那麼也應該發明控制和記錄此種訊息的工具，這樣才讓我們更理解人類行為。而第二種可能性是，根據目前報導，「心電感應現象」更常且更劇烈的發生在關係親密的人身上，比如丈夫與妻子、父母與孩子，他們之間的關係比其他人更緊密且協調。心電感應提供了理想的媒介，讓不願放手的父母能夠控制孩子，如果它真實存在，腳本分析師一定相當感興趣。「直覺」（Intuition）是兒童自我狀態的功能[6]，且與心電感應類似，因為「兒童自我」可以根據非常少量的感覺線索，直覺式的獲得關於他人的隱晦訊息[7]。

心電感應非常脆弱且容易被打斷，大多取決於發出者與接收者的心境。科學家會質疑心電感應是否真的存在，因為他們的研究結果似乎說明了心電感應準確度不高，甚至完全不存在[8]。但是這並不意味心電感應真的不存在，而只是表明了其特性（如果它真的存在）。下面，我將陳述我的假設，包含了主要與次要假設，可以用來解釋現有的科學發現（大多數不支持心電感應）。如果心電感應存在，嬰兒是最佳接收者；隨著嬰兒長大，這種能力會逐漸退化、衰弱，導致成年後只能在特殊情況下會偶然發生。用結構分析的語言來說，該假設是：如果心電感應存在，它只是非常年幼的「兒童自我」功能，很快就會受到「父母自我」和「成人自我」干擾、破壞和削弱。

第三點同樣有趣且重要，更偏向「唯物主義」（materialistic）的視角，也就是無嗅之味的問題。眾所周知，雄性蠶蛾能夠透過風，發覺遠達一公里外新出現的雌性蠶蛾，大量雄蛾會逆風飛行，聚集到被關在籠中的雌蛾周圍[9]。我們應該假設雌蛾可以釋放一種帶有氣味的物質，透過嗅覺吸引雄性。那麼重點在於：雄蛾「知道」自己「聞到」氣味了嗎？還是僅是對化學物質做出的「自動化」反應？牠很可能沒有「意識到」發生了什麼，只是做出反應、飛向雌蛾。也就是說，牠被出現在嗅覺系統的「無嗅之味」（Ordorless smell）吸引了。

對人類來說，嗅覺方面的情況如下：

【情況 1】如果聞到一些氣味，比如花香，他會意識到香味，能夠覺知自己被吸引。據我們所知，這種經驗會在記憶裡留下痕跡，如此而已。

---

❸　譯注：例如心電感應、靈感、預感、心靈致動等。

【情況 2】如果聞到其他氣味，比如糞便，通常會發生兩件事：（1）他意識到這是糞便，有意識的感到厭惡；（2）無需意識判斷，他的「自律神經」（autonomic nervous system）受到影響，可能會搞嘴或嘔吐。

【情況 3】我們還可以假設第三種情況：出現某種化學物質時，他沒有聞到任何氣味，也沒有覺察到什麼，但是神經系統會受到微妙影響。我這裡說的不是有毒氣體（例如一氧化碳），而是可以刺激特定感受器，在大腦內留下記憶痕跡的物質。

關於嗅覺，我們需要說明一些事實：

【事實 1】野兔的嗅覺區有一億個嗅覺細胞，每個細胞有六或十二個茸毛，這樣牠的嗅覺感受區與全身皮膚的面積一樣大 [10]。

【事實 2】據推測，適應某種氣味很久後，嗅覺系統的細胞還會繼續放電。也就是說，人們雖然沒有再聞到這種氣味，但是它還在持續影響神經系統的電流活動。實驗證據雖然還沒有完全支持該假設，但非常傾向該結論 [11]。

【事實 3】氣味在沒有被感知的情況下可以影響夢境。

【事實 4】最容易激起人性慾的香水，從化學角度來看與性荷爾蒙相關。

【事實 5】呼吸和汗液的氣味，可以隨著情緒改變而改變。

【事實 6】「嗅神經」（olfactory nerve）與「嗅腦」（rhinencephalon）❹ 相連，嗅腦是大腦的「原始」區域，可能與情緒反應密切相關。

因此，這裡的假設是：人類會持續接受各種無法察覺的化學物質刺激，它們會影響人們在各種環境下、對各種人的情緒反應及行為方式。對此，人類可能擁有專門的感受器（到目前為止還未知），但是「嗅神經束」（olfactory tract）從結構來說，已經足以應對這些刺激。我們可以將這些刺激稱為「無嗅之味」。目前還沒有確切證據顯示它們的存在，但是如果真的存在，它就可以清楚解釋現有知識範圍內，人類那些難以或無法理解的行為現象與行為反應。它

---

❹ 譯注：腦部負責嗅覺的一部分區域。

們與著迷、戀物及銘印一樣，對腳本具有長遠影響。新生小貓可以在沒有意識的情況下「聞」到母親的乳頭，對這種無嗅之味（或其他與此類似的東西）的「記憶」，顯然會影響牠們一生的行為。

5.「後事前置」與「前事後置」：源自父母教導的恐懼

「後事前置」（the reach-back）和「前事後置」（the after-burn）與溝通中的「扭曲」相似，因為它們都是父母教導的結果。不過，也不盡相同，它們與扭曲的區別在於，這兩者源自當事人自身，而非他人所激發。

「後事前置時期」的定義是：即將發生的事，從獨立影響個體的行為開始，至真正發生之間的一段時間。它在患有恐懼症的人身上最為明顯。**當個案得知即將進入讓自己害怕的情境後（比如體檢或旅行），其整體功能在前幾天就會受到干擾。**事實上，對恐懼之事的後事前置，與對日常瑣事的後事前置相比，危害更小，因為從長遠的角度來看，後者會因為心理因素導致身體疾病。以 Q 醫生為例，他下週二要去遙遠的城市演講。「後事前置」的起點是「即將到來的旅程開始干擾日常生活之際」。

這週四入睡前，Q 醫生躺了一下子，計畫著出發前需要做的事。為了彌補損失的工作時間，Q 醫生週六必須上班，而這天通常是他的休假日。Q 醫生在腦中列舉了週五必須處理的事，比如拿機票，因為他的班機是週一起飛，週五是出發前最後一個工作日。這樣，週五原本的安排就會受到一些干擾；Q 醫生與個案的會面也不像平常那麼輕鬆、有效率，他需要幫個案做好準備，因為他下週不在。週五晚上在家時也不像平常那麼輕鬆，因為 Q 醫生需要比平常更早睡，週六才能比平常更早起。週六晚上也會受到一些影響，因為 Q 醫生不能像平常一樣在週末期間運動或探望家人，同時，他也為次日打包行李感到心煩意亂。雖然準備演講資料不需要超過十五分鐘，但是週六吃晚餐時，他一直在想這件事。週日下午 Q 醫生去了海邊，可是也不像平常一樣放鬆，因為他要早點回家整理行李。整理行李也把原本安寧的週日之夜攪得一團糟。週一，Q 醫生上了飛機，當晚他在酒店提早入睡。週二一早，他完成演講、返回家中。

以上陳述中，最常出現的表達方式為「不像平常」，同時散落著一些解釋

性的詞語，例如「因為」、「由於」、「但是」。所有這些都是「後事前置式」的語法，特別是「不像平常」這句。總之，為了下週二且只需在家準備十五分鐘的一小時演講，Q醫生、他的家人以及他的個案前幾天便開始感到緊張，雖然並不嚴重，但是足以明顯影響他們的行為。

「後事前置」應與「成人自我」的準備和計畫區分開來。Q醫生週四入睡前做的事是做計畫，屬於「成人自我」的行為。如果他能在睡覺前完成計畫，不干擾正常生活，就不是「後事前置」。但是因為白天太忙碌，導致週四晚上不得不晚睡，就屬於「後事前置」。週五繼續做的事情中，有一部分屬於「成人自我」的準備，不是後事前置，因為Q醫生利用中午吃飯時間完成。而另一些事則干擾了他的日常計畫，例如與個案談話時接了一通電話、打斷了他的思考模式。思考模式反復受到干擾，就是一種「後事前置」的表現。因此，計畫與準備只要不與日常生活模式發生衝突，就是「成人自我」的活動，否則就屬於「後事前置」的一部分，特別是它們干擾到「兒童自我」（例如擔憂）或者「父母自我」（使他忽略了平常的責任）時。

即將發生的每一件事，都會以某種方式影響個體的行為，但是它們不一定獨立作用於個體的日常生活模式。例如，第10章談過的「等待聖誕老人」的人們，他們的期待與習慣的生活方式及行為方式融合在一起，而非獨立的。同樣，即將到來的青春期也能夠以某種方式影響到個體的童年，甚至影響在子宮中的發展，通常，它更有可能影響的是12歲男孩或女孩昨日的行為。由於它無法作為一個事件獨立影響其他事情，因此不符合「後事前置」的定義。

「後事前置」的治療方法顯然屬於「成人自我」區域：盡早安排時間，以便有足夠的時間做計畫並準備，而無需干擾正常的行為模式，且必須考慮到未來。如果Q醫生想到，去遙遠的城市進行一小時演講會影響到前五天的生活，他可能不會再接受這樣的安排，除非他打算休假，這樣他就可以利用一小時演講作為休假五天的契機。

「前事後置」的定義是：過去發生的事，獨立影響個體行為一段時間。在某種程度上，過去發生的每件事都會影響人們的行為，**但「前事後置」僅是在相當長一段時間內，干擾人們正常生活模式的事件**，既沒有被吸收，也沒有透過壓抑等心理機制排除。

Q醫生演講回來後，面對著一場「大掃除」。他要回覆外出期間累積的郵件

和電話、處理家人和個案這幾天累積的問題，還要計算花費、填寫與該行程有關的發票等。這些掃除工作大多是「成人自我」的行為，在不影響正常秩序的情況下便可以妥善解決。但是其中一張發票三週後被退回，因為他只繳了兩份影本，而不是三份。Q醫生開始變得煩躁，並稍微影響了接下來一小時與個案的會面。另外，還有不速之客的問題。演講結束的提問時間，一位不速之客（本不應該出現在現場的人，因為他不是專業治療師）提了幾個問題，其中幾點讓Q醫生煩惱了好幾天。那些要處理的單據屬於「成人自我」的掃除工作（只要沒有干擾日常事務），而Q醫生對被退回的發票感到惱怒，以及與不速之客的衝突則是「前事後置」的一部分，因為牽扯到他的「父母自我」和「兒童自我」。

　　總之，計畫、準備、任務本身（演講），以及之後的掃除工作都屬於「成人自我」的活動，持續了大概十二天。而涉及「父母自我」和「兒童自我」的「後事前置」及「前事後置」則持續了更久。「前事後置」通常比較久之後才會發作，就像Q醫生一段時間後才收到發票的拒絕信，然後他不得不重新填寫，並在家滿腹牢騷。解決「前事後置」的方法，是提前做好忍受瑣碎之事的心理準備，然後忘掉它們。

　　上述關於Q醫生的演講事件，是正常的「前事後置」與「後事前置」的例子。然而，在父母的鼓勵下，這兩者都可帶來嚴重的困擾，導致悲劇式的腳本結局。最嚴重的情況下，它們會導致酗酒、精神錯亂、自殺，甚至謀殺。關於考試的後事前置、關於陽痿的前事後置，可能會造成青少年自殺；關於害怕上台的後事前置，可能會造成演員和銷售員過度飲酒。下方則是腳本式前事後置的例子：

　　23歲的經理西銳爾來尋求治療，主訴之一是腹瀉。某天，他在團體治療中提到晚上入睡有困難。他會躺著回顧白天的決策以及與員工的互動，從自己做的事情當中挑出錯誤，清點白天收集的內疚、傷心和憤怒點券。西銳爾的早年經驗顯示這些行為出自母親的腳本指令。這種「前事後置」狀況大約會出現在入睡前一小時，而特殊情況下則會在入睡前兩、三個小時就出現。治療師和團體治療成員給予西銳爾允許，允許他結束一天的工作後不發生任何「前事後置」，而是在他想睡覺時直接睡覺。這與西銳爾挑剔的批判型「父母自我」恰好相反。西銳爾的失眠狀況消失了，不久後，腹瀉症狀也消失，原因是什麼並不清楚，兩個月後他

結束了治療。

對於擁有糟糕腳本（hard script）的人來說，儘管「後事前置」和「前事後置」都可以單獨為當事人帶來麻煩，但是大多數情況下，不會造成嚴重的後果，人們還可以忍受它們的存在。但是如果「前事後置」與「後事前置」重疊，幾乎對所有人都很危險。「過度工作症候群」裡常常可以看到這種情況，且事實上，這正好為「過度工作」下了一個定義：無論工作量多大，只要可以在不發生上述所說的重疊情況下完成工作，都不存在（心理上的）過度工作。假如發生重疊狀況，不管工作負荷量實際上有多小，當事人都是「過度工作」。對於昨日之事，「父母自我」會用內疚和懷疑侵擾他──他不該那麼做，他們會如何看待自己，為什麼不換一種方法來做；當這些想法像沒有氣的啤酒一樣盤旋在腦海中時，「兒童自我」又在擔心明天的事情──明天他會犯什麼錯？他們會怎樣對自己？自己又要怎樣對他們？各種想法混在一起，令人沮喪、無法提起興趣。一起來看下面的例子：

佩柏是一名會計，為了準備年度報告而工作到深夜，可是帳目數字依舊不平衡。回家後，佩柏躺在床上無法入睡，他依然很擔心。當佩柏終於睡著時，那些數字依舊縈繞在讓他不安的夢裡和眼前。第二天早上起床時，因為還沒有解決問題，昨夜工作造成的「前事後置」依舊跟隨著他。現在佩柏又開始擔心放在辦公室的工作，因為還是要處理日常工作，這又造成「後事前置」，讓佩柏早餐時光和家人談話時心不在焉。從更長的時間範圍來看，這些緊急事件背後是去年年度報告出錯所造成的「前事後置」，為此，佩柏被老闆指責。然而對今年報告的擔憂，又造成「後事前置」，讓佩柏反胃。佩柏的頭腦被交疊的這些狀況鉗制，他已經沒有時間、精力和動力處理私人生活，家庭狀況也因此開始變糟。佩柏的易怒、疏忽和悲觀，也無益於家庭關係。

這種問題的結果，取決於佩柏苛刻的控制型「父母自我」與憤怒且沮喪的「兒童自我」之間的力量權衡。如果「父母自我」更強，他會完成工作，然後崩潰，並且因為焦慮型憂鬱症而入院治療。如果「兒童自我」更強，他會行為古怪、做到一半就放棄工作，最後進入精神分裂狀態。如果他的「成人自我」更強，他會堅持到底，之後筋疲力盡，休息幾天或度假後恢復原狀。不過，即

使在最好的情況下，如果這種壓力年復一年，最終也會導致嚴重的身體疾病。根據目前掌握的資料，他最有可能罹患胃潰瘍或高血壓。

佩柏的問題在於他的時間結構。第 10 章我們提到，安排工作有兩種方式：一種是「目標時間」，指「我會一直工作，直到任務完成（不管花費的時間多久）。」另一種是「時鐘時間」，指「我會一直工作到午夜（到時候不管怎麼樣都會停下來）。」而佩柏既不能完成任務，也停不下來。在時間方面，他安排工作的方式是「匆匆忙忙」。他必須在既定時間內完成既定工作，這是「目標時間」和「時鐘時間」的強制性結合，通常會造成不可完成的任務。就像童話故事裡，女孩必須在黎明前將米粒與稻殼分開。如果時間足夠，她可以完成；或者在黎明到來前，她可以完成一部分。然而要在有限的時間內全部做完，她必須有仙女的魔法幫忙，或是小精靈、小鳥、小螞蟻幫助。可是佩柏沒有小精靈、小螞蟻或其他魔法幫他，只能得到與女孩失敗時一樣的懲罰──喪失理智。

治療交疊問題，其實是個數學問題。很多狀況下，每個人都有一定的「後事前置」和「前事後置」時間。你可以列出各種情況：與家人爭吵、考試或發言、工作截止日、旅行、走訪親戚或親戚來訪等。人們可以根據經驗，估計每種狀況需要花費的「後事前置」和「前事後置」時間。有了這些資訊，防止交疊就變成簡單的算術。如果預估事件 A 的「前事後置」時間是 X 天，事件 B 預估的「後事前置」時間是 Y 天，那麼，事件 B 的開始時間至少要與事件 A 間隔 X+Y+1 天。如果這兩個事件的情況都很容易預測，安排起來就很容易。假如事件 A 不可預測，那麼事件 B 必須延後。如果實際情況不允許延後事件 B，樂觀情況下的另一種選擇是趕緊完成事件 B，以便在最短的交疊時間內完成這兩個任務。假如事件 B 的時間不可變，唯一的選擇就是努力行事，否則悄然離開。

多數情況下，養育孩子的母親是努力行事，而非悄然離開的典型。她們具有驚人的復原力，可以吸收日常生活中許多小的「前事後置」和眾多「後事前置」。如果她們做不到，就會感到緊迫。緊迫感是出現難以應對的交疊狀況的第一個標誌，也是需要休假的第一個標誌。無論對男性還是女性，交疊都會影響他們的性生活，彷彿是性慾抑制劑。相反的，性是交疊的絕佳解藥，很多夫妻離開孩子一週，甚至僅僅一個週末，就能重新恢復性慾、擁有性的能力。之

後，「前事後置」將會被替換為回味，「後事前置」將被替換為熱身。大多數「前事後置」和「後事前置」的時間是六天，因此，兩週的假期便可以消耗掉淺層的「前事後置」，之後會有幾天無憂無慮的生活，接著，新的「後事前置」會悄然到來，再次擾亂現在的局面。然而，要吸收長期的「前事後置」，以及更深層、被壓抑的「後事前置」，至少需要六週的假期。過去，去歐洲需要一個月，穿越大西洋需要六、七天，正好是平靜的休息期，如今可以坐飛機，可是時差本身就讓人感到辛苦。

「夢」可能是調整「後事前置」與「前事後置」的一種自然機制。因此，人在實驗中或由於受懲罰被剝奪做夢的機會時，最終會變成類似精神錯亂的狀態[12]。因此，正常的睡眠對交疊問題及其不良後果具有預防作用。「鎮靜劑」，比如「巴比妥酸鹽類」（barbiturate），會減少快速動眼期，增加其他睡眠階段，因此不利於吸收「前事後置」與「後事前置」。它的效果是讓未被吸收的交疊問題以某種形式沉積在體內，因此容易導致身心疾病[13]。不過，它有時候對長期、嚴重的失眠具有積極的療效。

許多生活哲學家推崇「日復一日的生活」（living day by day）。這並不是說只為當下而活，也不是說無須組織和計畫未來的生活。其中有許多哲學家都相當有條理，也有相當成功的生涯規畫，比如威廉・奧斯勒（William Osler）[14]。用今日的語言來說，「日復一日的生活」意思是要過著精心計畫、有條理的生活，每一天都睡得好，一天結束時無須「後事前置」，因為明天的計畫早已做好；一天開始時無須「前事後置」，因為昨天過得井井有條。這是克服壞腳本帶來不利結局的好方法，也是通向好腳本及其快樂結局的好方法。

6. 小法西斯：隱藏在人格最深層的虐待者

每個人腦袋裡似乎都有一個「小法西斯」（The Little Fascist）❺，它源於人格最深層（「兒童自我」中的「兒童自我」）。對文明的人類，它通常深藏於社會

---

❺ 譯注：「法西斯主義」追求極端國家與民族主義，主張由中央獨裁領導人率領，具有嚴格的經濟與社會組織化，希望能以此造就強大的社會，並且強力鎮壓反對勢力。

價值觀與社會培養之下，但是如果獲得適當的允許，它就會被完全釋放出來，就像歷史屢屢證明的那樣。文明程度較低的人會公開展現並鼓勵「小法西斯」，不過也會等到合適的時機並且定期表達。這兩種情況下，小法西斯都是推動腳本的強勁動力。第一種情況是隱密、微妙、不被認可的；第二種情況是自然，甚至被誇耀的。但是，我們可以說，無論是誰，只要沒有意識到人格中的這股力量，都會失去對它的控制，無法管理自己、不知自己的去向。發生在一個「環保主義者」聚會上的事件，就是很好的例子：

某位環保主義者說他特別欣賞亞洲的一個部落，他們將自然資源保護得很好，他說：「比我們做得好多了。」

人類學家反駁：「是的，但是他們的嬰兒死亡率很高。」

「呵呵，」這名環保主義者說，接著其他幾位環保主義者也加入，說：「那更好，不是嗎？嬰兒本來就太多了。」

法西斯主義者可以被定義為：不尊重生命，只是將生命當作獵物的人。這種傲慢的態度顯然是史前人類遺留下來的，至今仍殘存於享受同類相殘與大屠殺中。當食肉的類人猿捕獵時，冷酷意味著效率，貪婪被飢餓驅動。然而，對已經經過自然選擇的人腦與心智，這些特性卻沒有退化。當它們不再是生存所需，便與最初獲取食物的目標分離，慢慢淪落為以傷害其他人類性命為樂的奢侈與縱容。冷酷演變為殘忍，貪婪演變為剝削與盜竊。如今，獵物——也就是肉體，特別是人類的肉體——大多已經被更適合填飽肚子的商品取代，因此更多是用來滿足心理的飢餓。吃的樂趣被折磨的樂趣取代，換句話說，折磨的樂趣優先於吃的樂趣。「呵呵！」取代了「好吃好吃」；比起殺死對方，更重要的是聽或看到對方尖叫和屈服。這就是法西斯的本質，他們的樂趣在於尋找受害者的弱點：一群人遊蕩街頭尋找男性或女性獵物，以折磨和嘲弄他們。

獵物的屈服帶來兩個副產品，對侵犯者來說皆有好處。生物學上的副產品是性刺激與性快感，性倒錯者可以將受害者作為刷新肛交紀錄的物件。折磨讓雙方產生一種特殊的親密、洞悉彼此的靈魂，而這種親密與洞悉無法從各自的生活中獲取。另一種副產品是純粹的商品：通常，受害者可以帶來的利益是賺取金錢——心臟、睪丸甚至是耳朵可以出售給食人者，他們認為人可以從這些神祕的器官裡獲取力量。當受害者的遭遇塵埃落定，並在焚化爐中化為無名

氏，脂肪還可以被更「先進」的人製成肥皂，金牙還可以再次回收利用。

人類胚胎發育重演了整個演化歷程。有時候，胚胎發育會中斷，讓他天生具有遠古階段的殘留物，比如「鰓裂」（gill clefts）❻。孩子的成長重演了史前人類的發展，從狩獵時代到農耕時代，再到工業時代，他們可能會在任何一個階段中止發展，但是每個人都會保有所有階段殘存的痕跡。

每個人身上的「小法西斯」都是一個小虐待者，他會尋找受害者身上的弱點，並以此為樂。如果允許公開表示，他會嘲笑跛腳的人，或是因為生氣而到處踐踏、強姦他人，並會為此找各式各樣的藉口，例如堅強、客觀、正當。但是大多數人會壓抑這些癖好，假裝自己根本沒有這種傾向，如果有一絲顯露，就會找藉口，或者出於害怕而加以偽裝和掩飾。有些人甚至為了表示自己是無辜的，會有意成為受害者而不是侵害者，因為讓自己流血好過讓別人流血，但是無論如何都必須流血。

這些原始的驅力與腳本的禁止訊息、訓誡及允許訊息交織在一起，構成了會造成流血事件的第三級心理遊戲，或稱為「軀體遊戲」（tissue game）。假裝沒有這些驅力的人將成為受害者，其整個腳本可能就是一套試圖證明自己沒有這些驅力的計畫。然而，最有可能的情況是他並非沒有這些驅力，否認這些驅力相當於否認了自我，因此也否認了自己擁有決定命運的權利。很多人都說這些原始驅力「太可怕了」，然而，這並不是解決辦法，解決辦法是自問：「我可以怎麼應對它，以及我可以怎麼利用它？」比起成為殘害他人的類人猿，更好的是成為殉道者，而了解自己又比成為殉道者或殘害者都要好。拒絕相信自己是從類人猿之類的生物演化而來的人，是因為他的演化還未脫離類人猿。

還有一點，意識到基因雖然已歷經五千年演化，但是重要的是，人類本性中「種族屠殺」等方面沒有絲毫改變。它們不會受到環境及社會影響，其中一個表現就是歧視皮膚較黑者，自古埃及有記載以來，至今沒有改變，那些「悲慘的古實人」（Cush）❼至今仍出現於世界各地被欺壓的黑人中[15]。另一個表現是「尋找並消滅」的戰爭。例如：

234 個越共被伏兵殺死。237 個村民在越南被屠殺。（這兩句話均出自美國軍方

---

❻　譯注：因胚胎在母體內發育異常，造成耳下或頸側出現囊腫或開口。
❼　譯注：古實是黑種人的先祖。

1969 年報告。）

與下方的文字比較：

八百個士兵被我用武力消滅；他們的平民被我縱火燒死；他們的男孩、少女被我玷汙；千具戰士死屍被我堆在山頭。五月一日，我殺了他們八百名戰士，我燒掉他們許多房子，他們的男孩和少女被我玷汙等。」（源自約西元前 870 年的阿淑爾－納西爾－帕編年史第二卷❽。）

因此，計算屍體數量的欲望至少存在了兩千八百年。好人會用「傷亡」這類詞語，而壞人則用「屍體」、「死掉」、「死屍」這類詞語。

7. 勇敢的思覺失調症案主：滿足於取得進步

人類生理與心理特性，讓預設的腳本主宰了個人命運，除此之外，社會的運作方式也會導致人們缺乏自主性。這會透過社會互動契約實現，也就是「如果你接受我的人格面具或呈現自我的方式，我也接受你的」。除非在特定群體中獲得允許，否則，任何不遵守該契約的行為，都會被視為是無禮的。這種做法的後果是缺乏面對的勇氣，不論是面對他人，或是面對自己。該契約背後隱藏著「父母自我」、「兒童自我」和「成人自我」這三個人格。這三個人格面向同意並接受彼此的自我呈現方式，就算在適當的情況下，也沒有任何一個人格面向有勇氣獨自改變契約。

「缺乏面對的勇氣」在思覺失調症案主和其治療師身上表現最為明顯。大多數治療師（就我的經驗來看）說思覺失調症是無法治癒的，意思是：「我用精神分析療法無法治癒，而且絕不會嘗試其他方法。」因此，他們滿足於「取得進步」，就好像某知名電器製造商宣稱「『進步』就是他們的主要產品」❾。然而，進步僅意味著讓思覺失調症案主在自己瘋狂的世界更勇敢的生活，而非

---

❽ 譯注：亞述國王阿淑爾－納西爾－帕二世（Assur-Nasir-Pal）在位期間積極的擴張領土，並殘酷的鎮壓當地居民。

從中脫離。因此，在不那麼勇敢的治療師的幫助下，地球上到處是勇敢的思覺失調症案主，實踐著自己悲劇式的腳本。

另外兩句治療師經常說的話，在普通大眾中也很常見：「你無法告訴人們該怎麼做。」以及「我幫不了你，你只能自己幫自己。」兩句話都是徹底的謊言。你「可以」告訴人們該怎麼做，很多人會去做，而且能做得很好。你也「可以」幫助他人，而非他們必須幫助自己。當你幫助了他們後，他們需要做的只是站起來，繼續做自己的事。但是因為有這樣的口號，社會（我不是指某個特定社會，而是指整體社會）鼓勵人們待在自己的腳本裡，而腳本通常將他們帶至悲劇性的結局。

腳本的含義不過是很久以前，某個人告訴當事人應該做什麼，而他也決定要這樣做。這說明了，你可以告訴人們該做什麼，且事實上，你也一直在做這樣的事情，特別是如果你有孩子。因此，你如果告訴某人去做某事，而不要做父母讓他們做的事，他們也許會決定聽從你的建議或者指導。眾所周知，你可以慫恿他人酗酒、自殺或殺人；因此，你也可以幫助他人停止酗酒、自殺或殺人。我們當然可以給別人做某事的「允許」，或停止做某事的「允許」（童年期被命令不斷去做的事）。我們可以鼓勵他們快樂、勇敢的生活在新世界，而不是勇敢的在舊世界不快樂的生活。

至此，我們已經列出了讓腳本成為可能並持續下去的七種因素：多變的臉龐、流動的自我、著迷與銘印、無聲的影響、後事前置與前事後置、小法西斯以及他人的默許。針對每種因素，我們也列出了實用的治療方法。

8. 腹語師的傀儡：父母自我控制著人們所說出的話語

自精神分析開始盛行，它將從前許多有價值的工作推到一邊。「自由聯想」（free association）取代了擁有幾百年歷史的「內省法」（introspection）。自由聯想關乎心靈的內容，而心靈的運作方式則留給精神分析師自行理解。可

---

❾　譯注：作者應該是指美國奇異公司（General Electric Company）在1960年代的宣傳語「Progress is our most important product」。

是，只有當心靈不能正常運作時，精神分析師才有可能理解它的運作方式。當心靈運轉正常時，它就像一部人們無法了解、封閉的機器（黑箱❿）。只有當它故障，或被丟入活動扳手這樣的人為製造故障時，才有可能弄清楚這部機器。因此，自由聯想及其後續的一些方法，實際上只適用於精神病理學：「轉換」（switches）、「侵入」（intrusions）、「說溜嘴」（slips）和「夢」（dreams）。

而「內省」卻打開了「黑箱」的蓋子，讓「成人自我」有機會看到個人心靈的運作方式：他如何將句子組合在一起、他頭腦裡的一些圖像來自何方、什麼聲音在引導他的行為。我認為費登（Paul Federn）是第一位復甦傳統並細緻研究內部對話的精神分析師。

幾乎所有人在某些時候都會「自言自語」：「你本來不應該這樣做！」他甚至也會注意到「自言自語」的回答：「但是我不得不這麼做！」這個例子中，「父母自我」在說：「你本來不應該這麼做！」而「兒童自我」或「成人自我」回答：「但是我不得不這麼做！」這其實是重演了當事人童年經歷的真實對話。那實際上究竟發生了什麼？內部對話共有三個「級別」：

【第1級】話語神不知鬼不覺的潛入傑德的腦中，沒有任何肌肉運動，至少肉眼和耳朵無法覺察。

【第2級】他感到聲肌有些許運動，特別是舌頭的一些不連貫運動。

【第3級】他會說出聲。當事人出現困擾時，就有可能出現第三級內部對話，他會在街上自言自語，人們轉頭看他以為他「瘋了」。

其實還有第四級，當事人的內部語言聽起來似乎是從外界傳來的，通常是父母的聲音（他真正的父親或母親的聲音），而這些是幻覺。他的「兒童自我」可能會，也可能不會回答「父母自我」的聲音，但是無論如何，都會影響他某方面的行為。

「自言自語」的人常常被視為「瘋子」，因此幾乎每個人都有「不要傾聽腦海中的聲音」的禁止訊息。然而，一旦給予適當的允許，這項功能就得以恢

---

❿ 譯注：只知道輸入輸出關係而不知道內部結構的系統或設備。

復。然後，基本上每個人都可以聽到自己的內部對話，這是發現「父母自我」訓誡、「父母自我」榜樣，以及腳本控制的最佳方法。

處於性興奮的女孩開始在心裡祈禱，這樣就可以抵擋男朋友的誘惑。她清楚聽見父母的訓誡：「當個好女孩，當妳被誘惑時，就祈禱。」一個男人在酒吧裡打架，他非常注意打架的技巧。他清楚聽見父親的聲音說：「不要暴露你的下一步動作。」這是父親榜樣的一部分，「在酒吧裡要這樣打架。」而他會在酒吧裡打架，則是因為聽到母親挑釁的聲音：「你就跟你爸一樣，總有一天會在酒吧裡打架，打碎牙齒。」股票市場的投機者在關鍵時刻聽到邪惡的低語：「不要賣，要買。」於是他放棄了精心的計畫，輸掉全部資本——「哈哈」他說。

就像腹語師控制傀儡，「父母自我」的聲音控制著人的發聲器官，讓當事人說出來自他人的話語。除非有「成人自我」介入，否則「兒童自我」就會像腹語師的傀儡一樣，完全依照指示行動，讓人不知不覺的中止個人意願，並且由其他人控制自己的發聲器官及身體其他部分的肌肉，這也是某些情況下腳本發作的原因。

對此，治療方法是傾聽腦海中的聲音，並且由「成人自我」決定是否聽從這些聲音的指示。如此一來，當事人就能擺脫「父母自我」腹語師的控制，成為自己行動的主人。為了達成這個目標，他需要給予自己兩個允許，不過，若這兩個允許來自他人（比如治療師），可能更有效：

【允許1】傾聽內部對話的允許。

【允許2】不遵從「父母自我」指令的允許。

這樣做會有一些危險，當事人也許需要得到他人的保護，才敢違背「父母自我」的指令。因此，當個案不再依賴「父母自我」腹語師，努力成為真實的人、不再當傀儡時，治療師的其中一個任務，就是保護個案。

需要補充的是，「父母自我的聲音」告訴當事人要或不要做什麼，「兒童自我的畫面」則告訴當事人他的願望。願望來自「視覺」，指令來自「聽覺」。

9. 小惡魔：深埋在內心，誘惑人們走向失敗

目前為止，以上談的所有內容都可以促進腳本的實現，且大多數人都缺乏覺察。現在，我們要談最關鍵的一項，它不僅讓腳本成真，還給予了決定性的推動力，也就是當傑德站在成功的邊緣，還來不及弄清楚狀況，就讓他赤裸著穿上溜冰鞋滑下山坡、走向毀滅的小惡魔。不過，回頭來看，縱使傑德從來沒有聽見腦海中的聲音，他也應該記得那一句，也就是小惡魔用極為誘人的聲音刺激他：「來啊，做吧！」儘管其他力量都在警告傑德不要這樣做，但是都無法讓他回頭，傑德還是做了。這就是「代蒙」（Daemon）❶，一種突然、超自然的推動力，決定了人的命運，是來自黃金時代的聲音❷，低於上帝但高於人類，也許來自墮落的天使。這正是歷史學家告訴我們的，且或許他們是對的。對希臘哲學家赫拉克利特（Heraclitus）來說，代蒙之於人類就是其性格；然而，據那些剛從失敗中振作起來的人所說，代蒙並不像全能的神那樣會大聲說出命令，而是像迷人的女子一樣誘惑的低語：「來啊，做吧。來吧。為什麼不呢？除了失去一切，還有什麼可怕的呢？你至少還有我，就像黃金時代一樣。」

這會驅使人們強迫並重複的走向厄運，佛洛伊德稱之為「死亡的力量」，或稱為「女神阿南刻❸的力量」，但是他把這種力量置於神祕的生物範疇，然而，問過擁有小惡魔且了解其力量的男女，就知道它不過是一種引誘的聲音。

對抗小惡魔的方法永遠都是「符咒」，這裡也是。輸家應該在錢包或手提袋中帶著這個符咒。因為在成功曙光即將到來之時，也是最危險的時刻，此時就需要拿出符咒一遍又一遍朗讀。當小惡魔低語：「伸出你的手，把鈔票押在最後一次機會上。」「只喝一杯。」「是時候把刀子拿出來了。」「抓住他的脖子把他／她拉過來。」或在即將走向失敗的任何時刻，請收回手臂，並且清

---

❶ 譯注：希臘神話中介於神與人之間的精靈或妖魔，其與神祇的區別在於祂並不具有人的外貌，而是善惡並存的超自然存在。古希臘人將許多不能理解的自然災害都歸咎於祂的惡作劇。基督教則將一切異教神靈統稱為Daemon，且意思與英文中的「惡魔」（Demon、Devil-mon）幾乎相同。

❷ 譯注：希臘神話分為黃金時代、白銀時代、青銅時代、英雄時代和黑鐵時代。黃金時代人類無憂無慮，沒有疾病、沒有衰老、無須勞作、沒有紛爭，就像神仙。

❸ 譯注：希臘神話中的原始神，代表命運、宿命與必然性，祂的意志是絕對的，混沌且無法違抗。

楚、大聲的說：「但是，媽媽，我寧可按照自己的方式做事，我要成功。」

10. 真實的人：能夠自由轉換自我狀態的人

　　真實的人與腳本相反，活在真實的世界。**所謂真實的人，應該也指「真實的自我」，可以從一種自我狀態自由轉換到另一自我狀態。**當人們彼此非常熟悉，就能透過腳本深入「真實自我」所在，這正是他人所愛、所尊重的部分。運用真實自我，人們可以在父母程式啟動前，體驗片刻真正的親密。這是非常有可能發生的，因為多數人在生命中都曾經體驗過毫無腳本約束、最為親密的關係，也就是母親和嬰兒之間的關係。在哺乳期，母親通常會擱置腳本並完全聽從本能，而嬰兒的腳本尚未形成。

　　至於我自己，我不確定自己是否在跟隨自動鋼琴的卷紙轉動。如果是，我滿懷興趣與期待，期盼接下來的音符發出它們的旋律，也許和諧，也許刺耳，但沒有任何憂慮。接下來我會怎麼樣？關於這件事，我的生命是有意義的，因為我正在追隨祖先久遠、榮耀的傳統，它們借由父母傳遞給我，譜出的旋律可能比我自己譜寫的更美妙。當然，我也知道，我有很大的自由發揮空間。也許我是地球上為數不多的幸運者，已經完全擺脫束縛，能夠譜寫自己的歌曲。如果是這樣，我就是獨自面對世界、勇敢的即興創作者。然而，不論是在虛假的彈奏鋼琴，還是用自己的思想和雙手彈奏和弦，我的生命之歌同樣充滿驚喜和懸念，因為它演奏出激動人心和盪氣迴腸的命運，無論用哪種方式，我希望留下的都是威尼斯船歌中快樂的迴響。

第 15 章

腳本如何在世代間傳遞
Transmission of the Script

透過腳本矩陣、家族序列，
了解父母、祖父母，甚至曾祖父母如何影響後代的腳本

1. 腳本矩陣：展示並分析父母及祖父母如何將指令傳達給子孫

「腳本矩陣」（Script Matrix）是用於說明和分析父母及祖父母如何將指令傳於當代子孫的圖示，以簡潔的方式完美綜合了大量資訊。第 6 章和第 7 章中的一些案例（請參考圖 6、圖 8 和圖 9，這三張圖示分別位於本書第 109、125 與 131 頁）中，我們根據掌握的資訊，盡量準確的繪製了他們的腳本矩陣。實踐時所遇到的困難，是從「雜訊」（noise）及混淆中確切的區別出「父母指令」、「父母榜樣」和「腳本主題」。然而區別的過程相當困難，因為當事人以及周圍所有人都在製造最大的干擾，讓我們難以看出當事人走向腳本結局所歷經的步驟。腳本可能是幸福的結局，也可能是悲劇，用生物學家的術語來說，稱為「最後顯現」（final display）[1]。換句話說，人們極力向自己和他人隱藏腳本其實是很自然的。用之前的比喻，坐在自動演奏鋼琴前的人舞動著手指，他處於自己正在演奏的幻覺中，不希望有人提醒他看看鋼琴內部並了解真相，而正在享受表演的觀眾也不想知道。

發明腳本矩陣的施坦納也遵循我所提出的原始構想[2]，**也就是父母中，與孩子性別相反的一方通常會告訴孩子該做什麼，而同性別的一方則會向孩子展示該如何做**（參見第 6 章高中男孩布奇的案例）。施坦納基於這個基本設想又做出

了重要補充，詳細分析父母每一種自我狀態的所做所為。他推測父母的「兒童自我」發出了禁止訊息；父母的「成人自我」賦予孩子腳本程式（我們也稱為榜樣或模式）。他還增加了一個新的元素，稱為「應該腳本」，由父母的「父母自我」所發出。施坦納的腳本矩陣主要透過與酗酒、吸毒、反社會者的諮商工作中獲得。他們都擁有第三級且嚴重的悲劇式腳本（施坦納也稱之為「有缺陷的腳本」）。因此，施坦納的矩陣主要涉及父母「瘋狂的兒童自我」發出的苛刻禁止訊息，不過，該矩陣還可以擴展，容納父母的引誘與挑釁，以及除了來自父母「瘋狂的兒童自我」外，還有來自父母的「父母自我」所做的禁止訊息（請參考第 109 頁圖 6 所呈現，關於高中男孩布奇的腳本矩陣）。

　　儘管腳本矩陣中還有一些問題需要進一步探究，但是很多人都能接受將圖 8 所呈現的結構，作為暫時的模型。這個模型對臨床工作以及發展心理學、社會學和人類學來說，具有龐大的研究價值，我們很快就會談到。在「標準矩陣」（Standard Matrix）中，指明了禁止訊息和挑釁來自父母的「兒童自我」，通常是相反性別的一方。如果這個假設得到普遍證實，將會成為關於人類命運及命運代間傳遞的重大發現。然後，腳本理論中最重要的原理便可以這樣表述：父母的「兒童自我」構成了「兒童自我中的父母自我」，或是孩子的「父母自我」是「父母自我中的兒童自我」[3]。以圖輔助，我們會更容易理解。別忘了，「C」（兒童自我）和「P」（父母自我）大寫的首字母代表的是「自我狀態」，小寫首字母則是指「真實的人」❶。

　　圖 14 是一個空白的腳本矩陣，在團體治療和教導腳本理論時，可以畫在黑板上使用。分析個案時，可以根據個案的性別先標注出父母，然後沿著箭頭用粉筆分別填寫宣言、榜樣、禁止訊息和挑釁。這樣就能以視覺的形式，清楚展現出決定性的腳本訊息，最後會形成與圖 6、圖 8 和圖 9 相似的圖示。在腳本矩陣的幫助下，治療師很快可以發現未曾發現的內容。

　　擁有好腳本的人除非想成為治療師，否則對於腳本分析的興趣只是出於學術角度。**而對個案來說，為了痊癒，他們必須盡可能細緻剖析腳本指令。準確繪製腳本矩陣對制定治療計畫十分有幫助。**

---

❶　譯注：為了清楚區別，中文以「父母自我」、「成人自我」、「兒童自我」表示「自我狀態」，父母、成人、兒童則是代表真實的人物。

獲取腳本矩陣資訊最有效的途徑，是詢問個案以下四個問題：

【問題1】父母最喜歡的宣言或訓誡是什麼？ 這個問題的答案提供了反腳本的關鍵資訊[2]。

【問題2】父母過著什麼樣的生活？ 這個問題最好由長期認識個案的人回答。個案的父母無論教導他做什麼，他都會一次又一次的做，這造就了他的社會性格：「他是個酒鬼。」「她是個性感的女孩。」

【問題3】你的「父母禁令」是什麼？ 這是理解個案的行為、制定決定性干預策略讓個案擺脫束縛且充分生活的關鍵問題。正如佛洛伊德所說，個案的症狀是替代被禁止的行為，用來反抗禁止，因此解除禁令也會治癒症狀。從「背景雜訊」中確切區分出父母的禁止訊息需要經驗和細緻觀察。而我們可以透過第四個問題獲得最可靠的線索。

【問題4】你必須做什麼，才能讓父母微笑或咯咯的笑？ 這是引誘，用來替代被禁止的行為。

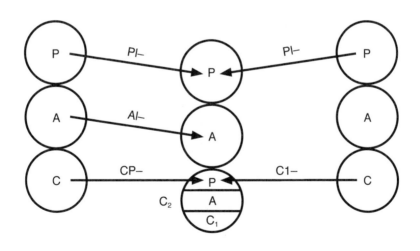

【圖14】空白的腳本矩陣

---

❷　譯注：此處更有可能是「應該腳本」，而非反腳本。詳情請見譯者序中的說明。

施坦納認為「酒鬼」的禁令是「不要思考！」而酗酒正是不思考的好方法[4]。無法思考是「酒鬼」心理遊戲玩家及同情他們的人中司空見慣的話題，在酗酒治療團體裡更是如此[5]。他們總是說酒鬼不是真正的人，不應被當作真正的人對待，這並不是事實。海洛因比酒精更容易上癮、更危險，而「錫南農」早已確切證明海洛因成癮者也是真正的人。當酗酒者和吸毒者切斷頭腦中引誘他們維持惡習的聲音時（惡習借由定時的生理需求得以強化），真實的個體就會顯現。鎮定劑和吩噻嗪（phenothiazines）類藥物具有療效，部分原因正是它們可以抑制「父母自我」的聲音。「父母自我」的聲音伴隨著「不許」和「哈哈」，會讓「兒童自我」感到焦慮或困惑。

總之，我們需要在圖 14 裡填上資訊，才能像圖 6、圖 8 和圖 9 一樣完整。需要填上的資訊包括：「處方」（Prescription）或「激勵」（Inspiration）縮寫「PI」；「榜樣」（Pattern）或「程式教導」（Program of Instruction）縮寫「AI」；「父母禁令」（Parental Prohibition）或「禁止訊息」（Injunction）縮寫「CI」；以及「父母禁令」（Parental Prohibition）「挑釁」（Provocation）縮寫「CP」。

最強有力的腳本指令透過「家庭戲劇」（請參考第 3 章）賦予。家庭戲劇在某些方面強化了父母所說的話，在另一些方面證明了父母的虛偽，正是家庭中的這些戲劇場景讓孩子深刻習得了父母賦予他們的腳本。需要牢記的是「『非言語的溝通』與出聲的話語一樣，同樣具有持久、深刻的影響」[6]。

2. 家族序列：代代相傳的禁止訊息

第 6 章和第 7 章的腳本矩陣，展現腳本裝置的主要元素如何從雙親傳遞給子女，包括「父母自我」訓誡、「成人自我」榜樣，以及「兒童自我」的腳本控制。圖 7 更細緻的展現了父母如何將最為重要的腳本元素，也就是「禁止訊息」傳遞給傑德，而禁止訊息通常由異性父母傳遞。有了以上知識，就不難理解圖 15 所呈現的禁止訊息如何代代相傳。這一系列傳遞被稱為「家族序列」（family parade），而該圖所呈現的，是傳遞了五代的同一個禁止訊息。

圖 15 的情況並不少見。個案聽說或親眼看見祖母如何成為輸家；個案很清楚自己的父親也是輸家；個案來做治療是因為自己也是輸家；個案兒子需要

接受治療因為他也是輸家；個案孫女已經在學校裡表現出即將成為輸家的跡象。個案和治療師都明白，這五代人之間的鏈條必須從某處打破，否則必將延續更多世代。這樣的訊息可以激勵個案康復❸，因為如果她恢復了健康，就可以從兒子身上撤回禁止訊息。現在的情況是，他們每一次見面，個案都在強化這個禁止訊息。撤銷禁止訊息有助於讓兒子康復，對孫女的未來也大有裨益，並且我們可以推測，這對孫女的孩子也有好處。

婚姻的一個作用是稀釋禁止訊息與挑釁，丈夫和妻子的家庭背景不同，賦予孩子的指令也不同。事實上，效果與基因傳遞類似。如果贏家與贏家結婚（贏家傾向這樣做），後代更有可能成為贏家；如果輸家與輸家結婚（輸家傾向這樣做），後代更有可能成為輸家；如果輸家與贏家結婚，各種可能的結果都有，後代可能成為贏家，也可能成為輸家。

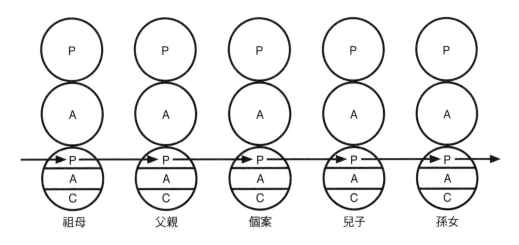

【圖15】家族序列

祖母　　　　父親　　　　個案　　　　兒子　　　　孫女

---

❸　透過家族序列，我們便可以追溯這位女性個案（她的曾祖母活了很大歲數，且記憶力無損）的心理遊戲及腳本前至拿破崙戰爭期間，後至於2000年出生的外孫。

3. 文化傳承：文化與角色，同樣也會在世代中傳承

圖 16 展示出如何在五代間傳遞訓誡、榜樣及控制。值得慶幸的是，接下來的例子是「好的」贏家腳本，而非「壞的」輸家腳本。這個腳本可以被命名為「我的兒子是醫生」，案例當事人是南太平洋一個叢林村莊中的世襲醫生。

我們從一對父母開始。父親（第五代），出生於 1860 年，和首領的女兒結婚；他們的兒子（第四代），出生於 1885 年，做的事情與父親一樣；他的兒子（第三代），出生於 1910 年，跟隨相同的腳本；他的兒子（第二代），出生於 1935 年，模式稍有不同，他沒有世襲成為醫生，而是到斐濟首都蘇瓦的醫學院，成為一名本土醫療助理，但是他也與首領女兒結了婚；他們的兒子出生於 1960 年（第一代），也打算追隨父親的足跡，不過因為歷史發展，他會被稱為「助理衛生官員」，甚至可能去倫敦，充分成長為資格完善的衛生官員。每一代的兒子都是下一代的父親（代號「F」），他的妻子是下一代的母親（代號「M」）。

每一代父母都將自己「父母自我」的訓誡和激勵傳遞給兒子的「父母自我」：「成為一名好醫生。」父親的「成人自我」將自己的職業祕訣傳遞給兒子的「成人自我」。這方面母親當然不懂，但是母親知道自己希望兒子做什麼；事實上，她很早就知道自己希望兒子不是成為首領就是醫生。兒子顯然會成為後者，因此她的「兒童自我」向兒子的「兒童自我」傳遞著善意的引誘 ── 「當個醫生來成為贏家」（在兒子小的時候，就將自己的童年決定傳遞給他）。

圖 16 更完整的展現了圖 15 的家族序列。我們可以看到父親的訓誡和程式教導構成兩條平行線，從 1860 年一直延續到 1960 年。從側面來看每一代，母親的訓誡和禁止訊息（「不要失敗」）也是平行的。這巧妙的展示了一百年間「文化」的傳承。在村落社會中，我們可以為任何「文化」元素和「角色」繪製類似的圖譜。

在女兒的家族序列裡，她們的角色可能是「成功醫生的母親」，繪製出的譜圖與圖 16 相比，除了父親和母親位置互換外，沒有什麼不同。在農村，叔伯或婆婆對孩子的腳本也有重要影響，圖譜會更複雜，但是原理是一樣的。

需要注意的是，在贏家的家族序列裡，腳本與反腳本是相符的，這是確保

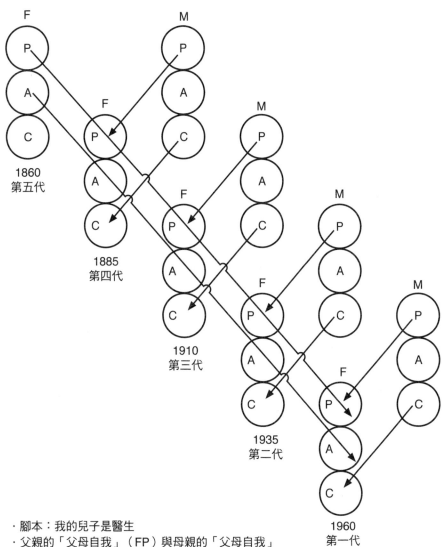

- 腳本：我的兒子是醫生
- 父親的「父母自我」（FP）與母親的「父母自我」
  （MP）：成為一名好醫生
- 父親的「成人自我」（FA）：這就是其中的祕訣
- 母親的「兒童自我」（MC）：成為贏家

【圖16】文化傳承

贏家的最好方法。但是假如第三代母親恰巧是酗酒首領的女兒，她可能會傳遞給兒子「壞的」腳本禁令。這就會有麻煩，因為他的腳本與反腳本具有衝突。母親的「父母自我」告訴兒子要成為好醫生，可她的「兒童自我」卻在告訴兒子關於外公的愚蠢，以及當他猛烈喝酒時所出現的著迷和歡快。兒子可能會因為酗酒被醫學院開除，終身玩「酒鬼」的心理遊戲，並且由失望的父親扮演「迫害者」，由懷舊的母親扮演「拯救者」❹。

4.祖父母的影響：祖父母如何影響後代腳本

臨床實踐中，腳本分析最複雜的莫過於追溯祖父母的影響。圖 17 更細緻的呈現了圖 7 中祖父母的影響力，在圖中可以看到，母親的「父母自我中的兒童自我」（PC）分為兩個部分，FPC 和 MPC。FPC 代表了小時候父親對她的影響（「兒童自我」中的「父親父母自我」），MPC 代表了母親對她的影響（「兒童自我」中「母親父母自我」）。乍看之下，這樣的區別非常複雜且不切實際，但是對於已經習慣從自我狀態角度思考的人來說並非如此。例如，個案很快就能區別自己的 FPC 和 MPC：

「小時候，父親喜歡把我弄哭，母親喜歡把我打扮得很性感。」漂亮的妓女哭著說。

「父親喜歡我聰明，母親喜歡為我打扮。」穿著考究且聰明的心理學家。

「父親說女孩不好，母親把我打扮得像個男孩子。」穿著男款衣服、行為怪僻且恐懼的女孩說。

這些女性都很清楚自己的行為受到父親（FPC）或母親（MPC）的影響。她們哭泣、聰明、害怕，是因為父親；她們穿著性感、考究、男孩子氣則出於母親的教導。

請記得，**腳本控制通常源自異性父母，母親的 FPC 是她的電極，父親的**

---

❹ 事實上，上述家族序列部分來自人類學與歷史學資料，部分來自一些美國醫生的「家庭圖譜」（family tree）。

MPC 是他的電極（請再次參見圖 7）。因此，母親給予傑德的腳本指令來自她的父親，也就是說「傑德的腳本程式來自外公。」[3] 父親給予柔伊的腳本指令則來自他的母親，因此「柔伊的腳本程式來自祖母」。因此，傑德腦中的電極是母親（外祖父），柔伊腦中的電極則是父親（祖母）[4]。將這個原理用於上述三個案例，妓女的祖母與幾個糟糕的男人結了婚又離了婚，心理學家的祖母是一位知名作家，穿著男性化女孩的祖母是位爭取女性權益者。

現在便可以理解圖 15 所示的家族序列為何會在代間產生性別更替──祖母、父親、女性個案、兒子、孫女。圖 16 則展示了在後代皆為男性（或女性）的情況下，家族序列可以如何呈現。正是因為腳本矩陣具有多種功能，才使它成為頗具價值的工具，甚至超出了發明者的預期。就心理治療來說，腳本矩陣提供了簡便的方法，幫助我們理解家庭歷史、文化傳承和祖父母對個體心理的複雜影響。

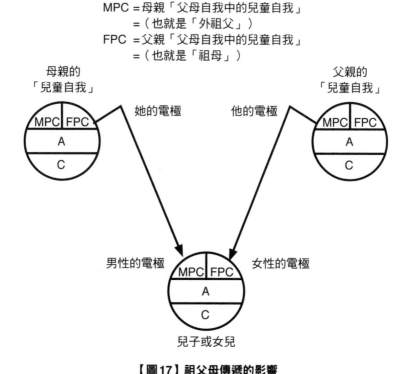

MPC ＝母親「父母自我中的兒童自我」
　　＝（也就是「外祖父」）
FPC ＝父親「父母自我中的兒童自我」
　　＝（也就是「祖母」）

母親的「兒童自我」　　　　父親的「兒童自我」

她的電極　　他的電極

MPC FPC
A
C

MPC FPC
A
C

男性的電極　　女性的電極

MPC FPC
A
C

兒子或女兒

【圖17】祖父母傳遞的影響

5.過度傳遞腳本：父母施予的指令遠超過孩子腳本所需

腳本傳遞有兩個先決條件：（1）傑德必須做好準備、有能力、有意願甚或極度渴望接受腳本；（2）他的父母想傳遞腳本。

從傑德這方面來看，有能力指的是他的神經系統能夠接受程式、能夠接受感官和社交刺激，並能夠將其系統化為調控行為的模式。隨著身體與思考模式日漸成熟，他愈來愈能接受更複雜的程式。他之所以願意接受，是因為他需要安排自己時間及活動的方法。事實上，他不僅願意，甚至迫切需要，因為他並非被動的電腦。與多數動物一樣，他有「完結」（closure）的渴望，也就是需要「完成已開始的事情」；除此以外，他還有人類追求目標的渴望。

生命初期，傑德只會隨機做動作，最終，他會知道說完「你好」後要說什麼。起初，傑德滿足於工具性的反應，這些就是他的目標：使用艾瑞克森的術語就是吸收、消除、侵入和移動。此時，我們可以看到「成人自我」本領的開端，包括動作本身帶來的樂趣，以及成功完成的樂趣。例如，將食物安全從湯匙送入口中，獨自走過地板。最初，傑德的目標是走，接著就是走向某些事物。一旦他走向某人，就一定知道走到那裡後要做什麼。起初，人們會對他微笑、擁抱他，他要做的最多就是依偎。除了走到這裡，大人沒有其他期待。後來，他們開始期待，因此傑德要學會說「你好」。不久，僅是如此也不足夠，大人開始期待更多。傑德因此學會給予他們各式各樣的刺激，希望獲得他們的回應。所以，傑德永遠對父母給予自己的行為榜樣心懷感激（不管你信不信）：可以如何接近他人，以獲得想要的反應。這便是對時間結構的飢渴、對行為模式的飢渴，以及從長遠的角度說，對腳本的飢渴。傑德之所以會接受腳本，正是因為他有對腳本的飢渴。

從父母這方面來看，他們也已經做好準備、有能力、有意願傳遞腳本，這是世代演化的結果：養育、保護、教育後代的強烈願望，只有極強大的內部和外部力量，才能壓制這種願望。如果父母已經被預設了腳本，他們不僅願意，而且極度渴望傳遞腳本，並從養育孩子中獲得巨大的樂趣。

然而，有些父母卻過度急迫。對他們來說，養育孩子不會令他們厭煩，但也不快樂，而是一種強迫。他們極度需要將訓誡、榜樣和腳本控制傳遞給孩子，遠超過孩子對於這些父母程式的需要程度。此種強迫非常複雜，大致可以

分為三個方面：（1）不朽（死）的欲望；（2）父母自身的腳本使然，包含從「不要犯任何錯誤」到「把你的孩子搞糟」等不同類型；（3）父母想擺脫自己的腳本控制，因此將腳本傳遞給他人，好讓自己解脫。當然，這種向外投射根本無法起作用，因此他們會一再嘗試。

父母持續攻擊兒童心靈的現象，對兒童精神病學家、家庭治療師等專業人士來說絲毫不陌生。從腳本分析的角度來看，這是「過度傳遞腳本」（over-scripting）的表現，父母為孩子施予過多的指令，遠超過孩子需要腳本的程度。這種腳本稱為「超越腳本」（episcript）或「過度傳遞腳本」。通常，孩子會透過某種形式的拒絕來躲避，但是他們也會學習父母的行為，並企圖將它傳遞給他人。正是出於這個原因，芙妮塔・英格利許（Fanita English）[7] 將超越腳本描述為「燙手山芋」，而人們試圖不斷來回傳遞該腳本的行為，她則稱作「燙手山芋的心理遊戲」（Hot Potato Game）。

關於該主題，英格利許在她的原創論文中指出，所有人都會玩這個心理遊戲，包括治療師。她以一位心理學專業的學生喬為例。

母親給予喬的腳本結局是：「被關入精神病院。」因此，他常常挑選有可能被送進公立醫院的個案，為其提供不恰當的治療，然後幫助他們成功進入公立醫院。幸運的是，喬的督導觀察到每次個案接近崩潰時，喬都會露出腳本式的微笑。督導勸喬放棄心理學改行從商，並接受心理治療，才得以結束此事。喬的腳本結局是來自母親的「超越腳本」或稱「燙手山芋」，就像喬母親常說的，她一輩子都在努力「避免進入精神病院」。她從父親或者母親那裡得到進入精神病院的指令，並試著透過傳遞給喬，以擺脫指令。而喬又試圖傳遞給他的個案。

父母在正常撫養孩子的過程中，就將腳本傳遞給了孩子，他們盡最大努力養育、保護、鼓勵孩子，向孩子展示應該如何生活。**導致過度傳遞腳本的原因很多，最具病理性的原因，是透過將腳本傳遞給某個孩子獲得解脫。**超越腳本是誰都不想要的燙手山芋，尤其當它是「有缺陷的」悲劇式腳本時。英格利許指出，是「小教授」（「兒童自我」中的「成人自我」）在問：「誰需要它？」並決定透過傳遞給他人以獲得解脫，就像擺脫童話裡的咒語一樣。

6.腳本指令的混合：隨著人生經歷產生的腳本指令

隨著時間流逝，加上人生經歷磨塑，腳本控制、榜樣、生存處方則會混合在一起，難以從個人行為區辨出來，而對我們來說，也很難確定何者為「最終展現通道」。孩子會將腳本指令綜合在一起形成一個計畫或路線，主要的腳本結局以「最終展現」的形式出現。如果腳本結局不好（例如精神錯亂、震顫性譫妄❺、出車禍、自殺或謀殺），有經驗的觀察者很容易便能看出其中的腳本元素。如果腳本結局良好，區別不同的腳本指令就更困難，部分原因是父母同時給予了孩子很多允許，掩蓋了腳本指令。

讓我們思考一下節選自某小鎮報紙的真實愛情傳奇：

X家庭重複上演的羅曼史

五十年前，一名澳洲士兵前往英國參加第一次世界大戰。他的名字叫約翰，他遇到珍並與她結婚。戰爭結束後，他們到美國生活。二十五年後，他們的三個孩子到英國度假。兒子湯姆與諾福克❻大鄞鎮的女孩瑪麗結婚，湯姆的兩個妹妹也都嫁給了英國人。今年秋天，湯姆和瑪麗的女兒小珍在大鄞鎮的阿姨家度假，宣布與大鄞鎮人哈利訂婚。小珍剛從當地高中畢業，他們計畫婚後到澳洲生活。

分析約翰與妻子珍透過湯姆和瑪麗傳遞何種訓誡、榜樣、控制和允許給孫女小珍是個有趣的練習。

需要說明的是，**腳本程式是自然的過程，猶如花草生長，父母不會考慮道德因素，也不會考慮後果。**有時候，腳本與反腳本會互相配合，造就了最駭人的腳本——「父母自我」允許「兒童自我」摧毀他人，這樣不幸的混合指令導致歷史上出現了主導戰爭、革命和大屠殺的領袖，以及對個體層面來說的政治暗殺者。母親的「父母自我」說：「要優秀！」「要出名！」而她的「兒童自我」卻指示：「殺死所有人！」父親的「成人自我」向兒子展示如何殺人，在

---

❺ 譯注：也稱為「酒精戒斷性譫妄」，戒酒後48至72小時後可能會出現幻覺、意識混亂、心跳加速等狀況。

❻ 譯注：英格蘭東部的郡名。

開化國家中，父親教他如何用槍；在未開化國度裡，父親教他如何用刀。

　　多數人都舒適的生活在自己的腳本矩陣裡，因為這是父母為他們鋪設的暖床，最多只會稍加修飾。床上也許有蟲子，也許不平整，但是他們從生命初期，便開始適應這張專屬於他們的床，因此很少人願意換成條件更好、更符合他們情況的床。「矩陣」（Matrix）在拉丁語的意思是「母親的子宮」，當人們處在腳本中時，就是最靠近早已永久離開的溫暖子宮之時。那些決定擺脫腳本，說：「母親，我想按照自己的方式做事。」的人，有幾種可能的情況：幸運的情況是，母親自己的腳本包含內部解除或詛咒解除器❼，這樣他們自己就能擺脫腳本；另一種是得益於朋友、密友及生活本身的協助，但是這種情況很少見；第三種是透過適當的腳本分析獲得允許，從而上演他自己真正的人生。

7. 總結：了解腳本矩陣的概念與如何應用

　　腳本矩陣是用來展示和分析腳本指令如何從父輩及祖輩傳遞給當代子孫的圖示。長遠來看，這些指令決定了個體的人生計畫及最終結局。目前的訊息表示，最具決定性的腳本控制來自異性父母的「兒童自我」。同性別父母的「成人自我」為孩子樹立行為榜樣，決定了孩子在執行人生計畫的同時，擁有何種興趣及人生歷程。同時，父母雙方都會透過「父母自我」向孩子傳遞生存處方、激勵及人生格言，這構成了孩子的應該腳本。腳本上演過程中會有停頓，這個間歇期便被應該腳本占據。如果行事得當，應該腳本可能會接替並壓制腳本。下表（源自施坦納的發現4）展示的是一位「酗酒」男士的腳本元素。第一欄列出的是父母雙方發揮作用的自我狀態，括弧裡的字母代表的是孩子接收的自我狀態，下一欄是指令類型。最後兩欄無需特別說明。

---

❼　譯注：請參考第7章第10部分。

【表1】酗酒男士的腳本元素

母親的「兒童自我」（C）	禁止訊息和引誘	腳本	「不要思考，喝酒。」
父親的「成人自我」（A）	程式（榜樣）	人生歷程	「喝酒和工作。」
父母雙方的「父母自我」（P）	生存處方（格言）	應該腳本	「努力工作。」

　　就算每個人的各種腳本指令起點不同（終點也許也不同），腳本矩陣依舊是科學史上最有用、最有力的圖示之一，因為它將個體整個人生計畫和最終命運統整到一個簡潔、易懂、方便查看的圖表中，同時亦暗示改變的方法。

8. 父母的責任：腳本程式如同代代相傳的基因缺陷

　　對於溝通分析和腳本分析，若以心理動力的宣言表達，可以說：「想想括約肌。」臨床使用準則，則是在團體治療中觀察每位個案、時時刻刻、每塊肌肉的每一個運動。溝通分析與腳本分析師的人生座右銘是：「溝通分析師健康、快樂、富有、勇敢，無論行走四方，還是在當地治療個案，他們都會遇到世界上最美好的人們。」

　　這裡的「勇敢」，指的是敢於對抗人類的命運問題，並透過動力學宣言及其使用準則找到解決辦法。腳本分析可以解答人類命運問題，並讓我們知道（唉！）命運大部分早已預先決定，對大多數人來說，自由意志只是幻覺。例如，法國心理學家艾倫迪（René Allendy）[8] 認為自殺者的決定都是孤獨、痛苦，且顯然是自主的。可是，不論自殺者的情況有多麼不同，每年的「自殺率」都相對穩定。能夠解釋此現象的唯一方法（以演化論者的角度），便是將人類命運歸結為父母程式的結果，而非個體的「自主」決定。

　　那麼，父母的責任是什麼？腳本程式不是他們的「錯」，它就像遺傳缺陷（如糖尿病、畸形足）或天賦（數學、音樂），父母親只是將從他們的父母和祖父母那裡繼承的顯性及隱性基因傳遞下去。腳本指令也會像基因一樣不斷重組，

因為孩子有父親也有母親。

另一方面，腳本裝置與基因裝置相比靈活得多，會根據外界影響不斷修正，例如人生經驗或他人插入的禁止訊息。我們很難預測外人何時說的何種話會改變一個人的腳本。也許是酒會上或走廊裡偶然聽到的一句隨意言論，也許是得益於婚姻、上學或心理治療等正式關係。很常見的一種現象是，夫婦雙方會逐漸影響彼此對待他人、對待生活的態度，這種變化會反映在他們的表情肌和姿態裡，這也是他們看起來愈來愈像的原因。

那些希望改變自己的腳本、避免將自己承擔的指令傳遞給孩子的父母，首先要非常了解自己的「父母自我狀態」，以及自己腦中存儲、來自「父母自我」的聲音，因為孩子很容易習得，並在做事時將能量「貫注」於此。父母較孩子年長，我們因此假定父母在某方面比孩子更明智，因此，控制「父母自我」行為的責任在於父母自身。只有將「父母自我」置於「成人自我」的管控之下，才能實現上述目標。

困難點在於，孩子代表著父母的復刻與永生。每個父母看見孩子以自己的方式行事時，都會公開或暗地裡感到高興，即使孩子跟隨的是自己最惡劣的品性。如果父母真的希望孩子能比自己更好的適應太陽系及其影響範圍的生活，就必須放棄這種愉悅感，將其置於「成人自我」的掌控之下。

現在，我們可以開始思考當傑德（任何一個人）想改變自己的腳本時，也就是改變錄製在腦海中的聲音以及其所指示的程式，會發生什麼事情。此時，他會成為一種特殊的人──個案「派特」。

Part 4

臨床實踐中的
腳本分析

The Script in Clinical Practice

What Do You Say After
You Say Hello?

第 16 章

治療前的準備階段

The Preliminary Phases

治療師難以自始至終追蹤一個人的腳本，

因此在治療前必須了解個案的個人史，才能看見個案的腳本

---

1. 引言：臨床腳本分析的「初始階段」與「腳本分析階段」

個體出生前，腳本便開始形成，而「最終展現」或「最終結局」直至死亡或更晚才能顯現。因此，臨床醫生基本上沒有機會自始至終追蹤一個人的腳本。律師、銀行家、家庭醫生、牧師，尤其是在小鎮裡從事這些工作的人最有可能知道某個人長達一生的祕密。因為在精神疾病個案上運用腳本分析只有幾年的歷史，因此事實上，我們還沒有完整臨床觀察某個個案的生命歷程或腳本。目前，了解某個人長久個人史最好的方法，便是閱讀傳記，但是其中通常缺少了很多重要資訊。而這些問題，我們不太容易從普通學術或文學傳記中找到答案。與腳本分析最接近的第一個嘗試，是佛洛伊德所寫關於李奧納多·達文西（Leonardo da Vinci）的著作[1]；第二個里程碑是厄內斯特·瓊斯（Ernest Jones）為佛洛伊德所寫的傳記[2]，其優勢在於他私底下認識佛洛伊德。艾瑞克森研究了兩個成功的領袖——馬丁·路德（Martin Luther）❶和聖雄甘地（Mahatma Gandhi）❷的人生計畫與生命歷程[3]。接下來，利昂·埃德爾（Leon Edel）為

---

❶ 譯注：16世紀的宗教改革家，促成基督新教興起。

❷ 譯注：印度國父，帶領印度獨立、脫離英國殖民地統治。他的非暴力哲學思想影響了全世界的民族主義者和爭取和平改革運動。

亨利‧詹姆斯（Henry James）寫了傳記[4]，齊利格（Meyer A. Zeligs）研究了希斯（Alger Hiss）與錢伯斯（Whittaker Chambers）❸之間的關係[5]，其中顯示了很多腳本元素。但是這些著作中，對於大部分的早期指令，我們只能猜測。

與科學腳本研究最相近的，是美國心理學家麥克利蘭（David McClelland）的研究[6]。他研究了兒童聽到或讀到的故事與生活動機之間的關係。多年後，魯丁（S. A. Rudin）持續了他的研究[7]。

魯丁研究了受到這些故事影響而死亡的人們。因為「成功者」必須是「優秀的」，他們往往會嚴格控制情緒，且常常患有潰瘍或高血壓。魯丁將這組人與「有權力欲望」且能夠透過行動自由追求的另一組人相比，發現這組人更多死於所謂「腳本的」原因：自殺、殺人、過度飲酒導致的肝硬化。「成功者」的腳本基於成功的故事，「權力者」的腳本基於冒險的神話。魯丁告訴我們他們在追求何種死亡。這項研究持續了二十五年，與我們所談的腳本分析很吻合。

即使有此類研究，在精確度與確定性上，腳本分析依舊無法與研究實驗鼠為主的心理學或細菌學相同。腳本分析師在實踐中必須閱讀傳記、記錄朋友的成功和敵人的失敗，過程中會看見大量且擁有各式各樣早期設計的個案，並且還要推測和預測長期治療個案過去與未來的生活。例如，臨床醫生與之前的個案依舊保持聯絡，不論是透過定期拜訪或者聖誕卡片，從業二、三十年後，臨床醫生就會愈來愈確信腳本分析。有了這些背景知識，臨床醫生就更清楚應該如何治療當下的個案，如何以最快的速度從新個案身上盡可能的收集資訊。在每個案例中，治療師獲得腳本訊息愈快速且準確，對個案的腳本治療也會愈迅速且有效，從而避免浪費時間、精力與生命，以及對後代的不良影響。

就像所有醫學分支一樣，治療精神疾病個案也有一定的致死率和致殘率。不論治療師在其他方面獲得了什麼樣的成績，首要目標都是降低這兩項機率，包括因為藥物造成的急性自殺，以及因為酗酒或高血壓造成的慢性自殺。治療師的口號必須是「先變好，再分析」，否則，他「有趣」又「富有洞察力」的

---

❸ 譯注：1930年代，《時代》（*Times*）雜誌編輯錢伯斯控告希斯是美國政府派來的間諜。1948年，希斯以偽證罪名定讞，被判入獄服刑。希斯後來以92高齡逝世，始終宣稱自己無辜。

個案，將成為太平間、國家醫院或監獄裡最聰明的人。那麼，第一個問題便是：「治療中的『腳本訊號』是什麼？」治療師應該知道要尋找什麼　去哪裡找、找到後他要做什麼，以及如何確認自己做的是否有效，這是下一章要談的內容。第二個問題是：「如何確認他的觀察與印象，並以系統化的方式呈現，以便與他人討論？」本書的腳本檢核表（請見第23章）將有助於實現這個目標。

很多個案會見了其他治療師後，又來找溝通分析治療師。如果只會見其他治療師，對溝通分析師來說，他們只是經歷了治療的「初始階段」。在臨床腳本分析中，為方便起見，治療被分為兩個階段：初始階段和腳本分析階段。無論使用哪種療法，其實都會經歷相似的階段，而非腳本分析獨有。腳本分析師可能會看到其他治療師的失敗，而沒有看到他們的成功。同樣，其他治療師也只看到了腳本分析的失敗，通常看不到他的成功。

之前的章節中，我們討論了人類通常的發展狀況，試圖找出其普遍性。我們將主角命名為「傑德」，也會繼續這樣稱呼一般人類，但是當傑德在治療室或病房裡時，我們會稱他為「派特」，他的治療師則稱為「Q醫生」。

2. 選擇治療師：從個案如何選擇治療師看見他的腳本指令

不論個案在其他方面是多麼混亂，在選擇治療師方面，幾乎所有治療師都願意相信個案是理性、有智慧和有辨別能力的，認為自己被個案選擇是出於專業價值及個人價值。這種感覺是健康的，而且也確實是我們的職業回報之一。每位治療師都有權利沉浸在這種感受裡，並且最大程度的享受它——持續五或七分鐘。之後，如果他希望能治癒個案，就應該把它和其他獎盃、學位證書一同放到書架上，然後永遠忘掉它。

Q醫生擁有個案認可的學位與聲譽，也許是一位非常優秀的治療師。他可能會認為這是個案來找他的原因，或者也可能是個案自己這樣告訴他。然而，Q醫生應該保持清醒，還有許多個案「沒有」選擇他。根據現有資料，42% 有困擾的人們首先會去找牧師，而不是心理治療師，而其他人幾乎都會先去找家庭醫生[8]。只有 $\frac{1}{5}$ 需要心理治療的個案會接受治療，不是在醫院，就是在診所，或是私人治療所[9]。換句話說，80% 有心理困擾的人不會選擇心理治療，即使

人們都可以在公立醫院獲得這項服務。另外，在可以選擇治療師的個案中，絕大部分會有意選擇次等治療師，還有相當比例的人會選擇最差的治療師。同樣的事情也發生在其他醫學分支，眾所周知，很多人花更多錢來毀掉自己，例如酒精、毒品、賭博，而不是花更多錢在能夠拯救他們的心理治療上。

假如可以自由選擇，個案會根據其腳本選擇治療師。某些地區，個案沒有條件找治療師，就會去找當地的巫醫、薩滿巫師（shaman）❹ 或司鼓巫（anga-kok）❺ 10。還有一些地區，個案可以在傳統和現代醫生之間做選擇 11，並會根據當地習俗 12 和政治壓力選擇相信傳統醫學，還是現代醫學。在中國和印度，常常會結合傳統和現代療法，例如在馬德拉斯（Madras）❻ 的精神醫院 13，便結合了阿育吠陀（Ayur-Vedic）❼、瑜伽與現代療法來治療精神疾病。還有很多情況是個案迫於經濟狀況沒有選擇權。

在美國，多數個案沒有選擇治療師的自由，他們被各種「權威」轉介或指派給下列一種或多種人：精神科醫師、心理學家、精神科社工、精神科護士、諮商師，甚至是社會學家。診所、社會機構、精神病院或公立醫院的個案，也可能被指派給上述任何一種單位。男學生會被指派給學校輔導處，緩刑犯會指派給觀護人，而該觀護人可能沒有受過治療訓練。假如個案之前不了解心理治療，對此也沒有任何想像，如果他喜歡第一任治療師，那麼在其他地方尋求治療時，也會支持其他治療師的專業性。

私人診所擁有選擇的自由，也正是在這裡開始呈現「腳本式選擇」，特別是在精神科醫師、心理師、心理學家和精神科社工之間做出選擇，以及在勝任和不勝任的治療師之間做出選擇。例如，基督教徒就算去看醫生，也會選擇能力不足的醫生，因為他們的腳本禁止被醫生治癒。以上各種職業也包含不同的分支和流派，例如用通俗的話來說，精神科醫生就有「電擊治療師」、「開藥者」、「厭惡療法治療師」以及「催眠師」之分，個案通常會根據他們的腳本做出選擇。如果是家庭醫生向個案推薦，家庭醫生也會選擇適合自己腳本的療

---

❹ 譯注：北亞、中亞、西藏、北美的原始宗教，薩滿當地的巫師，也會醫治病患。
❺ 譯注：北極地區愛斯基摩人的巫師、醫生。
❻ 譯注：南印度城市清奈（Chennai）的舊名。
❼ 譯注：來自梵文，意為「生命的科學」，是印度使用幾千年的整合健康照護的方式，也是世界上最古老的醫學體系，代表著健康的生活方式。

法。這一點在尋找或被轉介至催眠師的例子中非常明顯。如果個案打電話給精神科醫生，要求做催眠，而這位精神科醫生並不使用催眠療法，接下來的對話就會成為腳本式對話，因為個案堅持認為，只有透過催眠，他才能變好。有些人會自動選擇（例如透過腳本指令）「梅奧醫院」（Mayo Clinic）❽，另一些人會自動選擇「梅靈格精神分析學院」（Menninger Clinic）❾。同樣，在選擇精神分析師時，出於腳本原因，一些人會選擇最正統的分析師，一些人喜歡更具彈性的分析師，還有些人會去找冷門流派的「分析師」。有時候，出於腳本，治療師的年齡或性別也很重要，例如，需要引誘或害怕被引誘。叛逆的人通常會選擇叛逆的治療師；有失敗腳本的人會選擇最差的治療師，比如選擇脊骨神經醫師（chiropractor）或徹頭徹尾的庸醫當治療師[14]。美國記者兼評論家孟肯（Henry Louis Mencken）曾指出：達爾文（Charles Darwin）提出的「天擇」（natural selection）在美國僅有的殘跡便是「脊骨神經醫師」（在這個國家，每個人都會被照顧得好好的），脊骨神經醫師被允許從業的範圍愈廣，經過他們治療後，無法適應的人類就會愈快遭到淘汰❿。

很明顯，以下三方面由個案的腳本指令決定：（1）他是否尋求幫助，還是僅任疾病自然發展。（2）有選擇時，他會選擇什麼樣的治療師。（3）治療是否注定成功。一個有輸家腳本的人，不是不求助於治療師，就是會選擇無法勝任的治療師。若是後者，當治療失敗時，個案不僅遵照腳本依舊保持輸家角色，還可以從不幸中獲得各式滿足，例如他可以責備治療師，或者因為成為最「糟糕」的個案而產生一種英雄式的滿足[15]，或是可以吹牛自己曾經與 X 醫生花了十年時間，幾千元美金，但卻毫無療效。

❽ 譯注：非營利醫院，2020－2021美國新聞全球最權威醫院排行榜（U.S. News & World Report, 2020－2021）總排名第一名的醫療院所。
❾ 譯注：美國相當具權威性的診療與研究精神疾病機構。
❿ 譯注：脊骨神經醫師是美國排名第一的「鐵飯碗」，他們認為人體的每個腺體、器官和細胞都需要神經的正確支配，對很多疾病都有療效。但有些人質疑其科學性。

3.如魔法師般的治療師：對個案的「兒童自我」而言，治療師彷彿有魔法一般

對個案的「兒童自我」而言，治療師就像魔法師。從小時候開始，他們就認識類似的魔法人物——有些家庭敬畏的是家庭醫生，有些家庭敬畏的是牧師。然而，有些醫生和牧師是悲劇的產物，因此十分嚴肅，例如提瑞西阿斯（Tiresias）❶總是會告訴人們壞消息，然後給他們咒語、護身符等來拯救他們；另一些醫生和牧師則像漫畫人物綠巨人，他們向孩子展示巨大的肌肉、保護孩子以免他們受傷，安慰他們並讓他們安心。當傑德長大後，也常常會尋求類似人物的幫助。不過，假如傑德與魔法人物相處得並不愉快，就會反抗他們，轉而尋找其他類型的魔法。問題是，人們為什麼會選擇心理學家充當腳本角色，相對來說，人們有友好的心理學家當鄰居的機率很低，因此他們不太可能在孩子小時候充當魔法人物。從童話的角度來看，治療師最有可能是給予傑德魔力達成結局的小矮人、巫師、金魚、狐狸或鳥，他們可以給予傑德七里格魔靴❷、隱形斗篷、能夠根據要求變出金子的箱子、能夠變出蛋糕和美味餐點的桌子，或是能夠阻擋魔鬼的辟邪物。

大略來說，個案在選擇治療師時可以從三種魔法之間選擇，每種選擇的目標可能是成功，也可能是失敗。如果腳本需要，個案也可以用一種魔法對抗另一種魔法。這三種魔法分別是「科學」、「雞湯」和「宗教」。其實任何一種職業都能提供這三種魔法，但是典型的情況是，心理學家提供的是「現代科學」，精神科社工提供的是「雞湯」，宗教諮詢師提供的是「宗教」。這三種職業中，受過良好訓練的治療師可以隨時根據情況提供其中一種魔法，有時候會結合兩種魔法。對尋求多種魔法的個案，科學與宗教，雞湯與科學，或宗教與雞湯，是常見的組合。科學、雞湯、宗教，與科學取向以及支持取向的心理治療，和宗教取向的心理治療不同，原因在於心理治療知道何時應該停止。提供魔法的治療師並不知道何時應該停止，因為他們的魔法是自己腳本的一部

---

❶ 譯注：希臘神話中的盲人預言者。
❷ 譯注：歐美童話中非常重要的元素，具有魔法的人物會將七里格魔靴交給主角，藉由靴子的魔力讓主角完成任務。

分；而提供心理治療的治療師知道何時應該停止，因為他們了解自己正在做什麼。**前面一組人在玩「我只是想幫你」的心理遊戲，而後面一組人則是真正的在幫助他人。**

4. 準備：第一次治療時盡可能收集個案的腳本草案

個案第一次嘗試治療時，打個比方，他會把躺椅玩壞掉（couch-broken），意思就是個案學會在躺椅上玩自己的心理遊戲[16]，同時也學會玩治療師的心理遊戲，讓治療師高興。這一點在精神科住院部最為明顯，個案學會了精神疾病的各種診斷標準，然後就可以在以下選項中任意選擇：（1）無限期住下去（只要家庭經濟狀況可以負擔）；（2）被轉送到更寬鬆的環境，如公立醫院；（3）何時有意願，何時回家。同時，個案也學會了應該如何表現以再次入院。

進出醫院幾次後，這類個案會成為「訓練」新手治療師和精神科住院醫生的行家。他們知道如何迎合醫生的喜好，例如解析夢境；以及如何沉溺於自己的特別愛好，例如「引發他人關注的事物」。這一切都驗證了一個基本假設，那就是：個案是絕佳的心理遊戲玩家。不過，也有一些例外。有些個案堅稱自己沒有精神疾病，從而拒絕玩病房心理遊戲或醫生的心理遊戲；有些個案雖然承認自己出了問題或主動訴說病情，但是固執且悶悶不樂的拒絕變好。這些個案中的一部分，治療師可以透過給他們一、兩個星期的休息時間給予他們撫慰，而不是急著要求他們變好。還有少數個案相當不幸，他們也想玩心理遊戲，但是礙於器質性疾病（例如漸進性痴呆的皮克症）或準器質性疾病（如「進行型」思覺失調症、焦慮型憂鬱症或狂躁症）而無法實現。不過，後面一類人一旦適量服藥，如吩噻嗪、二苯氮類（dibenzazepines）或鋰類（lithium）藥物，通常可以回到較為溫順的狀態。比較悲慘的是，有些醫院會使用電擊療法強行治療頑固個案。

總之，精神病個案住院治療的第一階段應由個案、醫護人員及訪談醫生共同開會討論治療的各個層面。如果他們知道心理治療的目標並不是讓個案出院，而是治癒個案，他們一定可以提出非常有價值的建議。如果用正確的態度開會，不僅可以中止大量心理遊戲，也會拋棄「取得進步」這個目標，取而代

之的是恢復健康和保持健康（除了上述提到的幾種例外情況）。另外，幾乎所有個案都會感激這種坦率的方法。會議結束後，總會有幾位個案過來與治療師握手，並說：「這是第一次，醫生像對待真正的人一樣對待我，也是第一次與我直接對話。」個案會這樣做是因為他們絕非「無意識」的玩醫院中的心理遊戲，而很清楚他在做什麼以及為什麼要這樣做。因此，個案很感激治療師能理解他，以及沒有參與心理遊戲。即使沒有一開始就承認，個案仍會心懷感激，因為這種療法不像傳統心理治療那樣單調。

有些治療師更願意相信個案擁有「脆弱的自我」，我想說，在第一次會見精神科住院個案時，即使是有嚴重困擾的個案，我也會毫不猶豫的為他們朗讀上述內容。經過一點準備和時間熟悉後（比如30分鐘），這種方法的效果便展露無遺，我已經多次在這種場合下說過這些內容 17。

在個案見過其他治療師後，或者進過幾所精神科醫院後，當他以門診個案或私人個案的身分來見溝通分析師時，適當的治療工作流程如下：第一次會面時，治療師要收集腳本背景資訊，收集的方法要跟隨個案的談話，盡量自然；如果之後發現有所遺漏，要特別注意補充。首先，治療師需要詢問個案的醫療史和精神治療史，同時可以請個案描述自己的一個夢境——任何夢都可以，因為夢是了解個案腳本草案及世界觀最快速的方法。然後，詢問之前每位治療師的情況：個案為何找他、如何選擇他、從他身上學到了什麼、什麼情況下離開他，以及離開的原因。從這些提問中，腳本分析師可以獲得很多線索。接下來可以繼續追問其他方面：派特如何選擇工作或配偶、為何以及「怎麼樣」辭職或離婚。如果治療師能運用專業做到上述流程，個案就不會如同過去般過早終止治療，但是如果治療師擔心個案對自己移情，並用面無表情、習慣性禮貌或僵硬的回答來隱藏自己的恐懼，個案常常會提前結束治療。專業能力是讓人安心的最佳方法。

有一種常見的情況是，個案顯然是在治療中或其他地方收集失敗的點券，以證明發瘋或自殺的腳本結局具有合理性，然後以「他現在告訴我」（Now He Tells Me）的心理遊戲退出，也就是說，個案會突然提出一些從未談起、令人驚訝的決定，未經告知便中斷治療。例如，第三十次會面結束時，一切看起來都很順利，派特也正在「進步」，當他起身準備離開時，漫不經心的說：「順便說一下，這是我最後一次過來，因為今天下午我就要到公立醫院住院了。」而

他之前從未提起這件事。如果 Q 醫生仔細查看紀錄，可以發現在第三次會面時就可以避免這種狀況，他可以說：「我認為你會來治療六個月或一年，然後就會突然中止。」如果派特否認，Q 醫生可以接著說：「這就是你對前兩份工作和前三位治療師做的事。如果你也想這樣對我，我沒有問題，因為我總會從中學到什麼。但是如果你真的想要痊癒，我們必須先好好談談這件事。否則對你來說，就是浪費了六個月或一年的時間。但是如果我們這時候就能解決這個問題，可以幫你節省這麼多時間，並能夠讓治療持續下去。」對絕對控制權或徹底屈服有所渴望的酗酒者，最有可能對終結心理遊戲感到憤怒；而渴望痊癒的個案，則會非常感激。如果個案聽到後點頭或大笑，預後會非常理想。

5. 如何判斷「職業個案」

之前接受過長期治療的個案，或之間見過許多治療師的個案，看起來很像「職業個案」（professional patient）。「職業個案」有三個診斷標準：

【標準 1】派特使用冗長的語言，並對自己下診斷。
【標準 2】派特把自己的疾病視為「幼稚」或「不成熟的」。
【標準 3】在整個會面過程中，派特看起來很嚴肅。

如果他是職業個案，治療師在第二次會面結束前就應該告知他，並建議他停止使用冗長的語言。因為他對自己的狀況有所意識，因此只需要說：「你是職業個案，我認為你應該放棄這樣做。停止使用冗長的語言，說英語。」[13] 如果說話得當，派特很快就會停止使用冗長的語言，並開始講英語，不過，也有可能開始用古板的方式講話。然後，治療師要告訴派特停止使用古板的語言，要像真實的人一樣說話。這次，派特會停止嚴肅的表情，並會時不時微笑，甚至大笑。接下來，治療師可以告訴派特，他已經不再是職業個案了，而是擁有某些精神疾病症狀且真實的人。這樣，個案就可以理解，在此停留的是他困惑的「兒童自我」，而不會再用古板的態度說自己「幼稚」或「不成熟」。困惑

---

[13] 譯注：指簡潔直白、他人能夠聽懂的話。

的背後是來自真正的孩子滿滿的魅力、自發性與創造力。**個案的進步表現為：從玩心理遊戲、過早成熟的「兒童自我」，到拋出古板語言的「父母自我」，再到直接對話的「成人自我」。**

6. 讓個案像個真正的人：腳本分析的治療期望

用腳本分析的術語來說，我們希望個案在接受治療後能夠「走出腳本」，表現得像真正的人，通俗的來說，就是成為「真正人類的一分子」。如果復發，個體治療中的治療師或團體治療中的其他成員都可以提醒他。只要個案不進入腳本，就能夠客觀的看待腳本，腳本分析也可以繼續。最大的困難來自腳本的拉力，這與佛洛伊德提出的「本我阻抗」（Id resistance）相似。職業個案之所以成為職業個案，是因為在非常幼小時，他們便接受父母的鼓勵，成為精神的殘疾者，以往的治療師可能也促進了這方面的發展。這通常是一個家庭腳本，父母及所有兄弟姊妹都在接受治療。一個典型的例子是，哥哥或姊姊住在精神病院，他或她在那裡總是「表現不良」（用工作人員的話說），或者「表現得很瘋狂」（派特現在學會如此表述）。派特有些不滿，他很快便坦白他有點嫉妒哥哥或姊姊，因為他或她住在醫院，而派特只能接受門診治療。用某個人的話來說：「為什麼哥哥住在東海岸的豪華精神病院，而我只能待在這個令人討厭的小小治療團體裡？我是職業個案時過得更快活。」

儘管這句話很像玩笑，但是它確實是妨礙痊癒的核心阻抗。首先，派特失去了住院的好處以及發瘋的樂趣。除此之外，他也坦白承認（當他開始理解自己的腳本後），他的「兒童自我」害怕變好，很難接受治療師及其他組員給予變好的允許，因為如果這樣做，母親（頭腦中的）會拋棄他。儘管恐懼、焦慮、強迫及身體症狀帶給他許多痛苦，但是比起失去「父母自我」的保護且孤身一人站在世界，他認為前者更好。在這一點，溝通分析進入與精神分析難以區別的治療階段。此時，派特的腳本草案成為探究主題，另外還要詳細探討哪些早期影響造成了他「不好」的決定，以及塑造了他如今的生活方式。之後，派特作為精神疾病個案、偏執型思覺失調症個案、成癮者或罪犯的驕傲便會開始顯現，就像許多前人，派特可能還會帶來日記或說自己計畫寫一本自傳。有些人的「心智發展遲緩」（mental retardation）被治癒後，甚至還會懷念從前的狀態。

第 **17** 章

如何看見腳本徵兆
The Script Signs

腳本分析是團體治療最有效且有力的工具，

讓個案能夠走出腳本，成為自主、有活力與創造力的人

　　無論採用何種治療取向，團體治療師的首要職責，都是在每次會面中無時無刻觀察每位成員的每塊肌肉運動。要做到這一點，團體規模不能超過八位個案，同時，治療師必須採取必要的措施，以確保最有效的履行這個職責[1]。據了解，腳本分析是團體治療最有效、最有力的工具，如果治療師選用這個方法，首要觀察和傾聽的，是能夠透露個案腳本特性的具體訊號，以及促使腳本形成的過往經驗和父母程式。**只有個案「走出腳本」，他才能成為能夠自主、充滿活力與創造力、有所成就、享有公民權利與義務的人。**

1. 腳本訊號：如何從個案獨特的姿態，看見其腳本

　　每位個案都有獨特的姿態、手勢、怪癖、下意識的動作或病症，這些都預示著他生活在「自己的腳本」裡，或者已經「進入腳本」。無論他有多大的「進步」，只要依舊出現「腳本訊號」，個案就還未被治癒。處在腳本當中，個案可能不再那麼痛苦，或已經更快樂，但是他依舊處於腳本世界，而非真實世界。我們可以從個案的夢、外界經驗、對待治療師和團體治療其他成員的態度加以驗證。

　　通常，腳本訊號會先被治療師的「兒童自我」覺察[2]（前意識，而非潛意識

❶），之後某一天，治療師會充分覺察，然後由「成人自我」接管。他很快就會意識到個案一直有這種特點，並好奇自己之前怎麼從來沒有「注意」到。

　　中年男子亞伯拉德抱怨自己有憂鬱、遲緩的狀況，且已經參加團體治療三年。在 Q 醫生更了解他的腳本訊號之前，已經取得了不錯的「進步」。亞伯拉德的「父母自我」允許他大笑，有機會時，亞伯拉德都會大笑且相當享受。但是，亞伯拉德沒有開口講話的允許，如果被提問，在回答前他必須經過複雜、遲緩的過程。亞伯拉德緩慢的在椅子上坐直，夾著一根香菸、清清喉嚨，就像正在思索般發出嗯嗯聲，然後開始說：「好吧⋯⋯」某一天，團體治療正在討論生孩子以及與性有關的問題，Q 醫生第一次「注意」到亞伯拉德在發言前還會做另一件事：他的手滑過腰帶向下伸。Q 醫生說：「把你的手從褲子裡拿出來，亞伯拉德！」這時候，所有人（包括亞伯拉德）都開始大笑，他們忽然意識到亞伯拉德一直都在這樣做，只是之前沒有人「注意」到，包括其他成員、Q 醫生和亞伯拉德本人。之後，亞伯拉德的問題變得清楚，他生活在腳本世界，在那裡嚴格禁止講話，如有違反，亞伯拉德的睪丸將處於危險境地。難怪亞伯拉德從來不講話，除非有人允許他講話，也就是透過「提問」的方式！只要亞伯拉德的腳本訊號一直存在，他就不能自由、自然的講話，也無法解決令他困擾的其他問題。

　　在女性身上有一個更普遍、相似的腳本訊號。在充分意識到這個訊號前，治療師可能已經長時間且直覺式的感知到它的存在。不過，隨著經驗累積，治療師可以更快看到它並做出評估。有些女性放鬆的坐著，直到談及與性有關的話題，她們不僅會交疊起雙腿，還會把上面那條腿的腳背彎曲並埋到下面那條腿的腳踝裡，同時將雙手環抱在胸前，有時候還會把身體向前傾。這個姿勢形成了三重或四重保護以避免被侵犯，而這種侵犯只存在於她們的腳本世界，而非真實世界的團體治療中。

　　因此，治療師可以對個案這樣說：「妳的情緒好轉、有進步是好事，但是如果不停止⋯⋯就無法痊癒。」省略號裡插入腳本訊號。這是用來制定「治癒

---

❶　譯注：「前意識」（preconsious）是指不在我們當下意識範圍內的東西，但是只要試圖回想，就會馬上浮現在意識裡，介於意識與潛意識之間；「潛意識」（unconsious）則是潛伏在意識之下、不自覺的心理狀態。

契約」（cure contract）或「腳本契約」（script contract）的表述方法，而非制定「進步契約」（making progress contract）。接下來，個案可能會同意，他來參加團體治療是為了走出腳本，而非獲得友誼和有效的家務建議，以及如何在恐懼或痛苦中快樂的生活。穿著是發現腳本訊號的良田：衣著很好，鞋卻很破的女性（她的腳本要求她遭受「拒絕」）；穿著「女同性戀風格」服裝的女同性戀（在錢的方面，她可能會玩「收支相抵」的心理遊戲，被女性友人利用，並試圖自殺）；女性風格打扮的男同性戀（與口紅歪斜的女性鬼混，被情人毆打並試圖自殺）；口紅歪斜的女性（她常常被男同性戀者利用）。其他腳本訊號包括：眨眼、咬舌頭、咬緊牙關、吸鼻子、手緊握、轉動戒指和不斷用腳踏地板。費德曼（Sandor S. Feldman）的著作清楚列出了關於說話的習慣與手勢[3]。

姿勢與舉止也可以顯示腳本。頭部傾斜是「殉道者」和「流浪兒」腳本中最常見的訊號，在朵伊契（Felix Deutsch）的著作中有深入的討論[4]；齊利格則從精神分析角度解釋了躺椅上的訊號[5]。

腳本訊號永遠都是對某種「父母自我」指令的反應。要消除腳本訊號，必須找出「父母自我」指令以及準確的「對立主題」（Antithesis）。發現「父母自我」指令並不難，但找出「對立主題」相對困難，特別是腳本訊號是為了反映幻覺的情況下。

2. 生理因素：突然發作的病症與腳本的關聯

突然發作的病症常常也是腳本的徵兆。茱蒂絲的腳本要求她像姊姊一樣「發瘋」，但是她一直在抵擋父母的這個指令。只要處於「成人自我」的掌控下，她就是正常、健康的美國女孩。但是如果周圍有人舉止「瘋狂」或說他覺得「快要發瘋」時，茱蒂絲的「成人自我」就會消失，留下沒有受到保護的「兒童自我」。茱蒂絲會立刻感到頭痛，並請求離開，以擺脫這個腳本情境。在治療中也會發生同樣的情況，只要 Q 醫生與茱蒂絲講話或回答她的問題，她的精神狀態就很好，但是如果 Q 醫生不說話，茱蒂絲的「成人自我」就會消失，「兒童自我」忽然開始產生各種瘋狂的想法，然後會立刻頭痛。有些個案會用同樣的方式出現噁心的感受，只是其父母指令是「生病」，而非「發

瘋」，用更成熟的語言來表示，是父母要求他患上「精神官能症」而非「精神疾病」（psychotic）。伴隨心悸的焦慮、突發性哮喘或蕁麻疹，都有可能是腳本訊號。

當腳本受到威脅時，可能會爆發嚴重過敏。例如，蘿絲一直都是健行者，從小都未對毒櫟（poison oak）過敏。但當她的精神分析師建議她離婚時，她居然爆發了嚴重過敏，甚至必須住院治療，同時中止了精神分析。治療師沒有意識到，蘿絲的腳本要求她離婚，不過禁止在孩子成年前進行。在這種關鍵時刻，也可能導致劇烈哮喘，甚至需要到醫院使用氧幕（oxygen tent）治療。（我認為）充分覺察個案的腳本，能夠防止此類疾病嚴重爆發，而潰瘍性結腸炎（ulcerative colitis）和穿孔性胃潰瘍（perforated gastric ulcer）有時候也在懷疑之列。有個案例，一位偏執個案在沒有足夠準備和「保護」下放棄了腳本世界，開始在現實世界中生活，不到一個月，他的尿液中就出現了糖，顯示他糖尿病發作。糖尿病用一種替代的方式將他帶回「失敗、生病」這個「安全的」腳本中。

「想想括約肌」的口號也是指腳本的生理成分。緊閉嘴唇的人，或同時進行吃、喝、抽菸、說話的人（盡最大可能同時進行），都是典型的「腳本人物」。對瀉藥或浣腸劑成癮的男人可能擁有古老的「腸腳本」（bowel script）。有「被侵犯腳本」（violation script）的女性會維持收緊提肛肌（Levator eni）和陰部括約肌（Sphincter cunni），從而造成性交疼痛。提前射精、射精延遲及哮喘都可以被視為括約肌的問題，且具有腳本的性質。

括約肌是「最後顯現」或「腳本結局」的器官。括約肌問題的真正「原因」當然可以歸結為中樞神經系統問題；然而，溝通方面的問題並不是因為此「原因」造成，而是由於「結果」造成。例如，不論在中樞神經系統中，「早洩」的「原因」是什麼，其結果都是影響到這位男士與伴侶的關係。「早洩」可能是由其腳本導致，也可能是腳本的一部分，也可能導致了腳本。他的腳本在除了性以外的方面通常也是「失敗的」。

「想想括約肌」的重要性，還在於括約肌可以被用於溝通。麥克的「兒童自我」可以藉由直覺，以非常快的速度感知人們想怎麼用括約肌來反對他。那個男人想對他撒尿，這個男人想對他排便，那個女人想對他吐口水等等[6]。如果與這些人長期交往下去，麥克可以發現自己的感覺幾乎都是正確的。

事情是這樣：麥克第一次遇見派特時（他們看到彼此的前十秒，最多十分鐘），麥克的「兒童自我」準確的感知到派特的「兒童自我」在期待什麼。但是派特的「兒童自我」在「成人自我」和「父母自我」的幫助下，以最快的速度製造了一層厚厚的煙霧，就像神仙變成人形那樣，然後派特戴上了人格面具或偽裝。之後，麥克開始忽視並掩藏「兒童自我」的直覺感受，以接受派特的人格面具。這樣，派特騙取了麥克的準確感知，取而代之的是派特的人格面具。麥克之所以會接受派特的人格面具，是因為他也正忙著丟煙霧彈欺騙派特，麥克這樣做的動機太強烈，以至於不僅忘記了「兒童自我」對派特的了解，也忘記了對自己的了解。我在其他地方對「見面頭十秒」做過更詳細的介紹。人們之所以會忽視直覺、接受彼此的人格面具，是因為這是一種禮貌，同時，也是因為這樣做，與他們的心理遊戲及腳本匹配。相互接受人格面具被稱為「社交契約」（social contract）7。

括約肌的腳本意義在於每個人都在尋找，並透過直覺挑選出與自己腳本互補的人。用最簡單的方式來說，一個腳本要求他吃屎的人，一定會找到一個腳本要求他向別人拉屎的人。他們在十分鐘內就會彼此吸引，然後多少花一點時間掩飾從括約肌的角度如何吸引了彼此，但是如果他們繼續交往，最終會滿足彼此的腳本需要。

如果這聽起來不太可信，我們可以看一些更明顯的例子，在這些例子中，腳本需要獲得立即滿足：一個男同性戀可以去男廁所或酒吧，甚至只是沿著街道行走，十秒鐘內便能準確找到他在尋找的人。這個人不僅能讓他獲得自己期待的性滿足，還能用腳本要求的方式來進行——在半公共場合，除了性滿足之外，還增加了玩「警察與強盜」（Cops and Robbers）這個心理遊戲的刺激感，或者在偏僻的地方，長久私通，最後以謀殺收場（如果腳本要求的話）。一個有經驗的異性戀男性，能在任何一座大城市沿著適當的街道行走，並正確挑選出他想要的女性。她不僅可以帶來他想要的性滿足，還會和他玩與他的腳本匹配的心理遊戲——他可能會被偷、付錢、喝醉、吸毒、被謀殺或結婚，只要是腳本要求的，都有可能發生。

許多教養良好的人學會了忽視和壓抑直覺，不過在適當的條件下，可以恢復這些能力。

3. 如何傾聽：了解個案話語中所透露的腳本訊息

本章第一段中，我們描述了一些視覺上的腳本訊號。現在我們轉向「聽的藝術」。治療師可以閉著眼睛聽個案講話，不過需要在某些時刻示意個案自己並沒有睡著，或者透過複述聽到的內容，鼓勵個案投入講述。治療師也可以閉著眼睛重聽一次團體治療會談的錄音，以減少視覺干擾。幾乎每個孩子都被賦予了一種腳本訊息，不要太仔細的看別人，以及不要閉著眼睛傾聽，以免聽到太多。這個禁令通常並不容易克服，因為媽媽不喜歡。

有經驗的腳本分析師即使從未見過個案，且對他們的經歷也一無所知，在聽過團體治療錄音十分鐘或二十分鐘後，便可以獲得大量有關個案的訊息。剛開始時，治療師的訊息為零，但只要聽某位個案說一陣子，便能詳細得知該個案的家庭背景、最喜歡的心理遊戲，以及最終的命運。三十分鐘後，治療師會因為疲勞而無法獲得更多訊息，因此每次播放錄音不應超過半小時。

「學習如何傾聽」幾乎都有進步的空間，這聽起來很像「禪宗」的主張，因為如何傾聽，基本上取決於聽者腦內正在發生什麼，而非外界正在發生什麼。人格中最能有效傾聽的部分是「小教授」，也就是「兒童自我」中的「成人自我」（請參考第 121 頁的圖 7）。「小教授」掌管著直覺[8]，而直覺最重要的應用，又與溝通中的括約肌行為有關——另一個人想把什麼括約肌且用在我身上，他又想要我把什麼括約肌用在他身上？這些願望如何產生，又將朝何方發展？當這些「原始」訊息經過聽者的「成人自我」過濾，就被轉化為更具體的資訊，也就是個案的家庭背景[9]、本能驅力（instinctual striving）[10]、職業和腳本目標。接下來，我們需要了解的是如何釋放「小教授」、讓他自由並有效率的完成他的任務。原則如下：

【原則1】聽者的身體狀態應該要良好、擁有良好的睡眠❷，「心智效能」（mental efficiency）不該受到酒精、藥物或毒品損害。鎮靜劑和興奮劑均包括在內。

---

❷ 「睡眠良好」最有可能是指「快速眼動睡眠」（Rapid Eye Movement）。治療師前一晚輾轉反側無法入睡，第二天早上通常會發現直覺比平時更敏銳。這裡的假設應該是缺乏「非快速眼動睡眠」，「成人自我」會疲倦；「快速眼動睡眠」充足，「兒童自我」的狀態會更好。

【原則 2】聽者必須清空頭腦中對外界事物的成見。

【原則 3】聽者必須把「父母自我」的偏見與情緒放在一旁，包括「助人」的需要。

【原則 4】聽者必須把慣有且對個案的一般偏見，以及對正在傾聽的個案的特有偏見放在一旁。

【原則 5】聽者不能讓個案的提問或其他需求干擾自己，應該學會以不傷害個案的方式避開個案的干擾。

【原則 6】聽者的「成人自我」傾聽內容，「兒童自我（小教授）」傾聽表達方式。用電話來形容，「成人自我」傾聽訊息，「兒童自我」傾聽雜訊[11]；用收音機來形容，「成人自我」傾聽節目，「兒童自我」傾聽機器如何工作。因此，他既是聽者，也是維修者。他如果是諮商師，擔任聽者已經足夠，但是如果是治療師，那最重要的工作是維修。

【原則 7】當聽者開始感到疲勞，停止傾聽並且轉而開始觀察或講話。

4. 基本的聲音訊號：四種聲音訊號所隱含的意義

學會如何傾聽後，治療師要開始學習該傾聽什麼。從精神病學的視角，有四種基本的聲音訊號：呼吸聲、口音、嗓音和詞語。

呼吸聲（Breathing Sounds）

最常見的呼吸聲及其含義如下：咳嗽（沒有人愛我）、歎氣（要是……多好）、打哈欠（匆忙離去）、咕噥（是你說的）和啜泣（你難倒我了）；各式各樣的笑聲，例如歡快的笑、咯咯的笑、竊笑、傻笑等等。三種最重要的笑，被通俗的命名為齁齁（HoHo）、哈哈（HaHa）和呵呵（HeHe），之後會進一步討論。

口音（Accents）

基本上文化與腳本無關。任何社會階層與國家都有輸家和贏家，世界各地的人們幾乎都在用同樣的方式實現他們的命運，例如在較大的任何人類群體

中，患有精神疾病的比率基本上相當 [12]，且世界各地都有自殺現象。世界上較大的人類群體中都有領袖與富人。

不過，外國口音對腳本分析師來說確實具有某種含義。首先，它有助於我們對早期的「父母自我」訓誡做出有根據的猜測，早期的父母訓誡與文化有關，德國人會說：「照我說的去做。」法國人會說：「保持安靜。」英國人會說：「不要淘氣。」其次，它能反映腳本的彈性。在美國已經生活二十年但仍然有濃重德國口音的德國人，比起只在美國生活了兩年，但英語講得很好的丹麥人，那位德國人的人生計畫可能更缺乏彈性。最後，腳本是「兒童自我」用本國語言書寫的，如果治療師會說該國語言，腳本分析將更快速且有效。在美國上演其腳本的外國人，就相當於在歌舞伎町使用日語演出《哈姆雷特》。如果評論家手上沒有原稿，會損失或誤解大量資訊。

當地口音也具有意義，特別在它受到影響時。有著布魯克林口音的男士，卻時不時說出帶有波士頓或百老匯口音的句子，這清楚表示他腦中有一位英雄或父母式的人物。即使個案否認，我們都必須追查這個人物，因為他可能會在各方面影響個案。「她一直等緊你，你不應該先走」或者「你要去哪裡？最好哪兒都別去。」清楚展示出當事人腦中「父母自我」指令的分歧❸。

嗓音（Voices）

每位個案至少有三種不同的嗓音，「父母自我」、「成人自我」和「兒童自我」。在很長一段時間內，他可能會隱藏其中一種甚或兩種，不過遲早會在不經意間表現出來。通常，細心的聽者在十五分鐘內至少能聽到兩種嗓音。個案可能會用「父母自我」的嗓音說了一大段話，其中只包含了「兒童自我」的一句牢騷；或者用「成人自我」說了一大段話，其中只包含了「父母自我」的一句責備，而警覺的聽者能夠注意到這個關鍵語句。有些個案這句話用了一種嗓音，下一句用了另一種嗓音，甚至在一個句子中使用兩到三種嗓音。

每一種嗓音都能反映腳本。對他人用「父母自我」的嗓音說話，表達的是

---

❸　譯注：作者原著中使用了不同的英文詞語表明口音的不同，無法直接翻譯為中文，譯者根據自身情況，編寫了兩個例句，區分地域用語差距。例如，廣東地區用「等緊」、「走先」，而北方會用「先走」；南方用「哪」、「哪裡」，北方則用「哪兒」。

「父母自我」的宣言與訓誡，它複製了父親或母親在相同情境下會說的話：「每個人不都是這樣？」「看誰在說話？」「你必須記住。」「你為什麼不更努力？」「你不能信任任何人。」嚴肅的「成人自我」嗓音通常意味著「兒童自我」被「父母自我」的命令壓制，以某種模式完成一些毫無趣味、古板的任務，即使有點幽默，也是很「官方」那種。這說明了「兒童自我」若想表達，必須另闢蹊徑或週期性爆發。可是這樣會導致不適應的行為和浪費精力，從而造就輸家。「兒童自我」的嗓音表示了腳本角色，例如「可愛的孩子」、「無辜的我」和「黏人的愛哭鬼」。總之，**「父母自我」嗓音表達的是應該腳本，「成人自我」嗓音表現了以某種模式做事，「兒童自我」的嗓音表現了腳本角色。**

詞語（Vocabulary）

每一種自我狀態都有專屬的詞語。「父母自我」的詞語包括諸如「壞」、「愚蠢」、「膽小」、「荒謬」等，而這些詞語是傑德最害怕成為並極力避免的樣子。一個人如果堅持使用「成人自我」的專業詞語，其實是用這種方式迴避與他人接觸，這種做法在從事工程學、航空學和經濟學的人身上很常見，他們的腳本指令是「做偉大的事，但是不要把個人捲進去」。如果「成人自我」使用很多助人傾向的詞彙（親師會、心理學、精神分析、社會科學中運用的詞語），就是在上演一齣腦力版的《春之祭》（Rite of Spring）❹，他將受害者被肢解的心靈散落一地，理論上來說，心靈經過解析後會自行整合，且會變得更豐盈。這種腳本的故事情節是：「我會將你撕碎，記住，我只是想幫你。不過，你要自行整合，沒有人能幫你做這件事。」有時候，個案就是自己這種「儀式」的受害者──「兒童自我」會用下流的詞語表達叛逆，用陳腐的詞語表達順從，或者用討人喜歡的詞語表達可愛與天真。

三種詞語同時出現在同一個人身上的典型情況是：「父母自我」在給糖果，「成人自我」在仔細分析，「兒童自我」在罵下流的語言，例如「我們每

---

❹ 譯注：《春之祭》是美籍俄羅斯作曲家史特拉汶斯基（Igor Stravinsky）創作的一部芭蕾舞劇，呈現史前社會人們祭祀春天的儀式，取材於俄羅斯原始部落中的人祭，年老的智者圍成一圈席地而坐，眼看一名少女獨自跳舞直到死去，他們要把她作為獻禮告慰春神。

個人都有起起浮浮；我認為你處理得非常漂亮。當然，你必須從對母親的認同中區分出自主的自我。畢竟，這是屎一般的世界。」這種腳本正像義大利詩人但丁（Dante Alighieri）所寫的《神曲：地獄篇》（*Inferno*）：「你如何在汙水上升到頸部時，還能微笑的讀著教科書。」

5. 個案選擇的字詞：字詞選擇的心理學意義

句子是由「父母自我」、「成人自我」和「兒童自我」共同建構，因此每種自我狀態都有權利根據自己的需要，在句中插入字詞。為了理解個案腦中的情況，治療師必須有能力將句子拆解成幾個重要部分，這稱為「溝通解析」（transactional parsing），與「語法解析」（grammatical parsing）頗為不同。

語言中的各個組成部分（Parts of Speech）

「形容詞」和「抽象名詞」是為了貶低他人。某個人說他患有「被動型依賴」（passive dependency）或他是「不安全型反社會者」（insecure sociopath），回應他的正確方式是：「小時候，你爸媽用什麼稱呼來貶低你？」有些人會委婉的表述，例如「攻擊性表達」（aggressive expression）、「性方面的互動」（sexual intercourse），如果想消除這種表達方法，可以問他：「在你小時候，怎麼形容這些行為？」「表現出攻擊性」（expressive aggression）是純粹的人造詞語，意思是派特參加過現代舞課程或已經被「完形治療師」（Gestalt therapist）❺擺平；使用「性方面的互動」（intercoursal sex）這種說法，意味著他參加過「性自由聯盟」（Sexual Freedom League）的聚會❻。

使用「副詞」會讓表達更個人化，例如「有時候，我會感到性方面的興奮

---

❺ 譯注：「完形治療法」（Gestalt Therapy）是基於現象學與存在思想的心理治療學派，著重在認識此時此地的經驗以及提升自我覺察力，讓個案能真正的成為整合的人。

❻ 以ic結尾的「名詞性形容詞」是貶低個案，例如歇斯底里的（hysteric）、不好交際的（sociopathic）、精神錯亂的（psychopathic）。而以ive結尾的「動詞性形容詞」則更加中性，例如懲罰性的（punitive）、操控的（manipulative），在個案及醫護工作者身上皆可使用。

感」（I sometimes feel sexual excitement）這種表達方式顯示了一定的距離感；然而，「有時候我會性興奮」（I sometimes get sexually excited）這種表述顯示的距離更近。不過，副詞究竟具有何種心理意義，還有待釐清。

「代名詞」、「動詞」和「具體名詞」是話語中最真實的部分，表達「實事求是」。實事求是的表述顯示個案做好了痊癒的準備。剛開始時，恐懼性行為的女性經常會強調使用形容詞和抽象名詞：「我有令人滿意且關於性方面的體驗。」（I had a satisfactory sexual experience.）後來她會強調名詞和動詞：「我們真的興奮了。」（We really turned on.）第一次去醫院的女士會說自己有了「婦產科經驗」。第二次，她會說自己去「生孩子」。只有個案才會「對權威人物表達敵意」，當他們變為真實的人時，他們只會咒罵或撕碎紙張。從治療師的角度來看，比起一位報告「個案對我說『你好』，然後告訴我他打了妻子」的治療師，另一位報告「開始會談時我們積極的相互交換問候，然後個案說他用肢體攻擊對妻子表達敵意」的治療師，後者可能有更多困難。在另一個案例裡，治療師說男孩「身處位在私人土地、有住宿設施的學校」，而男孩只是說他「讀了寄宿學校」。

腳本語言中最重要的一個詞語是「但是」，意思是：「依據我的腳本要求，我沒有獲得這樣做的允許。」真實的人說：「我會……」或「我不會……」或是「我贏了」或「我輸了」；而「我會，但是……」「我不會，但是……」「我贏了，但是……」或「我輸了，但是……」這些全是腳本式語言。

被允許的詞語（OK Words）

聽錄音的原則是：不用擔心聽不清楚個案在說什麼，因為通常他什麼也沒有說。當個案要說什麼時，無論多嘈雜，錄音品質多差，你都會聽見。從臨床的角度來看，有時候品質差的錄音比品質好的錄音要好。如果可以清清楚楚聽見每個字詞語，聽者很容易被內容干擾，錯失更重要的腳本指示，例如：

我在酒吧遇到一個男人，他跟我調情。當他太過無禮，我告訴他，說：「你以為你是誰。」他明明看見我是位淑女，但還堅持這樣做，不久後我斥責了他。

這是一段相當無聊、毫無啟發、極其普通的敘述。如果錄音狀況不佳，可

能更助於透露訊息，像這樣：「咕噥咕噥咕噥『調情』咕噥咕噥『過分』咕噥咕噥咕噥『看見我是位淑女』咕噥咕噥『斥責他』。」這裡，聽得見的詞語就是「被允許的詞語」。這位個案接受了母親的指示「斥責男人」，她要證明「她是位淑女」，前提是收集到足夠的點券或「調情」，從而有理由（作為淑女）變得憤怒。母親的指示是：「記得，當男人向淑女調情時，她們會變得憤怒。」父親加入的幫助是：「我就知道酒吧裡有很多過分的男人。」因此她到酒吧裡，為了證明自己是位淑女。

接受精神分析治療一段時間後，她的錄音會變為：「咕噥咕噥咕噥『施虐成性的男人』咕噥咕噥咕噥『受虐成性的我』咕噥咕噥。咕噥咕噥咕噥『表達我慣常的敵意』咕噥咕噥。」她用一些全新且被允許的詞語替代了舊有且被允許的詞語。如果她轉到溝通分析師這裡，錄音會變為：「咕噥咕噥『他的兒童自我』咕噥咕噥咕噥『我的父母自我』咕噥咕噥『玩挑逗心理遊戲』。」一個月後，即使錄音狀況很差、很嘈雜，咕噥聲也不見了，取而代之的是清楚與成功的表達：「自從停止去酒吧，我認識了一些非常棒的男人。」

被允許的詞語所講述的故事比故事本身更精采。如果使用傳統療法，可能要花幾個月時間才能搞懂一位女研究生仔細描述她的倒楣經歷，但是如果錄音是：「咕噥咕噥咕噥『努力學習』，咕噥咕噥『成績很好但是』咕噥咕噥『後來很糟』。」被允許的詞語已經成功講述了她的人生故事：「妳被要求努力學習並取得成功，只可惜有些事注定出錯，妳最終會覺得很糟。」被允許的詞語大聲、清楚的講出了腳本指令。

前文提到被允許的詞語來自「父母自我」的訓誡、榜樣和威脅。如果訓誡是「成為淑女」和「努力學習」，那麼「淑女」和「學習」就成為被允許的詞語；如果威脅是「否則就會發生可怕的事」，那麼「可怕的事」就成為被允許的詞語。當個案玩心理遊戲時，治療師使用的詞語也會成為被允許詞語。個案使用治療師的詞語，是個案與治療師玩心理遊戲的徵兆之一，她會說「受虐狂」、「敵意」、「父母自我」、「兒童自我」等等，因為在這個階段，治療師成為了她的「替代父母」，她用現在學到的詞語替代了童年學到且被允許的詞語。被個案的父親、母親、治療師或其他父母式人物的「父母自我」所批准的詞語，就是「被允許的詞語」。

腳本詞語（Scrpit Words）

我們應該記得腳本控制是由父親或母親的「兒童自我」發出，腳本控制依賴另一套詞語，也就是「腳本詞語和句子」。通常，它們與被允許的詞語截然不同，有時候甚至與被允許的詞語截然相反。一位女士在反腳本中會使用非常淑女且被允許的詞語，而進入腳本時會使用非常汙穢的詞語。因此，她在清醒狀態時會稱自己的孩子為「我可愛的青少年」，而醉酒時會說他們是「一群討厭鬼」。腳本詞語為腳本角色和腳本場景提供了重要資訊，而腳本角色和腳本場景又是構成腳本世界的重要元素，或者我們稱之為個案「兒童自我」所生活的世界。

在男性的腳本中，女性最常見的角色是女孩、淑女和女人；在女性的腳本中，男性最常見的角色是小男孩、男人和老男人。更具體的來說，是「小女孩」和「下流的老男人」，這兩者相互吸引，特別是在酒吧裡。男人將在酒吧遇到的女人稱為「可愛的小女孩」，女人將遇到的男人稱為「下流的老男人」。男人的腳本中需要一位小女孩，而女人的腳本中需要一位下流的老男人。他們見到彼此時就會展開行動，因為他們知道跟對方說過「你好」後要說什麼。很多女性生活在充斥著色狼、野獸、魔術師、尋花問柳的男人、令人不安的怪人、容易上當的笨蛋，以及卑鄙之人的世界裡，那裡的男人將她們視為美女、潑婦、稱心之物、少女、下流女人、妓女和蕩婦。這些都是腳本詞語，會在對話過程中或團體治療中出現。

腳本場景通常圍繞家中單一或多個房間：嬰兒房、廁所、廚房、客廳和臥室。腳本場景也常常與下述表達方式連結在一起：「喝的東西夠多」、「全是廢話」、「定期的盛宴」、「那些所有的人」和「重擊他們」。每個房間都有專屬的詞語，陷入某個腳本場景的人會重複使用屬於那個房間的詞語。另一個常見的房間是工作室，代表語言是「給我滾過去」。

有些人一直在抵制他們的腳本，在他們身上可以發現應該腳本的詞語。第12章提到的傑克，是像薛西弗斯一樣的人物，他成為了職業棒球選手，一部分是出於愛好，另一部分是出於叔叔的影響。某日，Q醫生正在傾聽傑克敘述，他第一次注意到傑克經常說「不」（not）這個字之後蘊藏著巨大力量，另一個力量較弱但是同樣具有重要意義的詞語是他說「其他東西」（something else）。Q 醫生憑直覺立刻感知到這兩個詞語背後的含義：每次傑克說「不」時，他都在投球，當傑克投球時他的「兒童自我」都在說「不」——「你打不到的！」傑克每次說「其他東西」時，都在衝向一壘，而當傑克衝向一壘時，都會說「別的東西」——「如果我不能將你三振出局，我們就試試別的東西。」傑克不僅肯定了 Q 醫生的直覺，還告訴 Q 醫生投球教練也用其他方式告訴過他類似的話：「放鬆！如果你每次投球都這麼用力，你的肩膀會受傷！」最後，傑克的肩膀的確受傷了。與 Q 醫生一樣，教練憑藉直覺與經驗，也感知到傑克帶著憤怒在投球，這是不好的。

傑克的反腳本是成為成功的棒球選手。當他成為職業投手，投球背後是在憤怒反抗父親和叔叔命令他成為輸家。因此，傑克每次投球都是在與自己的腳本抗爭，他試著打破自己的袋子以獲得成功。這種願望讓傑克投出的球擁有驚人速度，他的反腳本讓他擁有絕佳的控球力。傑克唯一缺少的就是冷靜，無法讓投球配合擊球順序與比賽狀態。最終，適應不良的憤怒讓傑克迎來了一直試著避免的結局——他不得不退出比賽。治療師「兒童自我」中的「成人自我」，也就是「小教授」的直覺，是最寶貴的治療工具。我們從 Q 醫生身上可以看到狀態良好的「小教授」擁有精準的感知力。Q 醫生一輩子只看過一場職業棒球比賽，卻感知到了這一切。不過，Q 醫生在許多沙地壘球賽中投過球。

隱喻（Metaphors）

與腳本詞語密切相關的是「隱喻」。瑪麗有兩套相互不同、彼此獨立的隱喻詞語。其中一套，她彷彿完全置身於大海，看不清楚任何東西，甚至幾乎無法把頭伸出海面。日子總是如狂風暴雨般，蔓延著波濤起伏的情緒。其他時間，她的生活彷彿一場盛宴，她可以自食其果，就像她有著許許多多的美味，或者說她可以感受到酸或苦的味道，那是餅乾碎裂時體驗到的味道。她嫁給了一名水手，並為自己的肥胖問題苦惱。當她感覺到自己的生活像在海上時，所有隱喻都與海有關；當她暴飲暴食時，隱喻又與廚房有關。因此，她總是在海洋和廚房間來來回回，而治療師要面對的問題是如何讓她的雙腳回到地面上。隱喻是腳本場景的延伸，隱喻的改變意味著腳本場景改變。在瑪麗的案例中，暴風驟雨的海水原來是憤怒的海洋。

安全短語（Security Phrases）

有些人在講話前會經歷某些儀式或做出某些手勢，以達到保護自己或為自己開口講話表示歉意。這些儀式指向的對象，是他們的「父母自我」。我們討論過亞伯拉德的案例（請參考第 277 頁），他在說話前總是把手滑過腰帶並向下伸。很明顯，亞伯拉德是在保護自己的睪丸，當他與別人說話時會放鬆警惕，而內部襲擊者早已被安排好恰巧在此時攻擊他。因此，在亞伯拉德敢於講話前，總是要確保自己沒有危險。在另一些例子中，安全措施被放進句子結構中。

在回答：「你是否曾向妹妹發過脾氣？」這樣的問題時，可以看到不同程度的保護。「我可能做過」（Maybe I did）暗示了「父母自我」的命令是：「永遠不要承認。」「我想我可能做過」（I think maybe I did）暗示了兩個「父母自我」命令：「你怎麼可以確定？」和「永遠不要承認。」第一個通常來自父親，第二個通常來自母親。「我想或許我可能做過」（I think maybe I might have）則包含了三重保護。

安全短語主要具有預測價值。對治療師來說，刺穿一層保護比刺穿三層保護要容易許多。「我想或許我可能做過」這種表達方法很像「柏克萊虛擬語氣」（Berkeley Subjunctive），用以保護及遮蓋非常年幼及憂慮的「兒童自我」，不讓任何人輕易靠近。

虛擬語氣（The Subjunctive）

虛擬語氣，通俗的被稱為「柏克萊虛擬語氣」，包含三個句型：

【句型 1】 短語「如果」或「要是」（if 或 if only）。

【句型 2】 虛擬詞或條件句，例如「將」（would）、「應該」（should），以及「可能會」（could）。

【句型 3】 沒有明確指向的詞語，例如「朝向」（toward）。柏克萊虛擬語氣在大學校園裡最為發達。典型的句式為「如果我能……我將……但是……」其他一些變形包括「如果他們能……我能……我認為我大概應該……但是……」，或「我應該……我大概會……可是那時候他們將……」

虛擬語氣逐漸正式化，出現在書籍、論文、研究和學生作業標題，常見的例子包括「……當中涉及的一些因素」（＝要是），「朝向……理論」（＝如果我可以，我會；而我知道我應該）。在一個極端的例子中，標題是這樣的「初步評論收集關於……理論資料的過程中牽涉到的一些因素」，這確實是非常謙虛的標題，因為很明顯該理論成形發表至少需要兩百年時間。這個人的母親顯然告訴過他不要冒險。他的下一篇論文題目可能是「關於……的一些中期評論」，然後接著是「關於……的一些最終評論」。去掉「評論」的字眼後，他的論文題目可能會愈來愈短。40 歲時，他終於可以跳過前言，發表第六篇文章「朝向……理論」，但是真正的理論永遠不會到來。假如理論真的到來，第七篇文章就是理論本身，那接著就會有第八篇，題目是「哎呀，對不起，回到上一篇」。他總是在路上，卻永遠無法到達下一站。

對治療師而言，治療這樣的個案不是什麼趣事。派特也抱怨過自己無法完成論文、不能集中注意力、有婚姻與性方面問題、憂鬱、具有自殺衝動。除非治療師可以找到方法幫他改變腳本，否則治療過程也會按照上述八階段進行，每個階段持續六個月至一年甚至更久，最終，最後一篇會由治療師來寫，而不是個案完成（上述提到的「哎呀」那篇）。用腳本的術語來表示，「朝向」意味著「不要到達」。沒有人會問：「這架飛機是朝紐約開嗎？」若飛行員說：「是的，我們正朝紐約開。」也沒有很多人願意搭乘這班飛機。如果飛行員不說這班飛機開「到」紐約，你最好換乘另一班飛機。

句型（Sentence Structure）

除了虛擬語氣外，還有人被禁止完成任何事或被禁止說到要點，因此他們講話時會「信口開河」。他們的句子用連接詞連成一串：「昨天我正和老公一起坐在家裡，然後……然後……然後……然後……然後……」他們的腳本指令通常是：「不要說出任何家庭祕密！」所以他們會不停的圍繞著祕密說話，能說多久就說多久，但同時不洩露祕密。

有些人講話會非常小心的平衡一切：「天正在下雨，不過太陽很快就會出來了。」「我頭痛，不過我的胃好一點了。」「他們不太友善，不過從另一方面來看，他們似乎很快樂。」這個例子中的腳本指令是：「任何事都都不要看得太清楚。」這類人中最有趣的案例，是一位從 5 歲起便患有糖尿病的男人，

他從小就被教導如何極為謹慎的平衡飲食。當他講話時，也會用同樣的謹慎態度對待每個詞語，極為小心和精確的平衡每一個句子，然而這樣的警惕讓他人很難聽懂他的話。他一生都沉浸在對疾病帶來的不公平且限制的憤怒中。當他感到憤怒時，語言也會變得錯亂（這對糖尿病心理的啟發，還需要進一步研究）。

在句子結構方面，另一種類型是關於「懸置點」（dangling point），也就是自由使用「等等」（and so forth）和「諸如此類」（et cetera）的地方。「噢，我們去看了電影之類的，然後我吻了她等等，之後她偷了我的錢包等等。」不幸的是，這種表達方式的背後，通常隱藏著對母親的憤怒：

「好吧，我想告訴她我對她的想法，諸如此類。」

「『諸如此類』是指哪些？」

「我最想做的是把她罵得體無完膚。」

「諸如此類呢？」

「沒有了，那就是諸如此類。」

句子結構是引人入勝且值得研究的領域。

6. 絞架溝通：引發「絞架上的笑」的特殊刺激與回應

傑克：「我戒菸了，已經一個多月沒抽菸了。」

黛拉：「那你的體重增加了多少，嘿嘿嘿？」

所有人都因這句玩笑而笑了起來，除了傑克和治療師。

Q醫生：「嗯，傑克，你真的在恢復健康。你這次沒有掉入陷阱。」

黛拉：「我也想恢復健康。我居然說了那些話，真應該把舌頭咬掉。那其實是我母親在說話。我對傑克做的事，正是她對我做的。」

唐（一位新成員）：「有那麼糟嗎？只是一個小玩笑而已。」

黛拉：「前幾天母親來看我，試著對我做同樣的事，但是我沒允許她這樣做。我的反應一定快把她逼瘋了。她說：『妳一定又胖了，哈哈。』我原本應該和她一起笑，並且說：『對，我又暴飲暴食了，哈哈。』但是我說的是：『是妳看起來有點胖了。』之後她轉換了話題，說：『妳怎麼住在這麼破爛的窩裡？』」

這個例子非常明顯，對於超重的黛拉來說，「讓母親高興」等於「超重並嘲笑自己超重」，這是她的人生悲劇。不再嘲笑自己超重對母親來說是無禮的表現，會讓母親不開心。黛拉理應吊死自己，並同時與媽媽一起對此咯咯笑。

「絞架上的笑」是臨死之人開的玩笑，或是著名的臨終遺言。如之前提到的（請參考第 10 章），18 世紀泰伯刑場和紐蓋特監獄❼的絞架前，大批圍觀者讚美著死時大笑的人。「看吧，我就是那個被逮住的同夥」，「過去的丹尼」說，「我們都已經安排好了，之後出了狀況，其他人全跑了，只有我被逮到，哈哈哈！」當脖子上的繩子收緊時，他的玩笑引起了圍觀人群的大笑。這就是「死亡心理遊戲」，丹尼看起來是在笑上天對他的作弄，其實他內心深處知道誰應該對此負責。他真正說的是：「好吧，媽媽（爸爸），妳覺得我會死在絞架上，現在我來了，哈哈哈。」同樣的情況幾乎每次都會在團體治療中出現，只是程度較輕。

「現在的丹尼」是四個手足之一，他們當中沒有人擁有獲得成功的允許。父母都會做一點欺騙行為，不過在社會可接受的範圍內。他們的子女都習得了這個傾向，欺騙程度更強一些。某天，丹尼在團體治療中講述了大學遇到的麻煩。他功課落後，因此找槍手代寫論文。當他講述如何與槍手談判時，大家饒有興致的傾聽。槍手表示也接受了丹尼其他幾位朋友委託代寫論文，並且全都提前付款。其他成員在各方面問了一些問題，最終丹尼說出了重點——槍手帶著錢逃到了歐洲，根本沒有寫論文。這時候，全體組員大笑起來，丹尼也是。

其他成員表示有兩個原因讓他們覺得這個故事很好笑：第一是丹尼講述的方式，好像他期待大家笑，如果不笑會讓他失望；第二，他們預期，甚或希望這樣的事發生在丹尼身上，因為他做事的方式很複雜，而不是直接且誠實的自己承擔責任。他們都知道丹尼最終會失敗，有趣的是看丹尼會花多大力氣並失敗。他們像「過去的丹尼」的旁觀者一樣，參與到「現在的丹尼」的笑聲裡。之後，所有人都會變得憂傷，而最憂傷的是丹尼，他的笑聲在說：「哈、哈、哈，媽媽，妳總是在我失敗時才愛我，現在，我又失敗了。」

「兒童自我」中的「成人自我」，也就是「小教授」從很小便履行著讓媽媽滿意的職責，這樣她才會和他在一起、保護他。如果媽媽喜歡他，並用微笑

---

❼　譯注：舊時英國倫敦的行刑場與監獄。

表達愛意，他會感到安全，即使真實情況是他處於困境，甚或處於令人恐怖的死亡危險中。克斯曼 [13] 對此有更詳細的論述，她表示，在正常的養育中，母親的「父母自我」和「兒童自我」都愛自己的孩子，所以當媽媽微笑時，她的「父母自我」和「兒童自我」都為子女感到高興。而在另一些情況下，母親的「父母自我」在對兒子微笑，因為她理應如此，而她的「兒童自我」卻對他感到憤怒。為了得到母親「兒童自我」的歡心，他可以做出母親「父母自我」反對的行為。例如，透過展示自己的「壞」，他可能會得到母親「兒童自我」的微笑，因為他證明了自己「不好」，這正是讓母親「兒童自我」感到高興的事（在前文，我們稱之為「巫婆母親」）。因此，克斯曼推斷，**無論是腳本還是反腳本，都是以博得母親的微笑為目的——反腳本為了獲得母親（或父親）「父母自我」的微笑，而腳本則是為了得到母親「兒童自我」的微笑，而母親的「兒童自我」以嬰兒的痛苦或挫敗為樂。**

「絞架上的笑」發生於丹尼「發現自己脖子上掛著繩索」時，丹尼的「兒童自我」說：「我不想就這樣死掉。我怎麼會淪落到這般境地？」然後，他（頭腦中）的「母親自我」笑了，他意識到正是她引誘自己一步又一步到達這個地方。接下來，丹尼擁有的選擇是發瘋、殺死她、自殺或大笑。此時，他可能非常羨慕哥哥只是住在精神病院，或者羨慕姊姊選擇自殺，不過這兩個選擇，他都還沒有做好準備。

絞架上的大笑或微笑，發生在一種特殊刺激與回應之後，稱之為「絞架溝通」（gallows transaction）。一個典型的案例是酒鬼已經戒酒六個月，團體治療成員都知道。之後的某一天，他來到團體治療，聽其他成員講了一陣子他們的狀況。當團體治療成員講述完胸中所有的困擾後，就有空間聆聽酒鬼的故事。他說：「猜猜週末發生了什麼？」有人看見酒鬼臉上微微的笑容，大家都知道發生了什麼，也準備好一起發笑。其中一人用下面這個問題設置好絞架溝通，他問：「發生了什麼事？」「好吧，我喝了一杯又一杯，然後就我所知，接下來……」此時酒鬼已經笑了起來，其他人也是，「我放縱飲酒了整整三天。」施坦納 [14] 是第一位清楚描述此種現象的人，他表示：「就酗酒者而言，懷特告訴聽眾上星期發生的酗酒行為，聽眾（可能也包括治療師）的臉上卻堆滿笑容。聽眾『兒童自我』的笑容類似並強化了『巫婆母親』或『食人魔』的笑容，當懷特遵從禁止訊息（『不要思考，喝酒』）時，他感到愉快，這等同於拉緊了懷

特脖子上的繩子。」

「絞架上的笑」（由絞架溝通所導致）的意思是，當個案一邊笑一邊講述不幸的遭遇時，特別是當其他成員也一起笑時，這種不幸，正是個案腳本中悲劇性結局的一部分。周遭人的笑容強化了他的結局、加速了他的厄運、妨礙他痊癒。就這樣，父母的引誘修成正果，哈哈。

7. 各種類型的笑：五種類型的笑所呈現的背後含義

公平的來說，腳本分析師和團體治療成員比其他人享有更多的樂趣，即使他們需要忍住絞架上的笑，以及忍住不去嘲笑某人的髒腳。腳本分析師對幾種類型的笑容頗感興趣[15]。

腳本式的笑容

【形式 1】「嘿嘿嘿」（Heh Heh Heh）是「巫婆母親」或「食人魔父親」的「父母自我」所發出的咯咯笑聲。他們會引導某人走向被嘲笑、失敗的享樂之路，通常是自己的後代。「你又變胖了多少，嘿嘿嘿？」（有時寫作「哈哈」）這是腳本式的笑容。

【形式 2】「哈哈哈」（Ha Ha Ha）是成人對悲哀的幽默發出的笑聲。在丹尼的案例中，他的「哈哈哈」是一種淺層的洞察，因為丹尼從自己的經歷中學到不要相信槍手，但是對自己以及自己的弱點還所知甚少，因此會一而再、再而三的掉入相同的陷阱，直到最後的結局上演。這是「絞架上的笑」。

【形式 3】「呵呵呵」（He He He）是「兒童自我」打算騙人時發出的笑。他打算玩「讓我們來騙喬伊一把」這個心理遊戲，他受到別人的慫恿引誘，讓他以為真的能騙到某些人，但是真實情況是最終他才會淪為受害者。例如，槍手向「現在的丹尼」解釋如何欺騙學校教授時，丹尼發出了「呵呵呵」的笑聲，但是最後丹尼「才發現」自己才是受害者。這是心理遊戲式的笑容。

健康的笑

【形式 4】「齁齁齁」（Ho Ho Ho）是「兒童自我」努力爭取成功時「父母自我」所發出的笑聲。它表現出優越感，但是就當下所面對的問題而言，至少它是仁慈而鼓舞的。捲入程度不太高，可以把最終責任移交出去的人們通常會發出這種笑聲。它向孩子示意做出非腳本行為能夠獲得回報。這是祖父或聖誕老人的笑。

【形式 5】另外一種「哈哈哈」（Ha Ha Ha），更真心、更有價值，代表了「成人自我」真實覺察到自己如何被引誘至此。引誘他們的正是自己的「父母自我」和「兒童自我」，並非他人。這種笑與心理學家稱之為「（啊哈）頓悟經驗」（aha experience）的東西類似（不過就我個人經驗而言，除了心理學家以外，從未聽過任何人在此時會說「啊哈」）。這是一種洞察般的笑。

【形式 6】「哇哦哇哦」（Wow Wow）是「兒童自我」純粹且快樂的放聲大笑，或者是有大肚子的老年人的捧腹大笑。這種笑來自不受腳本約束的人，或可以暫時把腳本置於一旁的人，是健康的人自發性的笑容。

8. 祖母：高於「父母自我」且影響個案行為的力量

只要是見過「祖母」（grandmother）的人都不會是無神論者，因為無論祖母是好是壞，都會在某處（通常是天堂）看著他。在團體治療時（或者有時候也會出現在撲克比賽中），祖母總是會流連於房間某個角落的天花板。當個案的「兒童自我」無法充分信任「父母自我」時，必要時他們還可以信任「祖母」，因此會盯著祖母所在方向的天花板，向無形但存在的「祖母」尋求保護與指引。我們應該記得，雖然祖母只是偶爾出現，但是比母親的力量更大。當祖母出現時，她們擁有最終決定權。童話故事的讀者應該相當熟悉。又醜又乾瘪的老太婆對尚在襁褓中的王子或公主施加祝福或詛咒，無論壞仙女還是神仙教母都無法去除，只能減弱強度。因此，「睡美人」中的老太婆詛咒公主死去時，好仙

女只能將其減緩為沉睡一百年。這是她能做到最好狀況，因為如她所說：「我沒有能力完全去除長輩的所為。」

因此，無論祖母是好是壞，都是上訴的最高法庭。如果治療師已經成功解除了個案母親施加的詛咒，仍要處理祖母的問題。好的治療師必須學會處理母親及祖母間的對抗。在治療情境下，祖母通常認為自己正確且公正。治療師必須堅定的告訴她們：「妳真的想讓柔伊失敗嗎？如果妳說出真相，妳認為自己的控訴在天庭會受到歡迎嗎？真相是我並沒有向壞的方向引誘妳的孫女，而是在給予她快樂的允許。無論妳怎麼說，別忘了，治療師在上天那裡也有發言權。柔伊無法對抗妳並替自己說話，但是我可以替她發言。」

多數情況下，傑德玩撲克牌時是祖母決定了他該拿什麼牌。如果傑德與祖母的關係良好，他當然不會輸，常常穩贏。但是一旦傑德因為想法或行為冒犯了祖母，他將必輸無疑。傑德必須記得，其他玩家也有祖母，可能與他的祖母一樣強大。另外，他們與祖母的關係可能更好。

9. 抗議的不同類型：憤怒與哭泣

「抗議」主要包括憤怒和哭泣兩種類型。大部分團體治療師都非常重視它們，將其視為「真實情緒的表達」。而出於某種原因，「笑容」卻沒有獲得同樣的重視，有時候被視為「沒有表達」真實的情緒，而被忽視。

約有 90% 的憤怒是「父母自我」鼓勵的「扭曲情緒」，那麼問題來了：「憤怒有什麼好處呢？」帶著憤怒情緒很少能更好的完成任務，付出的代價也不值得——可能會有四到六小時新陳代謝紊亂或是若干小時失眠的狀況。憤怒情緒燃燒殆盡的關鍵點是傑德停止向自己和朋友說：「我當時真應該……」（使用過去式），轉而變成說：「我現在要……」（使用現在式）人們幾乎都用錯誤的方式對待這種遺憾式憤怒。其實，對待遺憾式憤怒與對待被攻擊時啞口無言，事後才想到完美反擊方法一樣：「如果你當場沒有說，不需要事後退回去再說，因為你最初的直覺可能是正確的。」最好的處理原則是等待下次時機到來，屆時如果你已經做好準備，你會做得更好。

使用現在式表達（「我現在要……」）的時間通常很短，馬上就會被未來式

取代：「下一次我會……」這顯示了「兒童自我」正朝向「成人自我」轉變。我堅信（沒有任何化學證據），就算只有某些複雜荷爾蒙物質中某個小原子團的些微改變（簡單的還原或氧化反應），從過去轉換到將來會與化學物質的新陳代謝同步。這是另一種對自主性幻覺的抨擊，當某人在憤怒中從過去轉向未來時，他以為「我冷靜下來了」，或者其他人會說：「你現在更理智了。」事實上，他既不冷靜也不理智，只是回應了化學物質的微弱改變。

幾乎所有的憤怒都是「終於逮到你了，你這個混蛋」（Now I've Got You, You Son of a Bitch）心理遊戲的一部分（「謝謝你給了我一個憤怒的理由」）。傑德其實很高興被冤枉，因為他從很小的時候便背上了憤怒袋子，能夠合理的發洩掉一些憤怒對他來說是一種解脫（「這種情況下，誰不會憤怒呢？」），這裡的問題是，發洩憤怒究竟是否有益。佛洛伊德很久前就說過發洩憤怒沒有效果，可是如今，大多數團體治療師都將發洩憤怒視為「好的」團體治療標誌，員工開會時也會因為發洩憤怒而熱鬧非凡。當某位個案「表達憤怒」時，大家都會歡欣鼓舞、倍感振奮、感到寬慰。一些治療師會鼓勵甚至要求個案這樣做，他們瞧不起那些缺乏想像力的治療師，對發洩憤怒的效果堅信不疑。如果這種態度正確，那麼透過「反證法」，下面這位喜歡幻想的個案所講述的內容應該也是合理的：「那天，我搭大眾運輸工具上班，並決定與上司溝通一下，表達我的真實情緒。因此，我對老闆大聲喊叫，並把我的印表機從窗戶扔了出去。他很開心，說：『我很高興我們終於有所溝通了，我也很高興你能自由的表達自己的敵意，我們就是需要這種員工。我注意到你砸死了站在窗邊的一位同事，不過我希望這件事不要引發你的內疚，因為它會影響到我們的交流。』」

扭曲與真正的憤怒很容易區分，在「終於逮到你了，你這個混蛋」的憤怒之後，個案會笑，而在團體治療中，真正的憤怒過後，個案會哭。無論是哪種情況，個案都應該知道自己不可以亂丟東西或是彼此辱罵、毆打。除非特殊情況，都應該禁止嘗試以上任何一種行為，且做出以上任何一種行為的個案都應該退出團體治療。不過，有些治療師與個案簽署了用肢體表達憤怒的契約，那麼他們應該確保擁有適當的設施及工作人員，以應對複雜的情況。

多數情況下，哭泣也是一種扭曲，或是誇張的假裝。團體治療其他成員的反應是判斷其真假的最好方法。如果他們感到厭煩或過度同情，那麼眼淚可能是假的。真正的哭泣會帶來尊敬的沉默，以及像面對亞里斯多德式悲劇❽一樣

的真實反應。

10. 你的人生故事：無論多麼後悔，都會被腳本驅使而不斷重複同樣的行為模式

　　對腳本分析師來說，最具啟發性的故事是著名神祕學主義者鄔斯賓斯基（Peter D. Ouspensky）創作的《伊凡‧奧索金奇異的一生》（*The Strange Life of Ivan Osokin*）。伊凡‧奧索金被賦予人生重新來過的機會，然而預言卻表示他將重犯曾經犯過的所有錯誤，再次做出令他後悔的所有行為。這位勇士回應：這不稀奇，因為他將被剝奪所有記憶，當然無法避免錯誤。然而，他被告知情況恰好相反，他將被允許保留全部記憶，並且仍會犯同樣的錯誤。奧索金接受了這些條件，毫無疑問，就算他能夠預見自己將招致的災禍，依然做出了與之前相同的行為。鄔斯賓斯基在故事中巧妙、令人信服的呈現了這個觀點。鄔斯賓斯基將這種狀況歸因為「宿命」，腳本分析師也贊同，需要補充的是**「宿命來自父母在孩子幼年時為他們編制的程式，而非超自然的宇宙力量」**。腳本分析師的觀點與鄔斯賓斯基一致：無論多麼後悔，每個個體都被腳本驅使，一遍又一遍重複相同的行為模式。事實上，「後悔」本身就是重複這些行為的動力。他們重複這些行為，就是為了收集後悔的點券。

　　懸疑驚悚大師愛倫坡（Edgar Allan Poe）創作的另外一個故事《屍變》（*The Facts in the Case of M. Valdemar*，或譯為《弗德馬先生案例的真相》）可以讓上述圖像更完整。弗德馬先生臨死前被催眠了，之後又活了很久。但是最終他還是從催眠的恍惚狀態中脫離出來，然後在旁觀者驚恐的注視下立刻變成了腐爛的屍體。假如那天，弗德馬先生沒有被催眠就死去，此時他也會變成這個樣子。換句話說，弗德馬先生「自找麻煩」（自作自受）。從腳本的角度來看，這種情況每天都在發生。孩子實際上是受到了父母的催眠才會依照某種模式生活，在達成腳本宿命前，他會一直維持自己的生命力（只要在人力所及範圍內）。一旦實

❽　譯注：古希臘哲學家亞里斯多德（Aristotle）奠定了悲劇理論基礎。他認為，悲劇能夠引發人們的憐憫和恐懼，從而使人們的靈魂得到淨化。

現腳本宿命,他很快就會瓦解。事實上,很多人都是靠腳本「支撐」,一旦完成腳本,他們馬上就會垮掉。我們之前已經談過,這是世界上很多老年人或「退休者」的命運(不僅發生於「我們的社會」,也是世界的普遍現象)。

　　腳本本身受到希臘女神阿南刻的保護,佛洛伊德稱她為「令人崇敬的阿南刻」。用精神分析的語言來表示,腳本被強迫性重複驅使,也就是具有一遍又一遍做相同事情的衝動。因此,短腳本會在一生中一遍又一遍重複(一次又一次嫁給酒徒的女子,每次都假設這次會不一樣;或者一次又一次娶到患病妻子的男子,然後一次又一次體驗失落)。另外,腳本還有一些其他較輕微的表現形式,例如在整個人生腳本的大框架內(由巨大的失望導致的自殺),每一年都會重複腳本(由失望造成的聖誕憂鬱),也可能在每年的每個月中重複(經期失望),或者以更小的規模每天重複,或者更微小的每小時重複,例如若治療師知道如何觀察腳本,就可以從每週的團體治療中看到個案如何以輕微的形式展現出自己的整個人生腳本。有時候,幾秒鐘的時間就可以展現出「個案的人生故事」。我在其他地方舉過很常見的例子,稱為「匆忙失足和快速恢復」[16]:

　　塞耶斯夫人伸手越過卡特夫人的胸部,去拿桌子尾端的菸灰缸。當她抽回手臂時失去了平衡,差點從沙發上摔下來。塞耶斯夫人及時恢復了平衡,不以為然的笑著小聲說:「抱歉!」然後坐回去抽菸。此時,卡特夫人把注意力從特洛伊先生身上轉回來,低聲說:「對不起!」

　　塞耶斯夫人將自己的人生故事濃縮到幾秒內。她試著謹慎小心,但總是以笨拙的方式做事。她幾乎都在即將遇難時及時獲救,她表示抱歉,但是之後總有其他人會來承擔過失。我們幾乎可以看到塞耶斯夫人有食人魔似的父親告訴她要摔倒,或總是推她(腳本),而母親總是在關鍵時刻救她(應該腳本)。之後,她為自己的笨拙道歉(從童年起,她就知道表現得笨拙會有好處,因為可以維持父親對她的愛;另外,她有了表示抱歉的機會,這是父親為數不多願意傾聽以及認可她存在的時候)。接著腳本發生了轉換,讓劇情不僅僅是純粹的不幸——「另一些人」承擔了過失,甚至更真誠的道歉。卡普曼[17]曾經提出經典的三角圖示(戲劇三角)用來分類腳本及舞台戲劇,我們可以在這裡加以運用(請參考第179頁圖12)。

11. 腳本轉換：腳本中的受害者、迫害者與拯救者

　　卡普曼認為，所有戲劇行為都可以總結為在三種主要角色上的轉換，也就是「受害者」、「迫害者」和「拯救者」，而這些轉換可以是任何速度與方向。在「匆忙失足和快速恢復」這齣戲劇中，我們可以看到非常迅速的轉換：剛開始時，塞耶斯夫人（頭腦中）的「父親自我」是迫害者（推她），（頭腦中的）「母親自我」是拯救者，自己是受害者。這就是她腦中的三角，是她腦海中的腳本。行動腳本是她讓自己碰到卡特夫人，從而成為迫害者，這時候，卡特夫人就是受害者。塞耶斯夫人表示抱歉，但卡特夫人反而發生了迅速的轉變（出於她的腳本需要），她並沒有表現得像個受害者，而是像做錯事的迫害者一樣道歉。

　　在這個簡短的互動中，我們看到有關兩個生命故事的大量資訊。塞耶斯夫人通常表現得像個可憐的受害者，但是我們現在可以清楚看到她會透過「不小心」及「表示抱歉」轉換到迫害者的角色上。**「匆忙失足」腳本的目標，是透過讓受害者道歉，從而免除自己的責任。**卡特夫人具有與她互補的腳本，很明顯，可以被命名為「打我，我會道歉」，或者「對不起，我的臉擋住了你的拳頭」腳本，這是酒鬼妻子具有的典型腳本。

　　沒完成論文的年輕人丹尼，當他講述自己的遭遇時，我們也可以從中看到丹尼的人生故事。之前提到過，丹尼最喜歡的心理遊戲是「讓我們來騙喬伊一把」。丹尼的鄰居中有一位友善的拯救者（槍手），他願意幫丹尼騙受害者（學校教授），不過丹尼需要付錢給他。丹尼最後成為兩手空空的受害者，而結果那位友好的拯救者（槍手）卻是更厲害的詐騙者，比丹尼這位迫害者更甚。而那位教授絲毫不知自己最初的受害者身分，現在則需要扮演拯救者，幫助丹尼畢業。這就是丹尼的人生故事。他想透過欺騙表示自己很聰明，結果反而成為殉道者。大家很早就看出丹尼為自己鋪設的失敗之路，因此最終丹尼獲得的不是同情，而是笑聲。丹尼不僅迫害他人失敗，在成為受害者方面也失敗了，這也是他沒有自殺的原因。他知道如果自己試圖自殺，也會笨手笨腳的以很搞笑的方式搞砸自殺這件事。如果自殺成功了，也會發生某些事讓他的死亡看起來很好笑。就連患上精神病也不足為信，只會讓團體治療中的其他組員大笑。母親給予丹尼的腳本是仁慈的陷阱：「看，」她對丹尼說，「你什麼事情都會失

敗。你用頭撞牆也沒用，因為就算你要發瘋或自殺，也會失敗。所以你可以在外面繼續撞一陣子，等你服氣了，可以再像個乖孩子一樣回來找我，然後我再幫你搞定一切。」

　　如果團體治療師能夠在治療中無時無刻關注每位個案的每個動作，他就可以觀察到某位個案將腳本壓縮在幾秒鐘內並展現。這幾秒時間就能講述了個案的人生故事，否則治療師可能需要花費數月甚至數年才能挖掘出來並澄清。不幸的是，目前還沒有方法可以傳授讓治療師知道這關鍵幾秒會在何時發生。可能的情況是，每位個案在每次團體治療中都會以多種形式展現，不過或多或少都帶有偽裝。若要發覺它們，取決於治療師的準備程度和直覺。當治療師的直覺做好準備去理解個案的所為，以及做好準備將理解傳遞給「成人自我」時，他才能在個案表現出腳本時，識別出個案的腳本以及自己和其他治療成員扮演的角色。識別治療師及其他團體治療成員所扮演的角色，是成功治療的關鍵因素，我們將會在下一章詳細探討。

第 18 章

如何在治療中運用腳本分析
The Script in Treatment

若能在治療早期發現個案的腳本，
就愈能幫助個案走出腳本世界

1.治療師的角色：辨別個案的期待，就能愈早發現腳本類型

我們已經談過，當個案有機會選擇治療師時他會如何選擇。如果不能選擇，他就會操縱治療師，讓治療師承擔起個案腳本需要的角色。一旦度過治療初期，個案便會努力讓治療師進入自己童年期待的「魔法師」角色，以便獲得自己需要的魔法，也就是「科學」、「雞湯」或「宗教」。為了達到這個目標，個案的「兒童自我」需要設置相應的心理遊戲和腳本情境，與此同時「成人自我」會盡量從治療中獲得領悟。治療師愈早辨識自己被期待的角色，就能愈早預見個案希望造就的腳本戲劇類型，也因此可以愈快採取行動應對，從而愈有效的幫助個案走出腳本世界並進入真實世界。只有個案進入真實世界才是被治癒，而不只是進步。

2.心理遊戲劑量：如何面對治療中的心理遊戲

許多臨床學家說過，「精神官能症個案」來接受治療不是為了康復，而是為了學習如何當更好的精神官能症個案[1]。遊戲分析師也說過類似的話：「個

案不是來學習如何直接表達，而是來學習如何更好的玩心理遊戲。」因此，如果治療師完全拒絕玩心理遊戲，個案就會放棄治療，但是如果治療師太容易上鉤，個案也會放棄治療。溝通中的心理遊戲就像下西洋棋：充滿熱情的玩家對絲毫不想玩的人沒興趣，對實力不相當的人也沒有興趣。在治療團體中，對玩「酒鬼」心理遊戲的人而言，如果沒有人拯救他，沒有人迫害他，也沒有人承擔糊塗蛋或串場的角色，他很快就會退出治療。但是如果拯救者的情感太過充沛，或者迫害者的言辭太過激烈，他也會退出。與玩其他心理遊戲一樣，個案希望同伴或對手有一定的精細度和溫和度。如果他們來勢太猛，有如救世主，那他也不會待得太久。

　　玩「酒鬼」心理遊戲的人可能會退出「匿名戒酒協會」，因為該協會宣揚的思想是「酗酒不是你的問題，而是一種疾病」，或者總是用「肝硬化」來威脅酗酒者，讓他們無法感受到真正的挑戰。只有他們堅持下去，度過這個階段，才能感受到它真正的價值。錫南農戒癮自救組織做得稍微好一些，他們更尖銳，宣稱吸毒「不是疾病，而是你自己要承擔的責任」。「酒鬼」玩家會退出匿名戒酒協會，轉而尋求家庭醫生的幫助，因為他們不太確定酗酒是否屬於疾病。假如他真的想尋求挑戰，應該去找心理治療師，因為他們認為酒癮完全不是疾病所致。假如他已經做好痊癒的準備，應該去找腳本分析師（也許可以偶遇），如果一切順利，他會發現自己正逐漸停止玩心理遊戲 [2]。

　　「如果不是為了他們」（If It Weren't for Them）這個心理遊戲的玩家，特別是「阿西西提類型」（Arsisiety Type）❶，行為與前述類似。如果治療師不跟他們玩心理遊戲並要求他們承擔個人責任，而不只是幻想，很快就會失去他們。但是如果治療師太相信他們，就會淪為與他們進行「這不是很糟嗎」的消遣。大多數個案不久就會感到厭煩，然後找其他治療師，因為其他治療師至少會象徵性的就開展「心理動力學」治療（psychodynamics），或是「自我評價式」（self-appraisal）治療，來與他爭辯。這種情況在 1930 年代很常見，年輕的「共產主義者」會找支持共產主義的治療師做治療，但是很快就會退出，轉而求助傳統治療師。如果治療師對阿西西提感到愧疚，就會與他們結盟，而不是治療

---

❶ 譯注：根據報紙雜誌等報導的故事幻想出糟糕的世界，例如性別歧視、當今的青年、犯罪問題等。

他們。這種做法雖然也有好處，但卻不能稱為治療。

　　當局者、當權派、老大確實存在，但是如果阿西西提先生過於歸罪於此，也是一種謬見。每個人都有屬於自己的社會，包括朋友和敵人。精神治療無法與當局者、當權派和老大抗衡，只能與個案的頭腦較量。無論是個案還是治療師，遲早都要面對這個事實。與其他醫學治療一樣，精神治療也是在適當條件下才能發揮作用。玩「如果不是為了他們」心理遊戲的人不會去思考自己的問題與原因，但這是遲早都需要中止的心理遊戲，然而治療師需要有技巧的處理，才不會流失個案。關於如何應對心理治療中的心理遊戲，請參考杜謝精采的結論 3。

　　每位個案的心理遊戲劑量，決定了他們是否會繼續接受治療，因此需要適當的抉擇及合理的時間安排。

3. 治療動機：為了更舒適的生活在腳本中並推動腳本前進

　　個案來接受治療通常有兩個原因且都不會危及腳本：「成人自我」是為了獲得如何更舒服的生活在腳本中的方法。最簡單明瞭的例子是男或女同性戀，他們通常對此直言不諱。例如，有些男同性戀表明不希望離開腳本世界，他的腳本世界中可能充斥著危險、令人憎惡或擅用陰謀的女人，或者充斥著無知、偶爾友善或行為古怪的女人❷。他們只希望更舒適的生活在腳本世界裡，而不願意了解真正的女人。另一些與此類似的治療目標包括：「當你不停用頭撞石牆時，可以如何更舒適的生活」、「當你雙手撐在隧道裡時，可以如何更舒適的生活」、「當你陷入大麻煩時，可以如何避免他人興風作浪」、「當世界充斥著騙子時，如何比騙子更會欺騙」。若想要有力的改變腳本世界，必須等到個案已經下定決心投入治療，且已經理解治療在其腳本中的角色之後。

　　除了理智的「成人自我」希望生活得更舒適之外，個案來尋求治療還包含更急迫的「兒童自我」原因，那就是希望借由與治療師互動，推動腳本前進。

---

❷　譯注：在作者伯恩撰寫此書的年代，同性戀依舊被視為精神疾病。

4. 治療師的腳本：如何避免落入個案的腳本中

「性感的女性」個案是最常見的例子。只要她能夠誘惑治療師，無論多麼微妙或只是精神層面的，只要治療師被引誘，都無法治癒她。這種情況下，她會取得很多「進步」以取悅治療師，也會讓自己感到滿足或有所收穫，但是治療師無法幫助她「跳脫」腳本，「進入」真實的世界。這就是佛洛伊德提出的「分析性沉默」（analytic reticence）或「分析性挫折」（analytic frustration）的例證。只有不接受個案的操縱，堅持分析她的抗拒（resistance）、本能的（instinctual）變化，必要時分析「移情」，才能避免被個案從生理、精神或道德上引誘。「反移情」意味著治療師不僅在個案的腳本中扮演角色，個案也在治療師的腳本裡扮演角色。這樣，他們彼此做出的皆是腳本式回應，結果一定是「混亂的局面」，用分析師的術語來表示，就是無法讓分析朝適當的目標進行。

避免這些難題最簡單的方法，是在一開始建立好契約後就直接問個案：「你打算讓我治癒你嗎？」

最後，假如治療師真的與個案發生了性關係，雖然他們從腳本和性的角度都體驗到了快感，但是從治療角度來看，對雙方皆沒有好處。在這段期間，治療師會以不恰當的方式告訴個案她引發了自己的性趣，並以促進他們更好的「溝通」為理由發生性關係。假如時機恰當，發生性關係在沒有嚇走個案的情況下，當然可以延長治療時間，但是對幫助個案走出腳本卻毫無益處，因為她只是扮演了治療師人生計畫中的一個角色而已。通常，如果個案以雙腿打開的姿勢坐著，恰當的處理並非「坦誠的討論」治療師的性幻想，而是告訴她把裙襬放下來。移除這種引誘，治療就可以朝有效的方向發展，而不是導向「挑逗」的心理遊戲。同樣，如果個案緊握雙手並放在後腦勺，讓胸部朝治療師挺起，治療師可以說：「令人驚歎！」或「大得驚人！」這通常能夠將事情帶回正常軌道。假如男同性戀者坐下來打開雙腿，展示生殖器，治療師可以說：「你的生殖器很大。不過，回到你的腹瀉問題……」等。如果個案回答：「去你的！」治療師可以接著回答：「不是對我。我是來治癒你的。你的腹瀉情況如何？」

5. 預測結果：治療師如何避免落入治療難題

　　治療師的第一項工作就是釐清自己在個案的腳本中扮演的角色，以及個案期待他們之間發生什麼事情。有一個例子可以適當的說明這一點：個案的腳本指令是「只要不被治癒，你就可以一直去看精神科醫生，因為最後你一定會自殺」。個案會透過玩「他現在告訴我」心理遊戲，從悲慘的命運中盡量獲得樂趣。如果了解個案的個人史，特別是在個案見過其他治療師的情況下，很容易就可以猜到他會玩這個心理遊戲。我們需要詳加探討個案與之前的治療師中止治療的原因，而當治療師更確信自己的假設時，可以使用之前提到的方法，直接預測結果：「你將要做的事，是來接受六個月或一年的治療，最後在某次治療時說：『順便說一句，我以後不會再來了。』如果現在就打破這種結局，我們都可以節省六個月的時間。如果你堅持要實現這種結局，我也可以接受，因為只要你來見我，我都可以從你身上學到一些東西。」

　　這種做法比等到個案放棄治療，然後再（帶著一些驚訝）說：「在下這個嚴肅的決定前，或許你最好進來談談。」之類的話要好得多。那個時候已經為時已晚，治療師已經展示出自己的愚蠢，個案為什麼還要繼續見如此容易上鉤的人呢？治療師的任務是在發生前進行預測，而不是到那個時候才來收拾殘局。

　　若要避免本章開頭四個部分所提到的各種難題，最簡單的方法是建立契約後，第一時間就詢問個案：「你打算讓我幫助你找到痊癒的方法嗎？」

　　簡單來說，治療可能有以下三種結果：

【結果1】治療師做出個案腳本中需要的行為或製造需要的場景，然後個案離開。離開時統計表通常會陳述個案「沒有進步」、「有進步」或者「有很大的進步」，但是個案絕沒有被治癒。

【結果2】個案可能擁有「直到腳本」：「直到滿足了某種條件，你才能獲得成功。」前面談過，最常見的詛咒解除器或腳本的內部關閉條件為「當你活到你父親（母親、哥哥、姊姊）去世時的年齡」，這是依據「時鐘時間」解除腳本。一旦個案滿足某種條件，就獲得了痊癒的「允許」。因此，無論他之前見過多少無效的治療師，腳本解除後見的治療師都會成為幸運兒，能成功治癒個案（除非他犯了很徹底的錯誤）。個案此時已經「做好接受

治療的準備」和「痊癒的準備」，所以只要是基本上能勝任和做事謹慎的治療師，都可以將他治癒。同樣，當睡美人根據腳本設置做好「醒來的準備」時，基本上任何王子都可以將她喚醒。按照「目標時間」解除「直到腳本」更具挑戰性，例如「直到遇到比你更聰明的治療師（或者，比我，也就是你的父親更聰明的治療師），你才能獲得痊癒」。這時，治療師就要完成猜謎工作（「你應該猜猜看」）或者其他一些神奇的任務。個案會去見很多治療師，直到遇到知道關鍵所在的那位。這時，治療師就成了必須猜謎或者完成某些任務的王子，結果不是贏得公主，就是被砍掉腦袋。如果治療師發現祕密所在，就可以從父親（或巫婆母親）的詛咒中救出個案。這意味著個案此時獲得了痊癒的允許，將恢復健康。就像童話一樣，她的腳本解除指令已經寫在腳本中。

【結果3】第三種情況是指令碼命令個案永遠不能康復，治療師必須設法推翻這個詛咒。完成這個任務需要非凡的力量和技巧，治療師必須贏得個案「兒童自我」的完全信任，因為治療是否成功完全取決於個案的「兒童自我」更相信治療師，而不是編寫腳本的原生父母。另外，治療師必須良好掌握關於腳本對立主題或如何中斷腳本的知識，並且知道何時及如何應用它們。

　　詛咒解除器（內部解除或關閉）與腳本對立主題（外部解除或中斷）的差異，可以用下面這個例子說明：睡美人被詛咒沉睡一百年，之後，如果有王子來吻她，（表面來看）她就可以繼續人生。王子的吻是內部解除或關閉，也就是寫入腳本中的移除咒語方法。假如王子二十年後就到來，並說：「妳真的不需要躺在那裡。」這是腳本對立主題或中斷（如果有效），也就是並非腳本提供、來自外部且可以打破腳本的東西。

6. 腳本的對立主題：讓個案跳出腳本，進入真實的世界

目前為止，我們所談的內容都是為了準備回答以下問題：「對此，我們可以做什麼？」精神治療可以歸結為三個要素：（1）在那裡（Being there）；（2）便利的家務建議（Handy household hints）；（3）翻轉（Flipping in）。

【要素1】**「在那裡」**的意思是個案知道他可以去某些地方、和某些人談話，與某些人玩心理遊戲以掩飾焦慮、緩解憂鬱，有人會鼓勵他、寬恕他、要求他懺悔，或餵他餅乾，以上這些都是牧師的功能，對孤獨的「兒童自我」非常有價值。對於父母在早年沒有發揮作用的個案，父親或母親在他們10歲、5歲或兩歲前就去世的個案，或那些被遺棄、被忽視、被逐出家門的個案，他們首先需要某些人「在那裡」填補空缺，之後的治療才有可能產生效果。

【要素2】**「便利的家務建議」**是治療師給予的建議，告訴個案如何在腳本世界裡保持快樂或減少痛苦。「握更緊」、「不要把祖母的地址給狼」、「午夜前拿到她的電話號碼」、「不要接受陌生人給的糖果」，這些提示主要對困惑、思覺失調的「兒童自我」，以及小紅帽、灰姑娘的王子，以及漢塞爾與葛麗特❸有用。

【要素3】**「翻轉」**是指使個案跳出腳本，並進入真實世界。為了達成最優雅的翻轉形式，需要治療師找到最能打破腳本的獨特介入——最有效的「腳本對立主題」（script antithesis）。下面這個案例說明了為了達到這個目標，治療師所需的探索、直覺及專業自信。

❸ 譯注：漢塞爾與葛麗特是格林童話《糖果屋》中的小兄妹，繼母命令父親丟掉兩兄妹。兩兄妹在森林裡找到巫婆所蓋的糖果屋，巫婆用糖果誘惑他們，並且想要吃掉兩兄妹，最後他們用計脫險。

害怕父親死去的紐西蘭女子安珀

　　安珀‧麥克阿果聽了朋友推薦，從很遠的地方來看Q醫生。在家鄉紐西蘭布內拉，她已經見過三位「精神分析師」，但都無法幫到她。Q醫生知道這些人並不是真正的精神分析師，只是一個又一個用諸如「認同」、「依賴」、「受虐」等唬人的詞語讓安珀困惑的糟糕治療師。安珀告訴Q醫生，她當晚就要飛回家照顧孩子，因此Q醫生面對的有趣挑戰，是嘗試在一次治療中治癒她。

　　安珀訴說自己焦慮、心悸、失眠、憂鬱、無法完成工作，在過去三年裡沒有性慾也沒有性生活，而她的症狀始於父親被查出糖尿病時。了解了安珀的精神病史及疾病史後，Q醫生鼓勵她多談父親。四十分鐘結束時，Q醫生認為安珀生病，是為了讓父親活著，只要她有病，父親就有機會存活；如果她好起來，父親就會死掉。實際上，這只是安珀「兒童自我」的腳本幻覺，糖尿病只是輕微且容易控制的疾病，並沒有死亡的危險，但是她卻認為只有她有能力讓父親活下去。

　　安珀的「父母自我」訓誡是：「當個乖乖女。我們只為妳而活。」父親的禁止訊息似乎是：「不要保持健康，否則妳會要了我的命。」不過Q醫生覺得，安珀身上不止這些。「神經質」的母親為她樹立了如何得病的榜樣，她也遵循了母親的模式。

　　現在，Q醫生必須弄清楚，如果要安珀放棄腳本，是否有能夠替代她腳本的東西，這便是治療關鍵。如果Q醫生擊破安珀的腳本，但是沒有可以替代的東西，情況就會變得更糟。安珀的應該腳本建立於「當個乖乖女」訓誡基礎上，且似乎很牢固。安珀現在這個發展階段，該訓誡意味著：「做個好妻子和好母親。」

　　「如果妳的父親真的去世了，會怎麼樣？」Q醫生問。

　　「我會變得更糟。」安珀回答。

　　這表示安珀的腳本不是「直到腳本」，而是悲劇式的腳本，但是這種情況反而讓Q醫生的工作更容易。假如安珀獲得的指令是：「一直生病，直到妳父親死去！」她可能真的會一直維持生病狀態，不敢冒險痊癒，因為在她的「兒童自我」看來，痊癒會造成父親死亡。但是很明顯，安珀腳本的真實含義是：「是妳讓父親患病，妳也要生病他才能活下來。如果他死了，妳必須承擔後果。」這讓安珀做出了很明確的決定：「不是現在好起來，就是繼續生病，在爸爸去世後要病得更重，直到自己死去！」

有了這些準備，Q醫生說：「聽起來，妳生病似乎是為了救父親。」

這句話的措辭和時機是經過仔細斟酌的，以便同時讓安珀的「父母自我」、「成人自我」和「兒童自我」聽到。安珀「父母自我」中的「父親」和「母親」都會很高興，因為她是這麼好的女兒，願意為父親忍受痛苦。安珀「父親父母自我」的「兒童自我」會更滿足，因為她遵從了父親發出「要生病」的指示（安珀父親顯然喜歡神經質的女人，因為他已經娶了一個這樣的女人）；安珀「母親父母自我」的「成人自我」也會很高興，因為安珀學會了她傳授的精髓，知道如何當一位病人。Q醫生無法得知安珀「母親父母自我」的「成人自我」有什麼反應，但是會留意觀察。以上就是安珀各部分「父母自我」的反應。Q醫生認為安珀自己的「成人自我」也同意，因為Q醫生診斷正確的可能性非常高。安珀的「兒童自我」也會很愉快，因為Q醫生實際上是在告訴她，她是一個「乖乖女」，遵守了父母雙方的所有指示。若要檢驗這句話，可以看安珀的回答，如果她說：「是的，但是……」就會有麻煩，但是如果她沒有說「如果」或「但是」，便接受了Q醫生的診斷，治療很有可能成功。

「嗯！」安珀說，「我想你是對的。」

有了這個回答，Q醫生感到接下來可以輕鬆探討腳本的對立主題了，意思是讓安珀與父親「離婚」。腳本對立主題的關鍵字是三個「P」：「能力」（potency）、「允許」（permission）和「保護」（protection）。

（1）能力。治療師的能力是否足夠強大到至少可以暫時戰勝她父親？這裡，治療師有兩個優勢：第一，她看起來真的厭倦生病了。的確，也許她曾經去其他治療師那裡玩心理遊戲，或學習怎麼樣帶著病症更舒適的生活，但是她這次長途跋涉來見Q醫生，也許意味著她真的做好準備跳出腳本並且痊癒；第二，她真的來了（而不是說自己太恐懼，無法做到），也許意味著她的「兒童自我」非常相信作為治療者的Q醫生所具有的魔法❹。

（2）允許。給予允許時必須仔細措辭，就像希臘神話中在德爾菲宣告神諭。否則，她就會根據自己的需要扭曲Q醫生所說的話。我們之前提到，

---

❹ 醫生的責任是為了治好個案而盡可能嘗試每一種方法，或者通俗來說：「個案的健康比醫療會議上一張張撅起的嘴所說的教條更為重要。」

「兒童自我」像在合約中尋找漏洞的聰明律師，如果她能找到例外，就會這樣做。

(3) 保護。這是當前最要緊的問題，因為會談後安珀會馬上離開，如果違背生病的禁令，她無法回來尋求 Q 醫生的保護。這樣，她的「兒童自我」就會暴露於「父母自我」的暴怒之中，沒有人能在她恐慌時給予安慰。電話也許有幫助，但是安珀只當面見過 Q 醫生一次。這種情況下，電話的作用不大。

Q 醫生接下來是這樣做的，他首先引出安珀的「成人自我」：

「妳真的認為自己生病就可以救他嗎？」Q 醫生問。

安珀的「成人自我」只能回答：「我想沒用。」

「他有死亡的危險嗎？」

「據醫生所說，近期不會。」

「但是妳一直處於詛咒下，它要求妳生病來挽救他的生命，這正是妳在做的事。」

「我想你說的對。」

「那麼，妳需要的是好起來的『允許』。」Q 醫生看著安珀，她點頭。

「妳從我這裡獲得了痊癒的允許。」

「我會試試。」

「試試意味著『不做』。妳必須做出決定，不是與父親脫離，他走他的路，妳走妳的路；就是不脫離關係，讓事情維持原樣。妳想要怎麼做？」

她沉默了很久。最後說：「我會脫離他，我要好起來。你確定我拿到了你的允許？」

「是的，妳拿到了。」

之後，Q 醫生又有了一個主意，他邀請安珀留下，午飯後參加一次團體治療，她同意了。

面談結束時，Q 醫生看著安珀的眼睛說：「就算妳好起來，父親也不會死。」她沒有回答。

兩小時後，Q 醫生向小組成員解釋，安珀大老遠跑來找他，當天晚上必須離開。他徵求團體治療成員的意見，詢問他們是否同意安珀參加，他們同意了。安

珀適應得很好，因為她讀過一本溝通分析的書籍，當他們討論「父母自我」、「成人自我」、「兒童自我」、心理遊戲和腳本時，她都能夠理解。安珀講完自己的故事後，成員都像 Q 醫生一樣，很快抓住了重點。

「妳一直生病，是為了避免父親死掉。」一位成員說。

「妳丈夫是什麼樣的人？」另一位成員問。

「他堅固牢靠如直布羅陀巨巖❺。」安珀說。

「所以妳長途跋涉，為了向『大金字塔』諮詢。」，第三個成員說，「大金字塔」是指 Q 醫生。

「他不是大金字塔，」安珀反駁。

「對妳的『兒童自我』來說他是。」有人說，安珀沒有回答。

Q 醫生什麼也沒有說，只是在聽。討論繼續進行，一位成員問：「你給她痊癒的允許了嗎？」

Q 醫生點了點頭。

「如果她要離開，你為什麼不把允許寫下來給她？」

「也許我會。」Q 醫生說。

最後，Q 醫生聽到了他一直在等的東西。成員問到安珀的性生活，安珀主動說她經常做與父親有關的春夢。會談即將結束時，Q 醫生寫下了允許，內容是：「停止與父親發生性關係。」

「安珀擁有『與父親之外的男人發生性關係』的允許。安珀『擁有痊癒及保持健康』的允許。」

「妳覺得，Q 醫生想表達什麼？」一位成員問。

「我不確定，他是說我應該發生婚外情嗎？」

「不，他不是這個意思。他的意思是妳可以跟丈夫發生性關係。」

「哦，曾經有一位醫生說我應該去搞婚外情。嚇到我了。」

「Q 醫生不是這個意思。」

安珀把這張紙放到錢包裡，然後有人開始懷疑。

「妳會怎麼處理這張紙？」

---

❺　譯注：位於地中海西南端、西班牙南部直布羅陀港城附近的一處懸崖，象徵十分安全或堅如磐石，也被稱為「海克力士之柱」。

「她一定會拿給朋友看，我敢打賭。」

安珀笑了：「沒錯。」

「大金字塔寫下的訊息，嗯？這會讓妳在家裡很出名。」

「如果妳拿給朋友看，就不會好起來。這是一個心理遊戲！」另一個人說。

「我想他們說的對，」Q醫生說，「也許我不應該寫下書面允許給妳。」

「你的意思是要拿回它？」

Q醫生點頭，安珀交還紙張，Q醫生問：「妳希望我幫妳大聲唸一遍嗎？」

「我記得住。」

Q醫生另外寫了一些東西給安珀，是兩位在布內拉執業、真正的精神分析師。他對那裡沒有溝通分析師感到遺憾，並建議安珀：「回家後，去見其中一位。」

幾週後，Q醫生收到安珀的來信。

「我很感謝每個人願意花時間在我身上。我離開時，已經感到99%被治癒了。我的情況好轉了，也已經克服了主要問題，我想我可以靠自己解決其他問題。我父親也不再像以前那樣威脅到我，我不再害怕他死掉。三年來，我的性生活第一次回歸正常。我看起來很好，也感覺很好。有時候我會低落，但是可以很快恢復。我已經決定遵照你的建議去見X醫生。」

這個故事展示出腳本分析師的思考方式。一次面談加上一次團體治療取得的效果非常令人滿意，因為個案適切的運用她獲得的允許，並盡量從中獲益。

7.治癒：從贏得時間開始，更深入挖掘並改變腳本決定

很明顯，安珀並未獲得永久治癒。然而，她獲得的「腳本對立主題」顯然具有療效，並極有可能讓她永久受益。儘管結果令人滿意，但這僅僅是副產品。**腳本對立主題的真正目的是「贏得時間」，這樣個案才能更深入的挖掘自己的腳本裝置、改變最初的腳本決定。**因此，如果個案的「父母自我」催促他趕快「殺死自己」，氣餒的「兒童自我」回答：「好的，媽媽。」治療師就會告訴他：「不要這樣做！」治療師給出這個簡短的對立主題，是希望在關鍵時

刻，個案也能聽到治療師的聲音、抵擋住自殺的誘惑，這樣才能將個案從死亡邊緣拉回來。在治療中，需要好好利用這段「緩刑時間」，派特之所以想死是出於童年時的決定，現在他贏得了足夠的時間，可以透過做另一個決定廢除童年的決定。

隨著派特逐漸擺脫「父母自我」的程式，他的「兒童自我」愈來愈自由。某個時刻，在治療師及派特「成人自我」的幫助下，他能夠徹底擺脫腳本、上演自己的戲劇，有全新的人物、全新的角色，以及全新的劇情和結局。一個人改變了他的角色與命運時，便獲得了「腳本治癒」（Script Cure），從臨床角度來看也是痊癒，隨著他的再決定，大部分症狀都消失了。這種變化可能會在治療師和團體治療成員的面前突然發生，他不再是病人或個案，而是帶著某些傷殘和弱點的健康人類，此時，他能更客觀的面對這些不足。

這個過程就像腹部手術成功後的變化。起初幾天，個案是逐漸進步的病人，他每天可以走得更遠一點、坐得更久一點。大約五、六天後，他的行走能力大為改善。現在他成為擁有一些惱人障礙的健康人類，儘管可能有些虛弱或腹部疼痛狀況。他不再滿足於進步，而是希望擺脫這種狀況。他的障礙也不再具有嚴重的後果，而只是有些令人厭煩，他希望儘快擺脫，以便回歸美好的世界繼續生活。這種變化可能會在一夜發生，就像他突然發生了轉換。腳本分析時的「翻轉」也是如此——當天是個案，隔天就成為渴望前行且真實的人。

讓我們來看一下下列案例：

小南與父母住在一起。她父親是一位職業個案，因為憂鬱每個月可以從政府機構領取補助金。她被父母養大，追隨父親的腳步。但是 18 歲時，她開始厭倦這種毫無樂趣的生活。她參加了六個月的團體治療，某一天，她決定要痊癒。

「我怎麼樣才能痊癒？」她問。

「關注自己的事情。」治療師回答。

接下來的一個星期，小南參加團體治療時的穿著明顯不同了，思考方式也有很大的變化。過去，她很難關注自己的情緒問題，而且總是關心父親的問題，不過現在已經做得愈來愈好了。當父親狀態不好時，她自己的狀態不再跟著變糟。同時，小南也切斷了母親對她編制的「程式」，那就是「人生是痛苦的掙扎，和爸爸一起待在家裡」。她做出了自主的決定，脫掉了「思覺失調症個案之女」的制服❻，穿上了女人的衣服。她回到大學，和很多人約會，並被學生團體評為

「女神」。這一切都是在向她表達「人生根本不是痛苦的掙扎，除非妳願意讓生活過成那樣。停止掙扎，開始生活吧！」在這方面，小南也做得很成功❼。

---

❻ 我的知識不足以精確描述女性的服裝，但是當我看到時可以感覺得到。小南的穿著似乎是對身體的一種否認，「我是思覺失調症個案」的制服就像對身體的一種諷刺。

❼ 這種變化絕非偶然，因為團體治療中的另一位個案也做出了類似的決定，也就是在同一天「翻轉」。假如她們沒有決定跳出來，很可能會成為長期個案，對人類做出的主要貢獻便是提供既厚又複雜的病例報告。

第**19**章

治療中的關鍵干預

The Decisive Intervention

從最後展現通道、腦中的聲音、允許的力度，
了解如何在治療中給予關鍵干預

---

1. 最後展現通道：分離、排除或整合三種自我狀態

　　除非個案透過聲音或動作明顯表達，否則治療師無法得知個案腦中發生了什麼情況。一般來說，每一種自我狀態都在尋找向外界表達的最後通道。在一個經典案例中，布萊蒂被詢問：「妳的婚姻狀況怎麼樣？」她傲慢的回答：「我的婚－姻；很完－美。」當她這樣說時，她用拇指和食指壓住自己的婚戒，雙腿也交疊在一起，接著開始晃她的右腳。然後有人問：「這是妳自己說的，可妳的腳想要說什麼呢？」布萊蒂聽到後，驚訝的低頭看自己的腳。另一個團體治療成員接著問：「妳的右手又在對婚戒說什麼呢？」布萊蒂聽到後開始哭泣，最後講出丈夫會喝酒，還會打她。

　　當布萊蒂更精通溝通分析時，她可以講出前述三種回答的起源：「我的婚姻很完美」是由傲慢、不願屈服的「母親父母自我」說出，它控制了布萊蒂的發聲器官，而發聲器官是「母親父母自我」的最後展現通道；布萊蒂的右手由「成人自我」掌控，它承認布萊蒂確實嫁給了一位惡棍，且時間可能已經很久；布萊蒂的腿由「兒童自我」交疊在一起，目的是將丈夫排除在外，然後準備踢他幾腳。這段話我使用了被動語態，目的是為了說明布萊蒂身體的各個部分僅是服務不同自我狀態的工具，是自我狀態「最後展現通道」（final common pathway）。

「最終展現通道」有三種選擇方式：分離、排除或整合。**如果三種自我狀態彼此「分離」（dissociation）、互不交流，那麼，每種自我狀態都會獨自尋找自己的表達管道，對其他自我狀態的所作所為「無意識」。**因此，布萊蒂講話的「父母自我」並沒有意識到「成人自我」的手指或正在踢腿的「兒童自我」。這種表現反映出布萊蒂的真實生活：兒童時代，布萊蒂不敢真實的表達自己，只敢背著父母做事。如果她被抓住，就會說她（成人自我）不知道自己（兒童自我）在做什麼，借此逃避責任。從臨床角度來看，這是一種歇斯底里式的表現，「兒童自我」在做各種令人費解的事，「成人自我」卻說自己不知道，而「父母自我」根本不在場。

　　「排除」（exclusion）的意思是對一種自我狀態「貫注」的能量高於其他自我狀態，因此，無論其他自我狀態如何抗爭，都是該自我狀態在掌控一切。這在團體治療中的宗教狂或政治狂身上最為明顯，排除的「父母自我」掌管著全部表達通道（除非它偶爾「無意識的」放棄信仰），以強勢的態度欺凌著「兒童自我」、「成人自我」以及其他組員。較為緩和的表現見於「補償性思覺失調」個案身上，為了不進醫院或躲避電擊治療室，「父母自我」將壞的、不可靠的「兒童自我」以及沒用、低能量的「成人自我」全部排除在外。這同樣反映了當事人童年時的狀況：只要父母在場，他就不敢主動採取行動，父母不會讓他獨立處理問題、自己發展。

　　有條理的人格中會發生「正常」的排除，也就是在其他自我狀態同意後，由某種自我狀態進行掌控，例如工作時間「兒童自我」和「父母自我」同意由「成人自我」掌控。作為回報，「兒童自我」被允許在聚會時握有掌控權；「父母自我」被允許在親師會等場合獲得掌控權。

　　「整合」（integration）的意思是三種自我狀態共同表達，比如在藝術作品中，以及為人們提供專業治療時。

　　聲音與姿態是常見的最後展現通道。在了解「整合」時，聲音最具有價值。很多女性會用小女孩的聲音、確信的表達很有智慧的觀點。這裡的整合是由發出「不要長大」指令的「父母自我」、提供建議的「成人自我」，以及享受被保護的「兒童自我」共同做出。這種情況可以被稱為「成人化的兒童自我」，或「早熟的兒童自我」。很多男性會以成人的聲音缺乏自信的表達很有智慧的觀點。這時，「父母自我」說的是「你以為你是誰」；「兒童自我」說

的是「我想炫耀一下」；「成人自我」說的是「我有一些想法你可以試試」，這種情況可以被稱為「兒童化的成人自我」。此外，「父母化的兒童自我」（「媽媽說」）、「成人化的父母自我」（「就是要照這種方法做事」）也很常見。

姿態不僅可以顯示哪種自我狀態占優勢，還可以展現出他們的不同亞型。「控制型父母自我」會坐得很直，並用手指指向正前方；「養育型父母自我」會張開雙臂，用身體形成善於接受的環狀。「成人自我」的姿態是靈活、機警、變化性強的。「順從型兒童自我」透過彎曲身體表現退縮（前弓反張），最終可能會呈現嬰兒的姿態，也就是盡可能讓更多肌肉彎曲；「表達型兒童」是開放的姿態（角弓反張）❶，盡可能讓更多肌肉舒展。發生前弓反張時，人會哭泣；而發生角弓反張時，人會大笑。即使彎曲一根手指，比如食指，也會讓人產生不安全感和退縮感，相反的，即使只是伸展食指，也會讓人感到自信與開放。如果用食指固執的指向前方，就會產生「父母自我」的感受。這種感受就像在自己與即將靠近的人或思想之間設置了一道無法穿越的屏障。

換句話說，「兒童自我」通常掌控不隨意肌的運動，「成人自我」通常掌控隨意肌的運動，特別是大肌肉，而「父母自我」掌控態度，或者是平衡屈肌與伸肌間的肌肉緊張度❷。

這一切都清楚表示，最後展現通道由頭腦內部對話選擇或分配。簡單來說，自我狀態間有四種可能的對話：三種兩者間的對話（P－A，P－C，A－C），一種三者間的對話（P－A－C）。通常，我們會將「父母自我」的聲音區分為「父親父母自我」和「母親父母自我」，如果有其他「父母自我」式的人物插入，情況將變得更複雜。每種聲音都伴隨著一套獨特的「姿勢」，由特定肌肉和身體區域參與。無論對話是什麼，結果都會透過各個最後展現通道得以表現。更確切的來說，最後展現通道最終只有一種，若不是主導，就是獲得了其他自我狀態的同意，或是經過了整合，而其他受挫的自我狀態表達則必須另闢蹊徑。

---

❶ 譯注：「前弓反張」（emprosthotonos，肌肉僵直痙攣，使身體向前彎曲）和「角弓反張」（opisthotonos，腰背反折，身體後仰如弓狀）均是精神病學術語。

❷ 譯注：「不隨意肌」（involuntary muscles）指不隨意識主使而運動的肌肉，「隨意肌」（voluntary muscles）指可隨意識主使而伸縮的肌肉，「屈肌」（flexor muscles）與「伸肌」（extensor muscles）則用於彎曲與伸直肢體或軀幹的肌肉。

2.腦中的聲音：父母、成人與兒童自我間的對話

　　上面提到的聲音究竟有多真實呢？精神科醫師布魯爾（Josef Breuer）[1]差不多在百年前就發現了不同的自我狀態（各種相互獨立的意識狀態），但是並沒有深入探究。同一時期，其同事佛洛伊德深信願望透過視覺表象呈現，因此他一生大部分時間致力於研究這個概念，而忽視了心靈的聽覺部分。即使是率先提出「腦中自我兩個部分對話」這個思想的費登（Paul Federn）[2]也忽視了真正的聲音，認為對話是以視覺形式呈現（例如在夢中）。在這方面，佛洛伊德的主要貢獻在於提出：夢中聽到的聲音與詞語，代表了清醒生活中聽到的聲音與詞語[3]。

　　前文已經提到，溝通分析在實踐中總結的臨床經驗是：**「兒童自我」的願望由視覺表象呈現。而個案會怎麼樣處理這些願望，以及最後展現通道會如何呈現他的結局皆由聽覺表象決定**。聽覺表象也就是腦中的聲音，由腦內對話導致❸。對話在「父母自我」、「成人自我」和「兒童自我」間進行，並非處於「無意識」領域，而屬於「前意識」領域，也就是說很容易被帶入意識層面。我們發現，腦中對話的台詞取自真實生活，也就是那些曾被真正說出來的話語。治療的效果與此類似，因為個案行為的最後展現通道由腦內的聲音決定，因此可以透過向個案頭腦內輸入其他聲音改變個案的行為，也就是治療師的聲音。如果在催眠狀態下進行可能並不有效，因為催眠並非真實情境。相反的，如果在清醒狀態下進行可能會更有效，因為最初的聲音也是在個案清醒時植入腦中的。除了巫婆或食人魔父母對孩子大喊大叫讓他們進入恐慌狀態之外，因為這屬於創傷事件。

　　隨著治療師從不同個案那裡愈來愈了解頭腦中的聲音，在結合聲音與行為的最後展現通道上，也會愈來愈有經驗。治療師逐漸發展出準確判斷的能力，通常在個案聽清楚自己腦中的聲音前，治療師已經極速且準確的聽到了。如果治療師提出一個敏感的問題，可以觀察到個案不同肌肉抽搐、緊縮以及表情變化，彷彿聽錄音般傾聽到個案的「顱內對話」。第 14 章第 2 部分提到的女

---

❸　聾兒和盲童的情況一定有所不同，但是到目前為止，腳本如何在這兩種狀況下發生，我們還一無所知。

性馬貝爾，在聽母親講話時做出的一連串反應就是一個示例。

一旦治療師理解了這一切，接下來的任務就是給予個案傾聽的允許，以及教他們如何聽到從童年開始便一直存在的聲音。為了完成這個任務，治療師需要克服幾種阻抗。個案可能被禁止聽到「父母自我」的指令，例如「如果聽到腦中的聲音，你就會發瘋」；或是「兒童自我」很恐懼將要聽到的內容；又或是「成人自我」更願意不去理會控制她行為的人，從而維持自主的幻覺。

很多「行動派」治療師會透過特殊技術，巧妙揭示出這些聲音。使用這些技術時，個案能夠出聲表達，也因此讓個案和聽眾都能顯而易見的聽到一直存在於腦中的對話。完形治療師常用「空椅技術」（the empty chair），也就是個案從一張椅子移動到另一張椅子，扮演自己的兩個部分4。「心理劇治療師」（psychodramatist）❹會有經過訓練的助手，助手扮演某個角色，個案扮演另一個角色5。觀看或閱讀此類治療，很快就會發現每個角色的台詞，其實是來自不同的自我狀態或單一自我狀態的不同面向。自個案幼時，它們之間的對話便開始在腦中運轉。不過，幾乎每個人都在某些時候對自己嘀咕過這些對話，因此就算不使用這些特殊技術，個案也具備很好的能力可以發掘腦內對話。通常，第二人稱的句子來自「父母自我」（「你應該」等），第一人稱的句子來自「成人自我」或「兒童自我」（「我必須」、「我為什麼」等）。

透過一些鼓勵，個案可以很快覺察最重要的腳本指令，並向治療師報告。這些指令以口語的方式存在於個案腦海中。之後，治療師必須請派特篩選，丟掉不具適應性、無用、有害或具有誤導性的指令，留下具有適應性或有用的指令。更好的情況是治療師能讓派特與父母友好的「離婚」，擁有全新的開始（即使是友好的離婚也會有憤怒階段，如同大多數離婚，就算最後的結局是友好的分離，但一開始時仍會憤怒）。這意味著治療師必須給予派特不遵守「父母自我」指令的允許，這樣他才能自由、自主的按自己的方式做事，而不是叛逆或遵從腳本。

更簡單的方法是讓個案服用一些藥物，如眠爾通（抗焦慮劑）❺、吩噻嗪或阿米替林（Amitriptyline，抗鬱劑）。這些藥物可以減弱「父母自我」的聲音，從

---

❹ 譯注：心理劇治療師透過角色扮演、場景布置、意象呈現等戲劇方法，讓參與者身歷其境、換位感同身受，重新了解自己與他人、社會文化的關係。

而減緩「兒童自我」的焦慮或憂鬱，因此「讓個案覺得好多了」。但是這樣做有三個缺點：第一，這些藥物會讓人變得遲鈍，包括「成人自我」的聲音；第二，它們會讓心理治療更難精準，因為「父母自我」的聲音很難被聽清楚，這樣就會掩蓋腳本指令；第三，由於「父母自我」的禁令被暫時遮蔽，個案可以隨意使用治療中獲得的允許，一旦停藥，「父母自我」通常會全力反擊，報復「兒童自我」趁「父母自我」不在時的擅自妄為。

3. 允許的力度：有效允許的三步驟

溝通分析作為一種治療方法，立足於這個假設——除了握手外，治療師與個案沒有任何身體接觸，僅靠語言與動作也能產生療效。如果一位溝通分析師認為某位個案最好獲得一些身體上的接觸，他會建議個案參加舞蹈課，這是一種喚醒感覺的團體，或稱「允許課程」（permission class）。允許課程與其他兩種不同，它是由受過溝通分析培訓的人舉辦，並嚴格按照治療師的處方行事，而非將自己的理論與需要強加給個案。因此，溝通分析師可能決定：「這位個案需要擁抱，但是我不能給他擁抱，不過，我依舊可以為他提供精心策畫的治療，同時介紹他參加課程，處方就是獲得擁抱。」或者：「這位個案需要透過舞蹈以及與他人的非正式接觸放鬆下來，我不開設舞蹈課程，因此需要將她轉介至課程，處方是跳舞。」

課程也是以團體的方式進行，個案並非得到單人擁抱或單人舞蹈練習。而是所有個案同時做相同的事，教師留意每個人的特殊需要，並加以關注（個案不需要在同一時間做與他人相同的事。教師只是如此建議，但是每個人可以按照自己的意願自由行事——這便是個案在這堂課所獲得的。不過，他們通常很喜歡參與到其他人的活動中，因為這正是他們童年缺失的部分）。

為了了解參加課程有什麼感受以及可以學到什麼，Q醫生也參加了一個課程。當教師建議「所有人坐在地板上」時，Q醫生腦海中的聲音是：「我的

---

❺ 譯注：「眠爾通」（meprobamate）經過研究發現會造成嚴重神經性不良反應，台灣食藥署已經於2014公告禁止使用。

『兒童自我』和『成人自我』接受你要我坐在地板上的建議。」於是他坐到了地板上。Q醫生的「父母自我」去哪裡了呢？他的「成人自我」和「父母自我」已經同意，在「成人自我」的掌控下，「兒童自我」高興做什麼就可以做什麼，除非事情「太過分」，例如變得太性感。他的「兒童自我」確實受到了些許激發，但是「父母自我」還不需要出來，因為「成人自我」都掌控得很好。這也讓我們了解了發揮作用的一些方式。

對腳本分析來說，允許是最具決定性的干預，因此必須盡可能清楚理解允許發揮作用的方式，並在不同情境下抓住每個機會觀察與了解。

當傑德已經從「父母自我」那裡獲得了做某些事的允許後，就不再需要內部對話了。這也與允許的字面含義一致，允許就像許可證，一旦某人擁有做某事的許可證，便不再需要當每次想做這件事時都去稟報。除非過分濫用許可證，才會收到當局的警告。當然，有些父母天生就是「督察」，即使他們發放了許可證，依舊會監管一切。腦中帶著這種「父母自我」的人會很拘謹且急躁。

如果擁有做某事的禁令，一旦他開始做這件事，對話就會啟動。在較為嚴重的腳本中，「父母自我」被啟動，說：「不行！」在威脅式的腳本裡，「父母自我」說：「當心！」在較溫和的腳本中，「父母自我」說：「你怎麼會想做那個？」這些話都是真實生活中父母會說的話。之後，「兒童自我」打算做這件事，而調動起來的能量被「父母自我」接管，並用這些能量用來約束「兒童自我」。「兒童自我」調動的能量愈多，「父母自我」占用的能量就愈多，因此「父母自我」也更活躍。這種情況下，要怎麼給予「兒童自我」做某事的允許呢？如果外人說：「讓他做吧！」這時候「父母自我」就會感到驚慌，然後發出更強的禁令，「兒童自我」無法獨自違抗。外人也可以透過鼓勵或施加壓力，引誘「兒童自我」做出違抗禁令之事。可是一旦做了，依舊活躍的「父母自我」就會跳出來引發「宿醉」現象，也就是「兒童自我」擁有太多自由後就會像酗酒者飲酒後，產生內疚情緒和躁鬱型憂鬱症。

當「成人自我」貫注的能量不足或無法起作用時，就會產生上述情況。事實上，「成人自我」是唯一能有效干預「父母自我」與「兒童自我」的力量，所有治療性干預也都有賴於「成人自我」。「成人自我」似乎可以從外界獲得允許，調動自身的能量，也就是說「成人自我」可以透過外界為自身充電。然

後，「成人自我」便可以置身於調解「父母自我」和「兒童自我」的位置，也可以對抗「父母自我」，以給予「兒童自我」自由做事的空間。如果之後「父母自我」反對，「成人自我」也有足夠的能量反對「父母自我」。

「父母自我」和「兒童自我」的關係也可能與上述情況相反。「父母自我」不僅可以攫取「兒童自我」的能量用來反對「兒童自我」；也可以傳遞能量給「兒童自我」用來挑釁「兒童自我」。因此，「壞」的父母自我不僅可以透過指令造就「壞」的兒童自我，也可以供給兒童自我能量去做「壞」事[6]。溝通分析師借由「再撫育」（re-parenting）治癒的思覺失調症個案非常熟悉這種現象[7]。再撫育時，「成人自我」必須發揮功能，當被丟棄的「父母自我」再次啟動時，「成人自我」要有足夠的能量與之對抗。

之前已經提到「正向允許」（possitive promission）或稱「許可證」（license），是治療師或「成人自我」說：「讓他做吧！」「負向允許」（negative promission）又稱「釋放」（release），是治療師或「成人自我」的主張，說：「不要再推他朝那個方向前進了！」

因此，**治療中的關鍵因素是：首先引出個案的「成人自我」。如果治療師可以與「成人自我」結盟，就可以利用這個聯盟反抗「父母自我」，給予「兒童自我」允許**，這樣既可以做出禁止之事，也可以拒絕「父母自我」的挑釁。之後，派特的「兒童自我」依舊需要面對充滿能量的「父母自我」。如果「兒童自我」接受的是正向允許（「如果妳願意，妳可以和丈夫體驗性高潮」），「兒童自我」可能已經消耗所有能量，虛弱到無法抵抗懲罰性的「父母自我」。如果接受的是負向允許（「你不必用喝醉來證明自己是個男人」），「兒童自我」會非常緊張且急躁，可能會怨恨給予他反抗允許的人。處於這種受挫且脆弱的狀態中，個案對「父母自我」的譏諷毫無抵禦之力。這兩種情況下，都需要治療師處於可以保護「兒童自我」反抗「父母自我」懲罰或嘲笑的狀態。

現在，我們有一定把握討論治療當中，決定治療效果的「3P」。3P分別是：「能力」、「允許」和「保護」[8]。治療師必須給「兒童自我」違反「父母自我」禁令及挑釁的允許。為了有效發出允許，治療師必須感到有「能力」：並非無所不能的能力，而是足夠應對個案「父母自我」的能力。給予「允許」後，治療師必須依舊感到有足夠的能力，個案的「兒童自我」也要相信治療師擁有足夠的能力幫助他抵禦「父母自我」的憤怒並給予保護（這裡使

用「能力」一詞既適用於男性，也適用於女性治療師）。

「停止飲酒允許」治療範例

黛拉（請參考第3章）的案例是一個簡單的範例。她喝酒時會暫時失去意識，這段期間會有毀掉自己的危險。

【步驟1】「如果我不停止喝酒，」她說（成人自我），「我就會毀掉自己和孩子。」

【步驟2】「沒錯」，Q醫生回答（成人自我），與黛拉已經發揮作用的「成人自我」連接，（步驟3）「所以妳需要停止喝酒的允許。」

【步驟2】「我確實需要。」（成人自我）

【步驟6】「好的！（步驟4）那麼停止喝酒。」（父母自我對她的兒童自我）

【步驟5】「我感到緊張時，該怎麼做呢？」她問（兒童自我）。

【步驟5】「打電話給我。」（成人自我的程式。）

黛拉這樣做了，且結果很好。這裡的溝通是：

【步驟1】引出「成人自我」，或一直等到「成人自我」啟動。

【步驟2】與「成人自我」建立聯盟。

【步驟3】陳述你的計畫，看「成人自我」是否同意。

【步驟4】如果一切都很清楚，給予「兒童自我」違背「父母自我」的允許。允許必須用清楚且簡潔的祈使語氣，不能使用「如果」、「並且」或「但是」。

【步驟5】提供「兒童自我」免於接受後果的保護。

【步驟6】透過告知「成人自我」一切都沒有問題給予強化。

必須說明的是這是Q醫生第二次嘗試給予黛拉允許。第一次是她的「兒童自我」做出了回應，而非「成人自我」：「但是如果我開始緊張、想喝酒時該怎麼做呢？」Q醫生一聽到「兒童自我」說出的「但是」、「如果」和「並且」，就知道個案沒有接受允許，因此他中止該計畫，轉向其他內容。這一次黛拉說：「我感到緊張時，該怎麼做呢？」因為這句話中沒有「如果」、「並

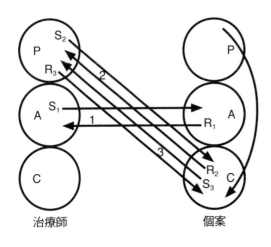

①能力
S1治療師（A）：「我可以給你允許。」
R1個案（A）：「我需要。」

②允許
S2治療師（P）：「我給你允許。」
R2個案（C）：「我接受。」

③保護
S3個案（C）：「我害怕。」
R3個案（P）：「你不會有事。」

④強化（未展示）
S4個案（A）：「我不會有事？」
R4治療師（A）：「對，你不會有事。」

S：代表「刺激」
R：代表「反應」
P：代表「父母自我狀態」
A：代表「成人自我狀態」
C：代表「兒童自我狀態」

【圖18】允許溝通

且」或「但是」，Q醫生認為黛拉已經做好準備接受允許。Q醫生發出的允許也非常有力量，因為他也沒有使用「如果」、「並且」和「但是」。需要注意的是，Q醫生並沒有根據號碼依序完成六個步驟，而是根據情況調整了上述六個步驟。

總結一下：

【結論1】「允許」意味著放棄「成人自我」想放棄的行為許可證，或者說是解除消極行為。

【結論2】「能力」意味著對峙的能力。使用「如何」和「但是」無法向「兒童自我」展示出能力。任何包含「如果」的允許都不好，因為它包含了條件或威脅；包含「但是」也不好，因為允許被條件化、局限，以及削弱。

【結論3】「能力」意味著在這段時間內，個案可以拜訪治療師，在需要時再次使用他的能力。治療師的保護力既體現在他的聲音中，也體現在他所說的內容中。

「圖18」展示了有效給予允許的三個步驟。第一組箭頭AA，代表引出

「成人自我」。第二組箭頭 PC，是允許本身。第三組箭頭 PC，代表治療師保護個案的「兒童自我」，反抗被激怒的「父母自我」。

膽怯的治療師試圖馴服憤怒的「父母自我」，就像羞怯的牛仔試圖騎上一匹弓背躍起的野馬，十分不適合。如果他被摔下來，就會把罪責加在個案「兒童自我」身上。

4. 治癒 vs. 取得進步：真正「治癒個案」，而非僅是「取得進步」

美國電訊密碼專家亞德利（Herbert O. Yardley）[9]描述了他在第一次世界大戰承擔的一項長期、乏味、痛苦的工作——在不懂日文的前提下破解日文密碼。他的其中一位助手做了如下的夢：「我沿著海岸走，不得不背著一袋極沉重的鵝卵石。這讓我十分疲憊。只有當我做到下面的事，才能得到一些緩解——每當我在海岸上發現一顆鵝卵石且與我背上的相同，才能丟掉背上的其中一塊。」

這個美麗的夢境顯示出破譯一個又一個詞語密碼的艱辛。同時，我們也可以將這個夢用來比喻個案「取得進步」。腳本分析師試圖剪斷束縛，讓個案立刻放下全部負擔，以最快的速度感到自由。毫無疑問，較為緩慢的「一塊又一塊石頭」的治療體系讓治療師對自己的所作所為更有自信，但是腳本分析師有更大的自信，他們愈來愈可以找到關鍵所在，讓個案立刻放下負擔。這樣做並沒有什麼損失，因為在個案好轉後，我們也可以從丟棄的袋子裡逐塊檢查那些石頭，做與精神分析治療師相同的事。「取得進步式治療」的口號是：「只有徹底被分析，你才能痊癒。」而「治癒個案式治療」的口號是：「先痊癒，如果你願意可以之後再分析。」這與希臘神話中的「戈爾迪之結」（Gordian Knot）類似，很多人都試著解開這個結，因為預言說，解開這個結的人將成為亞洲之王。亞歷山大到來，用劍劈開了這個結。其他人大聲抗議，認為他不應該以過度簡單的方法解決這個難題。但是他確實完成了任務，也確實獲得了獎賞。

換言之，治療師既可以是植物學家，也可以是工程師。為了查明情況，植

物學家會進入矮灌木叢，俯身查看每一片葉子、每一朵花和每一叢草。那時，飢餓的農民說：「但是我們急需這片土地種穀物。」植物學家說：「等一下，你不能催促像這樣的大工程。」而工程師則說：「這些矮灌木叢怎麼會長在那裡？我們需要改變排水系統，這樣就可以清理這片土地。我們只需要找到河流、建立適合的水壩，就可以毫不費力的解決全部問題。」但是如果「飢餓的農民」正是渴求情感的個案，他就會說：「噢，但是我愛那片矮灌木叢，檢查完每片葉子、每朵花和每株草之前，我寧願餓著肚子。」植物學家讓事情好轉，但是工程師可以解決問題（如果個案允許的話），因為植物學是一門科學，而工程學是改變事物的方法。

第**20**章

三個個案史

Three Case Histories

———————— ❧ ————————

從下列這三個經典案例，
清楚看見溝通分析如何應用在臨床治療上

———————— ❧ ————————

1. 克蘿妮：有社交困難的 31 歲家庭主婦

　　克蘿妮是一位 31 歲家庭主婦，自她 18 歲起，Q 醫生便與她相識，當時 Q 醫生並不熟悉腳本分析。克蘿妮第一次來見 Q 醫生時，她感到害怕、孤獨、尷尬和臉紅。克蘿妮所呈現給他人的印象是：天使從天堂來到人間，尋找可以寄居的身體，在克蘿妮的體內安頓下來後，祂覺得有點不對勁。克蘿妮認識的人很少，也沒有朋友。在學校裡，她會用傲慢和挖苦的方式對待男生，所以他們對她避而遠之。克蘿妮也有體重超重的問題。

　　克蘿妮第一次的治療主要基於「結構分析」，以及一些心理遊戲和腳本的基本概念，不過效果已經足夠，她結了婚並生了兩個孩子。五年後，克蘿妮再次回來接受治療，因為她有與外界社交方面的問題，而且她認為這對丈夫不公平。讓克蘿妮感到困擾的是，為了放鬆，她會在聚會上喝很多酒，然後做一些瘋狂的事，例如把衣服脫光。那次治療中克蘿妮也有足夠的進步，她可以參加聚會而不過度飲酒。儘管在社交場合她仍然不開心，但是已經能夠與人交談，對此也很滿意。

　　之後又過了大約五年，克蘿妮再次回來治療。這次她決定痊癒而不只是取得進步。五次團體治療和兩次單獨治療後，她請求再進行一次單獨治療。那一次，克蘿妮悄悄走進辦公室，用隨意的姿勢半掩上身後的門，然後坐了下來；

於是 Q 醫生走過去關上了門，也坐下來。然後發生了以下對話。

　　克蘿妮：「我一直在想你上週跟我說的話，你說我應該長大。你以前也告訴過我，但是我聽不進去。我丈夫也給了我長大的允許。」

　　Q 醫生：「我沒有說『長大』，也不認為我對任何人說過這樣的話。我說的是妳擁有『成為女人』的允許，這兩者非常不同。長大是取得進步，而成為女人則意味著妳的『成人自我』發揮作用以及妳已經痊癒了。」

　　克蘿妮：「喔，我丈夫說，剛結婚時，他需要我依賴他，但現在他不需要我再這樣做了，所以我也擁有他發出的『成為女人』的允許。」

　　Q 醫生：「妳丈夫怎麼變得如此明智？」

　　克蘿妮：「他也來過這裡，至少從精神的層面。我們會討論這裡發生的事，他從中學到很多，所以他理解。」

　　Q 醫生：「妳母親很像妳丈夫，她也需要妳。」

　　克蘿妮：「沒錯，她需要我依賴她。」

　　這讓 Q 醫生很困惑，因為向克蘿妮發出指令的是母親的「父母自我」，母親告訴克蘿妮要依賴她，克蘿妮也將這個指令帶入婚姻。但是如果腳本理論正確，應該還有來自母親的「兒童自我」且非常重要的腳本控制。正當 Q 醫生仔細考慮時，克蘿妮轉變了話題。

　　克蘿妮：「你總是提到我的臀部，我們都知道廁所裡一定發生過一些事，不過我想不起來。」

　　Q 醫生：「嗯，我想到的是一個很常見的場景。小女孩進入客廳，母親正和朋友們在一起，女孩的尿布掉下來了，所有人都說：『好可愛啊！』」

　　克蘿妮：「對，我遇過這樣的事。」

　　Q 醫生：「然後小女孩很尷尬、臉紅，可能屁股都紅了。更糟的是，之後大家覺得更有趣了，說：『快看這個！真是太可愛了，駒駒駒。』」

　　克蘿妮：「當時我的確有這樣的感受。」

　　Q 醫生：「這與妳在聚會上脫光衣服有關，這是妳所知道、與人建立關係的一種方式。」

　　這時，Q 醫生在黑板上畫了如「圖 19A」所示的圖（溝通分析師的牆上通常會掛黑板，需要時會在黑板上畫這樣的圖）。

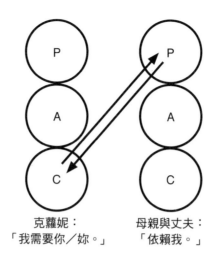

克蘿妮：　　　　　母親與丈夫：
「我需要你／妳。」　「依賴我。」

【圖19A】

　　Q 醫生：「這個圖展示的是妳的『兒童自我』與丈夫『父母自我』之間的關係。妳長大後依舊如此。妳母親的『父母自我』需要妳依賴她，妳的『兒童自我』服從了。所以妳可以看到，妳的婚姻就是如此，丈夫填補了母親的位置。」

　　克蘿妮：「對，我跟他結婚就是因為他很像我母親。」

　　Q 醫生：「對，不過妳母親的『兒童自我』也會參與。」

　　克蘿妮：「哦，沒錯。每當發生一些令人尷尬的事，或者我們當中某個女孩做了母親覺得淘氣的事時，她總是笑笑的，然後說：『這還不夠糟嗎？』」

　　Q 醫生：「知道她先大笑或微笑，然後說：『這還不夠糟嗎？』還是先說：『這還不夠糟嗎？』然後再笑這一點很重要。」

　　克蘿妮：「哦，你的意思是她的『兒童自我』先出來，然後再對她的『父母自我』道歉，還是先用『父母自我』說話，然後再讓『兒童自我』出來。」

　　Q 醫生：「沒錯。」

　　克蘿妮：「我知道你的意思了。好吧，她先笑。」

　　Q 醫生：「噢，那就是她希望妳能做她不能做的事，這讓她的『兒童自我』很開心，不過接下來她不得不向她的『父母自我』道歉。這正是妳所做的事情：妳總是向自己的『父母自我』道歉。妳為了母親而淘氣，然後又會不斷說：『我

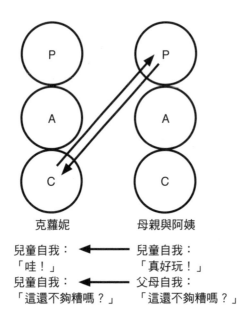

克蘿妮　　　　　母親與阿姨

兒童自我：　　◄―――　兒童自我：
「哇！」　　　　　「真好玩！」

兒童自我：　　◄―――　父母自我：
「這還不夠糟嗎？」　　「這還不夠糟嗎？」

【圖19B】

該怎麼處理我的內疚情緒？』這就像妳母親的『兒童自我』鼓勵妳做一些事，之後，她的『父母自我』又會介入並制止妳。」

克蘿妮：「對，我知道。但是我該怎麼處理內疚感呢？」

Q醫生：「與妳母親『離婚』、關注在自己的事情上、處理自己的問題而不是當她的小丑。讓她自己去淘氣，如果她感到不安，那這是她的問題。」

克蘿妮：「我的阿姨也是這樣。」

Q醫生：「所以我們現在在圖上畫一個箭頭，妳母親的『兒童自我』鼓勵妳的『兒童自我』調皮搗蛋（圖19B）。然後她的『兒童自我』很高興並笑了起來，之後她的『父母自我』出現並說：『這還不夠糟嗎？』不過現在還缺了一些東西，妳的父親應該也加入了。」

克蘿妮：「我知道他是怎麼加入的。他總是說我是個懦夫、不會有成就。他也會說自己也是個懦夫。當他生病感到痛苦時，就會呻吟，然後說：『我是個懦夫，我受不了了。』」

Q醫生：「嗯，那我們把這一點也填到妳的腳本圖中（圖19C）。回到上面談

的，我猜妳父親的『父母自我』一定告訴妳：『要勇敢。』但是下面的『兒童自我』卻告訴妳的『兒童自我』：『最後你們都會成為懦夫。』根據上述，妳母親告訴妳什麼？」

克蘿妮：「當個乖女孩，人們就會喜歡妳。」

克蘿妮訴說自己害怕他人，因為她不知道該如何跟陌生人談話，她寧願跟孩子一起待在家裡，也不願意參加聚會。克蘿妮的父母在社交方面同樣感到焦慮、尷尬。腳本矩陣（圖19C）涵蓋了這些要素。

我們可以看看克蘿妮的腳本矩陣，父親、母親的自我狀態如何影響她：

1. PP：母親的「父母自我」說：「當個乖女孩。」（訓誡）
2. CC：母親的「兒童自我」說：「做淘氣、令人尷尬的事。」（挑釁）
3. AA：母親的「成人自我」示範如何在社交上做尷尬的懦夫。（榜樣）
4. PC：母親的「父母自我」指責她淘氣。（禁令）
5. PP：父親的「父母自我」說：「要勇敢。」（訓誡）
6. CC：父親的「兒童自我」說：「我們都是懦夫。」（引誘）
7. AA：父親的「成人自我」向她示範如何當一個懦夫。（榜樣）
8. PC：父親的「父母自我」指責她懦弱。（禁令）

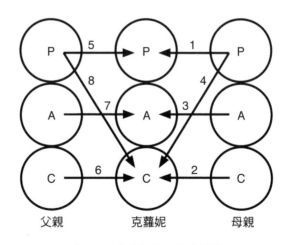

【圖19C】克蘿妮的腳本矩陣

這個腳本矩陣中，父親和母親發出的腳本指令基本上相等。雙方都向克蘿妮示範了如何當個懦夫，並且都讓她感到內疚。因此，當克蘿妮恐懼時，找不到人支持她；當她內疚時，也找不到人傾訴，這正是克蘿妮感到孤獨的原因。但是母親的「兒童自我」很有膽量，因此克蘿妮擁有「衝動做有膽量的事」的允許，比如脫光衣服，因為她知道（或曾經認為）母親真正的想法是覺得那樣很可愛。但是當父母的「父母自我」出現時，克蘿妮又要遭受痛苦。

克蘿妮：「雖然我們也談過父親，但是在這張圖裡，這是我第一次真正看到父親在做的事。現在我真的理解了。」

Q醫生：「了解父親對妳的影響，只有一次時間絕對不夠。」

克蘿妮：「對，我了解一部分了，其他方面我還需要再想想。」

Q醫生：「嗯，下星期之前，妳可能也無法完全理解，不過不用急，我們還會再談的。

「我還想再說一件事。我們看到妳的『兒童自我』是怎麼樣調皮搗蛋，以及妳的『父母自我』又是怎麼樣讓妳感到內疚。妳也看到母親和丈夫讓妳維持在『兒童自我』的狀態裡，是因為他們需要妳這樣做。也就是說，妳其實只是他們腳本中的玩偶。不過，我猜，妳也對這種關係做出了50％的貢獻。問題是，在這一切當中，妳的『成人自我』去哪裡了？

「今天發生的一件事情是，妳進來診間後，半掩上了門。妳既沒有留著全開的門讓我來關，也沒有自己關起來。」

克蘿妮：「但那是你的門。」

Q醫生：「但這是妳的面談，我為什麼要管這扇門呢？」

克蘿妮：「這樣，候診室裡的人就不會偷聽到我們的談話。」

Q醫生：「好吧，那妳希望他們偷聽嗎？」

克蘿妮：「呵呵呵，我可能希望。」

Q醫生：「是啊，這是妳的治療，因此從這個層面來說，這是妳的門。」

克蘿妮：「是的，但是我不敢承擔這種事。」

Q醫生沒有回應這句話。他正在思考，如果克蘿妮很有自信且直接，就會走進來讓Q醫生關門，或是會自己關上門。而克蘿妮只有一半的「成人自我」，因此門也只關了一半。從社交層面來看，如果克蘿妮讓Q醫生來關門，感覺自己不

太淑女，但是要自己完全關上，又感到恐懼或尷尬，因此做了妥協。作為一個「乖女孩」，她做出了關門的動作，而作為一個差不多的女人，她讓 Q 醫生完成關門的任務。從心理層面來看，情況又有所不同。克蘿妮羞於在團體治療裡開口發言，但是她的「兒童自我」卻又想要這樣做，甚至希望透過半開的門被「偷聽」，特別是在隔壁沒有人可以偷聽的情況下。這一切其實都在「暴露自己」（expressing herself）這個主題之下，不過這些心理遊戲可以之後再處理。這天的內容對克蘿妮來說已經夠多了。

最後，Q 醫生說：「不管怎麼樣，這是妳的『成人自我』可以出現的地方——決定妳想要做什麼，關上門還是開著門。好吧，下星期同一時間見。」

這次治療是多年工作的巔峰。克蘿妮第一次到來時，Q 醫生對腳本的了解還很有限。現在 Q 醫生已經更了解這個主題，也非常感興趣。克蘿妮也更了解自己了，在丈夫的幫助下，她也做好了痊癒的準備。她的丈夫是腳本分析愛好者，但卻是間接了解並成為了腳本分析者。整體來說，治療克蘿妮相當困難且進度遲緩。她經常無精打采、非常哀傷，總是從醫生那裡尋求安慰。克蘿妮會問醫生一些很難回答的問題，如果他無法給予適當的答案，她就會惱怒，如果他嘗試給予適當的答案，她又會玩「是的，可是」（Yes But）心理遊戲。這一次她很有活力、接受度不錯、思緒靈活。坐在椅子上時，克蘿妮向前傾，而不是下垂無力，治療師也是如此。他們都用快速、生動的方式講話。克蘿妮的「兒童自我」不再悲歎，而是朝著痊癒的方向進步；她的「成人自我」也可以自由傾聽與思考。她願意去了解自己的父親，而不是將 Q 醫生視為父親，這也讓克蘿妮能夠傾聽 Q 醫生的「成人自我」，而不是將他視為控制型「父母自我」。克蘿妮從擁有「木頭腦」（Wooden Brain）的個案，轉變為帶有一些問題（例如「如何表達自己」）、真正的人。長久以來，她都無法掌控自己的人生，這個星期則是她第一次「翻轉」。

現在，克蘿妮的情況允許她客觀的從身體方面審視自己的腳本，其中臀部扮演著非常重要的角色。它透過她臉紅的「兒童自我」，控制著她如何坐下、行走、恐懼什麼、想做什麼，以及他人的「兒童自我」會如何回應她。這個層面的問題屬於「兒童自我」的「兒童自我」，精神分析將其稱為「無意識」。因此，克蘿妮與父母之間還有許多早已被遺忘的記憶等待被挖掘，這些記憶涉

及與臀部有關的恐懼、渴望及關心。挖掘這些記憶需要「成人自我」來掌控治療，這樣克蘿妮才能應對與「羞愧的屁股」相關、令人困惑且危險的情緒。

2. 維克多：與上司捲入嚴重心理遊戲的男士

　　維克多來治療時，正與上司捲入嚴重的心理遊戲。上司是個玩「終於逮到你了」心理遊戲的老手；維克多則用「看，我已經努力試過了」（Look How Hard I've Tried）、「我又這樣了」、「踢我吧」來回應。維克多打算換新工作時，妻子對一位朋友說：「他打算試一下，看看情況怎麼樣。」

　　維克多：「我不是打算試一下，我是要做。」

　　朋友：「所以你終於放棄『嘗試』這件事了！」

　　維克多講起這樁逸事時，Q醫生說：「所以，你現在獲得了成功的允許了？」

　　維克多回答：「不是獲得了成功的允許，而是『停止嘗試』的允許。」

　　Q醫生問：「這是怎麼回事？」

　　維克多：「我母親總是說：『要不斷嘗試，如果不成功，也沒有關係。』因為我了解火星語，所以可以看到我的『兒童自我』將其翻譯為『不要成功，最好回家和媽媽在一起』。因此我需要擺脫嘗試、說做就做。我現在已經是個大男孩了。對了，你可以介紹在紐約的治療師給我嗎？」

　　Q醫生因為某些事猶豫了，不過幫個案介紹將要前去城市的治療師是個慣例，因此Q醫生查了一下精神科醫生名錄，並給了維克多兩個美國東部醫生的姓名和地址。

　　維克多：「你會把我的檔案或紀錄寄給他們嗎？」

　　這一次，Q醫生遵從了自己的直覺，回答：「不會，除非他們問起。」

　　維克多：「為什麼？」

　　Q醫生：「因為你已經痊癒了，理應把這一切拋在腦後。如果再出問題，你可以自己告訴他們發生過什麼事情。」

　　現在Q醫生知道哪裡有問題了。維克多脫離了上司和Q醫生，但是他的「兒童自我」早已處於美國東部兩位精神科醫生的保護之下，從這個層面來說，他放棄了一部分最近才辛苦獲取的自主。

Q 醫生：「我的建議是，把那張寫著兩個名字的紙燒掉。」

維克多：「但無論如何我都會記得，所以我還是放進錢包裡帶著吧。」

Q 醫生：「燒掉它。」

維克多：「一個儀式。」

Q 醫生：「是的。你的『成人自我』告訴『兒童自我』，你可以捨棄他們、獨自取得成功。」

維克多看著 Q 醫生，Q 醫生知道他在想什麼（「我會試試」）。

Q 醫生複述：「燒掉它。」

維克多笑了。這次治療的結束，他們站起來握手，這是維克多治療的結尾。

3. 珍和比爾：要求再次加入團體治療的夫婦

珍和比爾來見 Q 醫生，要求參加團體治療。他們已經參加「溝通分析小組」（他們稱為「TA 小組」）大約一年的時間。這段期間，他們與幾位治療師一起工作過，也參加過四、五次「馬拉松團體」。他們對這些經歷心懷感激，因為這讓他們更親密，同時產生了很多有益的結果。顯然，他們在結婚三年後仍然彼此相愛，對兩個孩子也充滿喜愛之情。

Q 醫生問：「你們上次參加團體治療至今多久了？」

比爾看著珍，而珍對比爾微笑，並回答：「我們大約一年前停止參加。」

Q 醫生：「那麼，你們為什麼又想重新開始呢？」

比爾說：「還有很多事情可以被改善，我大部分時間的感覺都很好，但是我希望所有時間都感覺良好。」

Q 醫生：「這是一個相當困難的任務。」

比爾繼續說：「嗯，我可以說得更具體一些，我的工作是銷售珍貴書籍，這其實是與人打交道的工作。我參加 TA 小組前，完全沒想過自己可以擔任銷售員，現在我不僅是銷售員，還是優秀的銷售員。如果在壓力下，我的『成人自我』依然能夠處於掌控狀態，我會做得更好。例如，我認為自己應該加薪。現在我每個月賺八百美金，是我這輩子賺最多錢的時候，也是第一次我們想買什麼就可以買什麼，而不是捉襟見肘。

「但是在只有兩、三個員工的小公司，要求加薪並不是容易的事，我覺得老闆也不願意。但是我很熟悉自己的業務、工作效率高，應該加薪。兩年前，我根本無法說出這樣的話，但是我現在堅信如此。問題在於，如何在關鍵時刻讓我的『成人自我』保持警醒，而不是讓『兒童自我』接手，開始玩心理遊戲。我也知道老闆在期待什麼，因為他有自己的心理遊戲。因此要求加薪不是用了一些方法，然後失敗後感到憤怒；就是直接斬斷心理遊戲，邀請老闆與我一起坐下，想想我的價值。

　　「我想我真正需要的，是針對腳本做更多探索。我父親是一個酒鬼，母親也是，因此我總是有失敗的腳本潛藏在幕後。這正是為什麼我仍然會偶爾出錯，我想終止這個情況，所以我希望更了解自己的腳本，並獲得更好的允許。這可以作為我們的治療契約嗎？」

　　Q醫生：「我還不確定，還有更具體的嗎？」

　　比爾：「我的飲酒量仍然比自己最理想的情況還要多。」

　　Q醫生建議：「那從對抗『酒鬼』的契約開始，怎麼樣？這有助於我們進入你的腳本，也能增強你的『成人自我』。」

　　比爾說：「聽起來是一個好的開始。」

　　Q醫生：「妳想從團體治療中獲得什麼，珍？」

　　珍：「我希望我的『兒童自我』更自由、更富有創造力。我是實驗室技術員，現在我仍然是兼職，但是自從參加X醫生的團體治療後，我開始寫作且做得不錯。我想做得更好，我有很多來自巫婆母親的指令，我的『兒童自我』依舊恐懼，這會妨礙我。另外，我常常需要『安撫』以保持快樂，我在獲得安撫方面也可以做得更好。」

　　Q醫生：「告訴我妳曾經做過的夢。」

　　珍：「我曾經做過非常恐怖的夢。你知道，童年在倫敦時，我有幾年時間是在轟炸和跑向防空洞中度過，我只見過父親一次，那段期間他正在休假。不過，我已經開始做美麗的夢了，飛舞與翱翔，以及美麗的色彩。」

　　Q醫生說：「看起來，X醫生對你們都做了非常好的治療，你們為什麼想來參加我的團體治療？」

　　比爾說：「他的確為我們做了很多，不過快結束時，我們似乎進入了瓶頸，我們認為你可能對我們有一些新的想法。我們距離完美仍然很遠。我們都從青蛙

起步，現在珍已經成為公主，而我還需要學習成為王子。」

　　當比爾這麼說時，珍微笑了，那確實是屬於公主的美麗笑容。不過，珍仍然殘留著戰爭精神官能症。珍聽到大的聲音時不再恐慌，但是思緒依然會受到干擾。因此，對珍來說，他們同意將契約制定為「治癒殘餘的恐懼」。這也將進一步釋放珍具有創造性的「兒童自我」，這正是她的主要目標。另外，這也有助於珍與孩子在一起時更自在，相應的，孩子也會更自在。Q 醫生確信 X 醫生也會同意這些內容，因此著手收集他們的精神病史及醫療檔案，作為進入團體治療的準備。

　　這個案例顯示了溝通分析的便利性。珍和比爾以及他們的治療師都講相同的語言，因此他們從一位治療師轉移到另一位治療師時，不會明顯妨礙到進展速度。儘管他們都是第一次見 Q 醫生，但是可以毫無困難的向他解釋目前解決了什麼、還希望解決什麼。他們也知道困難處在哪裡，並能夠使用三個人都懂的簡單語言來闡述。

　　進入團體治療後，他們能夠向其他個案準確解釋他們的情況，其他個案也能理解他們講述的內容。透過傾聽他人，珍和比爾也了解了每個人進展的程度，以及未來發展的方向，這是第一次團體治療會談主要進行的內容。之後，他們做好了與其他個案進行更個人化交流的準備。其他個案很快在比爾身上找到了酒鬼「父親父母自我」的蹤跡，珍的巫婆「母親父母自我」的影子，以及其他一些重要內容。這一切之所以可能發生，皆是因為每個人都使用相同、簡單的語言，並且在他們使用同一個詞語時，意味著相同的含義。最有用的語言是幼兒園孩子根據自己的經驗、都能懂且最基本的語言：父母、成人、兒童、心理遊戲、允許和腳本（無法理解「腳本」的孩子可以理解為「你打算怎麼過你的人生」）。

Part 5

從科學角度
探討腳本理論

Scientific Approaches to Script Theory

What Do You Say After
You Say Hello?

第**21**章

反對腳本理論的聲浪

Objections to the Theory of Script

我們必須認真回覆各個層面的反對聲浪，

才能讓腳本理論更具說服力

　　許多人從自己的角度出發來反對腳本理論。若這些反對能夠得到愈好的回應，腳本理論的效果就愈有說服力。

1. 精神層面的反對聲音：認為腳本理論違背了人類是自由意志生物的理念

　　有些人直覺式的認為腳本理論不合理，因為它違背了人類是具有自由意志生物的理念。他們厭惡腳本理論，因為它似乎將人類簡化為毫無生命力、無法決定自己命運的機器，最極端的情況就如條件反射理論。出於相同的人道主義原因，他們也不喜歡精神分析理論，因為它將人局限在封閉、受控制的能量系統中，能量只有少數幾種輸入與輸出管道，沒有考慮到人的神性。這些人類後代從道德角度反對達爾文的天擇理論，在他們看來，天擇將人類生命過程簡化為機械過程，沒有考慮到自然母親的創造性。同樣，這些人類後代也無法忍受伽利略的放肆無禮。不過，這些反對出自對人類尊嚴的仁愛，因此必須給予適當的考慮。我對此的回應（如果你願意，也可以稱為辯解）如下：

　　【回應1】結構分析並不妄想解答關於人類行為的所有問題，而是陳述了關於人們可觀察到的社交行為和個體內在體驗的一些合理觀

點，並沒有，或至少沒有正式涉及討論人類自我本質。結構分析理論有意避開這個主題，使用了自由貫注的概念，也就是自我停留的地方，而將人類自我本質整個研究領域留給了哲學家、玄學家、神學家和詩人從他們的角度去探究。結構分析無意侵犯這些領域，也期望獲得研究人類本質及自我本質的人們同樣的尊重。它沒有闖入象牙塔、大教堂、詩人的便箋或法庭，也不希望非自願的被拉入這些領域。

【回應2】腳本理論並沒有假設人類所有行為皆由腳本決定，而是為自主性留出了很大的空間，實際上，實現自主性正是它的理想目標。腳本理論陳述的是，相對來說，較少人獲得完全自主性，或者只有在某些特殊情況下才能夠獲得完全自主性。其目標就是提高「自主性」這個無價的奢侈品，並且提供了一套提高自主性的方法。為了實現這個目標，首要任務是區分真正或虛假的自主性，這便是腳本分析要完成的工作。它直言不諱的指出了人類的枷鎖，但不應該受到那些熱愛自己的枷鎖，或者選擇忽視自己的枷鎖的人侮辱。

2.哲學層面的反對聲音：關於先驗與存在兩方面的誤解

這種反對包括「先驗」（transcendental）❶與「存在」（extistential）這兩個方面。腳本分析將父母的指令視為必須完成的事情，執行指令是多數人存在的目的。如果哲學家說：「我思，故我在。」腳本分析師則會問：「是的，但你怎麼知道應該思考『什麼』呢？」哲學家回答：「是的，但這並不是我想表達的意思。」由於雙方都在說「是的，但是」，恐怕爭論到最後也沒有結果。不過，我們可以輕易的澄清中間具有的誤解。

【澄清1】腳本分析師只處理現象，不會闖入先驗論者的研究領域。腳本分析師說的是：「如果停止用父母命令你的方式思考，並開始

---

❶ 譯注：無需經驗或先於經驗獲得的知識。

用自己的方式思考，你會思考得更好。」如果哲學家反對，說他已經在用自己的方式思考了，腳本分析師會告訴他，這在某種程度上是一種幻覺，更進一步來說，這是一種他無法承受的幻覺。哲學家可能不喜歡這種說法，但腳本分析師必須堅持自己所知道的。就像精神層面的反對者一樣，這種衝突源自哲學家的厭惡感以及腳本分析師的知識。除非哲學家願意更認真的審視自己，否則衝突無法平息。

【澄清2】腳本分析師說：「執行指令是多數人存在的目的。」存在主義者會反對：「但是我使用『目的』這個詞時，指的並不是這個意思。」腳本分析師會回答：「如果你發現還有更好的目的，請告訴我。」意思是，只要一個人滿足於執行父母指令，就不會開始思考並尋找更好的人生目的。腳本分析師提供的是獲取自主的方法。存在主義者接下來會說：「好，但我的問題是得到自主性後，你會用它做什麼？」腳本分析師回答：「這一點，我並沒有比你更了解。我知道的是，一些人由於在生活中擁有了更多的選擇，因此不像另一些人過得那麼痛苦。」

3. 理性層面的反對聲音：「決定」究竟來自哪個自我狀態

理性層面的反對聲音是：「你自己說，『成人自我』的功能是做出理性決定，也說每個人都有『成人自我』可以做決定。但怎麼又說早已經由『兒童自我』做出決定了呢？」

這一點問得很好。「決定」分為不同等級，最高等級的決定是關於是否遵循腳本。在做出這個決定前，其他決定都無力改變一個人最終的命運。決定的等級如下：

【等級1】遵從還是不遵從腳本。

【等級2】如果遵從腳本，是什麼腳本？如果不遵從腳本，可以做什麼？

【等級3】「永久性」決定：結婚還是不結婚、生孩子還是不生孩子、自殺還是殺人、是否發瘋、辭職還是被開除，抑或是獲得成功。

【等級4】「指示性」決定：娶哪個女孩、生幾個孩子、如何自殺等。

【等級5】「時間性」決定：何時結婚、何時生孩子、何時自殺等。

【等級6】「權宜性」決定：給妻子多少錢、送孩子去哪一間學校等。

【等級7】「緊急性」決定：參加聚會還是在家做愛、打兒子屁股還是斥責他、今天去觀光還是明天，等等。

在決定等級中，每個等級的決定都受制於在它上面的所有等級，比起等級較高的決定，等級較低的較不重要。不過，每個等級的決定都會直接導致最終結局。不論結局是由腳本導致，還是當事人的自主決定，這些決定都會促使他更有效率的實現結局。因此，從終極存在的角度來說，做出第一等級的決定前，其他決定都不是「理智的」，只是虛假、被理智化、「被控制的」決定。

「但是，」理性主義反對者說，「腳本並不存在。」

因為這是一個理性的反對者，他這樣說並不僅是出於對腳本理論感到緊張，因此我們需要不厭其煩的為他解答。這也是我們對腳本理論做出強而有力推論的機會。首先，我們會問他是否已經仔細閱讀過本書，接下來，我們會為他提供最有力的論據，他可能會被說服，也可能不會。

假設腳本不存在。那麼：

【假設1】人們就不會聽到腦中告訴他應該如何做的聲音，或者就算他們可以聽到，也會永遠不受干擾、可以獨立行動（也就是既不服從也不叛逆）。

【假設2】有許多聲音告訴他們應該如何去做的人（例如在多個收養家庭中長大的人）與在穩定家庭中長大的人一樣肯定自我。

【假設3】吸毒、酗酒的人或委靡的嬉皮士不會感到受某種無法控制的內部力量驅使，走向一種明確的結局，相反的，他們會覺得這是自己獨立、自主的決定。如果並非如此，他們會感到「內部力量」是一種無法消除、難以透過心理學方法改變的推動力。

如果這些假設均成立，或者甚至只有其中一項成立，也許都可以證明腳本不存在。但是臨床證據表示：這些假設都不成立，因此腳本是存在的。

4. 教義層面的反對聲音：腳本分析與宗教以及傳統精神分析間的歧異

　　教義層面的反對聲音主要來自兩方面：宗教和精神分析。從宗教角度來看，腳本似乎屬於宿命論或類似宿命論的範疇，與自由意志相反——長老教會對上猶太教、羅馬天主教對上基督教科學派等。觀點上的差異常常如人們所說，超出了科學探究的範圍。

　　精神分析的反對聲音是一種詭辯式的反對。作為一種學說，腳本分析與精神分析並非毫不相關，而是擴展了精神分析。就因為如此，腳本分析被某些人視為「反分析」（anti-analytic）的異教。不是具有不同信仰的異教，而是同一教義之下的異教。因此，「基督一性論」（Monophysite）教派❷ 其實只是羅馬天主教內部的擴展，而非信仰不同的異教，但是它所引發的擔憂，甚至比異教更為強烈——他們竟然用皈依而非斬首的方式作為懲罰。

　　為了討論某些精神分析師提出的反對聲音（通常由那些想在精神分析取向診所或醫院做腳本分析的醫生提出），我們有必要理解「反分析」的含義。

　　腳本分析師完全同意佛洛伊德的學說，只是希望根據另外的經驗做一些補充。其中一個焦點是正統精神分析與腳本分析在觀點上的差異。事實上，腳本分析師比正統分析師「更佛洛伊德」。例如，我不僅重複與驗證了佛洛伊德提出的一些觀察，在「死亡本能」（death instinct）方面也與他有相同意見，另外還提出了「強迫性重複」的普遍性。因此，我也被稱作「反佛洛伊德」。我也認為，簡短的詞語比冗長的詞語更簡潔、中肯、易懂的表達我們對人類心靈的理解，因為佛洛伊德的術語總是被錯誤使用而掩蓋了事實，佛洛伊德本人恐怕都不同意。為此，我也被稱為「反分析」，我並沒有做什麼，只是表達了這種主張[1]。腳本分析師也相信潛意識，不過在處理正統分析師不太適合處理的案例時，他們也強調意識，佛洛伊德本人也有此論述[2]。另外，腳本分析師也沒有假裝在做精神分析，因為他們做的並不是精神分析（精神分析式治療不等於精神分析，大多數做精神分析式治療的治療師試著遵循精神分析設立的規則並不妥當，且會阻礙治療的進展）。因此，腳本分析可以被稱為「類佛洛伊德式治療」（pa-

---

❷　譯注：認為耶穌在取得肉身後，神性與人性統一，相對於人神兩性觀點。

ra-Freudian），但是卻不能被稱為「反分析式治療」，因為它並沒有反對佛洛伊
德式治療。

　　從教義層面來看，他們反對腳本理論的另一種聲音是「它了無新意」：只
是將阿德勒的「生活風格」換了一件時髦的外衣，或者只是榮格「原型理論」
的另一個版本而已。然而，事實就是事實，智者自明。終究是腳本理論驗證了
他人的話，還是他人的話驗證了腳本理論並不重要。佛洛伊德在闡述關於夢的
理論時，用了 79 頁篇幅（我手上的版本）總結了先驅的觀點，他們當中有很多
人都做過「精神分析式」的陳述；達爾文只寫了 9 頁，但是也引用了在他之
前，許多人做出的「進化論式」的陳述。然而，陳述的語句再多、再準確，也
無法構成一個理論。腳本理論的關鍵在於結構分析，如果沒有自我狀態理論，
即「父母自我」、「成人自我」、「兒童自我」狀態，就算有再多與腳本相關
的觀點與陳述，也不是腳本理論。科學領域任何一個分支的任何一種理論，必
須有其結構零件才名副其實，否則便只是紙牌搭成的房子，看起來很美，卻缺
乏支撐、無法承受任何一點逆境，除了自身的重量外，它們無法承擔任何東
西。

　　腳本理論優於先前理論的原因，就像阿拉伯數字優於羅馬數字，基本要素
更便於操作。假想一下，一個羅馬建築商要開給你一張有五十個項目的帳單，
首先列出的是 MCMLXVIII 個磚塊，每一塊需要 LXXXVIII 奧博利❸是什麼狀
況。現代承包商使用更方便的位數，不到半小時便可以完成所有工作，之後可
以用省下來的時間思考建築問題，而無須被這些羅馬數字毫無意義的干擾。

　　在實踐方面，教義層面的反對聲音大多來自佛洛伊德所說的「科學家厭惡
學習新事物」。不過，這個問題已經不像他所在的年代那樣普遍了。佛洛伊德
記錄了他人對夢境理論的反應：「那些所謂『夢的研究者』，基本上沒有關注
這本書……對於批評我的人，我唯一的回答是請再仔細閱讀一遍這本書。或許
我的要求應該是完整閱讀這本書。」改良飛機並非詆毀懷特兄弟，同樣，改善
精神分析也不應是反分析。

---

❸　譯注：古希臘銀幣。

5.經驗層面的反對聲音：同一個家庭中的孩子，為什麼會有不同的腳本結局

在這方面，我們只討論反對腳本分析最常見的聲音，它可以概括如下：「如果人們的命運是由父母編制的程式決定，那麼，來自同一個家庭的孩子，為什麼會有不同的結局？」

我們做出的第一點回應是：同一個家庭中的孩子，並非總是不同。有些家庭中，他們彼此不同；另一些家庭中，他們彼此相同。在很多案例中，所有兄弟姊妹全部成功、全部酗酒、全部自殺或者全部罹患思覺失調症。這種狀況常常被歸結為遺傳，如果兄弟姊妹的情況各不相同，就會把基因學家推到複雜的情況，然後他們就可以從孟德爾學說（Mendelianism）❹出發，進行爭辯，但除了自說自話以外，無法做出更有實質意義的解釋。自我決定論者（Self-determinist）處於相反的情況，他們可以有力的解釋兄弟姊妹之間的不同，卻無法解釋他們之間的相同。腳本理論卻可以泰然自若的應對這兩種情況。

這裡應該討論的是父母的腳本，因為後代的腳本是父母腳本的衍生物。孩子之間彼此不同，就如灰姑娘與繼姊姊們不同。繼母的腳本需要她的孩子成為輸家，繼女成為贏家。另一個廣為人知的童話故事則是兩個聰明的哥哥原來是笨蛋，而愚笨的弟弟原來才是最聰明的（他們的媽媽自始至終都知道這個祕密，因為這正是她的設計）。相反的情況是，羅馬的格古拉兄弟（Roman Gracchi boys）❺同樣富有才華、同樣熱衷於民眾的利益，最後的結局都是被暗殺。無論尼俄伯（Niobe）有五、十、十五還是二十個孩子（取決於不同的神話版本）❻，所有孩子都會因為她的「驕傲與隕落」腳本獲得同樣的結局。母親的腳本可以讓她養育的十個男孩全是警察（光榮！）或全是強盜（都搶過來，小夥子們！）或者五個警察和五個強盜（你來和他鬥吧！）如果有十個孩子，一個精明的女人就能毫無困難的實現上述計畫。

---

❹ 譯注：遺傳學說，例如雜交可以產生新的基因類型。
❺ 譯注：西元前二世紀羅馬共和國著名的政治家和平民派領袖。
❻ 譯注：古希臘神話中的女性人物，吹噓自己應該比泰坦女神勒托更值得崇拜，因為自己有更多的孩子，最後她的孩子因為自己的驕傲而被殺死。

6. 發展層面的反對聲音：嬰兒的性心理危機與青少年的身分認同危機

從發展的角度來反對腳本理論，主要集中於嬰兒「性心理危機」與青少年的「身分認同危機」。

【方面1】關於第一方面，腳本並不否認「本能驅力」或「早年創傷」（early traumata），而是持贊同意見。腳本理論沒有探討性幻想的起源，但是從人際環境角度探討了性幻想的展現。它提出本能驅力（或稱性幻想）既可以被允許自由遊戲，也可以被壓抑、被扭曲或被昇華。從長遠角度來看，性幻想服務更高一級的目標，它展現的時間、力度和模式皆遵循腳本要求，佛洛伊德稱之為「強迫性命運」。也就是說，腳本指示他「只要你能收集到足夠多的點券，為最後的結局找到合理的理由，你就可以做你喜歡做的事」。因此，腳本理論並非行為主義（behaviorism）。它並沒有假設人們所做的一切或多數行為是「條件反射」的結果，而是說腳本要求人們在關鍵時刻服從指令，而其他方面，他則可以遵從自己的喜好，自由的去任何地方、做任何事情。

【方面2】有些青少年確實徹底擺脫了腳本，變得非常自主。而另一些青少年，則只是叛逆（遵從父母發出的叛逆指令），他們以「撒馬拉之約」（Appointment in Samarra）❼ 的方式實現了腳本的悲劇——想要愈快遠離父母的程式，其實是愈靠近並遵循了它的方向。有些青少年會暫時擺脫腳本，但是之後又會再次沉浸在乏味的絕望中。這個時期的「身分認同混亂」（identity diffusion），其實只是「壞腳本」的表現。艾瑞克森認為，身分認同混亂的青少年正在反抗母親，最後母親會敗下陣來。腳本分析師的觀點與此相反：他們是在與母親交戰，但最後母親獲勝。她的兒子

---

❼ 譯注：撒馬拉之約是一則寓言，大意是僕人在巴格達的市集上遇見死神，看見死神朝他扮鬼臉，嚇得他魂不附體，趕緊返家求主人賜給他一匹馬，然後往撒馬拉方向逃去。主人隨後到市集，當他見到死神時問：「你為何要嚇唬我的僕人？」死神回答：「我沒有嚇唬他，我只是作了個驚訝的反應，想說他怎麼會出現在巴格達？因為今夜，他與我在撒馬拉有約。」

並不是置她不顧，成為遊手好閒之人，而是沒有獲得違抗她的命令以取得成功的允許。因此，治療方向並不是將他帶回母親身邊當個乖孩子，而是給予他脫離母親、做正確之事的允許。

7.臨床層面的反對聲音：只處理個案意識層面資訊，並不能實現精神分析式的治癒

從臨床角度來看，反對腳本理論最常見的聲音是——只處理個案的意識層面資訊，並不能實現精神分析式的治癒。這很正確。但是：

【解析1】潛意識成為非常流行的概念，因此很容易被高估。也就是說，如今很大一部分稱之為潛意識的東西，並不真的屬於潛意識，而屬於前意識。一些個案為了取悅尋找「潛意識」素材的治療師，會將前意識的資訊假裝並報告為潛意識。透過向個案提問，可以很容易知道：「它究竟是潛意識，還是模糊的意識？」真正的潛意識資訊（例如，最初的閹割恐懼和最初的伊底帕斯憤怒）就是潛意識，並非模糊的意識。因此，處理意識資料的腳本分析師涉及的心靈領域比很多人料想得還要廣闊。無論如何，腳本分析師如果具備處理無意識資訊（原始閹割恐懼及伊底帕斯憤怒的衍生物）的能力，沒有人會阻止他這樣做。他會這樣做，當然是因為正是這些經驗構成了個案腳本的基本草案。

【解析2】人們普遍認為似乎存在某種法規，賦予了精神分析師界定「治癒」的無上權力。然而事實並非如此，就算真的有這樣的法規，精神分析師也會陷入困境，因為他們對治癒的定義（差不多是結束治療的同義語）並不清楚，而且彼此的意見不一致。他們的標準通常可以總結為一種實用性的陳述，例如：「當個案的症狀消失，可以正常的工作與愛時，便治癒了。」但是這種陳述也適用於除了精神分析之外的療法，至少腳本分析也可以達到精神分析的這種標準[3]。

整體來說，對腳本分析持反對意見的人有兩種：第一種是理論家與臨床醫生，他們雖然對腳本理論存疑，但是無論在何處遇見，都可以與他們禮貌的交談，他們會思考腳本分析理論，正如腳本分析師會思考他們的理論。他們會認真、客觀的閱讀彼此的文獻。第二種人是處於行政職位的人，他們有時候會阻礙年輕醫生才智及職業發展，特別是精神科住院醫生，有的人真的會公然禁止他們在工作中使用腳本理論。他們當中有些人沒有受過良好教育、脾氣暴躁、不講道理、帶有偏見，我們對他們無話可說。但是有些受過高等教育、充滿善心且心胸更為開闊的管理者和督導也會這樣做。他們大多是訓練有素的精神分析師。為了他們著想，我們需要指出佛洛伊德也是一個受腳本支配的人，他也公開承認過這項事實。佛洛伊德的英雄榜樣來自軍隊，他非常崇拜波拿巴（拿破崙的姓）。他做出的隱喻通常也來自戰場，使用的一些詞語也是如此。佛洛伊德的宣言正是他在有關夢的書籍上所題的詞，我手上這本上寫著：「Flectere si nequeo Superos, Acheronta movebo.」大概可以被翻譯為：「假若我不能折服諸神，我將撼動地獄。」他也確實這樣做了。佛洛伊德「神祕」且「強迫性」的認為自己會在 51 歲死去，這是典型的腳本預言。佛洛伊德父親的座右銘是：「會有事情發生的。」這也是佛洛伊德信奉的訓誡，他的書信透露了這一點。在提到自己與亞伯拉罕、費倫齊、蘭克和薩克斯這一屋子精神分析大老❽的「會面」時，經常會引用他的英雄拿破崙的話，而拿破崙正好死於 51 歲 4。

---

❽　譯注：這裡所提到的四位人士——亞伯拉罕（Karl Abraham）、費倫齊（Sándor Ferenczi）、蘭克（Otto Rank）與薩克斯（Hanns Sachs），都是非常重量級的精神分析師與心理學家。

第 **22** 章

方法論的問題

Methodological Problems

<hr/>

從三大方向來檢查腳本分析，

讓理論更客觀且具有科學價值

<hr/>

1. 地圖和地域：了解治療中可能會犯下的錯誤

如果我們說：「腳本遵循童話故事或與之匹配。」就有可能犯「普洛克拉斯提（Procrustes）❶的錯誤」，也就是治療師會過早挑選一個童話，然後拉長或砍短個案，讓他與這個童話匹配。普洛克拉斯提的錯誤在所有行為科學中都很普遍，科學家先有一個理論，然後拉長、縮減，或增加資料以符合該理論。有時候，他們還會忽略潛在變數和不符合理論的資料，甚有會以站不住腳的理由操控資料，為了讓它們更符合既有理論。

普洛克拉斯提的錯誤在臨床醫生開會時會異常明顯，因為沒有必須符合的既定理論，大家可以更隨意的推測、腦洞大開或發表正統、權威的見解等等。為了減少曲解或強詞奪理的現象，每個人開會時都應該準備兩個背景相似的案例，最好一個是個案，另一個沒有任何明顯精神疾病。看到「個案背景」如此相似的兩個人，一個功能良好、富有成效；另一個卻罹患精神疾病，真是件不可思議的事情。換句話來說就是：某個人成長在與思覺失調症個案一樣的環境

<hr/>

❶ 譯注：古希臘神話中的強盜,開設黑店並攔截路過行人。他特意設置了兩張鐵床,一長一短,強迫旅客躺在鐵床上,身高較矮的睡長的那張床,拉長身體與床對齊;身高較高的睡短的那張床,然後用利斧截短旅客伸出來的腿。

裡，卻沒有變成思覺失調症個案。需要特別指出的地方是，大多數工作會議都基於未曾明說但一直存在的假設——「個案有病，我們的任務就是證明他有病，然後發現他為何有病」。如果反過來，會議可能會更有趣——「個案沒病，我們的任務是證明他沒病，並發現他為何沒病」。

普洛克拉斯提的錯誤中，資料被拉長或截短，以符合假設或診斷。而在「獨角獸現象」（The Unicorn）中[1]，假設和診斷會被拉長或截短以配合不符合理論的資料。因此，在「超感官知覺」（ESP）實驗中，如果受試者的正確率並不理想，該次猜測卡片的結果，就會與前一次、前兩次、前五次或前十次的資料比對，或者與下一次的資料比對，直到他的猜測符合卡片狀況。然後，實驗者就會宣稱心靈感應具有延遲或提前顯現的特性。這種說法可能正確，也可能不正確，但是最有可能具有謬誤。

預言過史上最嚴重地震的算命先生也是如此，他占卜說大地震將於 1969 年發生，但是並沒有發生，他說他可能弄錯了數位順序，真正的日期應該是 1996 年，或是這只是他對 1699 年發生大地震的前世記憶。1699 年哪一次地震？當然是發生在拉包爾❷的地震。好吧，拉包爾幾乎每天都在發生地震，且每年都會有一場比過去更嚴重的地震。或者，算命先生重新體驗到的是 1693 年義大利發生的大地震？就這樣，他整整回溯了三百年，只差了六年而已。誰會為了僅僅 2% 失誤而爭論不休呢？

如果腳本分析師想用科學、客觀、真正好奇的態度探究他們想探究的主題，就必須摒棄普洛克拉斯提和獨角獸現象。這其實很難做到。事實上，儘管我已經竭力避免，本書也一定會出現這兩種狀況。腳本是一個複雜的概念，尚處於初步發展階段，確實難以完全避免。精神分析理論從安娜·歐（Anna O.，本名格柏沙·帕芃罕 Bertha Pappenheim）這個案例中發現「宣洩療法」（cathartic method）已經近百年，但依然經常出現這兩種情況[2]。普洛克拉斯提是社會學的守護神，而獨角獸則是心理學的守護神。

那麼，前進的最佳方法是什麼呢？對溝通分析臨床應用感興趣的牙醫與飛行員——羅德尼·帕因醫生（Dr. Rodney Pain）[3]提出了答案，他將驗證腳本理論的問題比喻為地圖與地面的問題：

---

❷　譯注：太平洋島國巴布亞紐幾內亞的一座城市。

飛行員看著他的地圖，他看到了一根電線杆和一座筒倉。然後他看向地面，也確實看到了電線杆與筒倉，於是飛行員說：「我知道我們在哪裡了。」但是其實他迷路了。

飛行員的朋友說：「等一下，地面上有一根電線杆、一座筒倉，還有一個油井。在地圖上找找這幾樣東西。」

「好吧，」飛行員說，「確實有電線杆和筒倉，但是沒有油井，他們畫地圖時可能漏掉了。」

朋友說：「把地圖給我。」他瀏覽了整張地圖，包括飛行員忽略的地方（他自以為是的忽略了）。朋友發現標示的路徑 30 公里以外，確實有一個電線杆，一個筒倉和一個井架。

「我們不在這裡，」朋友說，「不在你鉛筆做記號的地方，而是那邊。」

「哦，抱歉。」飛行員說。

這個故事的寓意是：先看地面，再看地圖，而不是反過來。**換句話說，治療師首先要傾聽個案、獲得腳本情節，然後再查閱安德魯·蘭或斯蒂·湯普森的著作❸，而不是反過來執行。**這樣子，他看到的配對就是可靠的，而不只是突發奇想的概念。之後，他可以根據童話故事預測個案的發展，並且不斷在個案身上驗證（而不是在書上驗證）。

2.概念網格：溝通分析中彼此交互關聯與相容的概念

溝通分析是一張相互交織的網，富含相互關聯、彼此相容的各種概念，無論走向哪個方向都會有有趣和有用的發現。不過，它與邏輯性很強的理論仍有很大的差異。

下面節選了一個曾在舊金山溝通分析研討會上呈現的案例，當時主要用來討論腳本理論：因為性冷感前來尋求治療的女性建議治療師與她發生性關係。她的母親教會她如何穿著和表達性感，父親也如此鼓勵她。

---

❸ 譯注：這兩位都是童話故事和民間故事的作者。

討論的目的是試著說明當前的腳本矩陣並不準確。「圖7」（第121頁）呈現了「兒童自我」的二度（second-order）結構，其中，「兒童自我」中的「父母自我」（PC）功能就像植入的電極，「兒童自我」中的「成人自我」（AC）則是直覺靈敏的「小教授」，善於判斷他人。報告這個案例的是 Z 醫生，他堅持認為對這位個案來說，PC 的功能像是「順從型兒童自我」，而 AC 的功能才像插入的電極。Z 醫生用該個案的童年發展史支持他的假設，而其他人根據自己的臨床經驗，有邏輯的從兩個角度來發表意見。他們談到心理遊戲、腳本和個案的「自然型兒童自我」。現有的腳本矩陣是否承受得住這番精心準備的攻擊呢？Z 醫生在個案、父親和母親之間畫的箭頭與「圖7」所呈現的箭頭差異很大。表面上來看，Z 醫生提供了很好的案例，可以推翻現有腳本矩陣，但是仔細思考，他的論述有很嚴重的缺陷。

　　首先，Z 醫生在聽眾的幫助下，試著對 PC、AC、順從型兒童自我和電極做出自己的定義。Z 醫生和聽眾從發展的角度討論，接著又從行為的角度來討論，有時候運用邏輯學，有時又運用經驗主義。有些人提到溝通，另一些人提到心理遊戲和腳本。事實上，他們運用了四個不同的框架，每個框架都有自己專屬的術語與方法，因此所下的定義也缺乏系統性。第一個框架是結構與「溝通」（transactional），包含與「自我」相關的四個關鍵術語：自我狀態、溝通、心理遊戲及腳本。第二個框架屬於驗證性的，同樣包含四個關鍵術語，分別是：她的行為（提供操作標準）、心理過程（腦中發出指令的聲音）、發展史（她的行為模式起源），以及她的行為引發的他人回應。第三個框架關於自我狀態的命名，而該個案的自我狀態可以根據心理生物學原則被命名為：「兒童自我中的父母自我」、「兒童自我中的成人自我」等，或者從功能角度使用形容詞來命名：「順從型兒童自我」和「自然型兒童自我」等。他們爭論時使用的第四個框架包含兩方面，一方面是邏輯性的，另一方面則是經驗性的。

　　如果列出所有框架，結果就會形成一個如下圖所示的術語網，分為交互術語、驗證術語、修飾術語以及方法論術語。

【表2】術語網

交互性	驗證性	修飾性	方法論
自我狀態	操作的	結構的 （生物學的）	邏輯
溝通	現象學的	功能的 （描述性的）	經驗
心理遊戲	歷史的		
腳本	社交性的		

　　如果我們從每一列選擇一種，連成一條線，就會形成 $4×4×2×2 = 64$ 種可討論的路徑（我們沒有把括弧裡的計算在內）。除非每個人都在相同的路徑上討論，否則要耗費非常大的力氣確認定義，才能連結各種討論：假如二十個討論者朝二十個方向討論，在有限的時間內（例如較長的晚間時間），連結各種討論將會是不可能完成的任務。假如一個人在「自我狀態—歷史—描述—經驗」的線路上探討，而另一個人在「心理遊戲—社交—生物學—邏輯」的線路上探討，他們的觀點都說得通，但是因為思考的角度不同，因此無法真正解決他們之間的任何問題。

　　舉個最簡單的例子，假如一個人從結構或生物學的角度討論「兒童自我狀態」，而另一個人從功能或描述的角度討論，他們之間將無法達成一致，「圖20」可以說明這一點。「圖20A」是從結構劃分「兒童自我」，水平線將「兒童自我」劃分為「父母自我」、「成人自我」及「兒童自我」的二度結構的元素。「圖20B」從不同功能的角度進行了劃分，本案例的劃分為順從的、叛逆的和自然的兒童自我狀態。無論使用哪種方案，線路方向不同則說明方法不同。如果一個人使用結構式的名詞，而另一個人使用的是修飾性、功能性的形容詞，名詞和形容詞不屬於同一個框架，也就是說它們的視角並不相同。這種思考方式也適用於網格中其他列的比較。

　　讓爭論具有合理性及確定性的唯一方法，是從網格中選擇一條路徑，並堅持在這條路徑上進行討論。Z醫生接受建議進行選擇，他決定選擇「自我狀態—社交—描述—經驗」：儘管選擇這條路徑無助於解決當下的問題，不過這

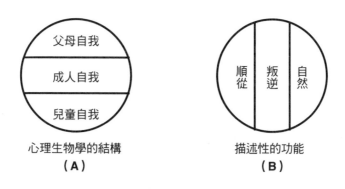

心理生物學的結構　　　　　　　　描述性的功能
（A）　　　　　　　　　　　　（B）

【圖20】兒童自我狀態的兩種觀點

既然是他的報告，他有權力選擇。之後，Z醫生的論點並不像起初看起來那麼合理，剛開始時看起來合理，是因為他可以從一條路徑自由的跳入另一條路徑。當他的支持者也依照他的選擇討論時，情況也與他類似。換句話說，允許跳來跳去及各種干擾存在時，某些東西看起來似乎很合理也很有條理，但是一旦仔細論證，則不太站得住腳。因此，腳本矩陣的初始版本仍占據優勢，至少可以維持到下一次有充分準備的攻擊再次出現時。

因此，爭論溝通分析及腳本分析時，必須事先說明他在上述網格中選擇的路徑，爭論才能生效。如果隨意論述，則會因為鬆散、曲解或模糊等問題導致論述無效。因此，打算陳述自己觀點時，都要從每一列中選擇一項內容作為自己的架構，並在討論時堅持從這個架構來發表觀點。否則，無論措辭看起來多麼可信，都有方法論的問題，讓論點禁不起客觀推敲。

3.軟資料與硬資料：從不同資料來證明腳本分析

腳本分析主要是軟資料（Soft Data）。因為腳本是關於人類存在性的各種承諾，無法透過人為實驗進行研究。對當事人來說，「腳本結局」具有最為重要的意義。舉個例子來說，用撲克牌遊戲做實驗時，並不具有可靠性。因為賭注很小時，玩家會用一種玩法，而賭注很大時，玩家會用另一種玩法。善於高賭注的玩家可能在賭注很小時會輸，而擅於小賭注的玩家，在賭注很高時會感到

恐慌。腳本類似高賭注情況下的試驗，在普通、日常的條件下無法實現。例如，針對「你會炸死自己，以保全戰友的生命嗎？」這個問題，只有在戰場上才能真正檢驗，而所有模擬的結果都無關緊要。

為了提升可靠性，腳本分析的資料大致可以劃分為以下幾種類型：歷史、文化、臨床、邏輯、直覺、發展、統計、內省、實驗和雙盲配對❹。社會科學大多在研究人類行為的瑣事，對他們來說，這個排列看起來很怪異。不過，對心理治療師來說，這看起來就沒有那麼怪異；而對精神分析師來說，看起來最不怪異，因為他們是處理嚴重心理遊戲及人生結局的人，例如離婚、自殺和殺人。在秩序井然的社會中，很難透過實驗法研究自殺或殺人的問題。

【類型 1】**歷史性**：自有人類以來，人們就懷疑命運並非自主決定，而是由某種外力控制。這個普遍信念要求人們審慎檢驗命運，而不是歸結為超自然現象並加以摒棄。

【類型 2】**文化性**：上述信念是很多人類文化的根基，它需要被嚴肅對待，就像人們嚴肅對待經濟活動一樣。

【類型 3】**臨床性**：臨床資料並不嚴謹，因為它可以被賦予不同的解釋。不過，對那些想否認腳本影響的研究者來說，他們必須接受適當的腳本分析訓練，並在臨床情況運用足夠的時間後，才能評價腳本分析，對精神分析也是如此。同樣的，一個人使用顯微鏡或望遠鏡後說：「我什麼也看不見。」除非這個人有過充分的訓練，知道如何操作儀器，否則他的評論根本無法有力批判細菌學或天文學。

【類型 4】**邏輯性**：我們提過，人們可以被命令要或不要做什麼。適當的語言可以鼓勵人們酗酒或自殺，同樣也可以阻止人們這樣做。因此，透過養育，既有可能培養出酒鬼，也有可能培養出自殺者。下面這個問題可以用來加以檢驗：「你會怎麼樣把孩子培養為自己想要的樣子？」擁有「好腳本」的人更願意回答這個問題，他們的回答通常很可信；擁有「壞腳本」的人不太願意回答這個問題，不過如果他們願意回答，其答案同樣可信。

---

❹ 譯注：研究人員與受試者均不知道誰是實驗組或對照組，可以增加實驗的科學性與可信度。

【類型 5】**直覺性**：有經驗的腳本分析師會做出直覺判斷，之後可以加以驗證，例如：

> 「你常常試著同時做兩件事，但是都做不好，我推測父母對你有不同的期望，在你如何實現這兩個期望上，他們也無法意見一致。也就是說，父母並沒有向你說清楚他們的差異。」
>
> 「正是如此。」

如果沒有驗證腳本分析師的直覺，就我的經驗來看，不是診斷者能力不足，就是個人因素妨礙了他的直覺[4]。

【類型 6】**發展性**：聽孩子講述他們的腳本是最可靠的證據，特別是在可以長期追蹤的情況下，我們可以看看他們是否真的執行了腳本。這與具體職業選擇無關（「我想要成為消防員。」），有關的是他們說了什麼最終結局（「我希望我死掉。」）。

【類型 7】**統計性**：最相關的是之前提到魯丁的研究，他探究了童話故事如何影響兒童後來的職業及死亡方式[5]。

【類型 8】**內省性**：這是所有標準中最令人信服的資料。人們腦中的聲音自幼年開始便受到壓抑，然而一旦開始習慣傾聽腦中的聲音，就可以確認這些聲音真的是幼年時，父母對他們說過的話，如此一來，他們才能意識到自己最重要的行為在多大程度上是父母程式的結果。

【類型 9】**實驗性**：也許某些腳本元素可以透過實驗法檢驗，但由於前述原因，腳本理論依舊難以透過在人類身上實驗加以驗證。不過，我們可以在腳本理論的框架下加以推測動物實驗結果，就像我們在第 3 章討論過的老鼠實驗。

【類型 10】**雙盲性**：在一些案例中，督導推測一位學生具有某種腳本，但是沒有向學生提及，之後該學生被轉介給一位治療師，治療師與督導一樣，也推測該學生具有這種腳本，然後他們將之告訴學生，學生也贊同。在這些案例裡，兩位腳本分析師對當事人的了解都夠久，掌握了他很多行為資訊，我們可以將之視為「硬資料」（hard data）。如果想要系統性使用這種方法，就需要幾位腳本分析師聽同一段面談的錄音，從而推

測當事人的腳本。之後，將他們的推測與當事人的人生歷程互相對照並追蹤五年。執行探索性研究（pilot study）時，可以聽三種面談的錄音，分別是自傳式面談、自由聯想式面談以及透過腳本檢核表實施的面談，以確認哪種面談最有助於獲得可靠的腳本資料。這個研究方式最有可能獲得硬資料。

目前的跡象顯示，在預測人類行為方面，腳本理論比學習理論（learning theory）更軟，比社會學和經濟學理論更硬，而其柔軟性與精神障礙診斷類似。

第**23**章

腳本檢核表
The Script Check List

臨床上，

如何區分腳本與非腳本

1. 腳本的定義：定義腳本與非腳本的「S公式」

為了辨別某串溝通是否屬於心理遊戲，我們需要關注它是否具有某些特徵。如果其中包含「餌」、「鉤」、「轉換」和「結局」，就可以確認這是一個心理遊戲。另外，我們還可以對每次溝通進行「結構分析」，看是哪一種自我狀態在發揮作用；我們也可以進行「臨床分析」（Clinical Analysis），澄清玩心理遊戲的好處及遊戲是如何開始的。這樣一來，我們不僅能辨識，還能理解這個心理遊戲。我們可以將理解心理遊戲時所涉及的內容寫下來製成「檢核表」，在正式分析時使用。心理遊戲檢核表就像遊戲的骨架，不過只占人體中很小一部分。

然而，腳本的骨架則不只是很小一個部分，而是涉及人類從出生至死亡的全部過程，甚至是出生前至死亡後的整個過程，因此，自然會更複雜。心理遊戲可以比喻為「抖動手腕」，手腕只包含八塊骨頭，抖動時也只涉及另外七塊骨頭；而腳本則可以比喻為「登山旅程」，牽涉人體全部兩百零六塊骨頭。因此，「腳本檢核表」中的內容比心理遊戲檢核表還要多很多，但是檢核表卻是完整理解腳本最容易的方法。

關於腳本，首要問題是如何定義它，當腳本出現時我們才能識別。隨著各領域知識進步，任何定義都會發生變化。心理遊戲理論現在就像一輛製作精良

的自行車，短程旅行時可以放心騎它，無須任何顧慮；而腳本理論則像 1900 年代的單缸汽車，當需要使用它時，可能會正常也可能無法正常運轉，因此懷疑派就會大喊：「牽馬來！」（或者至少拿個沙發來）可能還會要求傳統治療師手舉警告用的大紅旗走在腳本分析師之前，告誡怯懦的人們最好離它遠一點。

基於當前的知識，我提出下述定義以區分腳本與非腳本。**腳本是持續發揮作用的程式，年幼時在父母的影響下形成，控制著個體在人生中最重要的事情上的行為。**

這個定義中涉及的術語含義如下，內容取自常用的詞典，另附一些說明。

【術語1】**持續發揮作用（ongoing）**：不斷前進（來自韋伯❶辭典的定義）。意味著不可逆的單行路。每一次前進都更接近目的地。

【術語2】**程式（program）**：要遵從的計畫或時間表（來自蘭登書屋❷辭典的定義）。意味著行動方案、規畫與設計，也意味著為執行某種進程而設計的方法（來自牛津辭典的定義），同時，還意味著時間表。計畫的原型和概要可以從童話故事中找到。

【術語3】**父母的影響（parental influence）**：與父母或等同於父母的人進行真正的溝通。意思是父母會在特定時間用特定、可觀察的行為施予影響。

【術語4】**控制（directs）**：個體必須遵從指令，不過，在沒有指令時可以自由選擇。某些情況下會有一種特殊指令──「把牌翻過來」意思是「在這方面，做與我所說相反的事」。這樣，當個體「叛逆」時，其實恰好是在遵從腳本。它與「扔掉牌」截然不同，後者才是自主的體現。

【術語5】**重要的事情（important aspects）**：至少包括結婚、養育孩子、離婚和死亡的方式（如果自己可以選擇的話）。

我們可以透過了解這個定義如何界定「非腳本」（not-script），從而測試該定義。「非腳本」應該是可逆的行為，沒有既定時間計畫，在人生較晚時形成

---

❶ 譯注：Webster。
❷ 譯注：Random House。

且不受父母的影響，這是對「自主」（autonomy）這個概念相當好的描述。事實上，自主正是腳本的反面。例如，自主的人可以徹底改變他們的內疚、恐懼、憤怒、傷心和無能感，並且重新來過，而無須匆匆忙忙導致事情愈變愈糟，他們不會遵從父母的指令收集點券，然後在某些時候用這些點券在結婚、養育子女、離婚和死亡中證明自己行為的合理性。

因此，腳本的定義是具有排除性的：也就是說，界定腳本的同時也界定了「非腳本」。這種界定方式十分有價值。如果我們發現一個人在人生中最重要的事情上的行為，受到年幼時在父母影響下形成、持續發揮作用的程式影響，我們就可以說：「我們識別出了腳本。」這個定義可以簡化為下述公式，與心理遊戲公式類似，腳本公式是：

$$\text{早年父母影響} \rightarrow \text{程式} \rightarrow \text{遵從} \rightarrow \text{重要行為} \rightarrow \text{結局（S 公式）}$$
$$\text{EPI} \rightarrow \text{Pr} \rightarrow \text{C} \rightarrow \text{IB} \rightarrow \text{Payoff (Formula S)}$$

其中，「EPI」代表「早年父母影響」（Early Parental Influence），「Pr」代表「程式」（Program），「C」代表「遵從」（Compliance），「IB」代表「重要行為」（Important Behavior）。符合這個公式的行為都是腳本的一部分，不符合的行為都不是腳本的組成部分。每一個腳本都符合這個公式，腳本以外的行為不符合這個公式。

例如，簡單的條件反射是神經系統的程式，不是早年父母的影響（沒有EPI）；個體會遵從膝跳反射踢腿，但是這不是重要行為（不是 IB）；如果個體長大後學會社交性飲酒，這屬於社會依從，不是成為酒鬼這個程式的一部分（沒有 Pr），喝酒不是重要行為（不是 IB），因此也不會對最後的結局產生重要影響——婚姻、養育子女或死亡方式。如果父母為一個男孩編制了高強度的程式，希望他長大後成為靠貸款過活的人，但是他沒有遵從（沒有 C），那麼他的重要行為也不是腳本；如果一個孩子從一個收養家庭轉到另一個收養家庭，他早年的父母影響是不穩定的，因此被編制的程式也很混亂（沒有 Pr）；他竭盡所能遵從程式，但是從未結婚並生育孩子，也沒有將人生押在任何賭注之上，或做出任何重要決定（沒有 IB），因此也不屬於腳本。這些例子說明了在

真實生活中，如何應用公式中的每個元素——膝跳反射不是基於早期父母影響；社交性飲酒不是程式的一部分；靠貸款過活有早期父母影響、有程式，但沒有遵從；孤兒沒有重要行為。

S 公式用於辨識腳本，與第 2 章介紹並用來辨識心理遊戲的 G 公式類似。需要說明的是，S 公式只適用於「腳本式人物」，自主之人的行為無法簡化為**一個公式，因為他們可以每時每刻，基於自己的情況做出自己的決定。**實驗室中，同種老鼠可以透過條件反射被編制某種程式，牠們的行為由實驗者操控。因此牠們就像機器，受操縱者的指揮且與「腳本式人物」相似，不同點在於「人是由父母操控的機器」。野生老鼠可不同，牠們的表現就像「真實的人」，可以自主決定。放入實驗室後，牠們拒絕接受實驗者的程式[1]，這不是叛逆，而是獨立且自主的行動。

2. 如何驗證腳本：辨別腳本必要元素的五大標準

如果腳本能被正確診斷出來，那麼某些腳本元素也應該可以量化並加以研究。例如，所有女性中，擁有紅外套的比例是多少？有多少長髮公主？真的有一頭金色的長髮？[3] 這些研究具有發生率和流行率的性質，它們真正的價值在於辨別腳本的必要元素，讓腳本診斷更精確。以「小紅帽」腳本為例，在現有知識下，診斷標準包含以下幾項：

【標準 1】當她還是小女孩時，母親一定會差使她去外婆家。

【標準 2】她每次去外婆家時，外公一定會跟她玩性遊戲。

【標準 3】長大後，她一定是最容易被指派跑腿的人。

【標準 4】她一定瞧不起同齡男性，而對年老的男性比較感興趣。

【標準 5】她一定有種天真的勇氣，總覺得如果陷入麻煩，一定會有人來拯救自己。

當這五項標準都具備，我們才可以做出「小紅帽」腳本的診斷。這樣，我

---

❸　譯注：紅外套、長髮公主、金色長髮，這些都是童話的元素。

們便可以預測，個案會有意結識老男人，並抱怨這些老男人（「下流的老男人」）向她調情，同時會期待有人可以從這些老男人手中將她拯救出來，然後等老男人被打敗時，再哈哈大笑。不過，這裡有很多問題。符合這些標準的女性真的都會花時間在森林裡採花嗎？她們都有紅色外套嗎？在這個列表裡，還可以加入多少個標準？又有多少標準是非必要的——也就是說，有多少標準可以刪掉，而不影響預測的準確性？可以預測腳本結局及其他元素最少要有哪些標準？這些標準之間有什麼關聯？小時候被外公性引誘過的女性都喜歡在樹林裡採花嗎？喜歡花時間在樹林裡採花的女性都更容易被差使嗎？符合這五條標準的女性最終都會成為老處女嗎？還是會有短暫的婚姻，然後離婚呢？分析這些因素對檢驗腳本分析效果十分有益。

「小紅帽」腳本的診斷標準大部分是主觀的，但是有一些變數是客觀的。其中之一便是「家庭星座」。從腳本角度研究家庭星座，最可靠的方法是尋找「腳本式家庭」。其中一個線索，是用父母或家庭成員的名字幫孩子命名。因為顯然，父母期待子女與同名者相似，也意味著「我會按照同名者的樣子把你養大（為你編制程式）」。如果一位個案按照同名者的情況發展，並來看精神科醫生，就可以加強我們所做出「他受腳本所累」的假設。這種情況在精神病個案中其實很常見，為我們提供了研究腳本是否與名字相關的機會。這樣的個案，可以成為我們研究這兩者關係的個案。下文便是腳本式家庭的案例：

貝克家族有三個女孩——朵娜、蒙娜和羅娜。母親家有兩個女孩——朵娜和蒙娜。朵娜沿用了母親的名字，蒙娜沿用了小阿姨的名字。羅娜出生時，母親這一方的腳本名字已經用完了，因此，她的名字沿用了父親妹妹（姑姑）的名字。兩位朵娜（母親與大女兒）已經反覆因為同樣的違法行為被捕，並住在同一間牢房裡。兩位蒙娜（小阿姨和排行第二的外甥女）都嫁給了拋棄她們的男人，並且在沒有父親支持的情況下獨自養育孩子。兩位羅娜（姑姑和小外甥女）都討厭男人，會讓男人接近又將他們甩開。因此，兩位朵娜玩的是「警察與強盜」）心理遊戲，兩位蒙娜玩的是「誰需要他？」（Who Need Him?）心理遊戲，而兩位羅娜玩的則是「性挑逗」心理遊戲。蒙娜和羅娜（兩個女兒）來尋求治療時，顯然都朝自己的阿姨或姑姑的結局前進。儘管她們不喜歡這個結局，但是感覺很無助，無法透過自己的力量打破腳本。

另一種「腳本式」發展，是重複結婚與離婚，次數不僅客觀且精確可數。一、兩次離婚或許與母親的腳本無關，但是如果離婚次數增加，臨床醫生就不得不考慮這個事實——母親離婚的次數愈多，女兒追隨她腳步的可能性就愈大。母親被捕入獄及酗酒住院的情況也與此類似。社會學家認為，入獄及酗酒問題與社會及經濟因素相關，但是如果我們將酗酒與入獄分開考慮，就很難得出這樣的結論。也就是說，將入獄和酗酒問題放在一起考慮，它們可能確實受到「社會經濟因素」影響，但是當具有選擇權時，一些家庭選擇了酗酒，而另一些家庭選擇了入獄。

　　我們在此並不關心個案是否真的觸犯了法律或酗酒，因為這些行為並不一定是他腳本的核心。我們想了解的是，個案的偷竊行為或酗酒行為是否是「腳本式」，以及他是否會圍繞這兩種行為玩心理遊戲——「警察與強盜」或「酒鬼」。這裡的問題是：「個案是否會為了被捕，而偷夠多的東西或喝夠多的酒？」職業小偷或飲酒者可能會玩擅長的遊戲，然後成為贏家——富有、榮耀，並且快樂的退休，這是某種腳本類型。另一種類型則大不相同，是輸家腳本——在監獄或醫院告終。腳本分析中，最重要的不是行為，而是它帶來的終極反應與結局，因為這才是對當事人及他身邊的人最重要的東西。

　　另一個腳本領域是死亡。在這方面，最常見的腳本指標是個體預期或感到——被期待在與同性父母相同的年齡死去。父親死亡的年齡似乎宣判了兒子也要在這個年齡或之前死去，對母親和女兒來說，也是如此。這個說法儘管有些主觀，但是因為其中包含了具體數字，也更容易檢驗。為了更客觀，我們可以研究人們試圖或真正自殺或殺人的年齡與先輩或近親死亡年齡的關係。之前提過，魯丁研究了兒童聽過的故事（「成就」故事或「權力」故事）與可稱為「腳本式死亡」原因之間的關係。他探究了十七個國家的孩子在童年期聽過的故事類型與後來死因之間的關聯，有許多有趣的發現[2]。

　　在父母和孩子間，以上提到的所有關係都可以分類計分。與某位家庭成員擁有相同名字的孩子，是否追隨了同名者的腳本；在結婚、離婚、入獄或住院方面，個案是否追隨了父母的腳本；他是否預期自己在與父母相同的年齡死去。**腳本問題對人類生存具有決定性影響；人生的全部意義都取決於腳本理論是否有效。**如果我們是自由的個體，人生是一回事；如果我們人生大多數時間或在最關鍵的時刻聽從了嬰兒期或幼兒期父母的指示，並帶著可悲的自由意志

幻覺來生活，那麼人生將是另一回事。為了較有把握的解答這個基本問題，至少需要一萬個案例。少於這案例數的任何解答都只是名義上的科學，而無法有效說服大眾。作為一名分類學家，金賽（Alfred Charles Kinsey）研究了高達十萬種黃蜂樣本；而他關於性行為的書中，至少建立在一萬兩千個案例之上[3]。儘管如此，很多方面依舊有爭議。很多臨床醫生每年至少見一百位新個案，一萬個案例並不是不可企及的目標，因此非常值得努力。我在過去十年裡至少見過一萬個心理遊戲（五百週的時間，每週大約見五十名個案），這個數字讓我對溝通中的心理遊戲理論深信不疑。對腳本理論來說，我們也需要同樣多的案例。

上面列出的研究問題，相關分析結果可能與腳本理論一致，從而加強它；也可能不一致，從而削弱它。在驗證其關聯時，有必要在不同地區以及不同國家進行，另外還要考慮研究個案史，這樣才能確認腳本理論究竟是「人性的事實」，還只是針對特定地區、特定人群（精神疾病個案）形成的一種印象。更糟的情況是，只是沒有現實依據的一個好點子而已。

我們需要的正是普萊特（John Platt）[4] 提出的「強推理」（strong influence）❹在有限的時間內，顯然不可能透過與世界上每個人會談，以驗證腳本理論的普遍性，不過，如果它有錯，在較少的樣本（比如一萬個案例）裡則很容易發現。腳本分析師認為父母施加的腳本程式適用全體人類，因此它是「人性的事實」，為了做出這個最強的推論，在每個大群體中，上述關聯都應該呈高度正相關。

為了幫助臨床工作者，接下來我們要提供一個「腳本檢核表」，由一連串問題構成，目的是透過每個問題引出最大程度的資料，以便清楚理解腳本。

3.什麼是「腳本檢核表」？

為了清楚理解一個腳本，我們應該理解它包含的各個方面——各方面的歷史，以及各方面的關聯。實現這個目標最簡單的方法，是按照年代順序逐一回答每個項目。每個項目中都包含了一個提問，這個提問最有可能引出最大量的

---

❹ 譯注：一種科學研究的範式，強調需要提出各種備選假設，而非單一假設。

資料。檢核表中附了另外一些提問，可以在澄清某些具體項目時使用。備選提問也包括在內，當主要提問不適用或不好回答時使用。

當前的腳本理論主要產生於 1966 ～ 1970 年的「舊金山溝通分析研討會」。很多想法的首創者究竟是誰很難區分，因為那段時間至少有超過百位臨床醫生參加每週一次的研討會。克斯曼、愛德華、卡普曼、古柏佛、梅茲利士（I. L. Maizlish）、波因德克斯特和施坦納將主要內容發表在《溝通分析會刊》（*Transactional Analysis Bulletin*）中。原始思想來自我《心理治療中的溝通分析》[5]中的一章，並且在往後其他著作及研討會中不斷擴展。

做一份檢核表的提議，最早來自施坦納（來自美國柏克萊地區）、葛勞德和卡普曼（兩位都來自舊金山）。檢核表是要為治療指出捷徑，用最快的速度發現個案腳本中的活躍因素，從而幫助他們快速、有效的擺脫腳本。他們提出的列表包含十七個最關鍵的項目[6]。下面這個綜合列表中包含了他們提出的這十七個問題，另外還包括本書第 2、第 3、第 4 部提到的項目。這個列表共包括兩百二十個項目，用於教學、研究以及其他專業目。之後則列出更容易管理且更適合日常使用的縮減版。

4. 腳本檢核表：了解個案是否受到腳本影響

為了方便起見，這些提問以時間順序呈現，臨床觀察則放在最後。如此一來，檢核表的順序大部分會與本書順序一致。我們為每個發展階段編了序號。每個階段括弧中的內容指的是本書第幾章。序號中的數字指的是該章第幾部分。例如，第一階段，父母影響在第 4 章討論過，它的標題就是「一、父母影響（第 4 章）」。提問編號「一 6.4」指的是「第一階段父母影響」的問題，在「第 4 章第 6 部分」討論過，它是該部分的「第 4 個問題」。「二 1.3」的意思是「第二階段（第 5 章）、第 1 部分、第 3 個問題」。序號後面的「P」表示這個問題應該問「個案父母」。因此，「二 1.3P」與「二 1.3」的位置相同，但不同的是該問題要問父母，而非個案。該檢核表系統性梳理了本書內容，不過以序號形式呈現，讓它也能脫離本書單獨使用。

【一】父母的影響（第4章）

— 2.1「祖父母過著怎麼樣的生活？」

— 3.1「你在家裡的位置如何？」

    a.「你的生日是哪一天？」

    b.「與你出生日期最近的哥哥／姊姊的生日是哪一天？」

    c.「與你出生日期最近的弟弟／妹妹的生日是哪一天？」

    d.「有沒有哪個日期你特別關注？」

— 3.1P「你有幾個兄弟姊妹？」

    a.「你（父母、成人和兒童自我）希望／預期自己有幾個孩子？」

    b.「你的父母希望自己有幾個孩子？」

    c.「有沒有哪個日期你特別關注？」

— 4.1「父母想要你這個孩子嗎？」

— 4.1P「當時你想要他（孩子）嗎？」

    a.「他在你們的計畫之中嗎？」

    b.「他在何時、在哪裡被懷上？」

    c.「是否試圖墮胎？」

    d.「你對性有什麼看法？」

— 5.1「你母親怎麼看待你的出生？」

— 5.2「你出生時誰在身邊？」

    a.「是剖腹產還是自然產？」

— 6.1「你是否看過自己的出生證明？」

— 6.2「誰幫你取名字？」

— 6.3「你以誰的名字來命名？」

— 6.4「你的姓氏怎麼來的？」

— 6.5「小時候別人怎麼叫你？」

    a.「你的小名是什麼？」

    b.「小時候，你有綽號嗎？」

— 6.6「高中時，其他孩子怎麼叫你？」

— 6.7「現在你的朋友叫你什麼？」

a.「現在你的父親、母親叫你什麼？」

【二】童年早期（第5章）

二 1.1「你的父親和母親怎麼教你餐桌禮儀？」

a.「母親餵你時會說什麼？」

二 1.1P「他（孩子）在哺乳期時，發生過什麼事嗎？」

a.「那時你常常對他說什麼？」

二 1.2「誰訓練你上廁所？」

二 1.3「他們怎麼訓練你？」以及「他們都會說什麼？」

a.「關於如廁訓練，你父母說過什麼？」

二 1.3P「你們何時及怎麼訓練他（孩子）上廁所？」

a.「那時你常常對他說什麼？」

二 1.4「小時候，你是否被大量使用浣腸劑和排便劑？」

二 2.1「小時候，父母讓你對自己有什麼感覺？」

a.「小時候，你怎麼看待自己？」

二 2.2「小時候，你對人生做出了什麼樣的決定？」

二 3.1「小時候，你對世界的看法如何？」

a.「你對其他人有什麼感覺？」

二 3.2「你是否記得曾在小時候決定再也不做某件事或表現某種情緒？」

a.「你是否曾決定無論如何，都要做某件事？」

二 3.3「你是贏家還是輸家？」

二 3.4「你何時決定的？」

二 4.1「小時候，你怎麼理解父母之間發生的事？」

a.「當時你想怎樣應對他們之間發生的事？」

二 5.1「父母看不起哪種人？」

a.「你最不喜歡哪種人？」

二 5.2「父母尊敬哪種人？」

a.「你最喜歡哪種人？」

二 6.1「像你這種人身上會發生什麼事？」

【三】童年中期（第6章和第7章）

三 1.1「當你還小時，父母告訴你要做什麼？」

    a.「當你還小時，他們對你說了什麼？」

三 1.2「父母最喜歡的格言是什麼？」

三 1.3「父母教你做哪些事？」

三 1.4「父母禁止你做哪些事？」

三 1.5「如果把你的家庭搬上舞台，將會是什麼樣的一齣戲劇？」

【四】童年晚期（第7章）

四 1.1「小時候你最喜歡的童話是什麼？」

    a.「小時候你最喜歡的兒歌是什麼？」

    b.「小時候你最喜歡的故事是什麼？」

四 1.2「誰唸或講故事給你聽？」

    a.「何時，何地？」

四 1.3「講故事的人對這個故事說了什麼？」

    a.「她對這個故事有什麼反應？」

    b.「她的表情告訴你什麼？」

    c.「她是對這個故事感興趣呢，還是唸給你聽？」

四 1.4「小時候，你最喜歡的人物是誰？」

    a.「你的英雄是誰？」

    b.「你最喜歡的壞蛋是誰？」

四 2.1「情況變得艱難時，你母親有什麼反應？」

四 2.2「情況變得艱難時，你父親有什麼反應？」

四 3.1「什麼情緒最令你困擾？」

四 3.2「你最喜歡什麼情緒？」

四 3.3「事情變得困難時，你最常有的反應是什麼？」

四 3.4「店員給你點券時，你會怎麼利用它？」

四 4.1「你在生活中等待什麼？」

四 4.2「你最喜歡的『要是』是什麼？」

四 4.3「對你來說，聖誕老人是什麼樣子？」

a.「誰／什麼是你的聖誕老人？」

四 4.4「你相信永活不朽嗎？」

　　　a.「你父母喜歡哪些遊戲？」

四 5.1「你的父母會陷入什麼樣的爭執？」

四 5.1P「個案小時候，你們教他玩什麼遊戲？」

　　　a.「你小時候，會與父母玩什麼遊戲？」

四 5.2「在學校，你和老師相處得如何？」

四 5.3「在學校，你和其他孩子相處得如何？」

四 6.1「晚餐時，父母會談些什麼？」

四 6.2「父母有什麼擔憂嗎？」

【五】青春期（第8章）

五 1.1「你經常和你的朋友談些什麼？」

五 2.1「現在，誰是你心目中的英雄？」

五 2.2「在這個世界上，最壞的人是誰？」

五 3.1「你怎麼看待手淫的人？」

五 3.2「如果你手淫，你會感受如何？」

五 4.1「緊張時，你的身體會有什麼反應？」

五 5.1「如果旁邊有人時，父母會怎麼表現？」

五 5.2「父母單獨在一起時會談些什麼？與朋友在一起時又會談些什麼？」

五 6.1「你是否做過噩夢？」

　　　a.「夢中你看到什麼樣的世界？」

五 6.2「告訴我你曾經做過的一個夢。」

五 6.3「你是否曾有過幻覺？」

五 6.4「人們怎麼看你？」

五 7.1「你生命中可以發生最好的事是什麼？」

五 7.2「你生命中可以發生最壞的事是什麼？」

五 7.3「你想怎樣用自己的人生？」

五 7.4「五年後你預期自己在做什麼？」

　　　a.「從現在開始十年後，你預期自己會在哪裡？」

五 8.1「你最喜歡的動物是什麼？」

　　　　a.「你希望自己成為什麼動物？」

五 9.1「你最喜歡的人生格言是什麼？」

　　　　a.「你會在運動衫正面寫什麼，讓別人一看就知道是你？」

　　　　b.「你會在運動衫背後寫什麼？」

【六】成年期（第9章）

六 1.1「你想要幾個孩子？」

　　　　a.「你的父母、成人和兒童自我想要幾個孩子？」（這與「一 3.1」和
　　　　　　「一 3.1P」的問題相關）

六 1.2「你結過幾次婚？」

六 1.3「你的父親和母親各結過幾次婚？」

　　　　a.「他們有過情人嗎？」

六 1.4「你是否被逮捕過？」

　　　　a.「你的父親或母親是否被逮捕過？」

六 1.5「你是否犯罪過？」

　　　　a.「你的父親或母親是否犯罪過？」

六 1.6「你是否進過精神病院？」

　　　　a.「你的父親或母親是否進過精神病院？」

六 1.7「你是否曾因酗酒住院？」

　　　　a.「你的父親或母親是否曾因酗酒住院？」

六 1.8「你是否曾試圖自殺？」

　　　　a.「你的父親或母親是否曾試圖自殺？」

六 2.1「年老時你想做什麼？」

【七】死亡（第10章）

七 2.1「你打算活多久？」

七 2.2「你怎麼決定這個（死亡）年紀的？」

　　　　a.「誰在這個年紀死去？」

七 2.3「你的父親、母親（如果他們已經去世）去世時年紀多大？」

　　　　a.「（問男性）你外公去世時年紀多大？」

　　　　b.「（問女性）妳奶奶去世時年紀多大？」

七 2.4「臨終時誰會在你身邊？」

七 2.5「你的遺言會是什麼？」

　　　　a.「他們最後說的話會是什麼？」

七 3.1「死後，你會留下什麼？」

七 4.1「別人會在你的墓碑上寫什麼？」

　　　　a.「墓碑正面會寫些什麼？」

七 4.2「你想在你的墓碑上寫什麼？」

　　　　a.「你墓碑的背面會寫什麼？」

七 5.1「你死後，別人會驚訝的發現什麼？」

七 6.1「你是贏家還是輸家？」

七 7.1「你更喜歡時間結構，還是事件結構？」（解釋專業術語）

【八】生物因素（第14章）

八 1.1「當你對一些事情做出反應時，你知道自己有什麼表情嗎？」

八 1.2「你知道別人對你的面部表情作何反應嗎？」

八 2.1「你是否能辨別出你的父母、成人和兒童自我之間的區別？」

　　　　a.「別人能識別出你的這些差別嗎？」

　　　　b.「你能辨別出別人的這些差別嗎？」

八 2.2「你的真實自我感受如何？」

八 2.3「你的真實自我可以一直控制自己的反應嗎？」

八 3.1「你有性方面的困擾嗎？」

八 3.2「有些事情總在你的腦海裡揮之不去嗎？」

八 4.1「你對氣味敏感嗎？」

八 5.1「事情發生前多久你就開始擔心？」

八 5.2「事情結束後，你還會擔心多久？」

　　　　a.「你是否曾在晚上睡不著，計畫如何報復？」

　　　　b.「你的情緒會影響你的工作嗎？」

八 6.1「你喜歡向別人展示自己有能力忍受痛苦嗎？」

　　　　　a.「你寧願保持開心而不願意證明自己嗎？」

　八 7.1「你腦中的聲音告訴你什麼？」

　八 7.2「你獨自一人時，曾與自己說話嗎？」

　　　　　a.「你不是獨自一人時呢？」

　八 7.3「你總是依照腦中的聲音做事嗎？」

　　　　　a.「你的『成人自我』或『兒童自我』曾與『父母自我』爭論嗎？」

　八 8.1「當你成為真實的人時，你是什麼樣子？」

【九】選擇治療師（第16章）

　九 2.1「你為什麼選擇我這個職業領域的治療師？」

　　　　　a.「被分配給我這個領域的治療師，你有什麼看法？」

　　　　　b.「你更傾向於選擇哪個專業領域？」

　九 2.2「你是怎麼選擇我來擔任你的治療師的？」

　九 2.3「你為什麼選擇我？」

　　　　　a.「分配給我，你有什麼想法？」

　九 2.4「童年時，誰是你的魔法師？」

　九 2.5「你最期待哪種魔法？」

　九 3.1「你之前有過精神治療的經歷嗎？」

　九 3.2「你是怎麼選擇之前的治療師的？」

　　　　　a.「你為什麼會去他那裡？」

　九 3.3「你從他那裡學到了什麼？」

　九 3.4「你為什麼離開？」

　九 3.5「你在什麼情況下離開的？」

　九 3.6「你怎麼選擇工作？」

　九 3.7「怎麼辭去工作？」

　九 3.8「你是否曾住過精神病院或者病房？」

　　　　　a.「你需要做什麼才能住進去？」

　　　　　b.「你需要做什麼才能出來？」

　九 3.9「能告訴我你曾做過的一個夢嗎？」

【十】腳本信號（第17章，治療師問自己的問題）

十 1.1「腳本信號是什麼？」

十 1.2「他有幻覺嗎？」

十 2.1「涉及的身體要素是什麼？」

十 3.1「最常出現的呼吸音是什麼？」

十 3.2「什麼東西會引起聲音改變？」

十 3.3「使用多少種詞語？」

十 3.4「講話中最喜歡的部分是什麼？」

十 3.5「何時使用虛擬語氣？」

十 3.6「被允許的詞語從何而來？」

十 3.7「腳本短語是什麼？」

十 3.8「隱喻場景是什麼？」

十 3.9「句子是怎樣建構的？」

十 3.10「安全短語是什麼？」

十 4.1「絞架上的笑何時發生？」

十 4.2「絞架溝通是什麼？」

十 5.1「他會徵求祖母的意見嗎？」

十 6.1「他的人生故事是什麼？」

十 6.2「他最喜歡的戲劇轉換是什麼？」

【十一】治療中的腳本（第18章）

十一 1.1「你認為你的治療會怎麼結束？」

十一 2.1「你認為我比你聰明嗎？」

十一 2.2「誰造成了你的困擾？」

十一 2.3「你希望自己康復到什麼水準？」

十一 2.4「你希望在這裡發生什麼？」

十一 2.5「你做好痊癒的準備了嗎？」

  　　a.「痊癒之前需要發生什麼？」

十一 2.6「什麼阻止你痊癒？」

十一 3.1「你認為我可以應對你的父母嗎？」

　　　　　a.「你的父母很強大嗎？」

十一 4.1「你比較想痊癒還是被徹底分析？」

　　　　　a.「你比較想痊癒還是出院？」

　　　　　b.「你比較想痊癒還是待在醫院？」

5.簡化版腳本檢核表：更自然的提升與個案的信任關係

　　下述清單只包括與腳本分析直接相關的題目，是獲取精神病史的輔助工具，而非替代工具。選出的這五十一個題目更「自然」且更不具侵略性，多數情況下能夠提升與個案的信任關係，而非帶來阻礙：

一 2.1「祖父母過著怎麼樣的生活？」

一 3.1「你在家裡的位置是什麼？」

一 5.2「你出生時誰在身邊？」

一 6.3「你以誰的名字來命名？」

一 6.4「你的姓氏怎麼來的？」

一 6.5「小時候別人怎麼叫你？」

一 6.6「你有綽號嗎？」

二 1.4「小時候你會便祕嗎？」

二 6.1「像你這種人會發生什麼事？」

三 1.1「小時候，父母對你說過什麼？」

四 1.1「小時候你最喜歡的童話是什麼？」

四 1.3「講故事的人對這個故事說了什麼？」

四 2.1「情況變得艱難時，你父母有什麼反應？」

四 3.1「什麼情緒最令你困擾？」

四 6.1「晚餐時，父母會談些什麼？」

四 6.2「父母有什麼擔憂嗎？」

五 6.2「告訴我你曾經做過的一個夢。」

五 6.3「你是否曾有過幻覺？」

五 7.4「五年後你預期自己在做什麼？」

五 9.1「你會在運動衫上寫什麼，讓別人一看就知道是你？」

六 1.8「你是否曾試圖自殺？」

六 2.1「年老時你想做什麼？」

七 2.1「你打算活多久？」

七 2.2「你怎麼決定這個（死亡的）年紀？」

七 4.1「別人會在你的墓碑上寫什麼？」

七 4.2「你想在你的墓碑上寫什麼？」

七 6.1「你是贏家還是輸家？」

八 1.1「當你對一些事情做出反應時，你知道自己有什麼表情嗎？」

八 2.3「你的真實自我可以一直控制自己的反應嗎？」

八 3.1「你有性方面的困擾嗎？」

八 4.1「你對氣味敏感嗎？」

八 5.1「事情發生前多久你就開始擔心？」

八 5.2「事情結束後，你還會擔心多久？」

八 6.1「你喜歡向別人展示自己有能力忍受痛苦嗎？」

八 7.1「你腦中的聲音告訴你什麼？」

九 2.2「你是怎麼選擇我來擔任你的治療師的？」

九 3.3「你從前一位治療師那裡學到了什麼？」

九 3.4「你為什麼離開那位治療師？」

九 3.9「能告訴我你曾經做過的一個夢嗎？」

（第十項為治療師問自己的問題。）

十 1.1「腳本信號是什麼？」

十 1.2「他有幻覺嗎？」

十 3.1「最常出現的呼吸音是什麼？」

十 3.6「被允許的詞語從何而來？」

十 3.8「隱喻場景是什麼？」

十 3.10「安全短語是什麼？」

十 4.2「絞架溝通是什麼？」

十 5.1「他有徵求祖母的意見嗎？」

十 6.1「他的人生故事是什麼？」

十一 1.1「你認為你的治療會怎麼結束？」

十一 2.5「痊癒之前需要發生什麼？」

十一 4.1

      a.「你比較想痊癒還是被徹底分析？」

      b.「你比較想痊癒還是離開醫院？」

6.治療檢核表：檢查個案是否已經脫離腳本

以下四十個題目用於檢查個案是否脫離腳本。如果這些問題他全都回答「是」，則表示他已經被徹底治癒。這個列表讓我們能夠量化和評估在某個時刻治療的效果。到目前為止，還沒有可靠的方法衡量每個項目的權重。發明這個列表是為了檢驗腳本痊癒是否等同於臨床痊癒這個理論，主要在個案結束治療時使用。在小組治療中使用效果最佳，因為只有治療師和其他組員都同意個案的表述時，個案所說的才被認為有效，否則個案所說的可能存疑。這種驗證可以避免每一方可能有的隱藏動機。這些提問的編號方式與腳本檢核表相同：

一 6.7「你的朋友用你喜歡的名字來稱呼你了嗎？」

二 2.1「你認為自己是一個『好的』人嗎？」

二 3.1「你眼中的世界現在不同了嗎？」

二 3.2「你沒有幻覺了嗎？」

二 3.3「你改變童年時的決定了嗎？」

三 1.1「你停止做父母命令你做、具有破壞性的事情了嗎？」

三 1.4「你可以做父母禁止你做、具有建設性的事情了嗎？」

四 1.4「現在你心目中有新的英雄榜樣了嗎？或者以不同的方式看以前的英雄榜樣？」

四 3.1「你停止收集點券了嗎？」

四 3.3「你的反應方式與父母不同了嗎？」

四 4.1「你活在當下嗎？」

四 4.2「你已經放棄說『要是』或『至少』了嗎？」

四 5.1「你放棄玩父母玩的心理遊戲了嗎？」

四 9.1「你脫下自己的運動衫了嗎？」

五 6.1「你夢中的世界變化了嗎？」

六 1.6「你放棄了自己的腳本結局了嗎——坐牢、入院、自殺？」

七 2.1「你打算比之前所認為的活得更久了嗎？」

七 2.5「你改變臨終遺言了嗎？」

七 4.1「你改變墓誌銘了嗎？」

八 1.1「你能夠覺察自己的面部表情會如何影響其他人嗎？」

八 2.1「在特定時刻，你知道自己處於哪種自我狀態嗎？」

八 2.3「你的『成人自我』能夠直接與『父母自我』和『兒童自我』對話嗎？」

八 3.1「無須人為刺激，你就可以性興奮嗎？」

八 4.1「你能夠意識到氣味帶給你的影響嗎？」

八 5.1「你已經縮減了前事後置與後置前置，讓它們不再重疊嗎？」

八 6.1「你是否想實現幸福，而不僅僅是勇敢？」

九 2.5

   a.「你改變前來治療的原因了嗎？」

   b.「你停止做導致你入院的事情了嗎？」

十 1.1「你的腳本信號消失了嗎？」

十 1.2「你沒有幻覺了嗎？」

十 2.1「你的身體症狀消失了嗎？」

十 3.1「你放棄了無明顯原因的咳嗽、歎氣和打哈欠了嗎？」

十 3.4「跟別人談話時，你使用動詞而不使用形容詞和抽象名詞了嗎？」

十 3.8「你使用的隱喻範圍更廣泛了嗎？」

十 3.9「你使用的句子更乾淨俐落了嗎？」

十 3.10「你停止模稜兩可的表達了嗎？」

十 4.1「當你敘述犯錯的狀況時，不再微笑或大笑了嗎？」

十一 1.1「你看待治療師的方式改變了嗎？」

十一 2.1「你停止和他玩心理遊戲了嗎？」

十一 3.1「你能夠在他們玩心理遊戲之前就停止玩遊戲嗎？」

十一 4.1「你認為自己已經被治癒而不僅僅是進步嗎？」

說完「你好」後，你會說什麼？

關於標題的這個問句，其中包含一個很簡單的原則：**腳本愈堅固，當他說完「你好」之後，就愈容易被預測之後會說什麼**。之前，我們提過希臘神話中的伊底帕斯，他只有兩句台詞——對男人是：「想打架嗎？」對女人是：「想跟只有妳一半年紀的人做愛嗎？」罪犯只有一句台詞——搶劫犯是：「錢在哪？」強姦犯是：「閉嘴。」成癮者同樣也只有一句台詞——「喝一杯！」或「打一針？」有些罪犯和思覺失調症個案甚至懶得說「你好」。

對其他人來說，說完你好後可以說什麼，有六種可能的情況：

【情況1】必須說話且所處的情境高度結構化。例如在法院或醫院。這時，說完你好後該說什麼很簡單，因為有職業上的工作流程。

【情況2】必須說話且結構是社交性的。說完你好後可以說一些老套的話，從「對你來說夠暖嗎？」到「這是衣索比亞的項鍊嗎？」

【情況3】必須說話但沒有固定的結構，例如在某些「會心團體」（encounter group）❶ 中。會心團體有點像人類的新發明，對某些人來說這個場景是有困難的。在這種情境下，最不帶個人色彩的「個人」交談是：「你的鞋子真漂亮。」

【情況4】允許說話但非必須。這通常發生在戶外音樂會或遠足等情況下，常見的第二句台詞是：「太棒了。」第三句台詞開始增加說話的內容，例如：

「你好。」

「你好。」

「很亮眼。」

「是啊。」

---

❶ 譯注：藉由團體成員的互動反應促成個體成長發展，進而改變個人的態度與行為。

「我指的是燈光。」

「哦，我還以為你指的是音樂。」

之後，會發生一些快樂的對話。

【情況5】該情境下通常不說話，說話需要一定的勇氣。這種情況最為困難，因為出現拒絕是合理的，說話者只能抱著試試看的態度。這裡要提到的是《愛的藝術》（*The Art of Love*）的作者——古羅馬詩人奧維德（Publius Ovidius Naso），他在兩千年前對羅馬人提出的建議，對當今的紐約人、舊金山人、倫敦人或巴黎人同樣有效。如果你已經成功做到該書第一冊的建議，就可以開始看更高級的第二冊，若第二冊也掌握了，可以開始看第三冊❷。

【情況6】該情境不允許說話，就像在紐約地鐵。除非情況特殊，否則只有「最嚴重腳本」的人，才會嘗試在此時說話。

這裡，我們要講一個經典的笑話，是一位男士與女士們的交談，如下：

「妳好。」

「你好。」

「妳想和我上床嗎？」

朋友建議這位男士在問這個問題前，最好先聊點別的。然後，當他又見到一位女孩時說：

「妳好，妳去過衣索比亞嗎？」

「沒有。」

「那我們上床吧。」

事實上，他這樣說也不太糟，不過還有一些可能的其他選擇：

「妳好（渴望的）。」

---

❷ 譯注：《愛的藝術》是關於如何吸引和擁有異性夥伴的指南書，由三個部分組成：第一部分為男人提供如何贏得女人青睞的建議；第二部分為男人提供如何讓女人保持對自己的興趣的建議；第三部分則為女人提供了如何滿足男人性慾的建議。

「你好。」

「妳去過衣索比亞嗎？」

「沒有。」

「我也沒去過。不過我很喜歡旅行。妳經常旅行嗎？」

或是：

「妳好（天真的）。」

「你好。」

「妳去過衣索比亞嗎？」

「沒有。」

「那是一個美麗的國家。有一次我在那裡看見一個男人正在吃一頭獅子。」

「男人吃獅子？」

「烤來吃。妳吃飯了嗎？妳喜歡烤肉嗎？我知道一個地方……」

　　我在此提出這些建議除了出於禮貌，也是為了回答本書一開始所提出的問題，同時也是為了激發讀者的創造力。

術語表

- **反腳本**（Antiscript）：腳本的反轉，也就是反抗每一條指令的要求，做相反的事。
- **成人自我**（Adult）：客觀、自主、資料處理及評估可能性的自我狀態。
- **前事後置**（After-Burn）：已經發生的事被消化前持續的一段時間。
- **按鈕**（Button）：可以激發腳本或心理遊戲行為的內部或外部刺激。
- **兒童自我**（Child）：古老的自我狀態。順從型兒童自我（Adapted Child）遵守父母的指令，自然型兒童自我（Natural Child）則是自主的。
- **時鐘時間**（Clock-Time）：借由時鐘或日曆衡量的一段時間。
- **引誘**（Come-on）：引發非適應性行為的挑釁或誘惑。
- **承諾**（Commitment）：為實現特定目的，遵循特定行動原則的正式決定。
- **治療契約**（Contract）：個案與治療師明確達成的共識，陳述了各階段治療目標。
- **信念**（Conviction）：對自己及世界「好」或「不好」的堅定觀點。
- **應該腳本**（Counterscript）：基於父母訓誡所形成、可能的人生計畫。
- **詛咒**（Curse）：腳本禁止訊息。
- **中斷**（Cut-off）：透過外界解除腳本。
- **關閉**（Cut-out）：透過內部解除腳本。
- **死亡判決**（Death Decree）：致死性的腳本結局。
- **決定**（Decision）：童年時承諾的某種行為方式，構成未來人格的基礎。
- **小惡魔**（Demon）：
  - （1）孩子身上的願望與衝動，表面上看似與腳本裝置抗爭，實則常常強化腳本。
  - （2）「父母自我」低語著催促「兒童自我」做出衝動、非適應的行為，兩者常常具有相同的目的。
- **憂鬱**（Depression）：「兒童自我」與「父母自我」對話失敗。
- **戲劇三角**（Drama Triangle）：簡單圖示呈現在心理遊戲或腳本中、角色間可能發生的轉變。三個主要角色分別是迫害者、受害者和拯救者。
- **地球人**（Earthian）：基於先入之見做判斷，而非基於真正發生的事做判斷，是古板守舊的人。
- **地球人視角**（Earthian Viewpoint）：被學到的偏見模糊了視線，通常來自童年早期。
- **自我狀態**（Ego State）：一套相互一致的情緒與體驗模式，直接對應相應的行為模式。
- **電極**（Electrode）：「兒童自我」中的「父母自我」。啟動時會帶來幾乎是自動化的反應。
- **家庭文化**（Family Culture）：家庭的主要興趣，特別是在身體機能方面。
- **家庭戲劇**（Family Drama）：在每個家庭中重複上演、一系列具有戲劇效果的事件，是構成腳本草案的基礎。
- **絞架上的笑**（Gallows Laugh）：伴隨絞架溝通的微笑或大笑，通常是他人在場時發生。
- **絞架溝通**（Gallows Transaction）：直接導向腳本結局的溝通。
- **心理遊戲**（Game）：帶有餌（con）、鉤（gimmick）、轉換（switch）和混亂（crossup）的溝通系列，最終導致某種結局（payoff）。
- **心理遊戲公式**（Game Formula）：心理遊戲中發生的事件順序，是用字母代表的一個公式：$C + G = R \rightarrow S \rightarrow X \rightarrow P$。
- **遊戲式行為**（Gamy Behavior）：其行為看起來是為了收集最終的點券，而非實現所宣稱的目標。
- **鉤**（Gimmick）：特殊的態度或弱點，讓一個人很容易進入心理遊戲或腳本行為。
- **目標時間**（Goal Time）：實現目標之前的一段時間。
- **幻覺**（Illusion）：「兒童自我」緊握不放、不太可能實現的希望，對個體所有行為具有決定性影響。
- **禁止訊息**（Injunction）：父母發出的禁令或消極命令。
- **親密**（Intimacy）：沒有心理遊戲及剝削的情感交流。
- **人生歷程**（Life Course）：人生真正發生的事情。
- **人生計畫**（Life Plan）：根據腳本理應發生的事。

- **生的宣判**（Life Sentence）：消極、但不會致命的腳本結局。
- **輸家**（Loser）：沒有實現宣稱目標的人。
- **火星人**（Martian）：不帶先入之見觀察地球上發生的事的人。
- **火星人視角**（Martian Viewpoint）：以最單純的視角觀察地球上所發生的事。
- **抵押**（Mortgage）：為了安排較長一段時間而選擇承擔的債務。
- **非贏家**（Nonwinner）：努力工作以實現平局的人。
- **食人魔父親**（Ogre Father）：父親的「兒童自我」，構成女兒「兒童自我」中的「父母自我」，將女兒導向悲劇的腳本。在積極的腳本中，這部分稱為「快樂的巨人」（Jolly Giant）。
- **被允許的詞語**（OK Words）：父母同意使用的詞語。
- **重疊**（Overlap）：後事前置在前事後置消失前出現的一段時間。
- **重寫腳本**（Palimpsest）：孩子進入後續發展階段，基於新的可能性建構較新版的腳本。
- **父母自我**（Parent）：從父母式人物那裡借來的自我狀態。可以發出指令（發揮影響的父母自我狀態），或者直接呈現出父母的行為（啟動的父母自我狀態），可能是養育型，也可能是控制型。
- **模式／榜樣**（Pattern）：基於父母指示或榜樣建立的人生風格。
- **允許**（Permission）：
  （1）父母為自主行為授予的許可證。
  （2）一種干預方法，在個體準備好、有意願且有能力時給予他違背父母禁令的准許，或者將他從父母的挑釁中釋放出來。
- **人格面具**（Persona）：以掩飾的方式呈現自我。通常處於 8 ～ 12 歲的水準。
- **心理地位**（Position）：「好」與「不好」的概念，以證明某種決定的合理性。心理遊戲的進行是由某一心理地位開始。
- **生存處方**（Prescription）：養育型父母給予的一系列訓誡。
- **程式**（Program）：腳本裝置的全部元素所導致的人生風格。
- **草案**（Protocol）：最早的戲劇化體驗，腳本建立的基礎。
- **挑釁**（Provocation）：父母鼓勵或要求的非適應性行為。
- **扭曲**（Racket）：替代性慾以及在溝通中尋求和加以利用的消極情緒。
- **後事前置**（Reach-Back）：即將發生的事件影響事前行為一段時間。
- **外部解除**（Release, External）：外部干預將個體從腳本的要求中釋放出來，也就是「中斷」（cut-off）。
- **內部解除**（Release, Internal）：已經嵌入腳本中、可以讓個體擺脫腳本的條件，也就是「關閉」（Cut-out）。
- **再撫育**（Re-Parenting）：中斷早期的「父母自我」程式，透過回溯，以全新、更具適應性的程式取而代之，特別是對思覺失調症的個案。
- **角色**（Role）：根據腳本要求，透過三種自我狀態中的任何一種展現出來的一套行為。
- **聖誕老人**（Santa Claus）：「兒童自我」終其一生等待的虛幻禮物的虛幻來源。
- **腳本**（Script）：基於童年決定所制定的人生計畫，被父母強化，且被後續發生的事件證明其合理性，最終導致某種已經選擇好的結局。
- **對立主題**（Antithesis）：直接反駁父母禁令的指令，是一種治療性干預，讓個案暫時或永久擺脫腳本束縛，屬於外部釋放的一種。
- **腳本裝置**（Apparatus）：構成腳本的七個要素。
- **可以腳本**（Can Script）：用正向的語言陳述的腳本。
- **不可以腳本**（Can't Script）：用負向語言陳述的腳本。
- **檢核表**（Check List）：精心選擇且措辭嚴謹的一系列提問，目的是獲得關於腳本最不具歧義、最大量的資料。
- **腳本控制**（Controls）：腳本結局、禁止訊息和引誘，操控著個體的腳本行為。
- **貨幣**（Currency）：導致腳本結局的媒介，例如語言、金錢或人體組織。
- **指令**（Directives）：控制、模式以及其他腳本零件。
- **驅使**（Driven）：一個人不惜任何代價實現腳本所需，不過暗地裡可能也在享樂。
- **超越腳本**（Episcript）：父母過度編制的程式，請見過度傳遞腳本（Overscript）。

- **腳本零件**（Equipment）：父母給予的刺激和反應，是個體建構腳本裝置的基礎。
- **失敗**（Failure）：如果不能執行腳本，將導致絕望。
- **公式**（Formula）：構成腳本必備的事件序列，透過字母以公式表達，例如：EPI→Pr→C→IB。
- **悲劇式腳本**（Hamartic）：具有自我毀滅、不幸結局的腳本。
- **矩陣**（Matrix）：展示父母指令的圖示，這些指令構成腳本的基礎。
- **發作**（Outbreak，或稱「腳本發作」）：從或多或少由理性控制的行為轉變到腳本場景。
- **過度傳遞腳本**（Overscript）：某個人向另一個人過量傳遞父母編制的程式，例如從父母傳遞給孩子。無論是誰持有這個「燙手山芋」，都是過度傳遞腳本的。
- **結局**（Payoff）：終極命運或最終展現，標誌著人生計畫的結束。
- **原始版本**（Primal）：腳本的最早版本，基於嬰兒對家庭戲劇的理解。
- **支配**（Ridden）：一個人不惜任何代價，必須專注於他的腳本。
- **腳本情境**（Set）：夢境般的場景，「兒童自我」在其中演出腳本。
- **腳本跡象**（Sign）：特殊的行為表現，展現出個案腳本的線索。
- **腳本信號**（Signal）：標示腳本行為的動作或習慣。
- **腳本空間**（Space）：腳本中決定性溝通所發生的空間。
- **腳本主題**（Theme）：最常見的主題包括愛、恨、復仇或嫉妒。
- **腳本速度**（Velocity）：在單位時間內，腳本中發生的角色轉換的數量。
- **腳本世界**（World）：上演腳本時被扭曲的世界。
- **腳本行為**（Scripty Behavior）：看起來是被腳本而非理性思考所激發的行為。
- **詛咒解除器**（Spellbreaker）：在腳本中植入且從內部解除腳本的方法。
- **腳本狹縫**（Slot）：腳本中的一個位置，可以讓任何願意依照當事人的腳本要求做反應的人填補。
- **阻礙器**（Stopper）：腳本禁止訊息或禁令。
- **安撫**（Stroke）：「認可」的單位，例如「你好」。
- **結構分析**（Structural Analysis）：使用父母、成人和兒童自我，分析人格或一系列溝通進行。
- **運動衫**（Sweatshirt）：個人行為舉止中明顯透出的人生座右銘。
- **轉換**（Switch）：
  （1）在心理遊戲或腳本中，從一個角色轉變到另一個角色。
  （2）強迫或引誘某人轉變角色的操縱手段。
  （3）關閉適應性行為的內部或外部刺激。
- **治療假設**（Therapeutic Hypothesis）：對某種治療操作是否具有價值做出的假設。
- **圖騰**（Totem）：讓個體著迷的動物，會影響個體的行為。
- **點券**（Trading Stamp）：一種「收集」的感受，是心理遊戲的結局。
- **溝通**（Transaction）：當事人從某種自我狀態發出的溝通刺激，加上反應者從某種自我狀態做出的溝通反應。溝通是社交行為的單位。
- **溝通分析**（Transactional Analysis）：
  （1）分析每次會談中發生的溝通及溝通序列為基礎且系統的心理治療方法。
  （2）以研究特定自我狀態為基礎的人格理論。
  （3）透過分析具體的自我狀態，將溝通詳盡劃分為有限類型的社交行為理論。
  （4）透過溝通圖分析單次溝通，稱作「溝通分析本身」（Transactional Analysis Proper）。
- **贏家**（Winner）：達成宣稱目標的人。
- **巫婆母親**（Witch Mother）：母親的「兒童自我」，構成兒子「兒童自我」中的「父母自我」，並將兒子導向悲劇式腳本。在富有建設性的腳本中，這部分被稱為「神仙教母」（Fairy Godmother）。
- **世界觀**（World View）：「兒童自我」對世界及身邊的人扭曲的看法，是腳本建立的基礎。

參考書目

第1章

1 比起「等待死亡」，「回復生命」的優勢可以參考：(1) 'Terminal Cancer Ward: Patients Build Atmosphere of Dignity.' *Journal of the American Medical Association.* 208: 1289, May 26, 1969. (2) Klagsbrun, S. C. 'Cancer Emotions, and Nurses.' *Summary of Scientific Proceedings.* 122nd Annual Meeting, American Psychiatric Association, Washington, D.C., 1969.

第2章

1 Berne, E. *Transactional Analysis in Psychotherapy.* Grove Press, New York, 1961.

2 Berne, E. *The Structure and Dynamics of Organizations and Groups.* J. B. Lippincott Company, Philadelphia, 1963. Grove Press (Paperback), New York, 1966.

3 Berne, E. *Games People Play.* Grove Press, New York, 1964; (Paperback) 1967. (繁體中文版為《溝通分析心理學經典1【人間遊戲】》由小樹文化出版。)

4 Berne, E. *Principles of Group Treatment.* Oxford University Press, New York, 1966. Grove Press, New York (Paperback), 1968.

5 Berne, E. *A Layman's Guide to Psychiatry and Psychoanalysis.* Simon & Schuster, New York, 1968. André Deutsch, London, 1969. Grove Press (Paperback), New York, 1962, pp. 277-306.

6 「溝通」或者「交流」看起來似乎是許多社會科學家相當關注的焦點。我非常同意布勞（Peter M. Blau）的觀點，他認為交流是所有社會科學最明顯的參考指標，以及我們用來分析更複雜社會關係與結構最重要的基石（並且加上溝通為建材）。以上資料來自屈恩（Alfred Kuhn）對於Blau, Peter M. *Exchange and power in Social Life.* Wiley, New York, 1964 ; in *Science* 147: 137, January 8, 1965的評論。

7 Szasz, K. *Petishiem: Pets and their People in the Western World.* Holt, Rinehart & Winston, New York, 1968.

8 Sackett, G. P., Keith-Lee, P., and Treat, R. 'Food versus Perceptual Complexity as Rewards for Rats Previously Subjected to Sensory Deprivation.' *Science* 141: 518-520, August 9, 1963.

9 Erikson, E. H. *Identity and the Life Cycle.* International Universities Press, New York, 1959.

10 對於溝通分析理論的系統性批判，請參考Shapiro, S. S. 'Critique of Eric Berne's Contributions to Subself Theory.' *Psychological Reports* 25: 283-296, 1969.

第3章

1 關於溝通分析運用在戲劇上的討論，請參考Schechner, R. 'Approaches to Theory/Criticism.' *Tulane Drama Review* 10: Summer 1966, pp. 20-53以及Wagner, A. 'Transactional Analysis and Acting.' Ibid. 11: Summer 1967, pp. 81-88也可以參考Berne, E. 'Notes on Games and Theather,' pp. 89-91.

2 Wagner, A. 'Permission and Protection,' *The Drama Review* 13: Spring 1969, pp. 108-110此書加入了一些近期研究所提出的看法。為了更直接的將溝通分析腳本理論運用到戲劇化的腳本中，同樣請參考該書pp. 110-114，另外也請參考Steiner, C. M. 'A Script Checklist.' 以及Cheney, W. D. 'Hamlet: His Script Checklist.'這兩篇文章都收錄在*Transactional Analysis Bulletin* (Vol. 6, April, 1967, and Vol. 7, July, 1968).

3 了解歷史上對於「好人」與「壞人」的單一考量面向，可以參考我的著作'The Mythology of Dark and Fair. Psychiatric Use of Folklore,' *Journal of American Folklore* 1-12, 1959. 書中大約列出了一百個案例，且包含了早期有關童話故事的精神分析文章。蓋薩・羅海姆（Géza Róheim）是研究原始人類民間故事最多產的作家，請參考：Roheim, G., *Psychoanalysis and Anthropology*, International Universities Press, New York, 1950.

4 我不傾向完整列出各式各樣、不同作者寫下關於歐羅巴、阿密摩涅、小紅帽、睡美人等等故事版本。儘管歐羅巴故事中的公牛顏色，有些版本是金色，有一些卻是白色，但我在本書中的描述已經足以解釋。
歐羅巴與阿密摩涅故事的來自：Bulfinch's *Mythology*, Graves' The Greek Myths, Hamilton's *Mythology*, Lempreière's Classical Dictionary (London, 1818), Hesiod and Moschus (Family Clssical Library No. XXX, London, 1832), Ovid's *Metamorphoses*以及我母親手中所有，一本缺了封面的書籍Edwards' *Handbook of Mythology* (Eldredge & Brothers, date unknown).
小紅帽故事來自：Andrew Lang's *Blue Fairy Book, The Grimms' Fairy Tales* (Grosset & Dunlap edition),

and Funk & Wagnalls' *Standard Dictionary of Folklore, Mythology, and Legend* (New York, 1950)。在法國，小紅帽被稱為「Petit Chaperon Rouge」也就是「小紅兜帽」的意思（Perrault, 1697）。在德國，則是「Rotkäppchen」意思是「小紅帽」。

精神分析師傾向著重在「在野狼的肚子填滿石塊」，然而在本書的討論中，這一點並不重要，而且對我來說，這個情節聽起來比較像改寫過的版本。對於小紅帽故事的精神分析，始於兩篇於1912年發表的文章，其中一篇是蘭克所寫，另一篇則來自沃爾夫（M. Wulff），後續還有佛洛伊德所寫的'The Occurrence in Dreams of Material from Fairy Tales' (1913)，該文章可以較容易在其著作*Delusion and Dream* (Beacon Press, Boston, 1956)中找到。其中一個相當知名的討論為弗洛姆（Eric Fromm）的著作*The Forgotten Language* (Grove Press, New York, 1951)。弗洛姆在書中表示：「在該童話故事中的所有象徵都可以輕易理解。『紅色的天鵝絨帽』便象徵著經血。」然而他並沒有說明對哪些人來說這些象徵很容易理解，又對哪些人來說，這象徵著經血。在維斯瓦格納（L. Veszy-Wagner）近期的一篇研究'Little Red Riding Hood on the Couch' (*Psychoanalytic Forum* 1: 399-415, 1966)中儘管不太可信，但至少提出了幾個案例。或許，最好的建議來自克勞佛（Elizabeth Crawford）的文章'The Wolf as condensation' (*American Imago*, 12: 307-314, 1955)。

在真實生活中，野狼並不如童話故事中邪惡，請參考'Wolves Social as Dogs…and be taught to be friendly to people,' by P. McBroom, *Science News* 90:174, September 10, 1966。瑞伯（G. B. Raab）與沃比（J. H. Woolpy）研究野狼的社交生活後的結果顯示，野狼也會玩溝通心理遊戲。特別是在野外中也可以觀察到野狼會玩「義肢遊戲」（Wooden Leg），讓自己跛腳以尋求特殊關注。

5　關於睡美人（或被稱為「野玫瑰」）的故事，同樣來自Andrew Lang's *Blue Fairy Book*以及格林童話。書中所敘述的版本相當普遍，搭配拉克姆（Arthur Rackham）陰森插畫的版本也相當有名。

6　想要更進一步了解近期將童話故事用於精神分析的資訊，請參考Heuscher, J. A *Psychiatric Study of Fairy Tales*. C. C. Thomas, Springfield, 1963。該書提出了一個存在性象徵的解釋。丁諾斯坦（D. Dinnerstein）分析了「小美人魚」（The Little Mermaid）的故事（*Contemporary Psychoanalysis* 104-112, 1967），他使用了部分腳本發展中的元素，也就是「成熟的」（maturational）方式。

與腳本分析有直接關聯的是迪克曼（H. Dieckmann）的研究。他系統性的將個案的生活模式與童話故事連結起來，相關資料請參考Dieckmann, H. 'Das Lieblingsmärchen der Kindheit und seine Beziehung zu Neurose und Persönlichkeit.' *Praxis der Kinderpsychologie und Kinderpsychiatrie* 6: 202-208, August-September, 1967以及*Märchen und Träume als Helfer des Menschen*. Bonz Verlag, Stuttgart, 1966.

7　Cf. Flugel, J. C.: *The Psychoanalytic Study of the Family*. Hogarth Press, London, 1921.

8　Denenberg, V. H. and Whimby, A. E.: 'Behavior of Adult Rats is Modified by the Experiences Their Mothers Had as Infants,' *Science* 142: 1192-1193, November 29, 1963.

9　關於腳本概念的歷史背景，參考資料如下：

Adler, A. 'Individual Psychology' in *The World of Psychology*, ed. G. B. Levitas, George Braziller, New York, 1963.

Campbell, J. *The Hero with a Thousand Faces*. Pantheon Books, New York, 1949.

Erikson, E. *Childhood and Society*. W. W. Norton & Company, New York, 1950.

Freud, S. *Beyond the Pleasure Principle*. International Psychoanalytical Press, London, 1922.

Glover, E. *The Technique of Psycho-Analysis*. International Universities Press, New York, 1955.

Jung, C. G. *Psychological Types*. Harcourt, Brace & Company, New York, 1946.

Rank, O. *The Myth of the Birth of the Hero*. Nerous and Mental Disease Monographs, New York, 1910.

10　此連結首次運用在C. M. Steiner (*Transactional Analysis Bulletin* 5: 133, April 1966).

11　*Panchatantra*, trans. A. W. Ryder. University of Chicago Press, 1925, p. 237. 儘管這個寓言故事可以追溯到西元前200年，書中所使用的版本則來自西元1199年的手稿，該手稿可能來自《希伯來經卷》（*Hebrew codex*）。原始的五卷已經遺失，但是許多故事都在中世紀的四卷《希托佩達沙》（*Hitopadesha*）中重複訴說。部分故事的原始梵文版本可以追溯到西元300年。

第4章

1　Witt, P. N. and Reed, C. F. 'Spider-Web Building,' *Science* 149: 1190-1197, September 10, 1965.

2　Lorenz, K. Z. *King Solomon's Ring*. Thomas Y. Crowell Company, New York, 1933.

3　Bateson G. 'The Message "This is Play"'. In *Group Processes: Transactions of the Second Conference*. (Bertram Schaffner, ed.) Josiah Macy, Jr. Foundation, New York, 1956.

4   Zuckerman, S. *Functional Affinities of Man, Monkeys, and Apes*. Harcourt Brace & Company, New York, 1933.

5   Simons, E. L. 'Some Fallacies in the Study of Hominid Phylogeny.' *Science* 141: 879-889, September 6, 1963.

6   Cf. Freud, S. *Moses and Monotheism*, Alfred A. Knopf, New York, 1939.

就今日的觀點來看,這牽涉到阿肯那頓的脚本如何影響摩西的脚本。以脚本術語來說,阿肯那頓置於如同以色列人的英雄或是「祖父母」的位置,並且他們的脚本都將跟隨著阿肯那頓的脚本——他的神廟將被摧毀,而他的追隨者都將被殺害。現今的以色列人對於該脚本有正確的對立主題——使用必要的武器來避免悲劇性的結局。

阿肯那頓的另一個名字Nefer-kheperu-Ra-ua-en-Ra,意思是「帶上你的魯特琴與聖甲蟲,並且享受陽光」。根據阿肯那頓的象形繭,他用此換來一塊糕糕餅與一根羽毛(Line Character #12 and Trees and Plants #33 in Holzhausen's classification of hierohglyphs)。這就像一種流行、嬉皮、脚本轉換,或是其他方式——擁有吉他的人渴望著蛋糕,而擁有蛋糕的人卻用來換一把吉他。

7   Jones, E. 'The Phantasy of the Reversal of Generation.' *Papers on Psycho-Analysis*, Fifth edition. Beason Press, Boston, 1961.在書中,瓊斯將「祖父情結」(grandfather complex)描述為:孩子渴望成為父母親的父母,基於這樣的信念,孩子將會愈來愈大,而他們的父母將會愈來愈小。

8   Abraham, K. 'Some remarks on the role of grandparents in the psychology of neuroses.' *Clinical Papers and Essays on Psycho-Analysis*. Basic Books, New York, 1955.亞伯拉罕認為該情況顯然為「脚本幻想」(script fantasy),男孩將他的生活建立在童話故事的層級。

9   Erikson, E. *Childhood and Society. Loc. cit.*

10   Berne, E. *The Structure and Dynamics of Organizations and Groups. Loc. cit.*, pp. 98-101.

11   朵伊契(Helen Deutsch)描述了三種「好祖母」(good grandmother),以及令人恐懼的「壞祖母」(wicked grandmother,或稱為「巫婆祖母」)。該資訊請參考以下書籍中有關更年期的章節:*The Psychology of Women*, Volume Two. Grune & Stratton, New York, 1945.

12   比起其他領域,人類學者更早注意到祖父母對孩子未來職業的重要影響,這樣的影響不僅相當清楚且明顯,並在較小且原始的團體中程式化程度更高,特別是那些擁有圖騰的群體。相關資料請參考Ashley-Montagu, M. F. *Coming Into Being Among the Australian Aborigines*. George Routledge & Sons, London, 1937 以及Roheim, G. *Psychanalysis and Anthropology. Loc. cit.*

13   O' Callaghan, S. *The Slave Trade Today*. (Including a debate in the House of Lords, Thursday, July 14, 1960.) Crown Publishers, Inc., New York, 1961.

14   關於出生序列,文學領域有相當多的案例。第一個具系統性的研究資料或許為高爾頓(F. Galton)的 *English Men of Science* (1874),他從人口調查研究中發現獨子與長子具有更多優勢。另一方面,阿德勒的研究報告'The Family Constellation'顯示,「最年幼的孩子的狀況通常較為特殊」(*Understanding Human Nature*)。其中最有趣的討論是W. D. Altus in *Science* 151: 44-48, January 7, 1966,後續還有一系列的 'Letters to the Editor,' *Science* 152: 1177-1184, May 27, 1966.

15   我們難以獲得人口調查資料,來評估與統計亞伯家族中所出現的巧合有多麼重要。其中一組圖表資料來自President's Research Committee on Social Trends (1933),引用自Pressey, S. L., Janney, J. E., & Kuhlen, R. G. *Life: A Psychological Survey* (Harper & Brothers, New York, 1939)。在當時的芝加哥都會區,一千個家庭中只有四十二個家庭為丈夫、妻子與三個孩子的組合,因此附加或直接優勢上有六組可能(除了流產),這不僅僅是巧合,也是圖5的重點。排除掉沒有孩子的芝加哥家庭,上述所說的盛行率就升高至千分之九十,或者可以說十個當中就有一個家庭。基於此,出現圖5家譜圖的機率大約為百萬分之六,而我在自己接觸的個案中,發生的機率大約是五分之一。這顯示我們在此所處理的,是關於訊息或是程式的影響,而我們稱之為「脚本」的,就是這種行為程式。除此之外,若我們考慮圖5不規則但普遍異常短的受孕期,也顯示出有此強烈跡象。

16   這看起來似乎難以達成,但是研究家庭規模者,很難透過假設「統一」或「整合」的性格,來得出可靠的預測。他們在採訪中使用「想像」(ideal)、「理想」(desired)和「預期」(intended)家庭等術語。這些大致上可以對應父母自我、兒童自我和成人自我的想法。但是,許多妻子表示,在最後一次受孕之前「並不是真正想要」再生一個孩子,也說……如果能按照自己所想要的孩子數量來生育,她們將擁有同樣多的孩子,甚至更多。爭論點在於「過度生育」是否可以等同於「不想要」懷孕。但溝通分析師明白,每個受訪者中至少有三個不同的人可能「想要」、「真的想要」或「不想要」更多的孩子,並且對此都有不同的感受,因此不考慮自我狀態之下,關於此主題的所有問都缺少決定性的重要討論,請參考Barish, N. H. 'Family Planning and Public Policy: Who is Misleading Whom? *Science* 165:1203-1204, September 19, 1969。

17   Fodor, N. *The Search for the Beloved*. Hermitage Press, New York, 1949.

18   Rank, O. *The Myth of the Birth of the Hero. Loc. cit.*

19   Price, R. *What not to Name the Baby.* New York, 1904.

    孟肯（H. L. Mencken）提出許多具有「腳本性」的姓名案例，請參考*The American Language,* Alfred A. Knopf, New York (1919), 4th edition, 1949, Chapter 10, especially pp. 518 ff.

第5章

1   請參考Berne, E. 'Classification of Positions.' *Transactional Analysis Bulletin* 1: 23, July 1962, and *Principles of Group Treatment.* Loc. cit., pp. 269-277。並且與Harris, T. *I'm Ok – You're OK, A Practical Guide to Transactional Analysis.* Harper & Row, New York, 1969比較。然而哈里斯對於心理地位的編號方式與我不同，我的編號1則是他的4，我的編號2則是他的3，我的編號3是他的1，我的編號4則是他的2: 4-3-1-2。

第6章

1   第一位提出「腳本矩陣」的是施坦納，請參考他的文章'Script and Counterscript.' *Transactional Analysis Bulletin* 5: 133-135, April 1966，「反腳本」的概念他用的術語是「Counterscript」我們則是用「Antiscript」。另外請參考另一本著作Steiner, C. M. *Games Alcoholics Play.* Grove Press, New York, 1972。

2   Philippe, C. L. *Bubu of Montparnasse* (with preface by T. S. Eliot). Berkeley Publishing Company, New York, 1957.

3   「舊金山溝通分析協會」也研究了幾十個腳本細節。這些（包括我親自實踐過的）都是我最熟悉的資料。也有很多腳本分析師接受了這裡所提出的原則，並且以他們的個人經驗為基礎加以整合，包含了數以千計在醫院、診所、學校、監獄，甚至是私人練習中所獲得的資料。

第7章

1   Berne, E. *Transactional Analysis in Psychotherapy. Loc. cit.*

2   「神仙教母」以及「巫婆母親」彷彿電極般的內攝，來自溝通與內省觀察，但卻經常被誤認為是克萊恩（Melanie Klein）基於精神分析所假設的好與壞客體內攝，以及費爾邦（William R. D. Fairbairn）所闡述的克萊恩概念。事實上，費爾邦是溝通分析與精神分析間相當具啟發性的橋梁。

    Klein, M. *The Psychoanalysis of Children.* Hogarth Press, London, 1932.

    Fairbairn, W. R. D. *The Object-Relations Theory of Personality.* Basic Books, New York, 1954.

    從文學角度來看，這一切都令人感到失望，並且會導致對英國浪漫詩人華茲華斯（William Wordsworth）的不幸對抗，湯普森（Francis Thompson）所說的「每個孩子都有一位神仙教母」這句話也需要修改，且從這個角度來看，就連仁慈的良師也有同樣的狀況。

    Cf. Sharpe, E. F. 'Francis Thompson: A Psycho-Analytical Study,' in her *Collected Papers on Psycho-Analysis.* Hogarth Press, London, 1950.

3   Cf. Berne, E. 'The Problem of Masturbation.' *Diseases of the Nervous System* 10: 3-7, 1944.

4   Cf. Berne, E. 'Concerning the Nature of Diagnosis.' *International Record of Medicine* 165:283–292, 1952. 農人與技師所參與的溝通類型，表現差異就呈現在他們的臉上。由於技師可能天生具有相同類型的面部肌肉和神經，因此當中的差異一定是由於中樞神經系統中的某種「電極」所導致。在某種情況下，電極會說「保持警覺」；而在另一種情況下，電極會說「等一下並觀察」，這些口號描述了他們使用的溝通類型。

5   Perls, F. S. *Gestalt Therapy Verbatim* (J. O. Stevens, ed.). Real People Press, Lafayette, California, 1969.

6   Cf. Shapiro, S. B. 'Transactional Aspects of Ego Therapy.' *American Journal of Psychology* 56: 479-498, 1953.

7   確實，禁止訊息與精神分析中的「超我」（Superego）具有相同的效果和起源，且應該腳本的口號也屬於此。「小惡魔」（demon）與「本我」（Id）的原始概念相同。情況似乎是這樣的：小惡魔本身（也就是「衝動」），是一種「本我衝動」。但是在現象學上，小惡魔被體驗為活生生的聲音。這是植入孩子體內的真實父母的聲音（或者更準確的來說，是父母心中小惡魔的聲音）。而說到父母的本我，它也可以說是依然沉默的兒童本我。

    關於「母親的瘋狂兒童自我」，請參考Denenberg and Whimby, 'Behavior of Adult Rats is Modified by the Experiences Their Mothers Had as Infants.' *Loc. cit.*

8   Erikson, E. *Identity and the Life Cycle, Loc. cit.*

第8章

I   Erikson, E. *Childhood and Society. Loc. cit., p. 81.*

2   這裡提出直到春期的時程表，主要基於成年個案的記憶及父母對其後代的報告，並透過閱讀得到證實，然而僅少部分透過直接觀察兒童而得。兒童精神科醫生、托兒所以及小學老師們，例如參加舊金山溝通分析研討會的老師們，大多認為那樣的時程是可以接受的。

3   心理學概念的點券和商業點券之間的相似之處確實令人驚嘆，請參考Fox, H. W. *The Economics of Trading Stamps.* Public Affairs Press, Washington, D.C., 1968對於家庭儲蓄者的觀察，幾乎同樣適用那些交換心理點券的人。

4   賈克尼博士（Dr Robert Zechnich, *Transactional Analysis Bulletin* 7: 44, April, 1968）率先進行了發人深省的觀察，即有「兒童自我」偏執和「父母自我」偏執，而史蒂芬‧卡普曼博士（Dr Stephen Karpman）指出雖然幻覺確實是虛假的，但妄想並非完全如此。

5   Breasted, J. *The Dawn of Conscience.* Charles Scribner's Sons, New York, 1933.

6   Tolstoy, L. *War and Peace.* The Modern Library, New York.

7   Philippe, C.-L. *Bubu of Montparnasse. Loc. cit.*

8   Jung, C. G. *Psychological Types. Loc. cit.,* p. 590.

9   Freud, S. *Three Contributions to the Theory of Sex.* E. P. Dutton & Company, New York.

IO   Abraham, K. *Selected Papers.* Hogarth Press, London, 1948.

II   Erikson, E. *Childhood and Society. Loc. cit.,* Chapter 2.

第9章

I   Reich, W. *Character Analysis.* Farrar, Straus & Company, New York, 3rd ed. 1949.

2   Jung, C. G. *Psychological Types. Loc. cit.*

3   Adler, A. *op. cit.*

4   Grier, W. H. & Cobb, P. M. *Black Rage.* Bantam Book, New York, 1969. 該研究提出了許多因為失去腳本而壓倒與破壞反腳本努力的案例。

5   Lewis, S. *Babitt.* Harcourt, Brace and World, New York, 1949.

6   Harrington, A. *Revelations of Dr Modesto.* Alfred A. Knopf, New York, 1955.

第10章

I   自殺率隨著年齡增長而升高，而除了青春早期，其餘年齡層的男性自殺率皆高於女性。

2   Steiner, C. M. 'The Alcoholic Games,' *Transactional Analysis Bulletin* 7: 6-16, January, 1968.

3   Karpman, S. 'Fairy Tales and Script Drama Analysis.' *Transactional Analysis Bulletin* 7: 39-43, April, 1968.

4   Berne, E. *Games People Play. Loc. cit.*

5   關於喪親後過早死亡，請參考：W. D. Rees & S. G. Lutkins in *British Medical Journal* 4: 13, October 7, 1967, 摘要於：Current Medical Digest, March, 1968.

6   Lifton, R. J. *Death in Life.* Random House, New York, 1968.

7   參閱：Grose, F. A *Classical Dictionary of the Vulgar Tongue.* Digest Book, Northfield, Illinois, 1971 (facsimile of 1811 edition).

第11章

I   Young, D. 'The Frog Game.' *Loc. cit.*

2   Berne, E. *Sex in Human Loving.* Simon & Schuster, New York, 1970.

3   Schechner, R. *Public Domain.* The Bobbs-Merrill Company New York, 1969, Chapter2.

第12章

I   Steiner, C. M. *Games Alcoholics Play. Loc. cit.* 利朵與史考特（Liddell and Scott）提出了許多變體，其中最相關的為*hamartetikos* (prone to failure), from Aristotle, Eth. N.2, 3, 7.

2   對特定類型輸家最新、最具啟發性和最具說服力的研究之一，是*Another Look at Sex Offenders in*

California, by Louise V. Frisbie. (California Department of Mental Hygiene, Sacramento, 1969.)然而，我們有理由相信，作者至少對於腳本分析有所認識，身為犯罪學家的特點顯示儘管作者並沒有提及腳本分析，但是卻提出了許多關於腳本行為的清楚案例。例如：一個男子被判處三年緩刑，直到緩刑期滿兩週前一直未被發現他有犯下罪行。對於該罪行他無法提出任何辯駁，卻使自己以猥褻妓女的罪名被逮捕（p. 60）。班·卡普曼（Ben Karpman）的兩個研究*Studies in Criminal Psychopathology* (Medical Science Press, Washington, D.C., 1933 and 1944) 提出了完整且精采的兩個有關「悲劇缺憾」（hamartia）案例。他的第一個研究在大蕭條期間出版，也就是達赫伯格（Edward Dahlberg）在其同名小說（*Bottom Dogs,* 1930）所預示的第一波「底層」（bottom-dog）浪潮時期，該書比那個時期出版的大多數小說更具趣味及說服力。當前的底層文學（bottom-dog literature）浪潮（可能來自William Burroughs' *Naked Lunch* [Grove Press, New York, 1962]）則更加複雜，但同樣沉悶且刻板。從腳本的觀點來看，過去三十年來什麼都沒有改變，就連作品風格也沒有改變——我們可以往前追溯至喬伊斯（James Joyce）的*Ulysses* (1922)直至他正在撰寫的作品（Finnegans Wake），甚至是往後二十年的其他出版品。喬伊斯帶著深色墨鏡，現今許多模仿他的人也是如此（順帶一提，第10章所說首次提出「戲劇三角」的史蒂芬·卡普曼博士為班·卡普曼博士的兒子）。

第13章

1 山伯翻譯的書是佩羅所著，名為*Histories or Tales of Past Times: With Morals* 印於：J. Pote, at Sir Isaac Newton's Head, and R. Montagu, the Corner of Great Queen Street, 1729.

2 Thompson, Stith. *Motif-Index of Folk-Literature.* Indiana University Press, Bloomington and London, 1966.
灰姑娘類型的故事被湯普森歸類在「無望的女英雄」之下。通常，但不總是最小的女兒。」他提供的部分故事來自愛爾蘭、布列塔尼、義大利、土亞莫土和祖尼語。他還提出「無望的英雄」作為男性版本的灰姑娘，並且提出了「勝利的小女兒」，也在當中提供了來自世界各地（包括印度與中國）的大量參考資料，以及「被虐待的小女兒」，而最普遍的則是「殘忍的繼母」。其他常見的角色與交流，還有「愛上窮女孩的王子」、「傳遞訊息給王子的女孩」，以及「誘惑王子娶她的小女孩」。在法國、西班牙、義大利、冰島、中國和密克馬克族等傳說中，都可以找到「無望的女英雄」存在的跡象。故事中，「穿鞋測試」的情節也相當普遍。法國最原始的仙度瑞拉穿著松鼠毛皮拖鞋（法文的松鼠毛皮為「vair」，而玻璃為「verre」），之後被誤譯為「玻璃」。德文版的仙度瑞拉（Ashenputtel）穿著金色的拖鞋，而我們所熟知的Cinderella這個名稱，可能源自義大利拿波里的「La Gatta Cenerentola」。在法國，她的名字有「Cu Cendron」、「Ash Bottom」或是「Cinderarse」而英語世界中有時候也會稱她為「Cinderbreech」。義大利作曲家羅西尼（Gioachino Antonio Rossini）有一部歌劇名為「La Cenerentola」❶，還有兩部芭蕾舞劇。在德蘭傑（Frederic d'Erlanger）和福金（Michel Fokine）所作的芭蕾舞劇中，兩個姊姊由男舞者扮演，這應該是喜劇，如同俄羅斯芭蕾舞劇中的喜劇。此主題最著名的芭蕾舞劇，則是由普羅高菲夫（Sergei Prokofiev）所作。
Cf. Barchilon, J. and Pettit, H. (eds.) *The Authentic Mother Goose.* Alan Swallow, Denver, 1960.

第14章

1 Berne, E. *Principles of Group Treatment, Loc. cit.*, p. 66f.

2 Harding, D. C. 'The Face Game.' *Transactional Analysis Bulletin*, 6: 40-52, April, 1967.

3 Cf. Spitz, R. A. *No and Yes: On the Genesis of Human Communication.* International Universities Press, New York, 1957. See also Crossman, P. 'Position and Smiling.' *Transactional Analysis Bulletin*, 6: 72-73, July, 1967.

4 若想了解更多「自由貫注」結構的討論，請參考Berne, E. *Transactional Analysis in Psychotherapy. Loc. cit.*

5 Rhine, J. B. *Extra-Sensory Perception.* Bruce Humphries Boston, 1962. Cf. Churchman, C. W. 'Perception and Deception,' review of C. E. M. Hansel's ESP: *A Scientific Evaluation* (Scribner, New York, 1966) in *Science*, 153: 1088-1090. September 2, 1966，以及有趣的「思想巧合」計算在：L. W. Alvarez in 'A Pseudo Experience in Parapsychology,' Ibid., 148: 1541, June 18, 1965.

6 Berne, E. 'Intuition VI: The Psychodynamics of Intuition." *Psychiatric Quarterly*, 36: 294–300, 1962.

---

❶ 曾在1969年於舊金山歌劇院上演，1958年以及1970年4月於紐約上演。在羅西尼的劇中，仙度瑞拉的兩位姊姊名為「Clorinda」與「Tisbe」。

7   Berne, E. *A Layman's Guide to Psychiatry and Psychoanalysis, Loc. cit.* Third edition, Appendix: 'Beyond Science.'

8   *Fifty Years of Psychic Research.*

9   McKenzie, D. *Aromatics and the Soul.* Paul B. Hoeber. New York, 1923. 有關昆蟲嗅覺的解剖學和生理學研究，請參考Schneider, D. 'Insect Olfaction: Deciphering System.'

10 這是眾所周知的兔子生理研究事實。

11 Schneider, D. and Seibt, U. 'Sex Pheromone of the Queen Butterfly.' *Science*, 164: 1173–74, June 6, 1969.

12 Luce, G. G. and Segal, J. *Sleep.* Coward-McCann, Inc. New York, 1967.

13 目前，這只是我所提出一個有趣的假設觀察，尚不能提出令人信服的證據，但可以跟下列研究比較：Kales, et al.'Psychophysiological and Biochemical Changes Following Use and Withdrawal of Hypnotics.' in *Sleep: Physiology and Pathology* (A. Kales, ed.) J. B. Lippincott & Company, Philadelphia, 1969. Also Rubin, R. T. and Mandell, A. J. 'Adrenal Cortical Activity in Pathological Emotional States.' *American Journal of Psychiatry*, 123: 387-400, 1966等等。

14 Osler, W. *Aequanimitas and Other Papers.* W. W. Norton & Company, New York, 1963.

15 Berne, E. 'The Mythology of Dark and Fair.' *Loc. cit.*

第15章

1   Hendricks, S. B. 'Metabolic Control of Timing.' *Science*, 141: 21-27, July 5, 1963.

2   目前所提出的腳本矩陣形式由施坦納博士於舊金山溝通分析研討會中提出，而首次出現在印刷刊物中，則是出現在他的文章'Script and Counterscript,' *Loc. cit.*。然而就我的觀點來看，它的價值無論如何強調都不為過，因為它包含了對整體人類生活的程式，以及如何改變它。這是一項如此重要的發現，在不減損施坦納博士的洞察力、獨創性和創造力的情況下，我也想說明我參與了哪些地方。在我的著作 *Transactional Analysis in Psychotherapy (loc. cit.)* 中第201與205頁的圖表，可以見到該概念的前身。上述文章也代表「應該腳本」和「禁止訊息」概念首次出版，同時也是施坦納博士後續發展的獨特概念。

3   強森（Adelaide M. Johnson）與蘇雷克（S. A. Szurek）在解釋「行為表現」（acting out）時甚至認為是「缺乏超我」（superego lacunae）。也就是說，孩子會出現這樣的行為，是因為父母「缺失」了某些東西。這也是第一個闡述父母如何影響孩子「不良」行為的理論（Johnson, A. M. and Szurek, S. A. 'The Genesis of Anti-Social Acting Out in Children and Adults.' *Psychoanalytic Quarterly*, 21: 323–343, 1952.）。然而，我們已經將問題從「行為表現」擴大到真實生活，並且試著涵蓋所有形式的行為，無論他是否「反社會」（anti-social）。艾瑞克森的概念非常接近腳本概念，但研究方向不同（Erikson, E. *Identity and the Life Cycle. Loc. cit.*）。如前所述，佛洛伊德認為「強迫性命運」（destiny compulsion）是某種生物學現象，而沒有說明其心理學起源；而阿德勒則認為是某種生活方式。因此，文中所述的主要禁止訊息，可以視為用來補充這些作者的觀點。Cf. Jackson, D. D. 'Family Interaction, Family Homeostasis and Some Implications for Conjoint Family Psychotherapy.' in *Individual and Familial Dynamics* (J. H. Masserman, ed.). Grune & Stratton, New York, 1959.

4   Steiner, C. M. 'The Treatment of Alcoholism.' *Transactional Analysis Bulletin*, 6: 69–71, July, 1967. 另外請參考六位權威所寫，關於酗酒問題的討論'The Alcoholic Game.' *Quarterly Journal of Studies on Alcohol*. 30: 920–938, December, 1969. 也請參考施坦納博士對該主題的書籍*Games Alcoholics Play*, Grove Press, 1971.

5   Karpman, S. 'Alcoholic "Instant Group Therapy"'. *Transactional Analysis Bulletin*, 4: 69-74, October, 1965.

6   Berne, E. 'Concerning the Nature of Communication.' *Psychiatric Quarterly*, 27: 185-198, 1953.

7   English, F. 'Episcript and the "Hot Potato" Game.' *Transactional Analysis Bulletin*, 8: 77-82, October, 1969.

8   Allendy, R. *Le problème de la destinée, étude sur la fatalité intérieure.* Librairie Gallimard, Paris, 1927. 另一方面，宗教科學家居・諾意（L. du Noüy）的著作（*Human Destiny.* Signet Books, New York, 1949）更重視外部力量。

第16章

1   Freud, S. *Leonardo da Vinci: A Study in Psychsexuality.* Vintage Books, New York, 1955.

2   Jones, E. *The Life and Work of Sigmund Freud.* Basic Book, New York, 1953－1957.

3   Erikson, E. *Young Man Luther.* W. W. Norton & Company, New York, 1958. *Gandhi's Truth.* W. W. Norton & Company, New York, 1969.

4　Edel, L. e.g., *Henry James: The Untried Years*. J. B. Lippinott Company, Philadelphia, 1953.

5　Zeligs, M. *Friendship and Fratricide*. The Viking Press, New York, 1967.

6　McClelland, D. C. *The Achieving Society*. D. Van Nostrand Company, Princeton, 1961.

7　Rudin, S. A. 'National Motives Predict Psychogenic Death Rate 25 Years Later.' *Science* 160: 901-903, May 24, 1968.

8　Gurin, G., Veroff, S., & Feld, S. *Americans View Their Mental Health*. Basic Books, New York, 1960.

9　Gorman, M. in *Mental Health Statistics*, National Institute of Mental Health, Washington, D.C., January, 1968.

10　Carpenter, E. *The Intermediate Sex*. George Allen & Unwin Ltd, London, 1908.

11　Penfield, W. 'Oriental Renaissance in Education and Medicine.' *Science*, 141: 1153–1161, September 30, 1963.

12　關於該主題，我們可以在薩克斯（Wulf Sachs）的著作中（*Black Hamlet*, Geoffrey Bles, London, 1937）找到一個有趣的相反情況——現代心理治療師有一位個案是非洲的巫醫。

13　Berne, E. 'Some Oriental Mental Hospitals.' *American Journal of Psychiatry*, 106: 376-383, 1949.

14　Steiner, L. *Where Do People Take Their Troubles?* Houghton, Mifflin & Company, Boston, 1945.

15　面對「黑若斯達特斯」（Herostratus或Eratostratus）時的訣竅，是問「你聽過這個人嗎？」我沒有，是費登博士（Dr Paul Federn）介紹給他的。在亞歷山大大帝出生的那天晚上，當月亮女神戴安娜忙於主持祭典而沒有特別關注她的神殿時，古希臘青年「黑若斯達特斯」燒毀了位在以弗所的戴安娜神廟（現在是土耳其庫沙達惡郊外的廢墟）。他這樣做，僅僅是為了讓自己出名。為了懲罰他，所有的文獻與紀錄都將刪掉他的名字。但不知何故，希臘作家普魯塔克（Plutarch）依舊得到了風聲，因此「黑若斯達特斯」的名字成為「惡名昭彰」的象徵。

16　Berne, E. *Games People Play. Loc. cit.*

17　Berne, E. 'The Staff-Patient Staff Conference.' *American Journal of Psychiatry*, 125: 286-293, September, 1968.

第17章

1　Berne, E. *Principles of Group Treatment. Loc. cit.*

2　兒童自我的感知經常以白天的遺留物、圖象、符號的形式出現在夢境中，是成人自我尚未發覺但仍然記錄下來的感知，也是直覺判斷的基礎。請參考Berne, E. 'Concerning the nature of Diagnosis.' *Loc. cit.* Also refs. 6, 8, 9, 10, and 11.

3　Feldman, S. S. *Mannerisms of Speech and Gestures in Everyday Life*. International Universities Press, New York, 1959.

4　Deutsch, F. 'Analytic Posturology.' *Psychoanalytic Quarterly,* 21: 196-214, 1952.

5　Zeligs, M. 'Acting In: Postural Attitudes Observed During Analysis.' *Journal of the American Psychoanalytic Association*, 5: 685–706, 1957.

6　Berne, E. 'Primal Images and Primal Judgments,' *Psychiatric Quarterly*, 29: 634-658, 1955.

7　Berne, E. *The Structure and Dynamics of Organizations and Groups. Loc. cit.*

8　Berne, E. 'Intuition VI. The Psychodynamics of Intuition.' *Loc. cit.*

9　Berne, E. 'The Nature of Intuition.' *Psychiatric Quarterly* 23: 203-226, 1949.

10　Berne, E. 'Intuition V. The Ego Image.' *Psychiatric Quarterly*, 31: 611-627, 1957.

11　Berne, E. 'Concerning the Nature of Communication.' *Loc. cit.*

12　Cf. Berne, E. 'Difficulties of Comparative Psychiatry: The Fiji Islands.' *American Journal of Psychiatry*, 116: 104-109, 1959.

13　Crossman, P. 'Position and Smiling.' *Loc. cit.*

14　Steiner, C. M. 'A Script Checklist.' *Loc. cit.*

15　Grotjahn, M. *Beyond Laughter*. McGraw-Hill Book Company, New York, 1957.

16　Berne, E. *Transactional Analysis in Psychotherapy. Loc. cit.*, pp. 123 ff.

17　Karpman, S. 'Fairy Tales and Script Drama Analysis.' *Loc. cit.*

第18章

1　Lorand, S. *Technique of Psychoanalytic Therapy*. International Universities Press, New York, 1947.

2　Steiner, C. M. *Games Alcoholics Play. Loc. cit.*

3　Dusay, J. M. 'Response in Therapy.' *Transactional Analysis Bulletin*, 5: 136-37, April, 1966.

第19章

1　Breuer, J. and Freud, S. *Studies in Hysteria*. Nervous and Mental Disease Monographs, New York, 1950, pp. 14-32.

2　Federn, P. *Ego Psychology and the Psychoses*. Basic Books, New York, 1952. Chapter 4.

3　Freud, S. *The Interpretation of Dreams*. The Macmillan Company, New York, 1915.

4　Perls, F. S. *Gestalt Therapy Verbatim. Loc. cit.*

5　Moreno, J. L. 'Psychodrama.' in *American Handbook of Psychiatry*, Vol 2, Basic Books, New York, 1959.

6　精神分析接受能量可以從本我傳遞到超我，且超我事實上是本我分離出的一部分，但是對於能量可以從超我傳遞回本我這個概念卻較不感興趣。然而，這卻是活躍的思覺失調症所發生的現象，因此我們必須積極研究。至少在實踐中，精神分析濫用了「理智化」（intellectualizing）這個概念來阻擋成人自我。這也是「移情療法」（transference cures）會成為「精神分析療法」（psychoanalytic therapy）禍根的原因。其他情況的可能性很低，只有在正式精神分析的最後階段，成人自我才被允許完整表達，當發生這種情況時，個案將被視為「治癒」。換句話說，當分析師終於允許個案獨立思考時，個案才被治癒。在溝通分析中，會與成人自我成為盟友，並且會盡快證明其價值。保護並不代表移情療法，而是穿過不穩定階段以獲得自信的方式。學習騎馬、潛水或飛行的人，一開始需要類似的保護，但這並不代表他「依賴」教練，這在任何意義上都應該受到譴責。當他準備好了，就必須自己擺脫依賴（這些運動通常會需要十週）。任何人在學習面對強大的自然力量都需要十週這樣的保護，而或許在某些情況下需要更多時間。

7　Schiff, J., et al. 'Reparenting in Schizophrenia.' *Transactional Analysis Bulletin*, 8: 45-75, July, 1969.

8　Crossman, P. 'Permission and Protection.' *Transactional Analysis Bulletin*, 5: 152, July, 1966.

9　Yardley, H. O. *The American Black Chamber*. Bobbs-Merrill Company, New York, 1931.

第21章

1　Giovacchini, P. L. 'Characterological Aspects of Marital Interaction.' *Psychoanalytic Forum* 2: 7-29, Spring, 1967. 書中有伯恩與吉奧瓦奇尼之間的討論與回應。

2　Freud, S. *New Introductory Lectures on Psycho-Analysis*. W. W Norton & Company, New York, 1933, p. 212.

3　Cf. Hamburg, D. A. et al., *loc. cit.*, 1967. 在該研究中，有大約一半的個案「完成治療」，並且被治療師判斷為「總體功能」有所改善。比起此研究，溝通分析師在會議中報告的數據（包含個別案例的報告）更適切（重要的是，溝通分析資料目前尚未公開發表，當中通常包含一些特殊群體，例如監獄內的資料）。

4　Robert, M. The *Psychoanalytic Revolution*. Harcourt, Brace & World, New York, 1967, p. 94. 關於更腳本化的場景，請見p.215f. Jones, E. *The Life and Work of Sigmund Freud. Loc. cit.*, Volume 1, p. 342提供了拿破崙的語錄。

第22章

1　Cole, L. C. 'Biological Clock of the Unicorn.' *Science*, 125: 874, May 3, 1957.

2　Jones, E. *The Life and Work of Sigmund Freud*. Loc. cit., Vol. 1, p.223.

3　Pain, R. 'A Parable.' *Transactional Analysis Bulletin*, 7: 69, July, 1968.

4　Berne, E. 'Intuition VI.' *Loc. cit.*

5　Rudin, S. A. *op. cit.*

第23章

1　Kavanau, J L. 'Behavior of Captive White-Footed Mice.' *Science*, 155: 1623-1639. March 31, 1967.

2　Rudin, S. A., *op. cit.*

3　Kinsey, A. C. et al. *Sexual Behavior in the Human Male*. W. B. Saunders Company, Philadelphia, 1948.

4　Platt, J. R. 'A Strong Inference.' *Science*, 146: 347-353, October 16, 1964.

5　Berne, E. *Transactional Analysis in Psychotherapy. Loc. cit.*

6　Steiner, C. M. 'A Script Checklist.' *Loc. cit.*

在這個被焦慮、迷茫、孤獨所包圍的時刻，「正常」與「不正常」之間的距離，究竟該如何判斷？

卡倫・荷妮————著

「焦慮」是這個時代的社會病：渴求愛的焦慮、追求權力與財富的焦慮、面對競爭的焦慮、人際關係的焦慮、害怕被討厭的焦慮……當我們理解自己的焦慮帶來的痛苦循環，才能真正尋回自我。

新佛洛伊德學派代表人物、社會心理學先驅————卡倫・荷妮在書中犀利、深刻的讓我們理解「焦慮」的源頭————看見文化與社會對精神疾病的定義與影響、剖析了現代人經歷的內心衝突、修正了佛洛伊德過於強調「性」在精神疾病中的地位，深深的影響我們對於精神疾病的認知與判斷。讓我們從理解精神疾病開始，邁向療癒的第一步。

專業人士感動推薦

丁郁芙（臨床心理師）、洪仲清（臨床心理師）、胡展誥（諮商心理師）、翁士恆（東華大學諮商與臨床心理學系助理教授）、劉仲彬（臨床心理師）、蘇益賢（臨床心理師）、賴芳玉（律州聯合法律事務所主持律師）

療癒童年的傷，不再孤單
停止複製原生家庭的魔咒，
結束世代之間的創傷

留佩萱──著　　　　琳賽·吉普森──著

美國知名心理學家琳賽·吉普森、美國國家認證諮商師留佩萱，帶我們一起看見童年的創傷如何影響我們的人生以及心理健康。

家暴、童年性侵、父母離婚、長期忽視……童年的傷痛包圍著我們，就算長大，仍無法擺脫，只是換了另一個形式：沮喪、焦慮、長期緊張、壓力、睡不著等失控的感覺折磨我們。這些身心症狀像是一套警報系統，提醒我們必須誠實面對自己的感受、了解童年帶來的苦痛，從認識開始，清創隱藏在心裡的傷口、邁向健康的人生道路。

「或許原著劇本不盡人意，因為編劇父母不願寫入情感戲。忽視心理需求像無形的刀劍，在匱乏的情感下成長，內心滿是傷痕，心痛無人知曉。但現在你可以拿起這本書，重新改編屬於自己的人生劇本，擁有所期待的結局。」──**王意中**（心理治療所 所長／臨床心理師）

「一個壓抑、封閉情感的家庭，親子關係的情感疏離，影響的是一生與他人情感連結的能力。在內心深處也始終難以擺脫『孤兒』感受，不知道究竟自己歸屬於何？自己又與誰有所關係？如果這是你的處境，相信這一本書是你需要的。」──**蘇絢慧**（諮商心理師／心理叢書作家）

「童年時期遭受越多創傷的人，在成年時期會有越高的機率承受各種身體和心理健康問題。而各種童年逆境中，有一種看不見傷口的傷害，就是擁有『情感缺失』的父母。無法回應你的情緒需求、常常以自我為中心，以滿足自己的需要和感覺為主，如果你認為你的父母符合情感缺失描述，《假性孤兒》就是一個幫助你了解和復原的好工具。」──**留佩萱**（美國執業心理諮商師）

讓孩子了解情緒，
增進情感表達、提升人際關係能力
家長、老師、心理諮商師
「引導孩子情緒理解」必備收藏

蘇珊娜・伊瑟恩————著
莫妮卡・卡雷特羅————繪

高興、悲傷、生氣、害怕、嫉妒、吃醋、驚訝、噁心、尷尬和愛……每個人都有這些情緒，關鍵是如何掌控自己的情緒力！

今天的森林村似乎不太平靜，又發生「情緒案件」了！原本開朗的咕咕雞夫人突然情緒低落，甚至完全不想出門！於是，知名的情緒專家——鱷魚偵探來幫助咕咕雞夫人，讓她找回平靜、快樂的心情。

書中運用主角鱷魚偵探遇見各種情緒案件，結合孩子生活上的相關情景，以淺顯易懂方式、豐富有趣的圖畫讓孩子產生共鳴。同時將常見的 10 大情緒化身為 10 個可愛情緒小精靈，提供各式各樣的方法，跟孩子一同面對不同的情緒、理解情緒的成因、學會辨別不同的情緒，並且懂得如何「調節我們的情緒」。

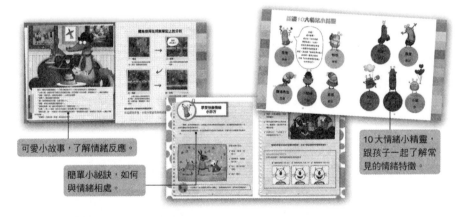

可愛小故事，了解情緒反應。

簡單小祕訣，如何與情緒相處。

10 大情緒小精靈，跟孩子一起了解常見的情緒特徵。

專業人士、親子顧問熱烈推薦

大樹老師（到府育兒顧問）、五寶媽（親子部落客）、成虹飛（清華大學華德福教育中心主任）、何翩翩（資深蒙特梭利幼兒園園長）、李崇建（親子作家）、李裕光（國際蒙特梭利小學副校長）、阿鎧老師（知名兒童職能治療師）、周慕姿（心曦心理諮商所所長）、洪仲清（臨床心理師）、胡展誥（諮商心理師）、胡嘉琪（美國心理師、華人創傷知情推廣團隊召集人）、留佩萱（美國執業心理諮商師）、張美蘭（小熊媽，教養／繪本作家）、彭菊仙（親子作家）、黃瑽寧（馬偕兒童醫院主治醫師）、溫美玉（南大附小教師、全台最大教學社群創辦人）、趙介亭（綠豆粉圓爸，可能教育創辦人）

人際關係心理學經典鉅著
從童年依附關係，
看見成年焦慮與哀傷原型

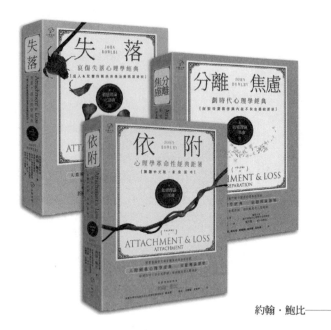

約翰‧鮑比————著

為什麼我們總是害怕伴侶隨時會離去？

為什麼我們恐懼更深的親密關係？

為什麼在失去所愛之後，哀傷似乎永遠沒有辦法停止？

這些問題，都可以從童年的依附關係找到解答。

當我們沒有與父母建立健康的連結，我們將在往後的人際關係、兩性關係上跌跌撞撞
——焦慮與憂慮伴隨著我們，阻擋在親密關係之間、隔絕了我們與他人有更深入的連
結。《依戀理論三部曲》不僅是影響近代心理學最著名的研究理論。最終，我們會在
這樣的研究中發現，自己的不安全感，其實都來源自童年的不安全感。

專業人士感動推薦

丁郁芙（臨床心理師）、方格正（臨床心理師）、王意中（王意中心理治療所所長／臨床
心理師）、洪仲清（臨床心理師）、洪素珍（國立台北教育大學心理與諮商學系副教授）、
胡展誥（諮商心理師、暢銷書作者）、海苔熊（心理學作家）、留佩萱（美國諮商教育博
士、執業心理諮商師）、陳志恆（諮商心理師／作家）、黃瑽寧（馬偕兒童醫院醫師）、
劉仲彬（臨床心理師）、蔡宇哲（台灣應用心理學會理事長）、貓心一龔佑霖（華人第
一位依附書籍：《找回 100% 安全感》作家）、蘇益賢（臨床心理師）